LA VIE
DV VENERABLE
SERVITEVR DE DIEV
VINCENT DE PAVL,
INSTITVTEVR
ET
PREMIER SVPERIEVR GENERAL
DE LA CONGREGATION DE LA MISSION.

Diuisée en trois Liures.

Par Messire Lovrs Abelly Euesque de Rodez.

A PARIS,

Chez FLORENTIN LAMBERT, ruë saint Iacques, deuant
saint Yves, à l'Image saint Paul.

M. DC. LXIV.
Auec Approbation & Priuilege.

Vincentius a Paulo presbyter, congregationis Missionis
institutor, et primus superior generalis, plenus dierum
et meritorum obdormivit in domino an. dom. 1660 27
Sept. ætatis suæ an. 85 congregationis creatæ 35
magna sanctitatis suæ relicta opinione.
François Turonen.
Pet Van schuppen sculpebat 1663.

A

LA REINE,

MERE DV ROY.

 ADAME,

L'accueil fauorable que Vostre Maiesté
a toûjours fait à Monsieur Vincent pendant
qu'il viuoit sur la terre, & les témoignages

de bien-veillance dont elle a honoré sa memoire aprés sa mort, m'ont donné sujet d'esperer qu'elle agréroit cèt Ouurage, qui n'est qu'vn
crayon de la Vie & des Vertus de ce grand Seruiteur de Dieu, que ie me suis etudié de tracer,
auec toute la fidelité qui m'a esté possible. Il est
bien vray qu'on n'y trouuera pas les ornemens
qui sembleroient conuenables, pour le rendre
digne d'estre presenté à vne si grande Princesse:
mais i'ay pensé, que plus cette copie seroit simple & naïve, plus aussi seroit-elle conforme à
son original, & plus fauorablement receuë de
V. M. qui reconnoîtroit mieux M. Vincent,
lors-qu'elle le verroit paroître dans son équi-
page ordinaire, c'est à dire, auec son humilité,
sa simplicité & sa candeur accoûtumée. Et
pour y reüssir plus heureusement, quoy-que ce
S. Homme pendant sa Vie ait toûjours retenu
autant qu'il a esté en son pouuoir sous le voile
du silence, les excellentes graces qu'il receuoit
de Dieu, i'ay fait neanmoins ce que i'ay pû
pour l'obliger de parler aprés sa mort, & nous
en declarer quelque partie; ayant soigneuse-

ment recueilly ce qu'il a dit sur ce sujet en diuerses rencontres, lors-que sa charité l'a contraint de découurir, ce que son humilité eût voulu cacher. Si V. M. daigne luy donner quelque Audience, il aura l'honneur de l'entretenir de plusieurs sujets, qui sans doute contenteront sa pieté, & tout ensemble luy donneront beaucoup de consolation, reconnoissant combien de grandes choses ont esté faites pour la gloire de Dieu, & l'accroissement du Royaume de IESVS-CHRIST, durant le temps de sa Regence, non seulement par sa permission & sous l'appuy de son authorité, mais encore par la cooperation de son zele, & par l'application de ses soins & de ses liberalitez. Et ce qui doit combler de ioye V. M. est que toutes ces grandes Oeuures subsistent encore, s'augmentent & se perfectionnent toûjours, à la faueur de la tres-sage conduite de nostre Incomparable Monarque, qui éclaire comme vn Soleil, & viuifie en mesme temps toutes les parties de son Royaume, & qui parmy les plus importantes affaires, ausquelles il s'applique pour le bien de son Estat, auec vne force d'esprit infatigable, ne laisse pas d'étendre ses soins, & d'employer son Zele, pour maintenir en tout lieu la veritable Religion, & la solide Pieté.

C'est, MADAME, ce qui obligera encore plus particulierement celuy duquel nous écriuons la Vie, & dont l'innocence & la sainteté nous donnent tout sujet de le croire dans le Ciel auec Dieu, d'employer incessamment ses prieres pour obtenir de son infinie Bonté, toute sorte de benedictions sur la personne de ce grand Prince, sur celle de V. M. & sur toute la Maison Royale, en reconnoissance des graces & faueurs qu'il en a receuës, & qu'il continuë d'en receuoir en la personne des Siens.

Pendant qu'il a vécu sur la terre, & mesme dans les temps les plus perilleux & difficiles, il a toûjours fait profession d'vne constante fidelité enuers le Roy, & d'vne affection sincere pour tout ce qui concernoit le bien de son seruice: Et puisque les vertus des Saints ne meurent point, & que leur charité est toûjours viuante;

EPISTRE.

Il y a grande raison de croire que M. Vincent conserue dans le Ciel cette mesme affection, & ce mesme Zele, pour procurer auprés de Dieu toutes sortes de biens à la personne du Roy, à V. M. & à tout ce qu'elle a de plus cher. Ce ne luy est pas vn petit sujet de consolation, d'estre assûrée d'auoir vn fidéle Seruiteur, ou bien, pour parler plus conformément aux sentimens de vostre Pieté, vn Intercesseur & vn Protecteur, qui luy est parfaitement acquis auprés de Dieu, lequel, comme vn autre Ieremie, est continuellement prosterné deuant le Trône de cette adorable Majesté, pour luy demander tout ce qu'il voit dans ce grand Iour de la gloire, estre vraiment salutaire à V. M. & fauorable à l'accomplissement de ses iustes desirs.

Pour moy, MADAME, ayant esté préuenu & comblé des graces du Roy, & ayant ressenty les effets de vostre bien-veillance, sans iamais les auoir meritez; & d'ailleurs me iugeant incapable d'en rendre à V. M. vne reconnoissance telle que ie luy dois, ie

la supplie de souffrir que i'emprunte de celuy dont j'écris la Vie, ce qui me manque
pour m'acquitter de ce deuoir, & qu'à son
exemple, & sous la faueur des merites qu'il
s'est acquis par ses fidéles seruices, ie me dise
auec tout le respect qui m'est possible.

M A D A M E,

De Vostre Majesté,

Le tres-humble, tres-obeïssant,
& tres-fidéle Seruiteur & Sujet,
L O V Y S Euesque de Rodez.

MON cher Lecteur, l'ay à vous auertir en peu de mots de trois chofes, fur lefquelles ie vous prie de faire quelque attention, auant que de vous engager dans la lecture de ce Liure.

La premiere, que la Verité eftant comme l'ame de l'Hiftoire, fans laquelle elle ne merite pas le nom d'Hiftoire, mais plûtoft de Roman ou de conte fait à plaifir, vous pouuez vous affurer qu'elle a efté tres-fidélement & tres-exactement obferuée en celle-cy; tout ce que vous y lirez eftant ou publiquement connu, ou appuyé du témoignage de diuerfes perfonnes tres-dignes de foy; ou bien eftant tel, que ie puis vous certifier l'auoir veu de mes yeux ou entendu de mes oreilles, ayant eu le bon-heur de connoiftre & de frequenter M. Vincent durant vn grand nombre d'années, & d'auoir mefme vifité le lieu de fa naiffance, & fes plus proches parens, dans vn voyage que ie fis en Guyenne il y a enuiron vingt-cinq ans.

Que fi parmy les témoignages des autres, j'y rapporte auffi diuers extraits de fes Lettres ou de fes Entretiens, qui ont efté en partie recueillis par quelques-vns des fiens auec grande fidelité, & cela feulement fur les dernieres années de fa vie: I'en ay vfé de la forte, dans la penfée que ie ne pouuois faire vne expreffion plus fincere ny plus certaine de fes difpofitions interieures, qu'en rapportant ce qu'il a luy-mefme dit, lors-que la Charité l'obligeoit de parler, & de découurir quelquefois ce que l'Humilité luy faifoit ordinairement cacher. En quoy fon témoignage eft dautant plus digne de croyance, que tous ceux qui l'ont connu, fçauent qu'il eftoit tres-éloigné de tout efprit de vanité & de vanterie; & qu'vne de fes plus frequentes pratiques eftoit de chercher l'abjection & l'auiliffement de luy-mefme, difant & faifant volontiers dans les rencontres ce qui pouuoit le rendre méprifable aux yeux des autres.

Or comme ce faint Homme faifoit ordinairement ces Entretiens fans les auoir préméditez, parlant à ceux de fa Compagnie fur les fujets qui fe prefentoient, comme vn Pere à fes Enfans, on n'y verra pas tout l'ordre, ny toute la liaifon, qui fe trouueroit dans vn Difcours étudié & préparé : neanmoins nous auons penfé que les rapportant dans leur fimplicité, le Lecteur feroit d'autant plus fatisfait & édifié de cette lecture, qu'il y verroit plus naïuément dépeint le fond de l'efprit & de la Vertu de ce grand Seruiteur de Dieu, fa bouche ayant parlé en ces occafions de l'abondance de fon cœur.

La feconde eft, que cet Ouurage femblera peut-eftre trop ample & trop étendu, & quelques-vns mefme pourront penfer qu'il n'eftoit pas neceffaire de s'arrefter à déduire beaucoup de chofes particulieres qu'on euft pû paffer fous filence, eftant affez de rapporter en general les principales & les plus dignes de l'attention du Lecteur. Mais comme on ne peut pas bien juger des chofes, fi on ne les connoift que fuperficiellement ou en partie, on a crû que pour bien faire voir la grandeur & l'vtilité de œuures que Dieu a faites par M. Vincent, il eftoit neceffaire de les rapporter plus au long & de les mettre en leur jour, & que ce n'eftoit pas affez de les deduire fommairement & feulement en general, fans defcendre au particulier.

Au refte, le Lecteur confiderera s'il luy plaift, que ce n'eft pas icy vne Piece d'éloquence, ny vn Panegyrique, mais vn fimple recit de la vie & des actions vertueufes d'vn Seruiteur de Dieu, lequel ayant fait toute fa vie vne profeffion tres-particuliere d'humilité, ce feroit en quelque façon aller contre fon efprit, & défigurer cette Vertu qu'il a tant cherie, que de la reuétir des ornemens pompeux d'vne éloquence mondaine. Le ftile, dont on fe fert en écriuant quelque Liure, doit toûjours auoir vn entier rapport auec le fujet qu'il traite ; & on ne fçauroit bien reüffir en rapportant les actions vertueufes des Saints, qu'en les décriuant auec le mefme efprit dont elles ont efté animées.

Enfin, mon cher Lecteur, la troifiéme & derniere chofe dont j'ay à vous auertir, eft que pour me conformer aux ordres tres-fagement établis par le Saint Siege Apoftolique, ie declare que ie n'entends, & que ie n'ay aucun deffein de faire entendre à perfonne tout ce qui eft rapporté en ce Liure, autrement qu'on a coûtume de prendre les chofes qui font appuyées feulement fur le témoignage des hommes, & non fur l'autorité de l'Eglife: & que ie n'employe le titre de *Saint* que ie donne quelquefois à M. Vincent, qu'au fens que Saint Paul le donne à tous les fidéles: ne voulant fignifier autre chofe par cette honorable qualité, & par toutes les autres femblables, finon, que ce grand Seruiteur de Dieu a efté doüé d'vne Vertu tres-éminente, & qui furpaffoit de beaucoup celle du commun des Chreftiens.

CHAP.

LIVRE SECOND.

Fautes suruenües en l'impression.

AV I. LIVRE.

PAge 34 ligne 7. la benediction, *lisez* sa benediction. p.51.l.32. vn leçon, *lis.* vne leçon. p.95.l.9. merite, *lis.* meritent. p.99 l.29. qu'ils appliquoient, *lis.* qu'ils n'appliquoient. p.101. l.1. 1632. *lis.* 1631. p. 151. l.37. d'vne affaire precipitée, *lis.* des affaires precipitées. p 153. l. 12. ses habitans, *lis.* de ses habitans. p.169. l.5. bouche, *lis.* bourse. *Là mesme* l.6. tout le sien, *lis.* tout du sien. p.171.l.24. luy demanda, *lis.* luy manda. p.192. l.4. au Titre du chap. 1662. *lis.* 1652. p.194 l.18. enuoya vn de ses Prestres, *lis.* de ses Prestres. p.208.l.15. receüe & publiée, *lis.* receües & publiées. p 232. l. 35. le profit, *lis.* le précis. p. 248. l.34. tous les iours depuis, *lis.* les iours assis depuis.

AV II. LIVRE.

P.44. l.8. S. Briant, *lis.* S. Brieu. p.48.l.22. le fruit, *lis.* des fruits. p.60. l.26. Brancauio, *lis.* Brancaccio. p.61.l.32. *effacez* deux. p. 81. l. 19. la volonté, *lis.* la Bonté. *Là mesme effacez* se. p.103.l.14. ie vous prie, *lis.* ie le prie. p.109.l.26. le bien, *lis.* les biens. p.110. l. 19. treize cens, *effacez* cens. p. 115. l. 3. Pape, *lis.* Papa. p. 119. l.8. ces, *lis.* des. p.279. l.32. Mission, *lis.* Maison. p.334.l 20. *effacez* de toute. p.362.l.40. l'vsage, *lis.* aage. p.371. l.33. quelque Dame, *lis.* chaque Dame. p.379. l. 29. font, *lis.* fait.

AV III. LIVRE.

P. 4.l.10 pourr an, *lis.* pourtant. p.5.l.28 i'ay crié, *lis.* j'ay crû. p.36.l.12. pour la suiure, & ne la, *lis.* pour le suiure, & ne le. p.127.l.17. aprés sa mort, *lis.* auant sa mort. p.128.l.31. frere. *lis.* neueu. p.129. l.30. general, mais seulement, *lis.* general seulement, mais. p.150. l.22. à vn Seminaire, *lis.* au Seminaire. p. 165. l. 37. qui certes a éclairé & a donné, *lis.* qui sert à éclairer & à donner. p.187. l. 1. c'est-là, *lis.* c'est le. p.191. l. 38. sur Philosophes, *lis.* les Philosophes. p.228.l.39. quand il, *lis.* quand il est. p.243.l.20. & si elle n'est établie sur vn tel fondement. Pourquoy, *lis.* Et si elle est établie sur vn tel fondement, pourquoy. p.321. l.51. c'est son, *lis.* c'est le. p.353.l.41. superieures, *lis.* superieurs. p 366.l. 6. le bien spirituel, *lis.* le bien temporel.

Si tu veux dans un seul visage
Voir le Portrait de deux grands Saints:
Icy Paul et Vincent sont peints;

LA VIE
DV VENERABLE SERVITEVR DE DIEV
VINCENT DE PAVL,
INSTITVTEVR
ET PREMIER SVPERIEVR
GENERAL DE LA CONGREGATION
de la Miſſion.

LIVRE PREMIER.

CHAPITRE PREMIER.

*L'eſtat de l'Egliſe en France, lors que le Venerable Seruiteur
de Dieu* Vincent de Paul *vint au monde.*

LA ſageſſe & la puiſſance de Dieu en la conduite
de ſon Egliſe, ne paroiſt iamais plus admirable que
lors qu'il prend ſujet des miſeres qui l'affligent,
d'exercer enuers elle ſes plus grandes miſericordes,
& qu'il tire ſon auantage des pertes qui luy arriuent, ſa gloire de ſes humiliations, & ſon abondance de ſa ſteri-
lité : en ſorte que ſuiuant ce qu'il a dit par la bouche d'vn Prophete, quand il ſemble l'auoir delaiſſée pour quelque temps, ce
n'eſt que pour luy faire mieux reſſentir puis aprés les effects de ſa
miſericorde & de ſon amour : quand il en détourne ſa face, &
qu'il ſemble l'auoir miſe en oubli, ce n'eſt que pour la combler
de nouuelles benedictions, & la fauoriſer de graces plus particulieres.

Ad punctum
in momento
dereliqui te,
& in miſera-
tionibus ma-
gnis congre-
gabo te , in
momento in-
dignationis
abſcondi fa-
ciem meam
parum per à
te, & in miſe-
ricordia ſem-
piterna mi-
ſertus ſum
tui. *Iſa.* 54.

A

C'eſt ce qui a fait dire au grand S. Hilaire, écriuant contre les Arriens, qui de ſon temps tenoient la verité captiue dans l'injuſtice ; *que c'eſt le propre de l'Egliſe de* IESVS-CHRIST *de vaincre quand elle eſt bleſſée ; de ſe faire mieux connoiſtre quand elle eſt plus défigurée par les calomnies de ſes aduerſaires ; & d'obtenir vn plus puiſſant ſecours de Dieu, quand elle ſemble eſtre plus deſtituée de ſa protection.*

Cela ſe pourroit verifier par la ſuitte de toute l'hiſtoire Eccleſiaſtique, qui repreſente ce Myſtique vaiſſeau de l'Egliſe, voguant ſur la Mer orageuſe de ce ſiecle, parmi vne infinité de perilleuſes rencontres, qui ſemblent la menacer ſouuent d'vn naufrage inéuitable, & la porter quelquefois à deux doigts de ſa perte, & de ſon dernier mal-heur ; d'où neantmoins la main de Dieu la retire toûjours auec auantage, ſe ſeruant meſme des tempeſtes les plus violentes, & des vents les plus contraires, pour la faire auancer plus heureuſement vers le terme de ſa nauigation. Mais pour ne nous pas trop étendre ſur vn ſujet ſi vaſte, il ſuffira de ietter les yeux ſur l'eſtat déplorable, où l'Egliſe s'eſt trouuée en France vers la fin du dernier ſiecle, pour connoiſtre les ſoins paternels que Dieu a pris non ſeulement de ſa conſeruation, mais auſſi de ſon accroiſſement, dans vn temps où il ſembloit l'auoir preſque abandonnée : & par vn meſme moyen, pour voir quels ont eſté les deſſeins particuliers de ſa Prouidence ſur ſon fidelle ſeruiteur *Vincent de Paul* & les grandes choſes qu'il vouloit operer en luy, & par luy, pour le ſecours & l'auantage de cette Egliſe, & pour l'augmentation de ſon ſeruice & de ſa gloire. Ce fut vers la fin du ſeizieſme Siecle que Dieu fiſt naiſtre ce ſien ſeruiteur, dans vn temps auquel la France eſtoit agitée de pluſieurs horribles tempeſtes, au ſujet des nouuelles hereſies de Luther & de Caluin, leſquelles apres auoir ſeparé vne partie des François de l'vnion que tous les Catholiques doiuent auoir auec le Chef de l'Egliſe, les porterent

bien-toſt apres à vne rebellion ouuerte contre leur Roy : eſtant le propre des Heretiques, comme a remarqué vn Saint Apôtre, de mépriſer toute domination, & de fouler aux pieds le reſpect qu'ils doiuent à leur Souuerain.

Il ne ſe peut dire combien ces deux fleaux de la guerre Ciuile, & de l'Hereſie ioints enſemble, cauſerent de maux pendant vne longue ſuitte d'années qu'ils durerent : la France, qui iuſques alors auoit eſté l'vne des plus floriſſantes Monarchies de

la terre, deuint comme vn Theatre d'horreur, où la violence &
l'impieté firent ioüer d'étranges tragedies : On voyoit en tous
lieux les Temples détruits, les Autels abatus, les choses les plus
saintes profanées, les Prestres massacrez ; & ce qui estoit le plus
grand & le plus funeste de tous ces maux, c'estoit vn renuerse-
ment presque vniuersel de tout ordre & de toute discipline Ecclesiastique ; d'où prouenoit qu'en la pluspart des Prouinces de
ce Royaume les peuples estoient comme des pauures Brebis
dispersées, sans pasture spirituelle, sans Sacremens, sans instruction, & presque sans aucun secours exterieur pour leur salut.

Il est bien vray que Dieu ayant puis apres rendu le calme &
la paix à la France, par le courage inuincible & par la conduitte
tres-sage de *Henry le Grand* de tres-glorieuse memoire, les Prelats appuyez de son autorité, employerent diuers moyens pour
remedier à toutes ces confusions, & remettre la Religion en sa
premiere splendeur. On assembla pour cet effet diuers Conciles
Prouinciaux, qui firent de tres-saintes & tres-salutaires Ordon-
nances, & les Euesques ne manquerent pas dans leurs Synodes
particuliers, de faire tout ce qui dépendoit d'eux pour en affermir l'obseruation. Mais les desordres causez par la contagion
de l'heresie, & par la licence des armes estoient si grands, & les
maux si fort enracinez, que ces remedes, quoy que souuerains,
n'eurent pas tout l'effet qu'on s'estoit promis : & nonobstant
tous les soins que les Superieurs Ecclesiastiques employerent à
l'acquit de leurs charges, on voyoit toûjours, & on a encore veu
long-temps apres, plusieurs grands defauts parmy le Clergé ; ce
qui estoit cause que le Sacerdoce estoit sans honneur, & mesme
dans vn tel mépris en quelques lieux, qu'on tenoit pour quelque sorte d'auilissement, aux personnes de condition tant soit
peu honneste selon le monde, de se mettre dans les saints Ordres, à moins que d'auoir quelque Benefice considerable pour
en couurir la honte ; & selon la commune opinion du monde,
c'estoit alors vne espece de contumelie & d'injure, que de dire
à quelque Ecclesiastique de qualité qu'il estoit *vn Prestre*.

De ce defaut de vertu & de discipline dans le Clergé, procedoit vn autre grand mal, qui estoit que le peuple, & particulierement celuy de la Campagne n'estoit point instruit, ny assisté
comme il deuoit estre, dans ses besoins spirituels ; on ne sçauoit
presque ce que c'estoit que de faire des Catechismes ; les Curez
de village, pour la pluspart, estoient comme ces Pasteurs dont

parle le Prophete, qui se contentoient de prendre la laine, & tirer le laict de leurs Brebis ; & se mettoient fort peu en peine de leur donner la pasture necessaire pour la vie de leurs Ames : de sorte qu'on voyoit de tous costez des Chrétiens, qui passoient leur vie dans vne si profonde ignorance des choses de leur salut, qu'à grande peine sçauoient-ils s'il y auoit vn Dieu ; & pour ce qui est des Mysteres de la tres-sainte Trinité, & de l'Incarnation du Fils de Dieu, que tous les Fidéles doiuent croire explicitement, on ne leur en donnoit aucune explication ny intelligence, & encore moins de ce qui concerne les Sacremens ; qu'ils deuoient receuoir, & des dispositions qu'ils y deuoient apporter. Dieu sçait quel estoit l'estat de leur conscience dans vne telle ignorance des choses de leur salut, & quelle pouuoit estre leur foy, n'y ayant presque personne qui prist soin de leur enseigner ce qu'ils estoient obligez de croire.

Pour ce qui est des personnes qui demeuroient dans les Villes, quoy que par le secours des Predications qui se faisoient dans les Paroisses & autres Eglises, elles eussent plus de connoissance & de lumiere, cette connoissance toutefois estoit ordinairement sterile, & cette lumiere sans chaleur ; on n'y voyoit presque aucune marque de cette veritable Charité qui se fait connoistre par les œuures : les exercices de misericorde spirituelle enuers le prochain n'estoient point en vsage parmy les personnes laïques ; & pour les aumônes & les assistances corporelles, on ne s'y adonnoit que fort petitement ; de telle sorte que les personnes les plus accommodées croyoient faire assez lors qu'elles donnoient quelque double ou quelque sol aux mendians ordinaires ; & s'il arriuoit que quelqu'vn fist quelque aumône vn peu plus considerable, cela passoit pour vne action de charité toute extraordinaire.

Voila quel estoit l'estat du Christianisme en France, lors que Dieu, qui est riche en misericorde, voyant les grands besoins de son Eglise en l'vne de ses parties principales, voulut y pouruoir, suscitant entre plusieurs autres grands & Saints personnages, son fidéle Seruiteur *Vincent de Paul*, lequel animé de son esprit, & fortifié par sa grace, s'est employé autant qu'il a esté en luy auec vn zele infatigable, à reparer tous ces defauts, & y appliquer des remedes conuenables.

Et premierement il s'est toûjours proposé comme vn de ses principaux ouurages, de procurer autant qu'il luy seroit possi-

ble, que l'Eglife fût remplie de bons Preftres, qui trauaillaffent
vtilement & fidellement en la vigne du Seigneur : c'eft à quoy
tendoient les Exercices des Ordinans , les Seminaires , les Re-
traittes des Ecclefiaftiques, les Conferences fpirituelles, & plufieurs autres femblables moyens, dont il a efté ou l'Auteur, ou
le promoteur, & aufquels il a notablement contribué, comme
il fe verra en la fuite de ce Liure.

Il joignoit à ce zele qu'il auoit pour le bien de l'Eftat Ecclefiaftique , vne charité tres-ardente à procurer l'inftruction &
l'affiftance fpirituelle des ames qui en auoient befoin, & fur
tout des Pauures de la Campagne , qu'il voyoit les plus abandonnez, & pour lefquels il auoit vne tendreffe toute particuliere. Il ne fe peut dire combien il a trauaillé pour les déliurer
du Peché & de l'Ignorance, en les catechifant, & les difpofant à
faire des Confeffions generales : & comme s'il n'euft pas efté fatisfait des trauaux & des fatigues qu'il embraffoit pour ce fujet,
il excitoit autant qu'il pouuoit les autres à faire le femblable; &
fon amour enuers les Pauures n'a point efté content, qu'il n'ait
étably vne Congregation de tres-vertueux Preftres Miffionnaires , qui s'employent à fon exemple auec vn zele infatigable
aux mefmes Exercices de charité, non feulement dans la France, mais auffi en diuerfes autres Regions, comme dans l'Hibernie, dans l'Efcoffe, dans les Ifles Hebrides, dans la Pologne,
dans l'Italie, dans la Barbarie , & jufques fous la Zone Torride
dans l'Ifle de Madagafcar, où plufieurs de ces Ouuriers Euangeliques ont confumé leur vie dans les ardeurs de leur Charité.

Mais ce n'eftoit pas affez à *Vincent de Paul* de fecourir les
ames, s'il ne pouruoyoit encore aux neceffitez corporelles des
Pauures; & quoy qu'il fe fuft luy-mefme rendu pauure pour
l'amour de Iesvs-Christ, & qu'ayant tout quitté pour le
fuiure, il ne luy reftoit plus rien dequoy donner ; comme il
auoit neantmoins le cœur tout embrafé du feu celefte que ce
Diuin Sauueur eft venu allumer fur la terre, il ne luy a pas efté
difficile de communiquer vne partie de cette fainte ardeur aux
perfonnes bien difpofées, auec lefquelles il fe rencontroit. On
en verra des exemples merueilleux dans la fuite de fa vie, qui
feront connoiftre la grace que Dieu auoit mife en fon fidéle Seruiteur, qui eftoit telle, qu'il femble que parmy la corruption de
ce fiecle, il ait fait reuiure en plufieurs ames l'efprit & la Charité des premiers Chrétiens. Et quoy qu'il foit bien veritable,

A iij

Omnes quæ-
runt quæ sua
funn, on quæ
Iefu Chrifti.
Philip. 2.

Radix om-
nium malo-
rum cupidi-
tas. 1. *Tim.* 6.

qu'on pourroit en ces derniers temps renouueller auec plus de raifon que iamais, la plainte du S. Apoftre, & dire *que tous ne s'étudient qu'à chercher leurs interefts, & non pas ceux de* I E S V S-C H R I S T. L'exemple toutefois & la parole de *Vincent de Paul*, a eu tant d'efficace que d'arracher du cœur d'vn grand nombre de perfonnes vertueufes cette racine de toute forte de maux, & de leur infpirer des difpofitions fi parfaites que leur plus grande joye & fatisfaction a efté, & eft encores à prefent, non feulement de faire vne fainte profufion de leurs biens temporels pour affifter & fecourir les pauures, mais auffi de fe donner elles-mefmes, & de confumer leur fanté & leur vie dans les plus laborieux & penibles exercices de la vertu de Charité.

Ce n'eft pas la feule ville de Paris qui en a éprouué les effets dans l'affiftance qui a efté renduë à vn nombre prefque innombrable de pauures honteux, de toute forte de condition, d'âge & de fexe, que la mifere des guerres, & des autres calamitez publiques auoit reduit à vne extréme indigence ; mais leur Charité s'eft étenduë iufques aux Prouinces les plus éloignées, & outre les fecours tres-fauorables rendus aux frontieres de la France pendant les plus grands rauages de la guerre, la Lorraine, les Ifles Hebrides, la Barbarie, & plufieurs autres Regions étrangeres en ont receu de tres-grandes affiftances dans leurs plus preffantes neceffitez, comme il fe verra en la fuitte de ce Liure.

CHAPITRE II.

La naiffance & l'education de Vincent de Paul.

CE fut l'an 1576. le Mardy d'apres Pafques, que *Vincent de Paul* prit naiffance dans le petit village de Poüy, prés d'Acqs, qui eft vne ville Epifcopale fituée aux confins des Landes de Bordeaux vers les monts Pyrenées. Il y a dans le détroit de cette Parroiffe vne Chappelle dediée en l'honneur de la tres-fainte Vierge, fous le tiltre de *Noftre-Dame de Buglofe*, où l'on voit ordinairement vn grand concours de peuple, qui vient rendre fes hommages & offrir fes prieres à la Mere de Dieu; & ce fut-là vn des motifs, qui porta noftre *Vincent* à conceuoir dés fon plus jeune âge, & à nourrir en fon cœur toute fa vie vne deuotion toute particuliere enuers cette Reyne du

Ciel, se voyant né dans vn lieu, qui luy estoit dedié & qui estoit sous sa protection speciale.

Ses parens ont esté pauures des biens de ce monde, viuans de leur trauail ; Son Pere se nommoit *Iean de Paul*, sa Mere *Bertrande de Moras*, & tous deux ont vescu non seulement sans aucun reproche, mais aussi dans vne grande innocence & droiture. Ils auoient vne maison & quelques petits heritages qu'ils faisoient valoir par leurs mains, à quoy ils estoient aydez par leurs enfans qui furent six, sçauoir quatre garçons & deux filles. Vincent estoit le troisiéme, & dés son enfance il fut, comme les autres, employé à trauailler, & particulierement à mener paistre & garder les bestiaux de son Pere.

Et en cela il semble que Dieu ait voulu poser & establir sur cette humble & pauure extraction, le premier Fondement de l'edifice des vertus qu'il vouloit éleuer en l'ame de son fidelle seruiteur ; Car (comme a fort bien dit Saint Augustin) *celuy qui veut deuenir grand deuant Dieu, doit commencer par vne tres-profonde demißion de soy-mesme, & plus il pretend éleuer l'edifice de ses vertus, plus doit-il creuser les fondemens de son humilité.* Et en effet, parmy les emplois plus considerables, ausquels la Prouidence Diuine destina puis apres *Vincent de Paul*, & au milieu des plus grands honneurs qu'on rendoit à sa vertu, son entretien plus ordinaire estoit de la bassesse de sa naissance, & on luy entendoit souuent repeter en telles rencontres, *qu'il n'estoit que le fils d'vn pauure Paysan, qu'il auoit gardé les pourceaux,* &c. O que c'est vne marque d'vne vertu bien solide, que de conseruer l'amour de son abjection & de son auilissement, au milieu des applaudissemens & des loüanges ! & que Saint Bernard a eu grande raison de dire, que c'est vne vertu bien rare qu'vne *humilité honorée !* & qu'il y en a peu qui arriuent à ce degré de perfection, que de rechercher les mépris lors qu'ils sont poursuiuis des honneurs.

Quoy que les Perles naissent dans vne nacre mal polie, & souuent toute fangeuse, elles ne laissent pas de faire éclatter leur viue blancheur au milieu de cette bourbe, qui ne sert qu'à en releuer le lustre, & faire mieux connoistre leur valeur. La viuacité d'esprit, dont Dieu auoit doüé nostre jeune Vincent commençant à paroistre parmy ces bas emplois où il estoit occupé, elle en fut d'autant plus remarquée ; & son Pere reconnut bien que cet enfant pouuoit faire quelque chose de meil-

Magnus esse vis ? à minimo incipe. Cogitas magnam fabricam côstruere celsitudinis ? de fundaméto priùs cogita humilitatis, & quantá quisque vult & disponit superimponere molem ædificii, quantò erit inaius ædificiú, tantò altiùs fodit fundamentú. *Aug. Serm. 10. de Verb. Dom.*

Rara virtus humilitas honorata. *Bern. in Cant.*

leur que de mener paiſtre les beſtiaux. Ce fut pourquoy il prit reſolution de le mettre aux études ; à quoy il ſe porta encore plus volontiers par la connoiſſance qu'il eut d'vn certain Prieur de ſon voiſinage, lequel eſtant d'vne famille qui n'eſtoit pas plus accommodée que la ſienne, auoit neantmoins beaucoup contribué du reuenu de ſon Benefice pour auancer ſes freres. Ainſi ce bon-homme dans ſa ſimplicité penſoit que ſon fils Vincent s'eſtant rendu capable par l'étude, pourroit vn iour obtenir quelque Benefice, & en ſeruant l'Egliſe ſoulager ſa famille, & faire du bien à ſes autres enfans. Mais les penſées de Dieu ſont bien differentes de celles des hommes, (comme luy-meſme le témoigne par vn Prophete) & ſes deſſeins ſont bien éleuez au deſſus de toutes leurs pretenſions. Le pere du petit Vincent en le portant aux études penſoit aux petits auantages qu'il en eſperoit tirer pour ſa famille : & Dieu auoit deſſein de s'en ſeruir pour faire de tres-grands biens à ſon Egliſe, & il vouloit que laiſſant ſes parens dans leur baſſeſſe & dans leur pauureté exterieure, il s'employaſt vniquement à procurer l'accroiſſement du Royaume de ſon Fils Iesvs-Christ.

Et à ce ſujet vn Curé de ſon païs l'eſtant venu voir à Paris long-temps aprés pour luy repreſenter le pauure eſtat de ſa famille, & le prier de rendre quelque aſſiſtance à ſes Parens, & leur procurer quelque bien ; ce grand Seruiteur de Dieu luy demanda s'ils ne viuoient pas de leur trauail honneſtement & paſſablement ſelon leur condition ; à quoy le Curé ayant répondu qu'oüy ; il le remercia de la Charité qu'il auoit pour eux, & en ſuite le mit ſur le propos de ce Prieur, dont il a eſté cy-deſſus parlé, qui auoit employé les reuenus de ſon Benefice pour bien accommoder ſes parens, & il luy fit faire reflexion ſur ce que ces gens-là ayant tout diſſipé, pendant la vie & aprés la mort de leur bien-faiteur, eſtoient tombez dans vn eſtat pire que celuy où ils eſtoient auparauant ; parce que comme il diſoit, *c'eſt en vain que l'homme bâtit la maiſon, ſi Dieu luy-meſme ne l'edifie.* Et il luy donna cet exemple pour preuue de l'experience qu'il auoit de quantité de familles ruinées à cauſe de leurs parens Eccleſiaſtiques, qui ayant voulu les enrichir aux dépens de l'Egliſe, leur auoient fait beaucoup plus de mal, que de bien, leur donnant la portion des Pauures ; car toſt ou tard Dieu les en auoit dépoüillez.

Il faut neantmoins remarquer que le refus qu'il fit alors

d'auand'auantager ses Parens , ne prouenoit pas d'aucune dureté de cœur, ny d'aucun defaut de Charité enuers eux ; mais seulement de cette droiture & pureté d'intention, qui estoit comme l'ame de toutes ses œuures , & qui le faisoit toûjours marcher par les voyes droites qui conduisent à Dieu, sans jamais s'en détourner pour quelque consideration que ce fust. Car d'ailleurs il auoit vn cœur fort tendre sur les miseres de son prochain, & estoit tres-prompt à le secourir autant qu'il estoit en luy ; de sorte qu'il pouuoit dire auec cet ancien Patriarche, *que la misericorde estoit née auec luy*, & qu'il auoit toûjours eu vne inclination tres-particuliere à exercer cette vertu, & mesme dés son plus jeune âge on a remarqué qu'il donnoit tout ce qu'il pouuoit aux Pauures ; & lors que son Pere l'enuoyoit au Moulin querir la farine, s'il rencontroit des Pauures en son chemin, il ouuroit le sac & leur en donnoit des poignées, quand il n'auoit autre moyen de leur bien faire : dequoy son Pere qui estoit homme de bien, témoignoit n'estre pas fasché. Et vne autre fois à l'âge de douze ou treize ans, ayant peu à peu amassé jusques à trente sols de ce qu'il auoit pû gagner, qu'il estimoit beaucoup en cet âge, & en ce païs-là, où l'argent estoit fort rare, & qu'il gardoit bien cherement, ayant neanmoins vn jour rencontré vn Pauure qui paroissoit dans vne grande misere & indigence, estant touché d'vn sentiment de compassion il luy donna tout son petit tresor, sans s'en reseruer aucune chose. Certes si l'on veut faire quelque attention à l'attache naturelle que les jeunes enfans ont aux choses qui les accommodent, & qui leur plaisent, on pourra juger que ce fut là vn effet particulier des premieres graces que Dieu auoit mises en cet Enfant de benediction, & de là on pouuoit presager ce grand & parfait détachement des creatures, & ce degré eminent de Charité, où Dieu le vouloit éleuer.

Creuit mec̄ miseratio & de vtero egressa est mecum. *Iob 31.*

CHAPITRE III.

Ses Etudes & sa promotion aux Ordres Ecclesiastiques.

TOVTES ces bonnes dispositions de l'Esprit du jeune *Vincent,* & ses inclinations au bien, firent resoudre son Pere de faire quelque petit effort, selon l'étenduë fort modique de ses facultez, pour l'entretenir aux Etudes ; & à cet effet il le mit en pension chez les PP. Cordeliers d'Acqs, moyennant soixante liures par

B

an, felon la coûtume du temps & du païs. Ce fut enuiron l'an 1588. qu'il commença fes Etudes par les premiers Rudimens de la Langue Latine, où il fe comporta de telle forte, & fit vn tel progrés, que quatre ans aprés, Monfieur de Commet l'aifné Ad_uocat de la ville d'Acqs, & Iuge du lieu de Poüy, ayant appris du Pere Gardien les bonnes qualitez de ce june Ecolier, conceut vne affection toute particuliere pour luy ; & l'ayant retiré du Conuent des Cordeliers, le receut en fa maifon pour eftre Prece_pteur de fes enfans, afin que prenant foin de leur inftruction & conduite, il eût moyen fans eftre dauantage à charge à fon Pere, de continuër fes Etudes : Ce qu'il fit auec vn tres-grand profit, ayant employé neuf ans à étudier en la ville d'Acqs, au bout defquels Monfieur de Commet qui eftoit vne perfonne de merite & de pieté, eftant tres-fatisfait du feruice que le jeune *Vincent* luy auoit rendu en la perfonne de fes enfans, & de l'edification que toute fa famille auoit receuë de fa vertu & fage conduite, qui furpaffoit de beaucoup fon âge, jugea qu'il ne falloit pas laiffer cette lampe fous le boiffeau, & qu'il feroit auantageux à l'Eglife de l'éleuer fur le Chandelier : & pour cette raifon il porta *Vincent de Paul*, qui auoit grand refpect pour luy, & qui le regar_doit comme vn fecond Pere, à s'offrir à Dieu pour le feruir dans l'Eftat Ecclefiaftique, & luy fit prendre la Tonfure & les quatre Ordres qu'on appelle Mineurs le 19. de Septembre 1596. eftant alors âgé de vingt ans.

Aprés quoy fe voyant ainfi engagé au miniftere de l'Eglife, & ayant pris Dieu feul pour fon partage, il quitta fon païs, & iamais depuis ce temps-là il n'y a demeuré ; & du confentement de fon Pere, auec quelque petit fecours qu'il luy donna (ayant à cet effet vendu vne paire de bœufs) il s'en alla à Toloze pour s'appliquer aux études de Theologie, où il employa enuiron fept ans : Il eft vray que pendant ce temps il paffa en Efpagne, & fit quelque fejour à Saragoffe pour y faire auffi quelques études.

Le 27. de Fevrier, & le 29. de Decembre 1598. il prit les Ordres de Sous-Diacre & de Diacre, & enfin le 23. de Septembre 1600. il fut promû au faint Ordre de Preftrife ; de forte qu'ayant puis apres vécu iufques au 27. de Septembre 1660. il fe trouue qu'il a efté Preftre dans l'Eglife de IESVS-CHRIST l'efpace de foixante ans : Dieu fçait quelles furent les difpofitions & les fen_timens de fon cœur, lors qu'il receut ce facré Caractere : mais fi l'on juge des arbres par leurs fruits, & des caufes par leurs effets, voyant la perfection & la sainteté auec laquelle ce tres-digne Prestre a exercé les fonctions de son Sacerdoce, l'on peut croire auec grande raison, qu'en ce moment qu'il fut consacré Prestre, nostre Seigneur Iesvs-Christ qui est le Prestre Eternel, & le Prince des Prestres, versa tres-abondamment sur luy la plenitude de son Esprit Sacerdotal, & cet Esprit luy donna de si hauts sentimens de ce sacré Caractere, qu'il en parloit toûjours auec admiration, comme d'vne chose qu'il ne pouuoit assez estimer : il témoignoit estre dans vn étonnement extraordinaire, quand il parloit de cette puissance merueilleuse que Dieu imprime auec vn Caractere qui ne se peut jamais effacer, dans l'ame du Prestre, en vertu de laquelle il remet les pechez aux Pecheurs penitens, & auec quatre ou cinq paroles il change la substance du pain & du vin, au Corps & au Sang du mesme Iesvs-Christ, & offre ce mesme Corps & ce mesme Sang en sacrifice à Dieu son Pere, & distribuë ce mesme Corps de Iesvs-Christ, comme vn pain de vie pour la nourriture des Fidéles. Enfin il estoit si penetré des sentimens d'estime de l'excellence & de l'eminence du Caractere Sacerdotal, & de l'obligation indispensable qu'elle impose à ceux qui l'ont receu, de mener vne vie toute pure, toute sainte, & toute Angelique, que depuis on luy a souuent oüy dire, *que s'il n'eût esté Prestre, il n'eût jamais pû se resoudre à l'estre, s'en estimant tres-indigne;* quoy qu'il en fût d'autant plus digne, qu'il croyoit moins en estre digne, n'y en ayant point qui meritent mieux d'estre auancez aux premieres places du festin nuptial de l'Agneau, que ceux qui se mettent au plus bas lieu. On n'a pû sçauoir en quel lieu ny mesme en quel temps il celebra sa premiere Messe; mais on luy a seulement oüy dire qu'il auoit vne telle apprehension de la majesté de cette action toute Diuine, qu'il en trembloit : & que n'ayant pas le courage de la celebrer publiquement, il choisit plustost de la dire dans vne Chappelle retirée à l'écart, assisté seulement d'vn Prestre & d'vn Seruant.

Messieurs les grands Vicaires d'Acqs, le Siege vacquant, n'eurent pas plustost appris qu'il estoit Prestre, qu'à la sollicitation de Monsieur de Commet, & pour l'estime qu'ils faisoient de sa vertu, ils le pourueurent de la Cure du lieu de Tilh : mais luy ayant esté contestée par vn competiteur, qui l'auoit impetrée en Cour de Rome, il ne voulut point entrer en procés pour ce sujet, & Dieu le permit ainsi, afin qu'il ne fût point obligé de quitter ses Etudes, qu'il auoit vn grand desir de continuër.

Note marginale :

Cùm vocatus fueris ad nuptias, recube in nouissimo loco, vt cùm venerit qui te inuitauit, dicat tibi, Amice ascende superius. Luc. 14.

Il y auoit alors deux ans que son Pere estoit mort, lequel par son Testament, aprés auoir partagé tous ses enfans, auoit declaré qu'il vouloit & entendoit que son fils *Vincent* fût assisté & entretenu aux Etudes selon la portée des biens qu'il laissoit ; & en vertu de ce Testament il eût pû exiger quelque chose de sa Mere & de ses Freres, neanmoins ne voulant pas leur estre à charge, ny leur causer aucune peine, & voyant qu'il ne pouuoit subsister dans Toloze, il prit resolution d'accepter vne petite Regence qu'on luy offrit à quatre lieuës de là, dans la ville de Buset, où plusieurs Gentils-hommes des enuirons luy donnerent leurs enfans en pension, & mesme on luy en enuoya de Toloze, comme il le manda à sa Mere par vne Lettre qu'il luy écriuit ; & le grand soin qu'il prenoit de leur instruction & bonne education, luy moyenna son retour à Toloze peu de temps aprés, où il mena ses Pensionnaires du consentement & auec l'agrément des Parens : de sorte qu'il eut moyen, en instruisant cette petite Ieunesse, de continuër ses études de Theologie ; ce qu'il fit auec tant d'affection & de diligence, qu'aprés y auoir employé sept ans, comme il se voit par vne attestation autentique du mois d'Octobre 1604. du Pere Esprit Iarran Religieux Augustin Docteur Regent en Theologie de l'Vniuersité de Toloze, signée de luy & d'Assolens Secretaire, & seellée : il fut receu Bachelier en Theologie, comme il appert par d'autres lettres du mesme mois signées d'André Gallus, Docteur Regent & Recteur de ladite Vniuersité, & d'Assolens son Secretaire, & seellées ; en suite dequoy il luy fut permis d'expliquer & enseigner publiquement le second liure des Sentences dans la mesme Vniuersité, comme il est porté par d'autres lettres de la mesme année, seellées & signées Coëlmez Chancelier de l'Vniuersité de Toloze, & de Soffores Tresorier. Ces trois pieces ont esté trouuées depuis la mort de ce grand Seruiteur de Dieu, par ceux de sa Compagnie, qui n'en auoient eü aucune connoissance pendant sa vie : De sorte que de compte fait sur les Memoires enuoyez de son Païs, il se trouue qu'il a employé plus de seize ans continüels à étudier, tant en la ville d'Acqs qu'en l'Vniuersité de Toloze.

Il n'estoit pas du nombre de ceux qui se laissent enfler pour vn peu de science qu'ils pensent auoir ; au contraire, il cachoit celle qu'il auoit acquise, & par vn mouuement d'humilité assez extraordinaire, il taschoit de persuader aux autres, qu'il auoit fort peu de science ; & souuent en parlant de luy-mesme, il se nommoit vn pauure Escolier de quatriéme, pour donner autant qu'il pouuoit vne basse opinion de sa suffisance ; en quoy il ne disoit rien contre la verité, puisqu'il estoit vray qu'il auoit esté Escolier de quatriéme : mais par vn saint artifice de la vertu d'humilité, il couuroit du voile du silence le reste de ses études ; & quoy que dans les occasions où il s'agissoit des interests de la verité, ou de la Charité, il fût obligé de parler, & de faire connoistre qu'il n'estoit pas ignorant des choses que sa condition l'obligeoit de sçauoir, il estoit pourtant bien-aise qu'on crût qu'il n'auoit point de science, afin de reprimer cette inclination vicieuse qui prouient de la racine de superbe, & qui se trouue ordinairement en tous les hommes, de passer pour capables & sçauans vn chacun dans sa profession ; en sorte que mesme les plus ignorans & malhabiles affectent cette reputation autant & quelquefois plus que les autres.　Mais *Vincent de Paul*, quoy que tres-abondamment pourueu de doctrine & de suffisance, eût volontiers pris pour luy la deuise du S. Apostre, & eût pû dire à son imitation, *Ie n'ay point estimé sçauoir aucune chose, sinon* Iesvs-Christ, *&* Iesvs-Christ *crucifié.* C'estoit-là sa principale Science, & sa plus haute Sagesse; c'estoit le Liure qu'il auoit toûjours ouuert deuant les yeux de son esprit, & duquel il tiroit des connoissances & des lumieres bien plus éleuées que toutes celles qu'il eût puisées des autres Sciences, quoy que bonnes & saintes, qu'il auoit acquises dans le cours de ses Etudes.

Non Iudicaui me scire aliquid inter vos nisi Iesum Christú, & hunc crucifixum. 1. Cor. 2.

CHAPITRE IV.

Ce qui luy arriua lors qu'il fut fait Esclaue, & mené en Barbarie.

PENDANT tout le temps que *Vincent de Paul* employa au cours de ses Etudes, tant en la ville d'Acqs qu'en l'Vniuersité de Toloze, il se comporta auec tant de modestie & de sagesse, répandant en tous lieux vne si bonne odeur par sa vertu, qu'il en estoit estimé & aimé de tous ceux qui le connoissoient ; & d'ailleurs la bonne conduite, dont il vsoit enuers les jeunes Pensionnaires qu'il auoit auec luy, ausquels il prenoit vn soin particulier de donner auec la science qu'il leur enseignoit, de fortes impressions de la pieté Chrétienne, le mit en telle reputation dans Toloze, qu'il pouuoit s'y promettre vn établissement considera-

ble ; & Monſieur de Saint-Martin Chanoine d'Acqs ſon ancien
& intime Amy qui l'a ſurvécu, a témoigné que dés ce temps-là
on luy auoit fait eſperer vn Eueſché par l'entremiſe de M. le Duc
d'Eſpernon, duquel il auoit éleué deux proches Parens parmy
ſes Penſionnaires : au commencement de l'année 1605 il fit vn
voyage à Bordeaux, dont on ne ſçait pas le ſujet ; mais il y a raiſon
de croire que c'eſtoit pour quelque grand auantage qu'on luy
vouloit procurer : car dans l'vne de ſes Lettres écrite en ce temps-
là, il dit, *qu'il l'auoit entrepris pour vne affaire qui requeroit grande
dépenſe, & qu'il ne pouuoit declarer ſans temerité.*

Eſtant de retour à Toloze, il trouua qu'vne perſonne qui auoit
eû eſtime de ſa vertu, & deſiré de luy procurer quelque accommodement, eſtant decedée pendant ſon abſence, l'auoit inſtitué
ſon heritier par ſon Teſtament, ce qui l'obligea d'employer quelque peu de temps à recueillir cette ſucceſſion ; & ayant appris
qu'vn homme qui deuoit quatre ou cinq cens écus à cette perſonne défunte, s'eſtoit retiré à Marſeille, pour éuiter les pourſui-
tes qu'on luy faiſoit ; & qu'ayant gagné quelque bien par le trafic, il eſtoit en eſtat d'acquitter cette debte ; il s'y en alla pour ſe
faire payer, & par accommodement il en tira trois cens écus :
c'eſtoit au mois de Iuillet de l'année 1605, auquel temps comme
il ſe diſpoſoit à retourner par terre à Toloze, vn Gentil-homme
de Languedoc, auec lequel il eſtoit logé, le conuia de s'embar-
quer auec luy juſqu'à Narbonne ; ce qu'il luy perſuada facilement, parce que le temps eſtant propre à la nauigation, il eſperoit par ainſi abreger de beaucoup ſon chemin.

Il eſt vray que ſelon le ſentiment ordinaire du monde, cet em-
barquement luy fut bien funeſte : mais ſi on le regarde auec des
yeux éclairez de la lumiere de la Foy, il fut tres-heureux pour
l'accompliſſement des deſſeins de Dieu ſur luy.

Laiſſons-luy faire à luy-meſme le recit de ce qui luy arriua en
ce rencontre, qui ſe trouue dans vne Lettre qu'il écriuit d'Auignon, aprés qu'il fut échapé de ſon eſclauage, en datte du 24
Iuillet 1607, à Monſieur de Commet le jeune, l'aiſné eſtant mort
de la grauelle quelque temps auparauant.

　Ie m'embarquay, dit-il, pour Narbonne, pour y eſtre plûtoſt
& pour épargner, ou pour mieux dire, pour n'y jamais eſtre, &
pour tout perdre. Le vent nous fut autant fauorable qu'il falloit
pour nous rendre ce jour-là à Narbonne (qui eſtoit faire cinquante lieuës) ſi Dieu n'eût permis que trois Brigantins Turcs

qui coſtoyoient le Golphe de Leon , pour attraper les Barques «
qui venoient de Beaucaire, où il y auoit vne Foire que l'on eſtime «
eſtre des plus belles de la Chrétienté , ne nous euſſent donné la «
charge & attaqué ſi viuement, que deux ou trois des noſtres «
eſtans tuez, & tout le reſte bleſſé, & meſme moy qui eu vn coup «
de fléche qui me ſeruira d'Horloge tout le reſte de ma vie, n'euſ- «
ſions eſté contraints de nous rendre à ces felons.   Les premiers «
éclats de leur rage furent de hacher noſtre Pilote en mille pie- «
ces, pour auoir perdu vn des principaux dés leurs , outre quatre «
ou cinq forçats que les noſtres tuérent : cela fait, ils nous enchaiſ- «
nerent, & aprés nous auoir groſſierement penſez , ils pourſuiui- «
rent leur pointe faiſant mille voleries, donnant neanmoins li- «
berté à ceux qui ſe rendoient ſans combattre, aprés les auoir vo- «
lez. Et enfin chargez de marchandiſes , au bout de ſept ou huit «
jours ils prirent la route de Barbarie, taniere & ſpelonque de vo- «
leurs ſans aueu du grand Turc, où eſtans arriuez ils nous expo- «
ferent en vente, auec vn Procés verbal de noſtre capture, qu'ils «
diſoient auoir eſté faite dans vn Nauire Eſpagnol ; parce que ſans «
ce menſonge nous aurions eſté déliurez par le Conſul que le Roy «
tient en ce lieu-là, pour rendre libre le commerce aux Fran- «
çois. Leur procedure à noſtre vente fut qu'aprés qu'ils nous eu- «
rent dépoüillez , ils nous donnerent à chacun vne paire de calc- «
çons, vn hoqueton de lin, auec vne bonnette, & nous promene- «
rent par la ville de Thunis , où ils eſtoient venus expreſſement «
pour nous vendre. Nous ayant fait faire cinq ou ſix tours par la «
Ville, la chaiſne au col, ils nous ramenerent au Bateau, afin que «
les Marchands vinſſent voir qui pouuoit bien manger, & qui non; «
& pour montrer que nos playes n'eſtoient point mortelles. Cela «
fait ils nous ramenerent à la Place, où les Marchands nous vinrent «
viſiter tout de meſme que l'on fait à l'achapt d'vn cheual ou d'vn «
bœuf, nous faiſant ouurir la bouche pour voir nos dents, palpant «
nos coſtez, ſondant nos playes, & nous faiſant cheminer le pas, «
trotter & courir, puis leuer des fardeaux, & puis luitter , pour «
voir la force d'vn chacun, & mille autres ſortes de brutalitez.   «

Ie fus vendu à vn Peſcheur, qui fut contraint de ſe deffaire «
bien-toſt de moy, pour n'auoir rien de ſi contraire que la Mer; & «
depuis par le Peſcheur à vn vieillard Medecin Spagirique, ſouue- «
rain tireur de quinteſſences, homme fort humain & traitable, le- «
quel à ce qu'il me diſoit auoit trauaillé l'eſpace de cinquante ans «
à la recherche de la Pierre philoſophale, &c. il m'aimoit fort, & ſ•

„ se plaisoit de me discourir de l'Alchimie, & puis de sa Loy, à la-
„ quelle il faisoit tous ses efforts de m'attirer, me promettant force
„ richesses & tout son sçauoir. Dieu opera toûjours en moy vne
„ croyance de déliurance par les assiduës prieres que je luy faisois,
„ & à la Vierge Marie, par la seule intercession de laquelle je croy
„ fermement auoir esté déliuré. L'esperance donc & la ferme
„ croyance que j'auois de vous reuoir, MONSIEVR, me fit estre
„ plus attentif à m'instruire du moyen de guerir de la grauelle, en
„ quoy je luy voyois journellement faire des merueilles ; ce qu'il
„ m'enseigna, & mesme me fit preparer, & administrer les ingre-
„ diens. O combien de fois ay-je desiré depuis d'auoir esté Esclaue
„ auparauant la mort de Monsieur vostre Frere ! car je croy que
„ si j'eusse sceu le secret que maintenant je vous enuoye , il ne
„ seroit pas mort de ce mal là, &c.
„   Ie fus donc auec ce Vieillard depuis le mois de Septembre 1605,
„ jusques au mois d'Aoust 1606, qu'il fut pris & mené au grand Sul-
„ tan, pour trauailler pour luy, mais en vain ; car il mourut de re-
„ gret par les chemins. Il me laissa à vn sien Neveu vray Antropo-
„ morphite, qui me reuendit bien-tost aprés la mort de son Oncle,
„ parce qu'il oüit dire comme Monsieur de Breues Ambassadeur
„ pour le Roy en Turquie venoit auec bonnes & expresses paten-
„ tes du grand Turc, pour recouurer tous les Esclaues Chrétiens.
„ Vn Renegat de Nice en Sauoye, ennemy de nature, m'acheta,
„ & m'emmena en son Temat , ainsi s'appelle le bien que l'on
„ tient comme Metayer du grand Seigneur : car là le peuple n'a
„ rien, tout est au Sultan ; le Temat de celuy-cy estoit dans la Mon-
„ tagne, où le païs est extrémement chaud & desert. L'vne des trois
„ femmes qu'il auoit estoit Grecque Chrétienne, mais Schismati-
„ que ; vne autre estoit Turque, qui seruit d'instrument à l'immense
„ misericorde de Dieu pour retirer son mary de l'Apostasie, & le
„ remettre au giron de l'Eglise, & me déliurer de mon esclauage.
„ Curieuse qu'elle estoit de sçauoir nostre façon de viure, elle me
„ venoit voir tous les jours aux champs, où je fossoyois ; & vn jour
„ elle me commanda de chanter les loüanges de mon Dieu : Le res-
„ souuenir du *Quomodo cantabimus in terra aliena,* des Enfans d'Israël
„ captifs en Babylone, me fit commencer la larme à l'œil le Pseau-
„ me *Super flumina Babylonis,* & puis le *Salue Regina,* & plusieurs autres
„ choses ; en quoy elle prenoit tant de plaisir, que c'estoit merueil-
„ le : elle ne manqua pas de dire à son mary le soir, qu'il auoit eu
„ tort de quitter sa Religion, qu'elle estimoit extrémement bonne,

pour

pour vn recit que je luy auois fait de noftre Dieu , & quelques «
loüanges que j'auois chanté en fa prefence : en quoy elle difoit «
auoir reffenty vn tel plaifir, qu'elle ne croyoit point que le Pa- «
radis de fes peres, & celuy qu'elle efperoit fût fi glorieux, ny ac- «
compagné de tant de joye, que le contentement qu'elle auoit «
reffenty pendant que je loüois mon Dieu ; concluant qu'il y auoit «
en cela quelque merueille. Cette femme, comme vn autre Caï- «
phe, ou comme l'Afneffe de Balaam , fit tant par fes difcours,que «
fon mary me dît dés le lendemain, qu'il ne tenoit qu'à vne com- «
modité que nous ne nous fauuaffions en France ; mais qu'il y don- «
neroit tel remede, que dans peu de jours Dieu en feroit loüé. Ce «
peu de jours dura dix mois qu'il m'entretint en cette efperance, «
au bout defquels nous nous fauuâmes auec vn petit Efquif, & «
nous rendifmes le 28. de Iuin à Aigues-mortes , & toft aprés en «
Auignon , où Monfieur le Vicelegat receut publiquement le Re- «
negat auec la larme à l'œil & le fanglot au cœur, dans l'Eglife de «
Saint Pierre , à l'honneur de Dieu , & edification des affiftans. «
Mondit Seigneur nous a retenus tous deux pour nous mener à «
Rome, où il s'en va tout auffi-toft que fon Succeffeur fera venu : «
Il a promis au penitent de le faire entrer à l'auftere Conuent des «
Fate ben Fratelli, où il s'eft voüé, *&c.*   «

Iufques icy font les paroles de Monfieur Vincent, dans la Lettre «
qu'il écriuit eftant à Auignon , laquelle fut trouuée par hazard
entre plufieurs autres papiers par vn Gentil-homme d'Acqs,
Neueu de Monfieur de Saint-Martin Chanoine, en l'année 1658,
cinquante ans aprés qu'elle a efté écrite : Il la mit entre les mains
dudit Sieur de Saint-Martin fon Oncle, lequel en enuoya vne
Copie à Monfieur Vincent,deux ans auant fa mort,eftimant qu'il
feroit confolé de lire fes anciennes auantures, & de fe voir jeune,
en fa vieilleffe : mais l'ayant leüe il la mit au feu, & bien-toft
aprés remerciant Monfieur de Saint-Martin de luy auoir enuoyé
cette Copie, il le pria de luy enuoyer auffi l'Original, & luy en
fit encore de tres-grandes inftances par vne autre Lettre qu'il luy
écriuit, fix mois auant fa mort. Celuy qui écriuoit fous luy fe
doutant que cette Lettre contenoit quelque chofe qui tournoit
à la loüange de M. Vincent, & qu'il ne la demandoit que pour
la brûler, comme il auoit brûlé la Copie, afin d'en fupprimer la
connoiffance, fit couler vn billet dans la Lettre de M. de Saint-
Martin, pour le prier d'adreffer cet Original à quelqu'autre qu'à
M. Vincent, s'il ne vouloit qu'il fût perdu ; ce qui l'obligea de

C

l'enuoyer à vn Preftre de fa Compagnie, qui eftoit Superieur du Seminaire qui eft au College des Bons-Enfans à Paris : & c'eft par ce moyen que cette Lettre a efté conferuée ; en forte que M. Vincent n'en a rien fceu auant fa mort ; & fans ce pieux artifice, il eft certain qu'on n'eût jamais rien fceü de ce qui s'eftoit paffé en cet efclauage : car cet humble Seruiteur de Dieu faifoit toûjours fes efforts pour cacher aux hommes les graces & les dons qu'il receuoit de Dieu, & tout ce qu'il faifoit pour fa gloire & pour fon feruice : ceux qui l'ont obferué de plus prés, l'ont bien reconnu en toute forte de rencontres ; & on auroit peine de croire jufques où alloient fes foins & fes précautions, pour éuiter tout ce qui pouuoit tendre en quelque maniere que ce fût, directement ou indirectement à fon eftime ou à fa loüange ; de forte que l'on ne verra en ce recit de fa vie, que ce que fon humilité n'a pû dérober à la veuë & à la connoiffance des hommes. Que fi par quelque raifon de Charité il a efté obligé quelquefois de découurir quelque petite chofe qu'il ne pouuoit refufer à l'edification du prochain, ce n'a pas efté fans fe faire grande violence ; & encore aprés auoir dit ce qu'il croyoit ne pouuoir retenir fous le filence, on luy a veu fouuent demander pardon d'auoir ainfi parlé de foy-mefme ; & quand il pouuoit le faire en tierce perfonne, fans qu'on f'apperçeût que ce fût de luy qu'il entendoit parler, il le faifoit auec toute l'adreffe que fon humilité luy pouuoit fuggerer.

Outre la conftance & la fermeté à profeffer la Foy de I E S V S-C H R I S T parmy les Infidéles, la parfaite confiance au fecours de la Diuine Bonté dans vn délaiffement & abandon des creatures, la fidelité dans les exercices de pieté enuers Dieu, & de deuotion enuers la tres-fainte Vierge, au milieu des impietez de la Barbarie, la grace de fléchir les cœurs les plus durs, & d'infpirer des fentimens de refpect & d'affection enuers noftre fainte Religion, aux efprits qui y eftoient tres-oppofez, & plufieurs autres vertus & dons de Dieu qui ont paru en M. Vincent pendant fon efclauage, & que nous laiffons au pieux Lecteur à confiderer & pefer autant qu'il fera expedient pour fon edification ; Il y a deux chofes qui meritent icy fon attention particuliere.

L'vne eft la vertu extraordinaire de M. Vincent à retenir & fupprimer en luy toutes les connoiffances que ce Medecin Spagirique luy auoit communiquées de diuers beaux fecrets de la Nature & de l'Art, dont il luy auoit veu faire des experiences

merueilleuſes durant vne année qu'il fut à ſon ſeruice, comme
luy-meſme le témoigne dans la ſuite de cette Lettre à Monſieur
de Commet, dont nous auons rapporté ſeulement vn extrait, &
dans vne autre qu'il luy écriut puis aprés eſtant arriué à Rome;
& il n'y a point de doute que s'il eût voulu ſ'en ſeruir dans cette
grande Ville où ſe trouuent tant d'Eſprits curieux, il eût pû en
tirer de tres-grands auantages temporels, en vn temps où il ſembloit en auoir plus de beſoin : mais jugeant que cela eſtoit indi-
gne d'vn Preſtre de l'Egliſe de I e s v s-C h r i s t, non ſeulement
il n'en a point voulu faire aucun vſage ; mais ce qui eſt admirable, depuis ſon retour de Rome en France, on ne luy a jamais oüy
dire vne ſeule parole pour témoigner qu'il en ſceût aucune choſe, ny à ceux de ſa Compagnie, ny a aucun de ſes plus intimes
Amis, non plus que des autres particularitez de ſon eſclauage,
quoy qu'il ait eü occaſion d'en parler cent & cent fois en écriuant & conferant des affaires des Eſclaues, dont ſa Charité luy a
fait prendre le ſoin. On luy a bien oüy dire pluſieurs fois les
choſes les plus humiliantes de ſa vie ; mais jamais rien de ſon ſejour à Tunis, à cauſe des circonſtances qui pouuoient en quelque
façon tourner à ſa loüange.

L'autre choſe à conſiderer dans l'eſclauage de M. Vincent, c'eſt
l'eſprit de compaſſion, qu'il y conceut, & qu'il en remporta enuers tous ces pauures Chrétiens qu'il y vit gémir & languir miſe-
rablement dans les fers, & ſous le joug de la tyrannie de ces Bar-
bares, ſans aucune aſſiſtance ny conſolation corporelle ou ſpirituelle, expoſez à des outrages pleins de cruauté, à des trauaux in-
ſupportables ; & ce qui eſt le pire, dans vn danger continuel de
perdre leur foy & leur ſalut. Dieu voulut luy en donner l'experience, afin que ce ſentiment de douleur luy demeurant graué
dans l'ame, le portaſt plus efficacement vn jour à ſecourir ces
pauures abandonnez, comme il a fait, ayant trouué moyen d'établir vne reſidence de Miſſionnaires à Tunis & en Alger, pour les
conſoler, fortifier, encourager, leur adminiſtrer les Sacremens, &
leur rendre toute ſorte de ſeruices & d'aſſiſtances, tant en leurs
corps qu'en leurs ames, & leur faire en quelque façon reſſentir
parmy leurs fers & leurs peines, les effets de l'infinie douceur &
miſeticorde de Dieu.

CHAPITRE V.

*Son retour de Rome en France, & son premier sejour
à Paris.*

Onsieur Vincent estant arriué à Rome, y demeura jusques
vers la fin de l'année 1608, par l'assistance qu'il receut de
M. le Vicelegat, qui luy donnoit sa table, & dequoy s'entretenir.
Il témoigna luy-mesme dans vne Lettre qu'il écriuit trente ans
aprés, à vn Prestre de sa Compagnie qui estoit à Rome, *Qu'il fut
si consolé (ce sont ses propres termes) de se voir en cette Ville maî-
tresse de la Chrétienté , où est le Chef de l'Eglise militante , où sont les
corps de S. Pierre & de S. Paul, & de tant d'autres Martyrs, & de Saints
personnages , qui ont autrefois versé leur sang, & employé leur vie pour
IESVS-CHRIST, qu'il s'estimoit heureux de marcher sur la terre où
tant de grands Saints auoient marché ; que cette consolation l'auoit attendry jusqu'aux larmes.* Et neanmoins parmy ses sentimens de consolation spirituelle, l'affection qu'il auoit toûjours eü pour l'étude, ne s'estant point diminüée , par les peines & les trauerses qui
luy estoient arriuées, lors qu'il se vit vn peu en repos dans cette
grande Ville, il employa tout le temps qu'il auoit libre pour raf-
fraischir & renouueller en son esprit les idées de ce qu'il auoit appris en l'Vniuersité de Toloze. Pendant son sejour à Rome, M. le
Vicelegat le fit connoistre au Cardinal d'Ossat , lequel luy ayant
diuerses fois parlé & connu la trempe de son esprit, en fut tellement satisfait, & en conceut vn jugement si auantageux, qu'ayant
à informer le Roy Henry IV. d'vne affaire tres-importante, qui
ne pouuoit estre hazardée par vne Lettre, dautant qu'elle deuoit
estre tres-secrette, & qu'il falloit l'exposer verbalement à sa
Majesté ; ce grand Cardinal ne trouua point de personne plus
propre ny plus capable pour vn tel employ que M. Vincent, à la
discretion & fidelité duquel il confia ce secret, pour estre porté
auec asseurance au Roy.

Et c'est en cette occasion que M. Vincent fit derechef connoître la solidité de sa Vertu, & la droiture de son Esprit, qui ne regardoit que Dieu, & qui n'auoit point d'autre pretension que de
luy plaire & luy rendre vn fidéle & agreable seruice: car estant arriué à Paris, & ayant eü vne si fauorable entrée auprés d'vn grand
Roy, qui sçauoit tres-bien faire le discernement des Esprits, & de

qui par conſequent eſtant connu, il pouuoit eſperer vn auancement tres-conſiderable ſelon le ſiecle; il ne voulut point neanmoins ſe preualoir de cette occaſion, que d'autres euſſent recherchée & ménagée auec tous les ſoins & toutes les adreſſes
poſſibles: mais craignant que la faueur du Roy de la terre ne ſeruiſt d'obſtacle aux graces du Roy du Ciel, au ſeruice duquel il
s'eſtoit attaché par des liens indiſſolubles, il jugea qu'il ne deuoit
point ſ'engager plus auant à la Cour: mais ſ'eſtant acquitté de ſa
Commiſſion, & conſeruant en ſon cœur vne ſincere affection d'o-
beïſſance & de fidelité enuers ſon Prince, il ſe retira en ſon particulier, dans le deſſein de mener vne vie vrayement Eccleſiaſtique, & de s'acquitter parfaitement de toutes les obligations de
ſon Caractere.

Le logement qu'il auoit pris d'abord dans le faux-bourg Saint
Germain lors qu'il arriua à Paris, luy procura la connoiſſance de
quelques-vns des principaux Officiers de la defunte Reyne Mar-
guerite qui demeuroit au meſme endroit, l'vn deſquels eſtoit
Monſieur Dufreſne Secretaire de ſa Majeſté, auec lequel il con-
tracta dés-lors vne tres-étroite amitié, à cauſe de la vertu &
des bonnes qualitez qu'il voyoit en luy, pour leſquelles aprés la
mort de cette Princeſſe il l'attira en la maiſon de Gondy, où il
fut Secretaire, & puis Intendant du Seigneur Emanuël de Gondy
Comte de Ioigny, & General des Galeres de France.   C'eſt luy
qui a rendu ce témoignage, *que dés ce temps-là M. Vincent paroiſſoit
fort humble, charitable & prudent, faiſant bien à chacun & n'eſtant à
charge à perſonne, circonſpect en ſes paroles, écoutant paiſiblement les
autres, ſans jamais les interrompre; & que dés-lors il alloit ſoigneuſement
viſiter, ſeruir, & exhorter les Pauures malades de la Charité.*

Pendant ce premier ſejour que M. Vincent fit à Paris, il luy arriua vn étrange accident, que Dieu permit pour éprouuer ſa vertu, & qui n'a eſté ſceu que depuis ſa mort, par le moyen de M. de
Saint-Martin Chanoine d'Acqs, qui en a rendu vn fidéle & aſſeuré
témoignage. Ce fut en l'année 1609, qu'eſtant encore logé au
faux-bourg S. Germain, dans vne meſme chambre auec le Iuge
du lieu de *Sore*, qui eſt vn village ſitué aux Landes, & du reſſort
de Bourdeaux, il fut accuſé à faux de luy auoir dérobé quatre
cens écus. Voicy comment la choſe arriua.

Ce Iuge ſ'eſtant vn jour leué de grand matin, ſ'en alla en
Ville pour quelques affaires, & ſ'oublia de fermer vne armoi-
re où il auoit mis ſon argent; il laiſſa Monſieur Vincent au lict

vn peu indiſpoſé, attendant vne Medecine qu'on luy deuoit apporter. Le garçon de l'Apotiquaire eſtant venu auec ſa Medecine, trouua cet argent en cherchant vn verre dans cette armoi-
re, qu'il vit ouuerte; & ſans dire mot il le mit en ſa poche, &
l'emporta : verifiant le Prouerbe qui dit, que l'occaſion fait le
larron.

Ce Iuge eſtant de retour fut bien étonné de ne trouuer plus
ſa bourſe, il la demanda à M. Vincent, qui ne ſçauoit que luy en
dire, ſinon qu'il ne l'auoit ny priſe ny veu prendre. L'autre crie,
tempeſte, & veut qu'il luy réponde de ſa perte; il l'oblige de ſe
ſeparer de ſa compagnie, il le diffame par tout, comme vn méchant & vn voleur, & porte ſes plaintes à toutes les perſonnes qui
le connoiſſoient, & auec leſquelles il pût découurir qu'il auoit
quelques habitudes; & comme il ſceut qu'en ce temps M. Vincent
voyoit quelquefois le R. Pere de Berulle, alors Superieur General de la Congregation des Preſtres de l'Oratoire, & du depuis
Cardinal de la Sainte Egliſe Romaine; il alla le trouuer vn jour
qu'il eſtoit auec luy en la compagnie de quelques-autres perſonnes d'honneur & de pieté, & en leur preſence il l'accuſa de ce
larcin, & meſme luy en fit ſignifier vn Monitoire. Mais cet homme de Dieu ſans ſe troubler ny témoigner aucun reſſentiment
d'vn affront ſi ſenſible, & ſans ſe mettre beaucoup en peine de ſe
juſtifier, ſe contenta de luy dire doucement, *que Dieu ſçauoit la verité;* & conſeruant ſon égalité d'eſprit, parmy l'opprobre d'vne ſi
honteuſe calomnie, il edifia grandement la Compagnie par ſa
retenüe & par ſon humilité.

Mais qu'arriua-il enfin d'vne ſi fâcheuſe rencontre ? Dieu permit que le garçon qui auoit fait le vol, fut quelques années aprés
arreſté priſonnier à Bourdeaux pour quelqu'autre ſujet : Il eſtoit
de ces quartiers-là, & de la connoiſſance meſme de ce Iuge de
Sore; & preſſé du remords de ſa conſcience, il le fit prier de le
venir trouuer en priſon, où eſtant il luy auoüa que c'eſtoit luy
qui auoit dérobé ſon argent, & luy promit de luy en faire reſti-
tution, apprehendant que Dieu ne le voulût punir pour ce miſerable larcin. Mais ſi d'vn coſté ce Iuge fut joyeux de voir ſa
perte recouuerte, lors qu'il ne ſ'y attendoit plus, il fut auſſi d'vn
autre ſaiſi d'vn ſi grand regret d'auoir calomnié vn Eccleſiaſtique ſi vertueux, tel qu'eſtoit M. Vincent, qu'il luy écriuit exprés
vne Lettre pour luy en demander pardon; mais il le ſupplioit de
luy donner ce pardon par écrit, luy diſant que ſ'il le luy refuſoit,

il viendroit en perſonne à Paris ſe jetter à ſes pieds, & luy demander pardon la corde au col.

On a trouué la confirmaɔion de ce fait dans le Recueil d'vne
Conference faite à S. Lazare, dont le ſujet eſtoit de bien faire les
corrections & de les bien receuoir, où M. Vincent entre les bons
auis qu'il donna à l'Aſſemblée, toucha cet exemple, non comme
d'vne choſe qui luy fût arriuée, mais comme parlant d'vne tierce
perſonne. Voicy les paroles qu'il dît ſur ce ſujet, & qui ſont tres-
dignes de remarque.

Que ſi le defaut, dit-il, dont on nous auertit, n'eſt pas en nous, «
eſtimons que nous en auons beaucoup d'autres, pour leſquels «
nous deuons aimer la confuſion, & la receuoir ſans nous juſtifier, «
& encore moins ſans nous indigner, ny emporter contre celuy «
qui nous accuſe. *En ſuite dequoy il ajoûta.* «

I'ay connu vne perſonne, qui accuſée par ſon compagnon de «
luy auoir pris quelque argent, luy dit doucement qu'il ne l'auoit «
pas pris : mais voyant que l'autre perſeueroit à l'accuſer, il ſe «
tourne de l'autre coſté, s'éleue à Dieu, & luy dit : Que feray-je, «
mon Dieu, vous ſçauez la verité : Et alors ſe confiant en luy, il ſe «
reſolut de ne plus répondre à ces accuſations, qui allerent fort «
auant, juſqu'à tirer Monitoire du larcin, & le luy faire ſignifier. «
Or il arriua, & Dieu le permit, qu'au bout de ſix ans, celuy qui «
auoit perdu l'argent, eſtant à plus de ſix vingts lieuës d'icy, trou- «
ua le larron qui l'auoit pris. Voyez le ſoin de la Prouidence pour «
ceux qui ſ'abandonnent à elle : alors cet homme reconnoiſſant «
le tort qu'il auoit eü de ſ'en prendre auec tant de chaleur & de «
calomnie, contre ſon Amy innocent, luy écriuit vne Lettre pour «
luy en demander pardon, luy diſant qu'il en auoit vn ſi grand dé- «
plaiſir, qu'il eſtoit preſt, pour expier ſa faute, de venir au lieu où «
il eſtoit pour en receuoir l'abſolution à genoux. Eſtimons donc, «
Meſſieurs, & mes Freres, que nous ſommes capables de tout le «
mal qui ſe fait, & laiſſons à Dieu le ſoin de manifeſter le ſecret «
des conſciences, *&c.* «

CHAPITRE VI.
Il eſt pourueu de la Cure de Clichy , & il y exerce l'office d'vn bon Paſteur.

QVoy que M. Vincent fût bien reſolu de ſe donner parfaitement à Dieu, & de luy rendre tous les ſeruices qu'il pourroit dans l'Eſtat Eccleſiaſtique ; cet accident neanmoins qui luy arriua, luy ſeruit comme d'vn nouuel éguillon, & le bon vſage qu'il en fit attira ſur luy de nouuelles graces, qui le porterent encore plus fortement à l'execution de ſes bonnes reſolutions. Et voyant que cette demeure où il auoit eſté obligé de ſe retirer à ſon arriuée dans Paris, parmy des perſonnes laïques, eſtoit peu conuenable au deſir que Dieu luy auoit inſpiré de ſe mettre dans vne vie vrayement Eccleſiaſtique, il ſe reſolut de ſ'en retirer ; & la bonne eſtime que ſa vertu luy auoit acquiſe luy fit trouuer accés chez les RR. PP. de l'Oratoire, qui le receurent en leur Maiſon, non pas pour eſtre aggregé à leur ſainte Compagnie, ayant luy-meſme declaré du depuis qu'il n'auoit jamais eü cette intention ; mais pour ſe mettre vn peu à l'abry des engagemens du monde, & pour mieux connoiſtre les deſſeins de Dieu ſur luy, & ſe diſpoſer à les ſuiure : Et ſçachant bien que nous ſommes aueugles en noſtre propre conduite, & que le plus aſſeuré moyen pour ne ſe point détourner des voyes de Dieu, eſt d'auoir quelque Ange viſible qui nous conduiſe, c'eſt à dire quelque ſage & vertueux Directeur qui nous aide par ſes bons auis, il creut ne pouuoir faire vn meilleur choix, que de celuy meſme qui conduiſoit auec tant de ſageſſe & de benediction cette ſainte Compagnie de l'Oratoire, qui eſtoit alors le R. Pere de Berulle, comme nous auons dit, dont la memoire eſt en odeur de Sainteté. Monſieur Vincent donc luy ayant ouuert ſon cœur, ce grand Seruiteur de Dieu qui auoit vn eſprit des plus éclairez de ce Siecle, reconnut incontinent que Dieu l'appelloit à de grandes choſes ; & l'on dit meſme qu'il prévit dés-lors, & qu'il luy declara que Dieu vouloit ſe ſeruir de luy pour luy rendre vn ſignalé ſeruice dans ſon Egliſe, & pour aſſembler à cet effet vne nouuelle Communauté de bons Preſtres, qui y trauailleroient auec fruit & benediction.

Il demeura enuiron deux ans en cette retraite, & pendant ce
temps-là

temps-là le R. Pere Bourgoing, qui estoit pour-lors Curé de Clichy, ayant eu dessein de quitter cette Cure pour entrer en la
Congregation de l'Oratoire, dont il a esté depuis tres-digne Superieur General, le R. Pere de Berulle porta M. Vincent à accepter la resignation qui luy fut faite de cette Cure, pour commencer par ce lieu-là à trauailler en la vigne du Seigneur. A quoy
M. Vincent acquiesça par esprit d'obeïssance, estant bien aise, en
rendant ce seruice à Dieu, d'auoir quelque occasion de s'humilier, & de preferer la condition de simple Curé d'vn Village, aux
autres plus auantageuses & plus honorables, dont il pouuoit se
preualoir, ayant mesme esté deux ou trois ans auparauant nommé par le Roy, sur la recommandation qui luy en auoit esté faite
par le Cardinal d'Ossat, à l'Abbaye de S. Leonard de Chaume au
Diocese de Maillezay, à present de la Rochelle : & la Reine Mar-
guerite sur le recit qu'on luy auoit fait de ses vertus l'ayant pris
enuiron ce temps-là pour son Aumônier ordinaire, & fait mettre
en cette qualité sur l'Estat de sa Maison. Mais cet humble Seruiteur de Dieu renonça de bon cœur à tous ces auantages, & choisit plûtost, à l'exemple du Prophete, d'estre abjet en la maison
du Seigneur, que d'habiter dans les tabernacles des pecheurs.

Ayant donc pris possession de la Cure de Clichy, & se voyant
Pasteur de ce troupeau que la Prouidence de Dieu luy auoit
confié, il se proposa de s'acquitter fidélement & soigneusement
de tous les deuoirs d'vne telle charge ; & suiuant ce qui est pres-
crit par les Saints Canons, & particulierement par le dernier
Concile General, il s'étudia comme vn vray Pasteur, premierement de bien connoistre ses oüailles, & puis de leur donner
vne salutaire pâture pour leurs Ames, demandant à Dieu par ses
sacrifices les graces qui leur estoient necessaires, leur distribuant
le pain de la parole Diuine dans ses Prosnes & dans ses Catechismes, leur ouurant la fontaine des graces dans l'administration
des Sacremens, & enfin se donnant luy-mesme en toutes les manieres qu'il pouuoit, pour leur procurer toute sorte d'assistance &
de consolation. On voyoit ce charitable Pasteur incessamment
occupé au seruice de son troupeau, visiter les malades, consoler
les affligez, soulager les Pauures, appaiser les inimitiez, maintenir la paix & la concorde dans les familles, reprendre ceux qui
manquoient à leur deuoir, encourager les bons, & se faire tout à
tous, pour les gagner tous à Iesvs-Christ : mais sur tout,
l'exemple de sa vie & de ses vertus estoit vne predication conti-

nuelle, qui auoit vn tel effet, que non feulement les habitans de Clichy, & plufieurs honneftes perfonnes de Paris qui auoient des Maifons en ce lieu-là, le refpectoient & le regardoient dés-lors comme vn Saint homme, mais mefmes les Curez du voifinage conceurent pour luy beaucoup d'eftime & de confiance ; de forte qu'ils recherchoient fa conuerfation, pour apprendre de luy à bien faire leurs fonctions, & f'acquitter de tous les deuoirs de leurs charges.

Et à ce fujet ayant efté vne fois obligé de f'abfenter quelque peu de temps, pour vn petit voyage, dont il n'auoit pû fe difpenfer, fon Vicaire luy rendant compte de l'eftat de fa Parroiffe, luy manda entr'autres chofes, *que Meffieurs les Curez fes voifins defiroient fort fon retour ; que tous les bourgeois & habitans le defiroient pour le moins autant. Venez donc, Monfieur, luy dit-il, venez tenir voftre troupeau dans le bon chemin où vous l'auez mis ; car il a vn grand defir de voftre prefence.*

Et vn Docteur de la faculté de Paris, Religieux d'vn Ordre celebre, qui prefchoit quelquefois en la Parroiffe de Clichy, en a » depuis rendu ce témoignage : Ie me réjoüis, dit-il, qu'au com- » mencement de cet heureux Inftitut de la Miffion, je confef- » fois fouuent dans le petit Clichy celuy qui a fait naiftre par les » ordres du Ciel cette petite fontaine, qui commence fi heureufe- » ment d'arrofer l'Eglife, & qui vifiblement fe fait vn grand fleu- » ue, mille fois plus precieux que le Nil, fur l'Egypte fpirituel : Ie » m'employois, lors qu'il jettoit les fondemens d'vn fi grand, fi faint, » & fi falutaire ouurage, à prefcher ce bon peuple de Clichy, dont » il eftoit Curé ; mais j'auoüe que je trouuay ces bonnes gens qui » vniuerfellement viuoient comme des Anges, & qu'à vray dire, » j'apportois la lumiere au Soleil.

La loüange que ce Docteur donne au troupeau, fait connoiftre la vigilance & le zele du Pafteur, & les foins qu'il auoit pris de l'inftruire, & de le former aux vertus & aux pratiques d'vne vie vraiment Chrétienne.

Il trouua à fon entrée en cette Cure, l'Eglife fort pauure, tant en fon edifice qu'en fes ornemens, & il entreprit de la faire rebâtir toute entiere, & de la fournir de tous les meubles & ornemens conuenables pour l'honneur & la fainteté du feruice Diuin ; & il executa heureufement fon entreprife, non pas à la verité à fes dépens, car il eftoit luy-mefme pauure, donnant tout ce qu'il auoit à ceux qu'il voyoit dans l'indigence, & ne fe referuant rien,

ny auſſi aux dépens des habitans, qui n'eſtoient pas trop accom-
modez, mais par l'aſſiſtance des perſonnes de Paris, à qui il eut
recours, & qui ſeconderent volontiers ſes bonnes intentions.

Il procura auſſi que la Confrairie du Roſaire fut établie en la
meſme Parroiſſe, de ſorte que lors qu'il quitta la Cure, il laiſſa
l'Egliſe rebâtie toute à neuf, bien fournie d'ornemens, & en
tres-bon eſtat ; & outre cela il la remit purement & ſimplement
ſans en retenir aucune penſion, entre les mains d'vn digne Suc-
ceſſeur nommé Monſieur Soüillard, lequel outre les ſoins de la
Parroiſſe, y éleua pluſieurs jeunes Clercs qui luy furent adreſſez
par M. Vincent, & les mit dans toutes les diſpoſitions propres
pour rendre vn ſeruice vtile à l'Egliſe.

CHAPITRE VII.

Son entrée & ſes déportemens en la maiſon de Gondy.

CE fut enuiron l'an 1613 que le Reuerend Pere de Berulle
porta M. Vincent, à accepter la charge de Precepteur des
enfans de Meſſire Emanuël de Gondy Comte de Ioigny alors
General des Galeres de France, & de Dame Françoiſe Margue-
rite de Silly ſon épouſe, femme d'vne excellente vertu, d'autant
plus digne d'eſtre eſtimée, que la pieté eſtoit en ce temps-là plus
rare parmy les perſonnes de la Cour. Et ce choix qui fut fait de
M. Vincent pour cet employ, n'eſt pas vne petite preuue du jugement auantageux que ce premier Superieur General de l'Oratoire faiſoit de ſa vertu, & des bonnes qualitez de ſon eſprit, le
donnant à vne famille des plus pieuſes & des plus illuſtres du
Royaume, & luy confiant la conduite & l'education de trois jeunes Seigneurs de grande eſperance, dont l'aiſné eſt Duc &
Pair de France, le ſecond a eſté éleué à la dignité de Cardinal de
la ſainte Egliſe, & pour le troiſiéme qui promettoit beaucoup,
pour les belles qualitez de corps & d'eſprit dont il eſtoit doüé,
Dieu le retira de ce monde à l'âge de dix ou onze ans, pour luy
donner dans le Ciel vn partage plus auantageux que celuy qu'il
euſt trouué ſur la Terre.

Monſieur Vincent a paſſé douze ans dans cette illuſtre Maiſon,
où il ſeſt toûjours comporté auec vne telle ſageſſe, moderation
& retenuë, qu'il ſeſt acquis tout enſemble, & l'eſtime & l'affection de toutes les perſonnes qui l'ont connû. Il ne ſe preſentoit

iamais deuant M. le General, ny deuant Madame, qu'ils ne le fiſſent appeller : Il ne ſ'ingeroit de luy-meſme en quoy que ce fût,
ſinon en ce qui regardoit la charge qu'on luy auoit confiée ; &
hors le temps deſtiné au ſeruice de ces trois petits Seigneurs, il
demeuroit dans cette grande Maiſon, où il y auoit vn abord continuel de toutes ſortes de perſonnes, comme dans vne Chartreuſe,
& retiré en ſa chambre comme dans vne petite cellule, d'où il ne
ſortoit point que lors qu'on l'appelloit, ou que la charité l'obligeoit d'en ſortir ; tenant cette maxime, que pour ſe produire au
dehors auec aſſeurance parmy tant de perilleuſes occaſions qui
ne ſont que trop frequentes en cette grande Ville, il faut ſe tenir
volontiers dans la retraite & dans le ſilence, quand il n'y a aucune
neceſſité de ſortir ny de parler. Il eſt bien vray que lors qu'il eſtoit
queſtion de rendre quelque bon office au prochain pour le bien
de ſon ame, il quittoit auſſi volontiers ſa retraitte, qu'il ſ'y tenoit
quand il n'y auoit aucune cauſe qui l'obligeaſt d'en ſortir, & on
le voyoit alors parler & ſ'entremettre auec grande charité, &
faire tout le bien qu'il pouuoit aux vns & aux autres ; il appaiſoit
les querelles & diſſenſions, & procuroit l'vnion & la concorde
entre les domeſtiques, il les alloit viſiter dans leurs chambres
quand ils eſtoient malades, & aprés les auoir conſolez leur rendoit iuſqu'aux moindres ſeruices : aux approches des Feſtes ſo-
lemnelles, il les aſſembloit tous pour les inſtruire & les diſpoſer à
la reception des Sacremens ; il faiſoit couler de bons propos à
table pour en bannir les paroles inutiles : & lors que Monſieur ou
Madame le menoient aux champs auec Meſſieurs leurs Enfans,
comme à Ioigny, Montmirail, Villepreux, & autres de leurs
Terres, tout ſon plaiſir eſtoit d'employer les heures qui luy
eſtoient libres, à inſtruire & catechiſer les Pauures, & à faire
des Exhortations & des Predications au peuple, ou adminiſtrer les Sacremens, & particulierement celuy de Penitence,
auec l'approbation des Eueſques des lieux, & l'agrément des
Curez.

Vne maniere d'agir ſi prudente & ſi vertueuſe gagna bien-toſt
le cœur & l'affection de tous ceux auec leſquels il viuoit, & particulierement de Madame, qui fut tellement edifiée de la modeſtie, de la diſcretion & de la charité de M. Vincent, que dés
la premiere ou ſeconde année qu'il fut en ſa maiſon, elle ſe reſolut de luy confier la conduite de ſon ame ; & pour cet effet elle
eut recours au R. Pere de Berulle ; le priant d'obliger ce ſage &

vertueux Preſtre, de prendre ſoin de ſa conſcience, & de l'ayder
de ſes bons auis ; ce qu'il fit par eſprit de deference & de ſoûmiſſion aux ſentimens de celuy qu'il reſpectoit comme le pere de ſon
ame, quoy qu'il en reſſentît beaucoup de confuſion, à cauſe de
ſa grande humilité.

Cette vertueuſe Dame qui aimoit parfaitement le bien, &
qui deſiroit ardemment de le procurer dans ſa famille, & parmy
tous ſes ſujets, fut ſenſiblement conſolée de la grace que Dieu
luy auoit faite, de luy auoir donné vn Preſtre, tel qu'elle le pouuoit ſouhaitter, & en qui elle reconnoiſſoit, outre les diſpoſitions & les qualitez propres pour l'execution de ſes bons deſſeins,
vne conduite tres-ſage, & vne charité parfaite pour s'y pouuoir
confier en toute aſſeurance.

Mais pour connoiſtre encore mieux l'eſprit auec lequel M.
Vincent agiſſoit, & de quelle façon il ſe comportoit, pendant le
temps qu'il a demeuré en cette grande & illuſtre maiſon, il faut
l'apprendre de luy-meſme : Voicy comme il en a parlé en deux
occaſions ; la premiere fois en tierce perſonne dans vne Conference auec pluſieurs Eccleſiaſtiques aſſemblez à Saint Lazare,
où l'on traitoit de l'importance qu'il y a de bien s'acquitter de
l'Office d'Aumônier dans la maiſon des Grands, il dit entr'autres choſes, Qu'il ſçauoit vne perſonne qui auoit beaucoup proſi- "
té pour luy & pour les autres dans la maiſon d'vn Seigneur en "
cette condition, ayant toûjours regardé & honoré Iesvs-Christ "
en la perſonne de ce Seigneur, & la ſaincte Vierge en la perſon- "
ne de la Dame ; Que cette conſideration l'ayant toûjours re- "
tenu dans la modeſtie, & circonſpection en toutes ſes actions "
& ſes paroles, luy auoit acquis l'affection de ce Seigneur & de "
cette Dame, & de tous les Domeſtiques ; & donné moyen de "
faire vn notable fruict dans cette famille. "

La ſeconde fois il en parla ouuertement à vn jeune Auocat de
Paris, tres-ſage & tres-pieux ; au ſujet de ce que l'ayant diſpoſé
d'entrer dans la maiſon de Rets pour en auoir l'intendance ; ce
jeune homme le pria de luy dire comment il pourroit garder l'eſprit de deuotion, au milieu des diſtractions qui ſont inéuitables
parmy la multiplicité des affaires dont il luy falloit prendre le
ſoin : à quoy il répondit ; Qu'ayant luy-meſme demeuré dans "
cette famille, Dieu luy auoit fait la grace de s'y comporter en "
telle ſorte qu'il auoit regardé & honoré en la perſonne de Mon- "
ſieur de Gondy General des Galeres, celle de noſtre Seigneur, "

» en la perſonne de Madame celle de Noſtre-Dame, & en celle des
» Officiers & Seruiteurs, Domeſtiques & autres gens qui affluoient
» en cette maiſon, les Diſciples & les troupes qui abordoient nô-
» tre Seigneur.

Voyla comment M. Vincent ſe tenoit continuellement vny à IESVS-CHRIST, le regardant & honorant en ſes creatures comme en ſes viues images; & reglant toutes ſes actions exterieures & interieures par cette veuë; tenant ainſi toûjours ouuert deuant les yeux de ſon ame, ce myſtique Liure, en la lecture & meditation continuelle duquel il apprenoit la ſcience de toutes les vertus.

Ieſus Chriſtus eſt Codex apertus, in quo legendo, & meditando, vniuerſa virtutum diſciplina diſcitur. Laurent. Iuſtin. lib. de humilit. c. 21.

Or quoy qu'il euſt vn tres-grand reſpect pour Monſieur le General des Galeres, cela n'empeſchoit pas qu'il ne luy rendiſt tous les offices de charité, & que lors qu'il le iugeoit neceſſaire pour le bien de ſon ame il n'vſaſt enuers luy de la meſme liberté qu'enuers les autres, toûjours neantmoins auec vne tres-grande circonſpection : car le zele qu'il auoit pour le bien & pour la vertu, & qui luy donnoit vne telle horreur du mal & du peché, qu'il n'en pouuoit ſouffrir les moindres approches, non plus aux autres qu'en luy-meſme, eſtoit toûjours accompagné de prudence, & s'il auoit de la force, il auoit auſſi de la diſcretion : En voicy vn exemple digne de remarque que nous apprendrons de luy-meſme, qui fait voir de quelle façon il ſe comporta vn iour enuers ce bon Seigneur, pour le détourner d'vn duel, auquel ſon courage & ſon honneur l'auoit engagé ſelon le damnable vſage de ce temps-là, que noſtre grand Monarque a heureuſement aboly, ayant comme vn Hercule Chreſtien, dés ſon plus jeune âge étouffé ce Monſtre, & d'vn ſeul reuers tranché toutes les
» teſtes de cette Hidre : I'ay connu (dit il vn iour parlant de luy-
» meſme en tierce perſonne dans vne Conference tenuë à Saint
» Lazare auec pluſieurs Eccleſiaſtiques) vn Aumônier, qui ſça
» chant que ſon Maiſtre auoit deſſein de s'aller battre en duel,
» apres auoir celebré la ſainte Meſſe, le monde s'eſtant re
» tiré; il s'alla ietter aux pieds de ce Seigneur, lequel eſtoit reſté
» ſeul à genoux dans la Chapelle; & là il luy dit; Monſieur, per
» mettez-moy, s'il vous plaiſt, qu'en toute humilité ie vous diſe
» vn mot : Ie ſçay de bonne part que vous auez deſſein de vous al
» ler battre en duel, mais ie vous dis de la part de mon Sauueur,
» que ie vous ay monſtré maintenant, & que vous venés d'adorer,
» que ſi vous ne quittés ce mauuais deſſein, il exercera ſa Iuſtice

ſur vous & ſur toute voſtre poſterité. Cela dit, l'Aumônier ſe «
retira : & en cela vous remarquerez, s'il vous plaiſt, le temps
opportun qu'il prit, & les termes dont il vſa, qui ſont les deux
circonſtances qu'il faut particulierement obſeruer en telles occaſions.

CHAPITRE VIII.

*Vne Confeſſion generale qu'il fit faire à vn Païſan, donna
lieu à ſa premiere Miſſion, & le ſuccés de cette Miſſion
luy en fit entreprendre d'autres.*

MADAME la Generale des Galeres reſſentoit vne joye &
vne conſolation indicible d'auoir en ſa maiſon M. Vincent, qu'elle regardoit comme vn ſecond Ange Tutelaire, qui
attiroit tous les iours de nouuelles graces ſur ſa famille, par ſon
zele & par ſa prudente conduite : comme elle aſpiroit inceſſamment à la perfection, auſſi eſtoit-ce tout le deſir de ſon ſage Directeur, de luy ayder & de luy fournir tous les moyens qu'il pouuoit pour l'y faire auancer : & ainſi pouſſés d'vn meſme eſprit,
ils s'adonnoient tous deux à diuerſes bonnes œuures. Cette vertueuſe Dame faiſoit de grandes aumônes pour ſoulager les pauures, particulierement ceux de ſes terres ; elle alloit viſiter les
malades, & les ſeruoit de ſes mains : elle auoit vn ſoin particulier
de tenir la main à ce que ſes Officiers rendiſſent bonne & prompte Iuſtice, & pour cela elle veilloit à remplir les Charges de perſonnes de probité : & non contente de cela, elle s'employoit elle
meſme pour terminer à l'amiable les procés & les differents qui
naiſſoient parmy ſes Sujets, & pour appaiſer les querelles, & ſur
tout elle ſe rendoit la protectrice des veuves & des orphelins, &
empeſchoit qu'on ne leur fiſt aucune oppreſſion ou injuſtice : &
enfin elle contribuoit autant qu'il eſtoit en elle, pour procurer
que Dieu fuſt honoré & ſeruy en tous les lieux où elle auoit quelque pouuoir ; en quoy elle eſtoit autoriſée & portée par la pieté de M. ſon Mary, & aydée par la preſence & par les auis de
M. Vincent, qui de ſon coſté ne manquoit pas d'exercer ſa charité & ſon zele en ces occaſions, viſitant & conſolant les malades,
inſtruiſant & exhortant les peuples, par ſes diſcours publics &

particuliers, & s'employant en toutes les manieres poſſibles à gagner les ames à Dieu.

Or il arriua enuiron l'année 1616 qu'eſtant allé en Picardie auec Madame qui y poſſedoit pluſieurs terres, & faiſant quelque ſejour au Chaſteau de Folleville au Dioceſe d'Amiens, comme il s'occupoit à ces œuures de miſericorde, on le vint vn iour prier d'aller au village de Gannes, diſtant enuiron de deux lieuës de ce Chaſteau, pour confeſſer vn Païſan qui eſtoit dangereuſement malade, & qui auoit témoigné deſirer cette conſolation : Or quoy que ce bon-homme eût toûjours veſcu en reputation d'vn homme de bien ; neantmoins M. Vincent l'eſtant allé voir, eut la penſée de le porter à faire vne Confeſſion generale, pour mettre ſon ſalut en plus grande ſeureté ; & il parut par l'effet qui ſ'enſuiuit, que cette penſée venoit de Dieu, qui vouloit faire miſericorde à cette pauure ame, & ſe ſeruir de ſon fidéle Miniſtre pour la retirer du panchant du precipice où elle alloit tomber; car quelque bonne vie que cét homme eût menée en apparence, il ſe trouua qu'il auoit la conſcience chargée de pluſieurs pechez mortels qu'il auoit toûjours retenu par honte, & dont il ne s'eſtoit iamais accuſé en confeſſion, comme luy-meſme le declara & publia hautement depuis, meſme en la preſence de Madame, qui luy fit la charité de le venir viſiter ; Hà Madame ! (luy dit-il) i'eſtois damné ſi ie n'euſſe fait vne confeſſion generale; à cauſe de pluſieurs gros pechez, dont ie n'auois oſé me confeſ-ſer. Ces paroles témoignoient aſſez la viue contrition dont ce pauure malade eſtoit touché, & dans les ſentimens de laquelle il finit ſa vie au bout de trois iours, âgé de ſoixante ans, ayant aprés Dieu l'obligation de ſon ſalut à Monſieur Vincent, lequel faiſant depuis le recit de ce qui s'eſtoit paſſé en cette occaſion
,, à Meſſieurs de ſa Compagnie à Paris, ajoûta : La honte em-
,, peſche pluſieurs de ces bonnes-gens des champs de ſe con-
,, feſſer de tous leurs pechez à leurs Curez, ce qui les tient dans
,, vn eſtat de damnation ; & ſur ce ſujet on demanda vn jour
,, à l'vn des plus grands hommes de ce temps, ſi ces gens-là
,, pouuoient ſe ſauuer auec cette honte, qui leur oſte le courage de
,, ſe confeſſer de certains pechez: A quoy il répondit, qu'il ne falloit
,, pas douter que mourant en cét eſtat, ils ne fuſſent damnez.
,, Helas mon Dieu! (dis-ie alors en moy-meſme) combien s'en pert-
,, il donc ? & combien eſt important l'vſage des Confeſſions ge-
,, nerales, qui remedie à ce malheur, eſtant accompagné d'vne

vraye

vraie Contrition, comme il eſt pour l'ordinaire. Cet homme di- «
ſoit tout haut qu'il eût eſté damné, parce qu'il eſtoit vraiment «
touché de l'eſprit de penitence ; car quand vne ame en eſt rem- «
plie, elle conçoit vne telle horreur du peché, que non ſeulement «
elle ſ'en confeſſe au Preſtre, mais elle ſeroit diſpoſée de ſ'en ac- «
cuſer publiquement, ſ'il eſtoit neceſſaire pour ſon ſalut. I'ay «
veu des perſonnes leſquelles aprés leur Confeſſion generale, «
vouloient declarer leurs pechez publiquement deuant tout «
le monde, & j'auois peine à les retenir ; & quoy que je leur de- «
fendiſſe de le faire, non, Monſieur, me diſoient-elles, je les diray «
à tous ; Ie ſuis vn mal-heureux, je merite la mort. Voyez, ſ'il «
vous plaiſt en cela, l'impreſſion de la grace, & la force de la dou- «
leur ; I'en ay veu pluſieurs dans ce grand deſir, & il ſ'en voit ſou- «
uent. Oüy, quand Dieu entre ainſi dans vn cœur, il luy fait con- «
ceuoir tant d'horreur des offenſes qu'il a commiſes, qu'il vou- «
droit les découurir à tout le monde. Et en effet il y en a qui tou- «
chez de cet eſprit de componction ne font aucune difficulté de «
dire tout haut ; Ie ſuis vn méchant homme, parce qu'en tel & tel «
rencontre j'ay fait cecy & cela, I'en demande pardon à Dieu, à «
M. le Curé, & à toute la Parroiſſe ; & nous voyons que les plus «
grands Saints l'ont pratiqué. Saint Auguſtin dans ſes Confeſſions «
a manifeſté ſes pechez à tout le monde, à l'imitation de S. Paul, «
qui a declaré hautement & publié dans ſes Epitres, qu'il auoit «
eſté vn blaſphemateur & vn perſecuteur de l'Egliſe, afin de ma- «
nifeſter d'autant plus les miſericordes de Dieu enuers luy. Voila «
l'effet de la grace qui remplit vn cœur ; elle jette dehors tout ce «
qui luy eſt contraire.   «

Ce fut cette grace qui fit cette ſalutaire operation dans le cœur
de ce Païſan, que de luy faire auoüer publiquement, & meſme
en preſence de Madame la Generale, dont il eſtoit vaſſal, ſes Confeſſions ſacrileges, & les enormes pechez de ſa vie paſſée ; ce qui
fit que cette vertueuſe Dame touchée d'étonnement, ſ'écria,
adreſſant ſa parole à M. Vincent : Ha, Monſieur ! qu'eſt-ce que «
cela ? qu'eſt-ce que nous venons d'entendre ? il en eſt ſans doute «
ainſi de la pluſpart de ces pauures gens. Ha ! ſi cet homme, qui «
paſſoit pour homme de bien, eſtoit en eſtat de damnation, que «
ſera-ce des autres qui viuent plus mal ? Ha, Monſieur Vincent, «
que d'ames ſe perdent ! quel remede à cela ?   «

C'eſtoit au mois de Ianuier 1617 que cecy arriua : Et le jour de «
la Conuerſion de S. Paul, qui eſt le 25, cette Dame me pria, dit «

E

„ Monfieur Vincent, de faire vne Predication en l'Eglife de Folle-
„ ville, pour exhorter les habitans à la Confeffion generale ; ce que
„ je fis : Ie leur en reprefentay l'importance & l'vtilité ; & puis je
„ leur enfeignay la maniere de la bien faire : & Dieu eut tant d'é-
„ gard à la confiance & à la bonne foy de cette Dame (car le grand
„ nombre & l'enormité de mes pechez euft empefché le fruit de
„ cette action) qu'il donna la benediction à mon difcours : & tou-
„ tes ces bonnes gens furent fi touchez de Dieu, qu'ils venoient
„ tous pour faire leur Confeffion generale. Ie continuay de les in-
„ ftruire, & de les difpofer aux Sacremens, & commençay de les
„ entendre ; mais la preffe fut fi grande, que ne pouuant plus y fuf-
„ fire, auec vn autre Preftre qui m'aidoit, Madame enuoya prier
„ les Reuerends Peres Iefuites d'Amiens de venir au fecours ; elle
„ en écriuit au Reuerend Pere Recteur qui y vint luy-mefme, &
„ n'ayant pas eu le loifir d'y arrefter que fort peu de temps, il en-
„ uoya pour y trauailler en fa place le R. Pere Fourché de fa mef-
„ me Compagnie, lequel nous aida à confeffer, prefcher & cate-
„ chifer, & trouua par la mifericorde de Dieu dequoy f'occuper.
„ Nous fûmes en fuite aux autres Villages, qui appartenoient à
„ Madame en ces quartiers-là, & nous fifmes comme au premier :
„ Il y eut grand concours, & Dieu donna par tout la benediction.
„ Et voila le premier Sermon de la Miffion, & le fuccés que Dieu
„ luy donna le jour de la Conuerfion de S. Paul : ce que Dieu ne fit
„ pas fans deffein en vn tel jour.

Cette Miffion du lieu de Folleville ayant efté la premiere que
M. Vincent a faite, il l'a toûjours confiderée comme la femen-
ce des autres qu'il a faites depuis jufqu'à fa mort ; & tous les
ans en ce mefme jour 25 Ianuier il rendoit graces à Dieu auec de
grands fentimens, & recommandoit aux fiens de faire le mefme,
en reconnoiffance des fuites remplies de benedictions, qu'il auoit
plû à fon infinie bonté donner à cette premiere Predication ; &
de ce qu'il auoit voulu que le jour de la Conuerfion de S. Paul,
fût celuy de la conception de la Congregation de la Miffion,
quoy-que pour-lors, ny plus de huit ans aprés, il ne penfaft en aucune façon que ce petit grain de Seneué dûft croiftre & multiplier ; & encore moins qu'il dûft feruir de fondement à l'établiffement d'vne nouuelle Compagnie en l'Eglife, comme il eft arriué
depuis. Et c'eft la raifon pour laquelle les Miffionnaires de fa
Congregation celebrent, auec vne deuotion particuliere, le jour
de la Conuerfion de ce Saint Apoftre, en memoire de ce que ce

nouueau *Paul* leur Pere & Instituteur commença heureusement
en ce jour-là sa premiere Mission, qui a esté suiuie de tant d'autres, qui ont causé la conuersion d'vn si grand nombre d'ames, &
contribué si auantageusement à l'accroissement du Royaume de
Iesvs-Christ.

Madame la Generale ayant reconnu par ce premier essay qui
reussit auec tant de benediction, la necessité des Confessions generales, particulierement parmy le peuple de la Campagne, &
l'vtilité des Missions pour les y porter & disposer, conceut dés-
lors le dessein de donner vn fonds de seize mille liures à quelque
Communauté qui se voudroit charger de faire des Missions de
cinq ans en cinq ans par toutes ses Terres, & pour le mettre en
execution elle employa M. Vincent, qui en fit la proposition de
sa part au R. Pere Charlet Prouincial des Iesuites, lequel luy fit
réponse qu'il en écriroit à Rome ; ce qu'ayant fait, on luy manda
qu'il ne la deuoit point accepter. Elle fit offrir la mesme fondation aux R R. PP. de l'Oratoire, qui ne s'en voulurent pas aussi
charger ; Enfin ne sçachant à qui s'adresser, elle fit son Testament, qu'elle renouuelloit tous les ans, par lequel elle donnoit seize mille liures pour fonder cette Mission, au lieu & en la
maniere que M. Vincent le jugeroit à propos ; & pour vser des
termes qu'il employoit ordinairement, *à la disposition de ce miserable.*

CHAPITRE IX.

Monsieur Vincent *se retire secretement de la Maison de Gondy, & y retourne quelque temps aprés.*

LEs succés pleins de benediction que Dieu donnoit à ces emplois charitables de M. Vincent, augmentoient de plus en
plus l'opinion qu'on auoit de sa vertu, il estoit regardé de ceux
qui le connoissoient, comme vn homme remply de l'esprit de
Dieu ; & pour cela M. le General des Galeres, & Madame conceuoient vne estime toûjours plus grande de sa personne, dont il
ne se pouuoit qu'ils ne luy fissent paroistre quelques marques
dans les occasions ; ce qui estoit vn supplice à son humilité, qui
ne cherchoit qu'à s'abbaisser, & se tenir dans l'auilissement ; de
sorte que ne voyant point d'autre remede, il se resolut à l'exemple
de plusieurs grands Saints, de s'enfuir pour éuiter ce dange-

reux écueil de la vaine gloire, qui a souuent causé vn triste naufrage aux ames les plus vertueuses, lors qu'elles auoient le vent en
poupe, & qu'elles se promettoient de faire vne plus heureuse nauigation.

Moïse, comme remarque S. Ambroise, *s'enfuit de la Cour du*
Roy Pharaon, de peur que le bon traitement qu'il y receuoit ne soüillast
son ame, & que la puissance & l'autorité qui luy auoit esté donnée ne fust
vn lien qui le retint attaché : il s'enfuit, non par defaut de resolution ou
de courage, mais pour trouuer le sentier asseuré de l'innocence, pour se
mettre dans le chemin de la vertu, & s'affermir dans la pieté.

Quoy que la maison de M. le General fût vne des mieux reglées de la Cour, & que M. Vincent n'y vist aucune chose qui fût
contraire à la vraie pieté, l'honneur neanmoins & tous les témoignages d'affection qu'il y receuoit, & l'estime qu'on faisoit
de sa vertu, luy donnoient beaucoup de peine ; il craignoit que le
grand credit qu'il auoit acquis sur les Esprits dans cette illustre
Famille, ne fût vn piege qui le retint, & qui l'empeschast de s'a-
nancer dans la perfection de son estat ; ce fut pourquoy fermant
les yeux à tous les sentimens de la nature, & à tous les interests du
siecle, il se resolut de s'en retirer pour se donner plus parfaitement à Dieu.

Il y auoit encore vne autre raison qui le portoit à cette retraite,
c'est que Madame la Generale ayant receu de grandes & notables assistances de luy pour le soulagement de son esprit, qui estoit
fort trauaillé de scrupules & peines interieures, dans lesquelles
Dieu l'exerçoit, pour joindre la couronne de la Patience à celle de
la Charité, auoit conceu vn tel surcroist d'estime & de confiance
enuers M. Vincent, que cela fit naistre en elle vne crainte de le
perdre, & de n'en trouuer jamais vn semblable, qui eût lumiere
& grace comme luy, pour tenir en paix sa conscience, adoucir les
peines de son esprit, & la conduire dans les voyes asseurées de la
vraie & solide vertu : & cette crainte vint tellement à s'augmen-
ter, qu'elle ne pouuoit souffrir que difficilement son absence, &
quand la necessité des affaires l'obligeoit à quelque voyage,
elle en estoit en inquietude, apprehendant que la chaleur ou
quelqu'autre accident ne luy causast quelque maladie ou incommodité : cela estoit à la verité vne imperfection en cette
Dame, quoy-que d'ailleurs fort vertueuse ; & dés que Monsieur Vincent s'en apperceut, il tascha d'y remedier ; & pour cet
effet il l'obligea mesme de se confesser quelquefois à vn P. Recol-

let, qui eſtoit tres-expert en la conduite des ames, duquel il jugeoit qu'elle demeureroit ſatisfaite; & luy ayant fait auoüer qu'en
effet il l'auoit fort conſolée, il ſe ſeruit de cette experience pour
la conuaincre, que Dieu la conduiroit heureuſement auſſi bien
par vn autre que par luy, ſi elle mettoit ſon vnique confiance en
ſon infinie bonté.

Mais tout cela n'eut pas aſſez de force pour luy oſter l'impreſſion de la neceſſité qu'elle croyoit auoir, qu'vn homme comme
luy veritablement charitable & prudent demeuraſt auprés d'elle,
pour y auoir recours dans ſes beſoins, particulierement lors
qu'elle ſe trouuoit aux champs; où ayant pluſieurs terres, elle
eſtoit obligée d'aller ſouuent, & d'y paſſer vne partie de l'année,
& où elle ne pouuoit ſe reſoudre de découurir ſes difficultez à vn
Preſtre de village. Monſieur Vincent donc la voyant dans vne
telle diſpoſition, & ne pouuant ſouffrir qu'aucune perſonne eût
la moindre attache à ſa conduite particuliere; & d'ailleurs ayant
vne grande peine de voir l'eſtime qu'on faiſoit *d'vn miſerable* tel
qu'il ſe croyoit & diſoit, & craignant que cet excés de confiance
ne fût vn empeſchement au vray bien de cette ame, qui d'ailleurs
eſtoit tres-vertueuſe, & qui cherchoit bien purement Dieu; &
qu'au lieu de luy aider, il ne ſeruiſt d'obſtacle à ſon auancement,
dans le chemin de la perfection, il prit reſolution de ſe retirer; &
comme il n'eſtoit entré en cette maiſon, que par la perſuaſion du
R. P. de Berulle, il le fut trouuer, & le pria d'agréer qu'il en ſortiſt; ſans luy en dire aucune autre raiſon ſinon qu'il ſe ſentoit interieurement preſſé de Dieu d'aller en quelque Prouince éloignée, s'employer à l'inſtruction & au ſeruice des pauures-gens
de la Campagne; ce que le R. P. de Berulle n'improuua pas, reconnoiſſant en M. Vincent vn eſprit qui alloit ſi droitement à
Dieu, & qui eſtoit ſi fort éclairé de ſa grace, qu'il ne jugeoit pas
luy pouuoir conſeiller rien de meilleur, que ce que luy-meſme
luy propoſoit.

Il ſortit donc de la maiſon de Gondy au mois de Iuillet de l'année 1617, prenant pour pretexte vn petit voyage qu'il auoit à
faire; & quoy qu'il viſt bien qu'on feroit diuers jugemens à ſon
deſauantage de s'eſtre retiré de la ſorte, & meſme qu'on le taxe-
roit d'ingratitude aprés tant d'honneur & de bon traitement
qu'il auoit receu en cette Maiſon; ce qui ſans doute luy eſtoit
tres-ſenſible, ayant vn cœur tout-à-fait porté à la reconnoiſſance; il paſſa neanmoins par-deſſus toutes ces conſiderations, &

renonçant à ſes propres intereſts, ſ'expoſa volontiers à tous ces inconueniens, pour eſtre fidéle à Dieu, & pour procurer (quoy que par vn moyen qui paroiſſoit fort extraordinaire) le plus grand bien ſpirituel de cette vertueuſe Ame, qui s'eſtoit confiée à ſa conduite, luy montrant par ſon propre deſintereſſement, qu'il ne falloit s'attacher qu'à Dieu ſeul.

Le R. Pere de Berulle voyant M. Vincent reſolu à cette ſortie, ſans aucun deſſein particulier, du lieu où il ſe deuoit retirer, luy propoſa d'aller trauailler en quelque lieu de la Breſſe, où il y auoit vne grande diſette d'Ouuriers Euangeliques, & luy deſigna particulierement la Parroiſſe de Chaſtillon lez Dombes, où ſon zele pourroit faire vne abondante moiſſon. Monſieur Vincent ſuiuant cet auis, s'en alla en ce lieu de Chaſtillon, & y eſtant arriué, vne des premieres choſes qu'il fit, ce fut de porter cinq ou ſix Eccleſiaſtiques qu'il y trouua, à ſe mettre enſemble en quelque ſorte de Communauté, pour ſe donner par ce moyen plus parfaitement au ſeruice de Dieu & de ſon Egliſe ; ce qu'ils firent à ſa perſuaſion, & ont continué de faire long-temps aprés, auec vne tres-grande édification de toute la Parroiſſe : il s'appliqua en ſuite à trauailler auec ſon zele ordinaire à l'inſtruction du Peuple, & à la conuerſion des Pecheurs, par des Catechiſmes & Exhortations publiques & particulieres, qu'il fit auec vn tres-grand fruit ; il n'oublia pas les Malades & les Pauures, les viſitant & leur procurant toute ſorte de conſolation & d'aſſiſtance, & s'employa (comme nous dirons cy-aprés) meſme auec grande benediction, à la reduction de quelques heretiques.

On ne ſçauoit encore rien de tout cecy en la maiſon de M. le General des Galeres ; car M. Vincent n'auoit communiqué ſon deſſein à Paris qu'à vne ou deux perſonnes de confiance : de ſorte que quelque temps aprés qu'il fut arriué à Chaſtillon, il crût eſtre obligé d'en donner auis à M. le General, qui eſtoit pour lors en Prouence ; & pour cet effet il luy écriuit vne lettre, par laquelle il le ſupplioit d'agréer ſa retraite, puiſqu'il n'auoit pas, diſoit-il, aſſez de grace & de capacité pour l'inſtruction de Meſſieurs ſes Enfans. Il ajoûta qu'il n'auoit pas dit à Madame ny à perſonne de la maiſon, le deſſein qu'il auoit de n'y pas retourner. Cette nouuelle ſi impreueuë affligea grandement ce bon Seigneur, qui en fit auſſi-toſt part à Madame ſa femme, à laquelle il declara la peine qu'il en auoit receuë par vne lettre qu'il luy écriuit, dont voicy les propres termes :

Ie suis au desespoir d'vne lettre que m'a écrite M. Vincent, & «
que je vous enuoie pour voir s'il n'y auroit point encore quel. «
que remede au mal-heur que ce nous seroit de le perdre ; Ie suis «
extrémement étonné, de ce qu'il ne vous a rien dit de sa resolu- «
tion,& que vous n'en ayez point eu d'auis; Ie vous prie de faire en «
sorte par tous moyens que nous ne le perdions point ; car quand «
le sujet qu'il prend seroit veritable , il ne me seroit de nulle «
consideration ; n'en ayant point de plus forte que celle de mon «
salut & de mes Enfans ; à quoy je sçay qu'il pourra vn jour beau- «
coup aider, & aux resolutions que je souhaite plus que jamais «
pouuoir prendre, & dont je vous ay bien souuent parlé ; Ie ne «
luy ay point encore fait de réponse, & j'attendray de vos nouuel- «
les auparauant. Iugez si l'entremise de ma sœur de Ragny qui «
n'est pas loin de luy sera à propos ; mais ie croy qu'il n'y aura rien «
de plus puissant que M. de Berulle : Dites-luy , que quand bien «
M. Vincent n'auroit pas la methode d'enseigner la jeunesse,qu'il «
peut auoir vn homme sous luy : mais qu'en toutes façons ie desire «
passionnément qu'il reuienne en ma maison ; où il viura comme «
il voudra, & moy vn iour en homme de bien, si cet homme-là est «
auec moy.   «

Cette Lettre est du mois de Septembre 1617, & ce fut le jour
de l'Exaltation de la Sainte Croix que Madame la receut, &
qu'elle apprit le lieu & la resolution où estoit M. Vincent;ce qui
luy fut vraiment vne croix bien affligeante , & vn glaiue de
douleur qui luy penetra si auant dans l'ame, que depuis qu'elle
eut appris cette nouuelle elle ne cessoit de pleurer, & ne pouuoit
ny manger ny dormir : Voicy ce qu'elle fit connoistre de ses sentimens à vne personne de confiance , en luy déchargeant vn jour
son cœur sur ce sujet.

Ie ne l'aurois jamais pensé, dit-elle, M. Vincent s'estoit mon- «
tré trop charitable enuers mon ame pour m'abandonner de la «
sorte : mais Dieu soit loüé , ie ne l'accuse de rien ; tant s'en faut, «
ie croy qu'il n'a rien fait que par vne speciale prouidence de «
Dieu, & touché de son saint amour : Mais de verité son éloigne- «
ment est bien étrange ; Ie confesse de n'y voir goute ; il sçait le «
besoin que i'ay de sa conduite, & les affaires que i'ay à luy com- «
muniquer ; les peines d'esprit & de corps que i'ay souffertes man- «
que d'assistance ; le bien que ie desire faire en mes Villages,qu'il «
m'est impossible d'entreprendre sans son conseil. Bref, ie voy «
mon ame en vn tres-pitoyable estat : Vous voyez auec quel res- «

» fentiment Monfieur le General m'en a écrit ; que mes enfans
» déperiffent tous les jours ; que le bien qu'il faifoit en ma maifon
» & à fept ou huit mille ames qui font en mes Terres, ne fe fera
» plus. Quoy ? ces ames ne font-elles pas auffi bien rachetées du
» Sang precieux de Noftre-Seigneur, que celles de Breffe ? Ne luy
» font-elles pas auffi cheres ? De vray, ie ne fçay comme M. Vin-
» cent l'entend ; mais cela me femble affez confiderable, pour
» faire mon poffible de le r'auoir ; il ne cherche que la plus grande
» gloire de Dieu, & ie ne le defire pas contre fa fainte volonté;
» mais ie le fupplie de tout mon cœur de me le redonner : I'en prie
» fa fainte Mere, & ie les en prierois encore plus fortement, fi mon
» intereft particulier n'eftoit pas mélé auec celuy de Monfieur le
» General, de mes enfans, de ma famille, & de mes Sujets.

Voila quels eftoient les fentimens de cette vertueufe Dame,
laquelle voulant employer les moyens les plus efficaces pour paruenir à ce qu'elle pretendoit, pria beaucoup Dieu & le fit prier
à cette mefme fin par toutes les bonnes ames qu'elle connoiffoit :
Elle recommandoit auffi cette affaire aux prieres des principales Communautez Religieufes de Paris : elle alla trouuer plufieurs fois toute éplorée le R. Pere de Berulle ; elle luy ouurit
fon cœur, & luy declara la grande peine & affliction où elle fe
trouuoit : fes larmes & fes raifons preffantes firent affez connoître à ce grand Seruiteur de Dieu le befoin qu'elle auoit de la prefence & du confeil de M. Vincent ; de forte que répondant à la
demande qu'elle luy auoit faite, il luy dit qu'elle pouuoit en feu-
reté de confcience, faire tout fon poffible pour obliger Monfieur
Vincent de reuenir en fa maifon ; car il voyoit qu'au milieu de
fes plus fortes angoiffes, elle conferuoit toûjours dans fon cœur
vne refignation abfolüe au bon-plaifir de Dieu, ne voulant pour
quoy que ce fût aller en aucune façon contre fes ordres ; & pour
la confoler dauantage, il luy fit efperer de s'employer luy-mefme
enuers M. Vincent, pour luy perfuader de reuenir : ce qui foula-
gea beaucoup fon efprit, & luy fit dire puis aprés que Monfieur
de Berulle eftoit l'homme du monde le plus confolant. Elle ne
pouuoit pourtant ofter de fon efprit la crainte de perdre M. Vincent ; car, difoit-elle, il n'eft pas homme à auoir fait le coup à
demy, il a préuen tout ce que ie pourrois dire ou faire, & s'eft
refolu auant que de partir. Cela neanmoins n'empefcha pas qu'elle n'employaft tous les moyens dont elle pût s'auifer, pour conuier & obliger M. Vincent à reuenir : elle luy écriuit fur ce fujet

plufieurs

pluſieurs lettres qu'elle faiſoit voir au R. P. de Berulle ; elle luy
enuoya celle de M. le General, & le pria de bien peſer le grand
deſir qu'il témoignoit auoir de ſon retour, en telle condition
qu'il luy plairoit ; & ſe plaignant à luy en l'vne de ſes Lettres, elle
dit ces paroles, qui font encore plus particulierement connoiſtre
les diſpoſitions de ſon eſprit à ſon égard.

Ie n'auois pas tort, luy dit-elle, de craindre de perdre voſtre «
aſſiſtance comme je vous ay témoigné tant de fois, puiſqu'en effet «
je l'ay perduë : l'angoiſſe où j'en ſuis m'eſt inſupportable ſans vne «
grace de Dieu toute extraordinaire, que je ne merite pas. Si ce «
n'eſtoit que pour vn temps, je n'aurois pas tant de peine ; mais «
quand je regarde toutes les occaſions où j'auray beſoin d'eſtre «
aſſiſtée, par direction & par conſeil, ſoit en la mort ſoit en la vie, «
mes douleurs ſe renouuellent. Iugez donc ſi mon eſprit & mon «
corps peuuent long-temps porter ces peines. Ie ſuis en eſtat de «
ne rechercher ny receuoir aſſiſtance d'ailleurs, parce que vous «
ſçauez bien que ie n'ay pas la liberté pour les beſoins de mon «
ame auec beaucoup de gens. Monſieur de Berulle m'a promis de «
vous écrire, & j'inuoque Dieu & la Sainte Vierge de vous re- «
donner à noſtre Maiſon pour le ſalut de toute noſtre Famille, & «
de beaucoup d'autres, vers qui vous pourrez exercer voſtre Cha- «
rité. Ie vous ſupplie encore vne fois, pratiquez-la enuers nous, «
pour l'amour que vous portez à noſtre Seigneur, à la volonté du- «
quel je me remets en cette occaſion, bien qu'auec grande crainte «
de ne pouuoir pas perſeuerer. Si aprés cela vous me refuſez, je «
vous chargeray deuant Dieu de tout ce qui m'arriuera, & de tout «
le bien que je manqueray à faire, faute d'eſtre aidée : Vous me «
mettrez en hazard d'eſtre en des lieux bien ſouuent priuée des «
Sacremens, pour les grandes peines qui m'y arriuent, & le peu de «
gens qui ſont capables de m'y aſſiſter : Vous voyez que Monſieur «
le General a le meſme deſir que moy, que Dieu ſeul luy donne «
par ſa miſericorde. Ne reſiſtez pas au bien que vous pouuez faire, «
aidant à ſon ſalut, puiſqu'il eſt pour aider vn jour à celuy de beau- «
coup d'autres. Ie ſçay que ma vie ne ſeruant qu'à offenſer Dieu, «
il n'eſt pas dangereux de la mettre en hazard ; mais mon ame «
doit eſtre aſſiſtée à la mort. Souuenez-vous de l'apprehenſion où «
vous m'auez veuë en ma derniere maladie en vn Village ; je ſuis «
pour arriuer en vn pire eſtat : & la ſeule peur de cela me feroit «
tant de mal, que ie ne ſçay ſi ſans grande diſpoſition precedente «
elle ne me feroit pas mourir.   «

F

Auant que paſſer outre en ce recit, il faut faire vn peu de reflexion ſur la conduite admirable de Dieu enuers les ames qu'il veut éleuer à quelque excellent degré de vertu, en ce qu'il diſpoſe tellement les diuerſes rencontres & accidens de leur vie, que tout contribuë à leur auancement dans le chemin de la perfection : & ce qui fait paroiſtre dauantage la ſageſſe & la puiſſance de Dieu, eſt que ſouuent il ſe ſert des moyens qui ſemblent entierement oppoſez à l'effet qu'il en veut faire reüſſir. C'eſtoit Dieu, ſans doute, qui auoit donné M. Vincent à Madame la Generale, pour luy ſeruir d'vn fidéle Guide dans le pelerinage de cette vie ; le grand progrés qu'elle faiſoit dans le chemin de la vertu, & cette ardente charité qui alloit tous les jours ſ'allumant de plus en plus dans ſon cœur, & produiſant au dehors de ſi merueilleux effets, eſtoit vne marque bien certaine de la benediction que Dieu donnoit à la conduite de ſon ſage Directeur ; lequel de ſon coſté trouuoit tous les jours de nouuelles occaſions de ſignaler ſon zele, & d'accroiſtre le Royaume de IESVS-CHRIST. Cependant, Dieu qui auoit aſſocié ces deux grandes ames pour luy rendre de ſi grands ſeruices, & ſe ſanctifier de plus en plus dans leurs exercices de Pieté & de Charité, eſt celuy-là meſme qui les ſepare & les éloigne l'vne de l'autre, & qui ſe ſert neanmoins de cette ſeparation, qui ſembloit ſi contraire à la continuation de tous les biens qu'ils auoient commencez, & meſme ſi prejudiciable à cette vertueuſe Dame ; il ſ'en ſert, dis-je, pour les diſpoſer à receuoir de plus grandes graces, & à pratiquer de plus excellentes vertus, & pour les rendre plus dignes inſtrumens de ſa toutepuiſſante Miſericorde, afin de cooperer d'vne maniere plus fructueuſe & plus remplie de benediction, au ſalut d'vn tres-grand nombre d'ames, comme il ſe verra en la ſuite de ce Liure.

Dieu vouloit que ſa fidéle Seruante fiſt en ce rencontre pluſieurs actes d'vne heroïque reſignation, qu'elle luy offriſt en ſacrifice ſon Iſaac, ſon appuy, ſon conſeil, ſa conſolation, enfin le ſecours qui luy ſembloit le plus neceſſaire, non ſeulement pour ſa perfection, mais auſſi pour ſon ſalut : & reciproquement il vouloit que M. Vincent eût occaſion de faire pluſieurs actes heroïques d'vn parfait détachement des perſonnes meſmes qui deuoient luy eſtre les plus cheres ſelon Dieu, & auſquelles Dieu meſme l'auoit engagé, & comme attaché auec des liens d'vne tres-pure & ſincere charité. Il auoit ſans doute eſté obligé de faire vn grand effort ſur luy-meſme, lors qu'il prit reſolution de ſ'en ſeparer, & qu'il

executa cette refolution fans leur en rien dire : mais il fut encore
obligé d'en faire vne autre non moindre quand il eut receu cette
Lettre, pour ne fe pas rendre aux raifons, aux remontrances , aux
prieres & aux inftances tres-preffantes qu'elle contenoit. La peine
& la détreffe, où il voyoit cette Ame , qui luy eftoit fi chere felon Dieu, le grand befoin qu'elle auoit de fon affiftance , les termes qu'elle employoit pour le fupplier de ne la luy pas refufer, le
reffouuenir de tous les témoignages d'eftime, de refpect, de bien-
veillance qu'il en auoit receus , euffent efté capables de furprendre vn efprit moins éclairé, & d'ébranler vn cœur moins vny à
Dieu que celuy de *Vincent de Paul* ; mais comme il f'eftoit donné
parfaitement à Noftre-Seigneur, & qu'il ne vouloit agir que dans
vne totale dépendance de fa volonté , ayant leu cette Lettre la
premiere chofe qu'il fit, ce fut d'éleuer fon efprit à Dieu, renouueller à fa Diuine Majefté les proteftations d'vne fidélité inuiolable , luy faire vn facrifice de tous les fentimens & refpects humains, demander fa lumiere & fa grace pour connoiftre & pour
fuiure ce qui luy eftoit le plus agreable ; & aprés auoir tout con-
fideré en fa prefence, ne reconnoiffant pas que Dieu demandaft
de luy qu'il changeaft de refolution, ny qu'il retournaft au lieu
d'où il eftoit forty, il écriuit vne réponfe à Madame la Generale,
dans laquelle il luy reprefenta tout ce qu'il jugea de plus propre
pour foulager fa peine , & la porter de plus en plus à fe conformer
aux ordres de la Diuine volonté.

Mais comme on auoit affeuré cette vertueufe Dame , qu'elle
pouuoit en bonne confcience employer tous les moyens qui luy
feroient poffibles pour le retour de M. Vincent, cette Lettre
n'empefcha pas qu'elle ne fift joûer tous les refforts dont elle pût
s'auifer pour fléchir fon efprit : elle procura que plufieurs perfonnes de toute forte de conditions luy écriuiffent, pour l'obliger de reuenir : Il fe trouue des Lettres de Meffieurs fes Enfans,
de M. le Cardinal de Rets fon Beau-frere pour-lors Euefque de Paris, & d'autres de fes plus proches Parens, des principaux Officiers
de fa maifon, de plufieurs Docteurs & Religieux, & d'vn grand
nombre de perfonnes de Condition & de Pieté , qui prioient
& preffoient M. Vincent de retourner : le R. P. de Berulle luy en
écriuit auffi, comme il auoit fait efperer à Madame la Generale ;
mais ce fut d'vn ftile digne de fa grande prudence , & de fon émi-
nente pieté : car il fe contenta de luy expofer l'extrémité de la
peine où fe trouuoit cette vertueufe Dame , & du mal dont elle

eſtoit menacée, & le grand deſir que M. le General auoit de ſon
retour, ſans luy rien dire dauantage de ce qu'il auoit à faire ſur ce
ſujet ; laiſſant à ſa diſcretion & à ſa charité de conſiderer ſi la volonté de Dieu luy eſtoit ſuffiſamment manifeſtée, & de prendre
la reſolution qu'il jugeroit luy eſtre la plus conforme : tant il
l'eſtimoit capable de diſcerner luy-meſme les deſſeins de Dieu
ſur ſa propre perſonne, & de les ſuiure ſans autre conſeil ny perſuaſion.

Enfin comme toutes ces ſemonces ſi preſſantes n'ébranloient
point encore l'eſprit de M. Vincent, on luy enuoya exprés au
mois d'Octobre de la meſme année 1617, l'vn de ſes plus intimes
Amis, ce fut M. Du-Freſne Secretaire de M. le General, qui le vint
trouuer à Chaſtillon, & employa de ſi fortes raiſons, qu'enfin il le
mit en doute ſi Dieu ſe vouloit ſeruir plus long-temps de luy en
ce Païs-là : mais Monſieur Vincent luy ayant dit qu'il ne vouloit
pas ſe déterminer luy-meſme en vne affaire de cette importance, & que pour mieux connoiſtre la volonté de Dieu, il deſiroit
prendre conſeil de quelque perſonne ſage & experimentée, il
ſ'en vint auec luy iuſqu'à Lyon, où eſtant il s'adreſſa au R. P.
Bence Superieur de l'Oratoire, lequel tout bien conſideré, luy
conſeilla de retourner à Paris, & luy dit qu'en ce lieu-là il pourroit auec les bons auis de ceux qui le connoiſſoient depuis long-
temps, diſcerner auec plus de lumiere & d'aſſeurance quelle eſtoit
la volonté de Dieu.

Ayant donc receu ce conſeil, il en écriuit à M. le General qui
eſtoit à Marſeille, & luy manda qu'il eſperoit dans deux mois
faire vn voyage à Paris, où l'on verroit ce que Dieu ordonneroit
de luy ; il écriuit auſſi la meſme choſe à Paris par la voye de M.
Du-Freſne, ſans ſ'engager à aucune choſe ; & quelque temps
aprés eſtant à Chaſtillon il receut de M. le General la réponſe
ſuiuante du 15 d'Octobre de la meſme année.

» I'ay receu depuis deux iours celle que vous m'auez écrite de
» Lyon, où ie voy la reſolution que vous auez priſe de faire vn petit
» voyage à Paris ſur la fin de Nouembre, dont ie me réjoüis extré-
» mement, eſperant de vous y voir en ce temps-là, & que vous ac-
» corderez à mes prieres, & aux conſeils de tous vos bons Amis, le
» bien que ie deſire de vous ; Ie ne vous en diray pas dauantage,
» puiſque vous auez veu la Lettre que i'écris à ma Femme, ie vous
» prie ſeulement de conſiderer qu'il ſemble que Dieu veut que
» par vôtre moyen le Pere & les Enfans ſoient gens de bien, &c.

Monſieur Vincent partit de Chaſtillon, laiſſant à ceux qu'il quittoit vn tres-grand regret de ſe voir ſi-toſt priuez de toutes les aſſiſtances qu'ils receuoient de ſa charité, & arriua à Paris le 23 Decembre, où aprés auoir conferé auec le R. P. de Berulle, & quelques-autres perſonnes fort éclairées ; Enfin par leur auis il r'entra chez M. le General des Galeres la veille de Noël, au grand contentement de toute la Famille, & particulierement de Mada-me, qui le receut comme vn Ange du Ciel, que Dieu luy ren-uoyoit pour la conduire dans les voyes aſſeurées de ſon ſalut, & de ſa perfection. Et afin qu'elle ne fût plus inquietée par la crainte qu'il ne la quittaſt vne ſeconde fois, elle luy fit promettre qu'il l'aſſiſteroit juſqu'à la mort, comme il a fait, Dieu l'ayant ainſi voulu, pour donner commencement à la Congregation de la Miſſion, par le moyen de cette ſainte Dame, comme il ſera dit dans la ſuite de ce Liure.

CHAPITRE X.

Premiers commencemens de la Confrairie de la Charité pour les Pauures malades.

PEndant le ſejour que M. Vincent fit à Chaſtillon, il arriua qu'vn jour de Feſte, comme il montoit en Chaire pour faire vne Exhortation au Peuple, la Dame d'vne Maiſon de Nobleſſe voiſine qui eſtoit venuë pour l'entendre, l'arreſta pour le prier de recommander aux Charitez de la Parroiſſe vne famille, dont la pluſpart des enfans & ſeruiteurs eſtoient tombez malades dans vne Ferme à demi-lieüe de Chaſtillon, où ils auoient grand be-ſoin d'aſſiſtance ; ce qui l'obligea de parler en ſon Sermon, de l'aſſiſtance & du ſecours qu'on deuoit donner aux Pauures, & particulierement à ceux qui eſtoient malades, tels qu'eſtoient ceux qu'il leur recommandoit.

Il plût à Dieu donner vne telle efficace à ſes paroles, qu'aprés la Predication vn grand nombre de perſonnes ſortit pour aller viſiter ces Pauures malades, leur portant du pain, du vin, de la viande, & pluſieurs autres commoditez ſemblables : & luy-meſme aprés l'Office de Veſpres ſ'y eſtant acheminé auec quelques ha-bitans du lieu, & ne ſçachant pas que tant d'autres y fuſſent desja allez, il fut fort étonné de les rencontrer dans le chemin qui en reuenoient par troupes, & d'en voir meſme pluſieurs qui ſe repofoient fous des arbres, à caufe de la grande chaleur qu'il faifoit: au fujet dequoy ces paroles de l'Euangile luy vinrent en la penfée, *Que ces bonnes-gens eftoient comme des Brebis, qui n'eftoient con-* *duites par aucun Pafteur:* Voila, dit-il, vne grande Charité qu'ils ,, exercent, mais elle n'eft pas bien reglée; ces Pauures malades ,, auront trop de prouifion tout à la fois, dont vne partie fera gâ- ,, tée & perduë, & puis aprés ils retomberont en leur premiere ,, neceffité.

Cela l'obligea les jours fuiuans de conferer auec quelques femmes des plus zelées, & des mieux accommodées de la Parroiffe, des moyens de mettre quelque ordre dans l'affiftance qu'on rendoit à ces Pauures malades, & aux autres qui à l'auenir fe trouueroient dans vne femblable neceffité, en telle forte qu'ils pûffent eftre fecourus pendant tout le temps de leurs maladies; les ayant donc difpofées à cette charitable entreprife, & eftant conuenu auec elles de la maniere qu'il y faudroit agir, il dreffa vn projet de quelques Reglemens, qu'elles effayeroient d'obferuer, pour les faire enfuite arrefter & établir par l'autorité des Superieurs, & conuia ces vertueufes femmes de fe donner à Dieu pour les mettre en pratique; & ainfi commença la Confrairie de la Charité pour l'affiftance fpirituelle & corporelle des pauures malades; & ayant fait choix entr'elles de quelques Officieres, elles f'affembloient tous les mois deuant luy, & rapportoient tout ce qui f'eftoit paffé.

C'eft ce que luy-mefme a dit en diuerfes rencontres, pour montrer par cet exemple qu'il n'y auoit rien du fien dans l'Inftitution des diuers exercices de fa Congregation, le tout f'eftant fait fans aucun deffein de fa part, & fans penfer que ces petits commencemens impreueus dûffent auoir les grandes fuites & les fuccés auantageux qu'il a plû à Dieu de leur donner.

Ce fut donc cette Confrairie de la Charité à laquelle Monfieur Vincent donna commencement à Chaftillon, qui a efté la premiere & comme la Mere qui en a fait naiftre vn tres-grand nombre d'autres, que luy & les fiens ont depuis établies en France, en Italie, en Loraine, en Sauoye, & ailleurs.

Depuis M. Vincent eftant de retour en la maifon de Monfieur le General des Galeres, comme il a efté dit au Chapitre precedent, & fon zele qui ne pouuoit demeurer oifif le portant à entreprendre diuerfes Miffions pour inftruire les Pauures de la Campagne; ayant par le paffé trauaillé dans toutes les terres

de Madame la Generale, il fut conuié de faire la mefme Charité
à toutes les autres qui appartenoient à la Maifon de Gondy : &
felon ce deffein il alla faire la Miffion à Villepreux, & aux Villages qui en dépendoient ; & Meffieurs Berger & Gontiere Con-
feillers Clercs au Parlement de Paris, M. Cocqueret Docteur en
Theologie de la Maifon de Nauarre, & plufieurs autres vertueux
Ecclefiaftiques fe joignirent à luy. Et là il établit le 23 Fevrier
1618 la Confrairie de la Charité des pauures malades, par l'autorité de M. le Cardinal de Rets alors Euefque de Paris, lequel en
approuua les Reglemens ; & cette Confrairie eft la feconde que
M. Vincent a établie, & qui fe maintient encore par la benediction de Dieu, auffi-bien que la premiere. La troifiéme fut par luy
femblablement établie en la ville de Ioigny ; & la quatriéme en
celle de Montmirail : en fuite dequoy Dieu donna vn telle benediction à ces commencemens, que la mefme Confrairie fut par
luy établie quelque temps aprés en plus de trente Parroiffes dé-
pendantes tant de M. le General des Galeres que de Madame fa
femme.

CHAPITRE XI.

Ce qui fe paffa en la Conuerfion de quelques Heretiques, que
M. Vincent ramena heureufement à l'Eglife Catholique.

CE fut pendant le temps qu'il trauailloit à Chaftillon que
Dieu fe feruit de fon zele, & de fa prudence pour defabufer
quelques efprits engagez dans l'herefie, & les remettre dans le
chemin de la verité.

Nous rapporterons feulement icy ce qui fe paffa en la Conuerfion de deux de ces Heretiques entre plufieurs autres, qui ont
aprés Dieu l'obligation au zele de M. Vincent, d'auoir par fes
charitables entreprifes recouuré le don de la Foy, que l'herefie
leur auoit fait perdre.

Le premier fut vn jeune-homme de Chaftillon nommé Monfieur Benier, né de parens heretiques qui l'auoient foigneufement
inftruit dans leurs erreurs : Il eftoit fils vnique & auoit herité de
grands biens de fes parens, dont il vfoit affez mal ; & la mauuaife
liberté que luy donnoit fa fauffe Religion, le portoit à vne vie
fort diffoluë & libertine. Monfieur Vincent, touché d'vn vray
zele de la gloire de Dieu, & defirant retirer cette proye des mains

des demons & la remettre à Iesvs-Christ, s'infinua petit à
petit dans l'amitié de ce jeune-homme, & quoy qu'il paffaft dans
l'efprit de tous ceux qui le connoiffoient pour vn débauché, il ne
laiffoit pas de l'aller fouuent vifiter, & de f'entretenir auec luy ;
ce qui donnoit beaucoup d'étonnement à vn chacun, non fans
quelque jaloufie des Miniftres de Chaftillon, qui ne fe foucioient
pas que M. Benier continuaft dans fes débauches, pourueu qu'il
ne quittaft point leur party.   Ils commencerent d'en prendre
quelque ombrage lors qu'ils le virent plus moderé qu'auparauant; car ce fut la premiere démarche que Monfieur Vincent luy
fit faire pour le mieux difpofer à reconnoiftre & embraffer la verité : & enfin fon heure eftant venuë, & Dieu luy ayant ouuert
les yeux & touché le cœur, il quitta en mefme-temps & fes débauches & fon herefie, & fe porta tout d'vn coup fi auant dans la
pratique des vertus Chrétiennes, qu'il fit refolution de garder le
Celibat toute fa vie, & en vne femaine il remit deux ou trois Métairies à des perfonnes aufquelles il craignoit que fon pere n'euft
pas donné vne entiere fatisfaction, bien qu'aucun ne f'en plai-
gnift ; & pour le furplus de fon bien, il f'en feruit pour faire des
aumônes & autres œuures de pieté ; & enfin par fon Teftament
il employa le refte en plufieurs legs pieux, & particulierement en
vne fondation pour établir les Peres Capucins à Chaftillon. C'eft
le R. Pere Des-Moulins de l'Oratoire alors Superieur en la ville
de Mafcon, qui a eü vne particuliere connoiffance de ces heureux
effets de la grace de Dieu en ce vertueux conuerty, & qui en a
rendu vn fidéle témoignage par vn écrit, dans lequel il met en-
„ tr'autres chofes, Que ce qui luy a femblé plus remarquable en
„ cette conuerfion de mœurs auffi-bien que de creance, & qui fait
„ plus à noftre fujet, eft que Dieu f'eftant feruy de M. Vincent
„ pour la faire, (ce font fes propres termes) il en laiffa neanmoins
„ tout l'honneur à ceux qui n'y auoient aucune autre part que d'a-
„ uoir affifté à l'abjuration, & donné l'abfolution ; laquelle bien
„ qu'il euft pû donner fuiuant l'ordre de M. de Marquemont Ar-
„ cheuefque de Lyon, fon humilité ne luy permit pas d'en receuoir
„ l'honneur qu'il voulut deferer à d'autres.
Le fecond Heretique que M. Vincent ramena à l'Eglife, fut
M. Garron, qui fe retira depuis à Bourg Ville capitale de
Breffe : c'eft par luy-mefme que l'on a appris fa Conuerfion de
l'herefie, en ayant écrit vne Lettre de reconnoiffance à M. Vincent en datte du 27 Aouft 1656, c'eft à dire 40 ans ou enuiron
aprés cette Conuerfion.   Voicy,

Voicy, luy dit-il, l'vn de vos enfans en Iesvs-Christ, qui «
a recours à voftre bonté paternelle, dont il a reffenty autrefois «
les effets, lorfque l'enfantant à l'Eglife par l'abfolution de l'here- «
fie, que voftre charité luy donna publiquement en l'Eglife de «
Chaftillon lez-Dombes l'année 1617, vous luy enfeignaftes les «
principes & les plus belles maximes de la Religion Catholique, «
Apoftolique & Romaine, en laquelle par la mifericorde de Dieu «
j'ay perfeueré, & efpere de continuer le refte de ma vie : Ie fuis ce «
petit Iean Garron néueu du Sieur Beynier de Chaftillon, en la «
maifon duquel vous logiez pendant que vous fiftes fejour audit «
Chaftillon. Ie vous fupplie de me donner le fecours qui m'eft ne- «
ceffaire pour m'empefcher de rien faire contre les deffeins de «
Dieu : I'ay vn fils vnique qui aprés auoir acheué fes Claffes a for- «
mé le deffein de fe faire Iefuite ; C'eft le fils le plus auantagé des «
biens de fortune, qui foit en toute cette Prouince : que dois-je «
faire ? mon doute procede de deux chofes, &c. Il déduit enfuite «
les raifons pour & contre ce deffein, & conclud ainfi : Ie crains «
de faillir, & j'ay crû que vous me feriez la grace de donner vos «
auis là-deffus à l'vn de vos enfans, qui vous en fupplie tres-hum- «
blement. Vous aggrérez que je vous dife, que dans Chaftillon «
l'affociation de la Charité des feruantes des Pauures, eft toûjours «
en vigueur. «

On ne fçait pas quelle réponfe M. Vincent fit à cette Lettre ;
mais ce qu'elle contient fait affez voir la grace que Dieu luy
auoit donnée de connoître parfaitement les cœurs, & en enfei-
gnant la verité, d'infpirer auffi l'amour de la vraie vertu & de la folide Pieté : Voila vn Pere de famille des plus riches de fa Prouince,
qui n'a qu'vn fils vnique qu'il cherit tendrement, qui le veut quitter, & le priuer de la plus douce confolation qu'il euft au monde ;
cependant il ne confulte point la chair ny le fang, mais f'adreffe
à celuy duquel aprés Dieu, il tenoit la vie de fon ame, & luy
demande fes auis pour connoître ce que Dieu defire de luy en
vn tel rencontre ; eftant tout preft de facrifier cet Ifaac, fi telle
eft la Diuine volonté ; tant la pieté & l'amour de Dieu que Monfieur Vincent auoit fait éclorre dans fon ame, auoient jetté de
profondes racines, qui produifoient quarante ans aprés des fruits
d'vne vertu fi heroïque.

Cette mefme Lettre fut auffi fans doute vn grand fujet de confolation à M. Vincent, en fon extréme vieilleffe, luy faifant connoître que Dieu par vne fpeciale protection de fa grace, confer-

G

uoit encore en ſa ferueur cette premiere Aſſociation ou Confrairie de la Charité , qu'il auoit commencée il y auoit quarante ans
en la ville de Chaſtillon,& qui a ſeruy de motif & de modéle pour
en établir depuis vn ſi grand nombre d'autres en tant de lieux,
où les pauures malades, qui ſont les membres ſouffrans de IESVS-
CHRIST, reçoiuent vn ſi notable ſecours & pour leurs corps &
pour leurs ames.

CHAPITRE XII.

*Changement merueilleux arriué en la perſonne d'vn grand
Seigneur qui ſe mit ſous la direction de M. Vincent.*

LA reputation de M. Vincent, pendant qu'il fut en Breſſe , ſe
répandant en diuers lieux , & M. le Comte de Rougemont
qui demeuroit en cette Prouince-là, en ayant oüy parler , cela le
conuia de venir pluſieurs fois le voir à Chaſtillon ; où luy ayant
ſouuent parlé des affaires de ſa conſcience & de ſon ſalut , il fut
tellement ſatisfait de ſes entretiens , qu'il prit reſolution de ſe
mettre entierement ſous ſa conduite. C'eſtoit vn Seigneur de
Sauoye qui ſ'eſtoit retiré en France, lorſque le Roy Henry le
Grand vnit la Breſſe à ſon Royaume ; mais au reſte vn homme
qui ayant toute ſa vie eſté nourry à la Cour, en auoit retenu tous
les ſentimens , & toutes les maximes : & comme en ce temps-là
par vn mal-heur déplorable, les Duels eſtoient vn des moyens
plus ordinaires parmy les Gentils-hommes pour ſignaler leur courage, celuy-cy ſ'eſtoit mis par ce moyen en reputation,ayant eſté
vn des plus grands Duelliſtes de ſon temps.   Et neanmoins , ô
merueilleuſe efficace de la Grace ! Dieu ſ'eſtant ſeruy de la parole
de M. Vincent, pour luy faire connoître le mal-heureux & damnable eſtat dans lequel il viuoit ; Il en fut tellement touché , que
non ſeulement il renonça pour jamais à cette furieuſe pratique,
& à tous les autres déreglemens de ſa vie ; mais outre cela pour
reparer le mal paſſé , il ſe mit dans tous les exercices les plus heroïques d'vne vie parfaitement Chrétienne.

Et premierement ayant vendu ſa terre de Rougemont plus de
trente mille écus, il employa vne grande partie de cette ſomme
en fondations de Monaſteres, & puis il diſtribua tout le reſte aux
Pauures ; & aprés ſ'eſtre appliqué à la meditation des Myſteres
de la Paſſion de I E S V S-C H R I S T, ſa pieté l'ayant porté à vou-

loir fçauoir combien le Fils de Dieu auoit receu de coups en fa
flagellation, il donna autant d'écus à la Maiſon de l'Oratoire de
Lyon ; & en peu de temps on vit en luy vn tel changement, & il
fit vn ſi grand progrés en la vertu ſous la conduite de ſon ſage Directeur, qu'il en deuint vn parfait exemplaire. L'Oraiſon eſtoit
ſon entretien plus ordinaire, & on le voyoit tous les jours paſſer
trois & quatre heures en meditation à genoux ſans ſ'appuyer,&
toûjours teſte nuë. Le Chaſteau de Chandes où il faiſoit ſa demeure, eſtoit comme vn Hoſpice commun pour les Religieux, &
vn Hoſpital pour tous les pauures ſains & malades,où ils eſtoient
aſſiſtez auec vne incroyable Charité , tant pour les beſoins de
leurs corps, que pour ceux de leurs ames, y entretenant des Eccleſiaſtiques pour leur donner toute ſorte de conſolation & d'aſſiſtance.

Il n'y auoit aucun pauure malade dans ſes terres qu'il n'allaſt
luy-meſme viſiter & ſeruir, ou qu'il ne fiſt viſiter & ſeruir par ſes
domeſtiques lorſqu'il eſtoit obligé de ſ'abſenter , ce qui eſtoit
aſſez rare.

C'eſt le R. P. Des-Moulins de l'Oratoire qui a rendu vn fidéle
témoignage de tout cecy;Et je ne dis rien,ajoûte-t-il, que je n'aye «
veu : Neanmoins ce bon Seigneur eſtoit comme ennuyé de «
poſſeder ce bien, quoy qu'il ne ſemblaſt en eſtre que le Fermier, «
& pour le faire valoir au profit des Pauures. Surquoy il me dit vn «
jour les larmes aux yeux ; Hà, mon Pere ! que ne me laiſſe-t-on «
faire ? & pourquoy faut-il que je ſois toûjours traité de Seigneur, «
& que je poſſede tant de biens ? Monſieur Vincent qui le gouuer- «
noit pour-lors, le tenoit, diſoit-il, dans cette contrainte ; que ſ'il «
me lâchoit la main, je vous aſſeure, mon Pere, que deuant qu'il «
fût vn mois le Comte de Rougemont ne poſſederoit pas vn pouce «
de terre : Il s'étonnoit comment vn Chrétien pouuoit rien gar- «
der en propre, voyant le Fils de Dieu ſi pauure ſur la terre. «

Voila vn leçon bien remarquable aux Grands du monde, pour
leur faire connoître quel vſage ils doiuent faire de leurs richeſſes,
& auec quel dégagement de cœur ils les doiuent poſſeder,ſe ſou-
uenant de la parole du ſaint Apoſtre, qui auertit ceux qui ont
des biens temporels, *d'en vſer comme s'ils n'en vſoient point , parce*
que la figure de ce monde paſſe. C'eſt auſſi vn ſujet de conſolation
pour les Pauures, voyant leur condition tant aimée & recherchée par vn ſi grand Seigneur, pour ſe conformer plus parfaitement à I e s v s-C h r i s t : Et enfin c'eſt vn motif aux Miſſion-

Qui vtuntur
hoc mundo,
tanquam non
vtantur:præ-
terit enim fi-
gura huius
mundi.
1. Cor. 7.

naires de remercier Dieu d'auoir communiqué des graces si admirables à ce Seigneur, par les prieres & par la bonne conduite
de leur sage Instituteur, qui pourtant ne leur en a jamais parlé,
sinon vne fois que les exhortant au détachement des creatures,
il leur rapporta l'exemple du Comte de Rougemont, sans neanmoins rien dire de ce qu'il y auoit contribué par ses auis & par
sa direction : Voicy ses propres termes, qui se sont trouuez dans
le recueil qui se fit alors de son Discours.

,,   I'ay connu, dit-il, un Gentil-homme de Bresse nommé M. de
,, Rougemont, qui auoit esté vn Franc-Eclaircisseur, & vn grand
,, Duelliste ; c'estoit vn grand homme bien fait, qui s'estoit trouué
,, souuent aux occasions, en estant prié par d'autres Gentils-hom-
,, mes qui auoient des quereles, ou luy-mesme appellant en Duel
,, ceux qui n'alloient pas droit auec luy. Il me l'a dit, & il n'est pas
,, croyable combien il a battu, blessé, & tué de monde ; enfin Dieu
,, le toucha si efficacement, qu'il r'entra en luy-mesme, & recon-
,, noissant l'estat mal-heureux où il estoit, il resolut de changer
,, de vie , & Dieu luy en fit la grace. Depuis ce changement
,, ayant demeuré quelque-temps en sa façon commençante, & en
,, son progrés , il alla si auant qu'il demanda à M. l'Archeues-
,, que de Lyon permission de tenir le Saint Sacrement en sa Chap-
,, pelle pour y honorer Nostre-Seigneur, & mieux entretenir sa
,, pieté qui estoit singuliere, & connuë de tout le monde. Comme
,, je l'allay voir vn jour en sa maison, il me raconta les pratiques de
,, sa deuotion, & entre les autres celle de son détachement des
,, creatures : Ie suis asseuré, me disoit-il, que si je ne tiens à rien du
,, monde, je me porteray tout à Dieu ; & pour cela je regarde si
,, l'amitié d'vn tel Seigneur, d'vn tel parent, d'vn tel voisin m'ar-
,, reste ; si c'est l'amour de moy-mesme qui m'empesche d'aller ; si
,, ce sont mes biens, ou la vanité qui m'attachent ; mes passions ou
,, mes aises qui me retardent : & quand je m'apperçois que quel-
,, que chose me détourne de mon souuerain bien , je prie, je coupe,
,, je brise, je me fais quitte de ce lien ; ce sont-là mes exercices.
,,   Il me dit particulierement cecy, dont je me suis souuent ressou-
,, uenu, qu'vn jour allant en voyage, & s'occupant de Dieu le long
,, du chemin à son ordinaire ; il s'examina si depuis le temps qu'il
,, auoit renoncé à tout, il luy estoit resté, ou suruenu quelque atta-
,, che : il parcourut les affaires, les alliances, la reputation, les grands
,, & les menus amusemens du cœur humain ; il tourne , il retourne ;
,, Enfin, il jette les yeux sur son épée : Pourquoy la portes-tu ? se dit-

il à luy-mefme. Quoy ? quitter cette chere épée, qui t'a feruy en «
tant d'occafions, & qui aprés Dieu t'a tiré de mille & mille dan- «
gers ? Si on t'attaquoit encore, tu ferois perdu fans elle ; Mais auffi «
il peut arriuer quelque riotte, où tu n'auras pas la force portant «
vne épée, de ne t'en pas feruir, & tu offenferas Dieu derechef. «
Que feray-je donc, mon Dieu ! que feray-je ? vn tel inftrument «
de ma honte & de mon peché, eft-il encore capable de me tenir «
au cœur ? je ne trouue que cette épée feule qui m'embaraffe. O «
que je ne feray plus fi lafche que de la porter ! & en ce moment «
fe trouuant vis-à-vis d'vne groffe pierre, il defcend de fon che- «
ual, prend cette épée & la rompt & met en pieces fur cette pier- «
re, & puis remonte à cheual & f'en va. Il me dit que cet acte de «
détachement, brifant cette chaîne de fer qui le tenoit captif, luy «
donna vne liberté fi grande, que bien que ce fuft contre l'incli- «
nation de fon cœur qui aimoit cette épée, jamais plus il n'auoit «
eü d'affection à chofe periffable, & qu'il ne tenoit qu'à Dieu feul. «
On peut voir par là ce que peut vn acte heroïque de vertu, & vne
victoire emportée de force fur foy-mefme, pour faire en peu de
temps vn grand progrés à la fainteté ; & tout enfemble combien
il importe de renoncer à l'attache des moindres chofes de la terre, pour f'vnir parfaitement à Dieu.

CHAPITRE XIII.

Diuerfes œuures de pieté aufquelles M. Vincent *s'adonna
depuis fon retour en la maifon de Gondy.*

L A vraie Charité n'eft jamais oifiue, & depuis qu'elle poffede
parfaitement vn cœur, elle l'excite & le preffe continuellement à faire tout ce qu'il peut pour la gloire de Dieu & pour le
falut & la fanctification des Ames. Comme M. Vincent eftoit
animé de cette vertu, il en produifoit des œuures en tous les lieux
où il fe rencontroit : & il ne fut pas fi-toft de retour en la maifon
de Gondy, qu'il commença de trauailler comme il auoit fait à
Chaftillon, & en tous les autres lieux où il f'eftoit rencontré ; &
aprés la Miffion de Villepreux, & des Villages circonuoifins, dont
il a efté parlé en l'vn des precedens Chapitres, il entreprit diuerfes autres Miffions dans tous les Villages qui dépendoient de la
Maifon de Gondy, où il fit des fruits incroyables, aufquels Madame la Generale prenoit toûjours vne tres-bonne part, non feu-

lement par les aumônes & bienfaits qu'elle répandoit de tous
coſtez, mais allant elle-meſme en perſonne, quoy que foible &
ſouuent infirme, en tous les lieux qui dépendoient d'elle, ou de
M. ſon Mary, viſitant & conſolant les Malades, appaiſant les
Diſcordes, terminant les Procés, & appuyant de ſon autorité
tous les biens, que M. Vincent & ceux qui trauailloient auec luy
ſ'efforçoient de faire, pour l'extirpation des abus & des ſcanda-
les, & pour l'auancement du Royaume de IESVS-CHRIST.
Eſtant enſuite retournée à Montmirail, M. Vincent y recom-
mença les exercices ordinaires de ſa charité, faiſant des Catechiſmes aux pauures & aux enfans, ſe rendant aſſidu aux Confeſſions, & à la viſite des Pauures malades. Et ayant en quelqu'vne
de ſes Exhortations parlé de la deuotion particuliere que tous les
Chrétiens deuoient auoir enuers la tres-ſainte Mere de Dieu, il
commença de faire chanter vn Salut en ſon honneur par les enfans les jours de Samedy; laquelle deuotion ſ'eſt toûjours continuée; & les plus anciens de ce lieu qui ont ſuruécu à M. Vincent,
ont rendu ce témoignage aprés ſa mort, que depuis ce temps-là
ils l'ont toûjours conſideré comme *vn Saint*.

C'eſtoit en l'année 1620 qu'il trauailloit de la ſorte à Montmirail, où Madame la Generale ayant appris qu'il y auoit trois
Heretiques en ces quartiers-là, elle conuia M. Vincent d'entreprendre leur conuerſion, & pour cet effet elle les faiſoit venir au
Chaſteau, & M. Vincent employoit ordinairement deux heures
entieres à les inſtruire, & à reſoudre leurs difficultez; ce qu'ayant
fait durant vne ſemaine, il y en eut deux, à qui Dieu ouurit les
yeux de l'ame, & toucha le cœur pour connoître la verité & l'embraſſer; mais le troiſiéme qui faiſoit vn peu le ſuffiſant, & qui ſe
meſloit de dogmatiſer, & meſme ne menoit pas vne trop bonne
vie, quoy qu'il fût conuaincu, il ne fut pas pourtant perſua-
dé: il cherchoit des ſubterfuges, & reuenoit toûjours auec de
nouueaux doutes: & vne fois entre les autres (comme Monſieur
Vincent l'a rapporté en quelques Aſſemblées pour l'édification
de ceux qui eſtoient preſens) eſtant preſque diſpoſé à faire l'abjuration de ſes erreurs, il luy fit l'objection ſuiuante.

„ Monſieur, luy dit-il, vous m'auez dit que l'Egliſe de Rome eſt
„ conduite du S. Eſprit, mais c'eſt ce que je ne puis croire; parce
„ que d'vn coſté l'on voit les Catholiques de la campagne aban-
„ donnez à des Paſteurs vicieux & ignorans, ſans eſtre inſtruits
„ de leurs deuoirs, ſans que la pluſpart ſçachent ſeulement ce que

c'eſt que la Religion Chrétienne ; & d'vn autre l'on voit les "
Villes pleines de Preſtres & de Moines qui ne font rien , & peut- "
eſtre que dans Paris il ſ'en trouueroit dix mille, qui laiſſent ce- "
pendant ces pauures-gens des champs dans cette ignorance "
épouuentable, par laquelle ils ſe perdent. Et vous voudriez me "
perſuader que cela ſoit conduit du Saint Eſprit? Ie ne le croiray "
jamais.   "

Monſieur Vincent fut fort touché de cette objection faite par
vn Heretique, & en receut vne nouuelle impreſſion en ſon eſprit
du grand beſoin ſpirituel des Peuples de la campagne, & de l'o-
bligation de les aſſiſter, qu'il ne connoiſſoit desja que trop par ſa
propre experience : & neanmoins ſans témoigner ſon ſentiment,
il repartit à cet homme, Qu'il eſtoit mal informé de ce dont il "
parloit; qu'il y auoit en beaucoup de Parroiſſes de bons Curez "
& de bons Vicaires; qu'entre les Eccleſiaſtiques & les Religieux "
qui abondent dans les Villes, il y en auoit pluſieurs qui alloient "
catechiſer & preſcher à la Campagne ; que d'autres eſtoient ap- "
pliquez à prier Dieu, & à chanter ſes loüanges de jour & de nuict: "
que d'autres ſeruoient vtilement le public par les liures qu'ils "
compoſent, par la doctrine qu'ils enſeignent,& par les Sacremens "
qu'ils adminiſtrent ; & que ſ'il y en auoit quelques-vns d'inutiles, "
& qui ne s'acquittaſſent pas comme ils deuoient de leurs obliga- "
tions, c'eſtoient des hommes particuliers ſujets à faillir, & qui ne "
font pas l'Egliſe. Que lorſqu'on dit que l'Egliſe eſt conduite du "
S. Eſprit, cela ſ'entend en general, lorſqu'elle eſt aſſemblée dans "
les Conciles; & encore en particulier, quand les Fidéles ſuiuent "
les lumieres de la Foy & les regles de la Iuſtice Chrétienne : mais "
quant à ceux qui s'en éloignent, ils reſiſtent au S. Eſprit ; & bien "
qu'ils ſoient membres de l'Egliſe, ils ſont neanmoins de ceux qui "
viuent ſelon la chair (comme parle S. Paul) & qui mourront. "
Quoy que cette réponſe euſt eſté plus-que ſuffiſante pour ſatisfaire cet Heretique, il demeura neanmoins toûjours obſtiné
dans ſon erreur, tant il s'eſtoit mis fortement en l'eſprit, que
l'ignorance des peuples, & le peu de zele des Preſtres, eſtoit vn
argument infaillible, que l'Egliſe Romaine n'eſtoit point conduite du S. Eſprit.

Et toutefois nonobſtant cette obſtination, l'année ſuiuante
M. Vincent eſtant de retour à Montmirail, en la compagnie de
M. Feron alors Bachelier en Theologie, & depuis Docteur de
Sorbonne & Archidiacre de Chartres, & de M. Du-Cheſne auſſi

Docteur de la mefme Faculté & Archidiacre de Beauuais, & de
quelques Preftres & Religieux fes amis, pour aller trauailler auec
eux aux exercices de la Miffion tant en ce lieu-là qu'aux Villages
circonuoifins ; comme tout le Païs fut imbu des biens qui fe faifoient dans ces Miffions, cet Heretique auquel on ne penfoit
plus eut la curiofité de voir les diuers exercices qui s'y pratiquoient ; il affifta aux Predications & aux Catechifmes, il vit le
foin qu'on prenoit d'inftruire ceux qui eftoient dans l'ignorance
des veritez neceffaires à leur falut, la Charité auec laquelle on
s'accommodoit à la foibleffe & tardiueté d'efprit des plus grof-
fiers & ftupides, pour leur faire bien entendre ce qu'ils deuoient
croire & faire, & les effets merueilleux que cela operoit dans le
cœur des plus grands pecheurs, pour les porter à fe conuertir &
à faire penitence ; toutes ces chofes firent vne fi forte impreffion
» fur fon efprit, qu'il vint trouuer M. Vincent, & luy dit : C'eft
» maintenant que ie voy que le Saint Efprit conduit l'Eglife Ro-
» maine, puifqu'on y prend foin de l'inftruction' & du falut des
» Pauures Villageois ; je fuis preft d'y entrer, quand il vous plaira de
» m'y receuoir. Surquoy M. Vincent luy ayant demandé s'il ne
» luy reftoit plus aucune difficulté ; Non, luy répondit-il, je croy
» tout ce que vous m'auez dit ; & fuis difpofé à renoncer publique-
» ment à toutes mes erreurs. Monfieur Vincent luy ayant encore
fait quelques Interrogations plus particulieres, fur les veritez
Catholiques, pour voir s'il s'en reffouuenoit bien ; & luy ayant
fatisfait par fes réponfes, il luy dit de fe trouuer le Dimanche
fuiuant en l'Eglife du Village de Marchais, prés de Montmirail,
où fe faifoit alors la Miffion, pour y faire fon abjuration & y receuoir l'abfolution de fon herefie ; à quoy il ne manqua pas ; &
M. Vincent à la fin de la Predication qu'il y fit le matin en ayant
auerty fes Auditeurs, appella cet homme par fon nom, & luy
ayant demandé deuant toute l'affiftance s'il perfeueroit dans la
volonté d'abjurer fon herefie, & d'entrer dans le Bercail de la
» fainte Eglife, il luy répondit qu'il y perfeueroit ; mais qu'il luy
» reftoit encore vne difficulté, qui venoit de fe former dans fon ef-
» prit en regardant vne Image de pierre affez mal-façonnée, qui
» reprefentoit la Sainte Vierge ; c'eft que ie ne fçaurois, dit-il, croire
» qu'il y ait quelque puiffance en cette pierre, montrant cette
Image qui eftoit vis-à-vis de luy ; à quoy M. Vincent repartit,
» Que l'Eglife n'enfeignoit pas qu'il y euft aucune vertu dans ces
» Images materielles, fi ce n'eft quand il plaift à Dieu la leur com-

muniquer,

muniquer, comme il le peut faire, & comme il l'a fait autrefois à «
la verge de Moïse, qui faifoit tant de miracles, ce que les enfans «
mefmes luy pourroient expliquer. Surquoy en ayant appellé vn «
des mieux inftruits, & luy ayant demandé ce que nous deuions «
croire touchant les faintes Images, l'enfant répondit qu'il eftoit «
bon d'en auoir, & leur rendre l'honneur qui leur eft dû, non à «
caufe de la matiere dont elles font faites, mais parce qu'elles «
nous reprefentent Noftre-Seigneur IESVS-CHRIST, fa glo- «
rieufe Mere, & les autres Saints de Paradis, qui ayant triomphé «
du monde nous exhortent par ces Figures muettes de les fuiure «
en leur foy & en leurs bonnes œuures.   «

Cette réponfe ayant efté trouuée bien faite, M. Vincent la
repeta, & s'en feruit pour faire auoüer à cét Heretique qu'il n'a-
uoit pas eü raifon de s'arrefter à cette difficulté, aprés auoir efté
inftruit & informé de la Creance Catholique, auffi-bien fur cét
article que fur les autres, & ne le jugeant pas encore affez bien
difpofé pour faire fon abjuration, il le remit à vn autre jour, auquel
il vint derechef fe prefenter; & ayant abjuré fon herefie à la face
de toute la Parroiffe, il fit profeffion publique de la Foy Catholique, à l'édification de tout le païs, & y perfeuera conftamment
depuis.

Ce qui fe paffa en la conuerfion de cét Heretique, & particulierement le motif qui l'excita de renoncer à fon herefie, & d'embraffer la Foy Catholique, c'eft à fçauoir le foin qu'on prenoit
d'inftruire charitablement les Pauures-gens de la Campagne,
donna fujet à M. Vincent qui en faifoit le recit vn jour à Meffieurs de fa Compagnie, de s'exclamer, *O quel bon-heur à nous Mif-*
fionnaires de verifier la conduite du Saint Efprit fur fon Eglife, en tra-
uaillant, comme nous faifons, à l'inftruction & fanctification des Pau-
ures!

CHAPITRE XIV.

Ayant efté fait Aumônier Royal des Galeres, il fait vn voyage
en Prouence, & vn autre en Guyenne, & procure le
foulagement corporel & fpirituel des Pauures Galeriens.

MONSIEVR le General des Galeres voyant auec quelle
benediction & quel fruit M. Vincent trauailloit pour procurer le falut des Ames, voulut luy fournir vne occafion d'étendre

H

fa Charité fur les Forçats détenus aux Galeres. Pour cet effet il demanda pour luy au feu Roy Louïs XIII. de tres-glorieufe memoire, la Charge d'Aumônier Royal des Galeres, qu'il luy accorda, & puis il luy en fit expedier le Breuet. Ce nouuel Office obligea M. Vincent de faire vn voyage à Marfeille en l'année 1622, pour y vifiter les Galeres & connoître par luy-mefme les neceffitez & indigences des pauures Forçats, pour y pouruoir, & pour les foulager autant qu'il luy feroit poffible.

Eftant arriué en ce lieu, il vit vn fpectacle le plus pitoyable qu'on puiffe f'imaginer, des Criminels doublement miferables, plus chargez du poids infupportable de leurs pechez, que de la pefanteur de leurs chaifnes; accablez de miferes & de peines, qui leur oftoient le foin & la penfée de leur falut, & les portoient inceffamment au blafphéme & au defefpoir. C'eftoit vne vraie image de l'Enfer, où l'on n'entendoit parler de Dieu que pour le renier & deshonorer, & où la mauuaife difpofition de ces miferables enchaînez, rendoit toutes leurs fouffrances inutiles & fans fruit. Eftant donc touché d'vn fentiment de compaffion enuers ces pauures Forçats, il fe mit en deuoir de les confoler & affifter le mieux qu'il luy fut poffible : & fur tout il employa tout ce que fa charité luy pût fuggerer, pour adoucir leurs efprits, & les rendre par ce moyen fufceptibles du bien qu'il defiroit procurer à leurs Ames. Pour cet effet il écoutoit leurs plaintes auec grande patience, il compatiffoit à leurs peines, il les embraffoit, il baifoit leurs chaînes, & f'employoit autant qu'il pouuoit par prieres & remontrances enuers les Comites & autres Officiers, à ce qu'ils fuffent traittez plus humainement, f'infinuant ainfi dans leurs cœurs pour les gagner plus facilement à Dieu.

C'eft ce qu'il écriuit vn jour à vn des Preftres de fa Congregation, qui par vn zele vn peu trop ardent vfoit de paroles rudes & afpres en fes Predications enuers les païfans, pour luy montrer, que f'il vouloit profiter & faire quelque fruit parmy ces pauures gens, il deuoit agir auec vn efprit de douceur, qui eft le veritable efprit de IESVS-CHRIST.

Or ce fut le defir d'affifter & feruir ces pauures Forçats, & procurer qu'ils fuffent du nombre de ces pecheurs penitens qui réjoüiffent le Ciel, qui luy fit accepter cette charge d'Aumônier Royal, afin qu'ayant jurifdiction fur eux, & veuë fur les autres Aumôniers des Galeres, il euft auffi plus de moyen de reüffir dans ce pieux deffein, qui eftoit tres-digne de la charité tres-

ardente qui brûloit dans son cœur, & qui luy faisoit embrasser auec tant d'affection toutes les occasions de procurer en quelque maniere que ce fust, le salut & la sanctification des Ames, &
particulierement de celles qu'il voyoit les plus abandonnées.

Aprés auoir demeuré quelque temps à Marseille, il fut obligé
de reuenir à Paris, où Dieu se vouloit seruir de luy en d'autres
occasions tres-importantes pour sa gloire : & neanmoins il voulut
qu'il fist ce voyage pour mieux connoistre le miserable estat de
ces pauures Forçats, afin qu'il procurast quelque adoucissement
aux souffrances de leurs corps, & quelque remede aux necessitez
de leurs ames ; comme il fit depuis par l'établissement des
Prestres de sa Compagnie à Marseille, qui ont soin de l'Hospital
des Galeriens, & qui de temps en temps font des Missions sur les
Galeres, dont il sera parlé en son lieu.

Estant donc de retour à Paris, il se mit en deuoir d'aller visiter
les Criminels condamnez aux Galeres, lesquels il trouua dans vn
estat encore plus déplorable que ceux qu'il auoit laissez à Marseille ; Ils estoient renfermez en des Cachots de la Conciergerie
& des autres Prisons, où ils croupissoient quelquefois long-temps,
mangez de vermine, attenuez de langueur & de pauureté, & entierement negligez pour le corps & pour l'ame.

Les voyant dans vne telle misere, il en donna auis à M. le General des Galeres, & luy remontra que ces pauures-gens luy appartenoient, & qu'en attendant qu'on les menast sur les Galeres,
il estoit de sa Charité d'en faire prendre quelque soin, & luy proposa en mesme-temps vn moyen de les assister corporellement &
spirituellement, que ce vertueux Seigneur approuua bien volontiers, & luy donna tout pouuoir de l'executer. A cet effet il loüa
vne maison exprés au Faux-bourg de S. Honoré dans le voisinage
de l'Eglise de S. Roch, pour y retirer ces pauures Forçats sous
bonne garde, & ayant vsé d'vne tres-grande diligence, il fit en
sorte que la maison fut en estat de les receuoir dés la mesme année
1622, qu'ils y furent menez. Ce fut en ce lieu où M. Vincent
donna vne pleine étenduë à sa charité, pour rendre toute sorte
de bons offices à ces Pauures abandonnez : là il les visitoit fort
souuent, il les instruisoit, il les consoloit, il les disposoit à faire
de bonnes Confessions generales, il leur administroit les Sacremens ; & non content du soin qu'il prenoit de leurs ames, il pouruoyoit encore au soulagement de leurs corps, & quelquefois il se
retiroit auec eux, & y demeuroit pour leur rendre plus de seruice,

H ij

& leur donner plus de confolation ; ce qu'il a fait mefme en des temps fufpects de maladies contagieufes : l'amour qu'il portoit à ces Pauures affligez le faifant s'oublier de foy-mefme, & de fa propre conferuation, pour fe donner entierement à eux. Quand il eftoit obligé de s'abfenter pour d'autres affaires, il en laiffoit le foin à deux bons & vertueux Ecclefiaftiques, dont l'vn eftoit feu M. Portail, qui s'eftoit donné à M. Vincent plufieurs années auparauant, & qui ayant par fon aide & par fes auis receu le Saint Ordre de Preftrife, s'eftoit infeparablement vny aux volontez & aux ordres de ce fage Directeur, & y a perfeueré iufqu'en l'année 1660, que la mort les a feparez l'vn de l'autre fur la terre, pour les reünir plus parfaitement dans le Ciel. L'autre eftoit feu M. Belin Chapelain de la maifon de Gondy à Villepreux. Ils logeoient tous deux dans cét Hofpital des Forçats, & y celebroient la Sainte Meffe. Dieu eut cette œuure de Charité fi agreable, qu'ayant efté commencée de la forte par M. Vincent, fa Prouidence l'a fait fubfifter iufqu'à maintenant, qu'on a toûjours continué de loger, fecourir, & affifter corporellement & fpirituellement ces pauures Forçats, qui ont efté transferez du Faux-bourg de S. Honoré auprés de la porte de S. Bernard.

Ce charitable Aumônier des Galeriens ayant fi bien reüffi en cette premiere entreprife, M. le General en fut grandement confolé ; & comme l'année fuiuante 1623, on eut fait venir les Galeres de Marfeille à Bordeaux, au fujet de la guerre contre les Heretiques, il confentit bien volontiers que M. Vincent fift vn voyage en Guyenne, pour aller rendre en cette Prouince le mefme feruice à ces pauures Galeriens, qu'il leur auoit desja rendu à Marfeille & à Paris. Eftant donc arriué à Bordeaux, il s'affocia plufieurs bons Religieux de diuers Ordres, & s'eftans partagez, & mis à trauailler deux en chaque Galere, ils y firent la Miffion, & difpoferent ces pauures-gens à fe reconcilier à Dieu par de bonnes Confeffions generales, & à fe foûmettre à toutes fes volontez, en acceptant leurs peines auec patience, & pour fatisfaction de leurs pechez. Monfieur Vincent y gagna vn Turc à Dieu & à l'Eglife, & l'ayant mené à Paris, il le prefenta à M. le General qui en receut beaucoup de contentement ; il fut nommé Loüis au Baptefme, & maintenant qu'il eft encore viuant, il rend témoignage des obligations qu'il reconnoift auoir à M. Vincent, à la charité duquel aprés Dieu il dit eftre redeuable de fon falut.

CHAPITRE XV.

*Il pouruoit aux necessitez corporelles & spirituelles des Pauures
de la ville de Mascon, auec vn tres-grand fruit.*

COMME la Charité de M.Vincent alloit toûjours s'allumant
de plus en plus dans son cœur, Dieu se plaisoit de luy en fournir aussi de nouueaux sujets, pour luy seruir de matiere,& luy donner moyen d'étendre & faire dauantage abonder cette diuine vertu. Passant par la ville de Mascon,il la trouua remplie d'vn grand
nombre de Pauures, qui estoient encore plus dénuez des biens de
l'ame que de ceux du corps ; & ce qui est le pis, est que n'ayant
aucun sentiment de leur misere spirituelle & de l'estat déplorable
de leur Conscience, ils viuoient dans vne insensibilité des choses
de leur salut, & comme dans vne espece d'irreligion & de libertinage qui faisoit horreur ; à quoy neanmoins on ne sçauoit quel
remede apporter. Ces Pauures doublement miserables, ne faisoient autre chose que courir par les ruës & par les Eglises pour
demander l'aumône, sans se mettre en deuoir de satisfaire aux
loix de l'Eglise,& sans se soucier d'enfraindre les Commandemens
de Dieu. Ils n'entendoient presque iamais la Messe; ils ne sçauoient ce que c'estoit que de se confesser, ou de receuoir aucun
Sacrement ; ils passoient leur vie dans vne profonde ignorance de
Dieu, & des choses de leur salut, & se plongeoient en toute sorte
d'ordures & de vices. Monsieur Vincent voyant vne telle misere
en eut vne extréme compassion, & quoy qu'il n'eust aucun dessein de s'arrester en ce lieu-là, il ne pût neanmoins passer outre ;
mais comme vray imitateur du bon Samaritain, considerant tous
ces Pauures comme autant de voyageurs, qui auoient esté dépoüillez & dangereusement navrez par les ennemis de leur salut,
il se resolut de demeurer quelques jours à Mascon pour essayer de
bander leurs playes, & leur donner ou procurer quelque assistance ; Et en effet, il y établit vn tres-bon ordre, ayant associé des
hommes pour assister les Pauures, & des femmes pour auoir soin
des malades. Voicy ce que le Reuerend Pere Des-Moulins alors
Superieur de l'Oratoire de cette Ville, en a témoigné par écrit.

Ie n'ay appris, dit-il, de personne l'estat de ces Pauures, je l'ay «
reconnu moy-mesme ; car lors de l'institution de cette Charité, «
comme il fut ordonné que tous les premiers jours des mois, tous «

H iij

„ les Pauures qui receuoient l'aumône se confesseroient; les autres
„ Confesseurs & moy trouuions des vieillards âgez de soixante ans
„ & plus, qui nous disoient librement qu'ils ne s'estoient jamais con-
„ fessez : & lors qu'on leur parloit de Dieu, de la tres-sainte Trinité,
„ de la Natiuité, Passion & Mort de I e s v s-C h r i s t, & autres
„ Mysteres, c'estoit vn langage qu'ils n'entendoient point. Or par
„ le moyen de cette Confrairie, on pourueût à ces desordres ; & en
„ peu de temps on mit les pauures hors de leurs miseres de corps &
„ d'esprit. Monsieur l'Euesque de Mascon qui estoit alors Messire
„ Louïs Dinet, approuua ce dessein de M. Vincent : Messieurs du
„ Chapitre de la Cathedrale, & Messieurs du Chapitre de S. Pierre,
„ qui sont des Chanoines nobles de quatre races, l'appuyerent; M.
„ Chambon Doyen de la Cathedrale, & M. de Relets Preuost de
„ S. Pierre, furent priez d'en estre les Directeurs, auec M. Fallart
„ Lieutenant General, qui suiuirent le Reglement que donna M.
„ Vincent : c'est à sçauoir qu'on feroit vn Catalogue de tous les
„ Pauures de la Ville qui s'y voudroient arrester ; qu'à ceux-là on
„ donneroit l'aumône à certains jours , & que si on les trouuoit
„ mandier dans les Eglises, ou par les maisons, ils seroient punis de
„ quelque peine , auec defenses de leur rien donner : que les passans
„ seroient logez pour vne nuit , & renuoyez le lendemain auec
„ deux sols ; que les pauures honteux de la Ville seroient assistez en
„ leurs maladies, & pourueûs d'alimens & de remedes conuenables,
„ comme dans les autres lieux où la Charité estoit établie. Cet or-
„ dre commença sans qu'il y eust aucuns deniers communs ; mais
„ M. Vincent sceut si bien ménager les grands & les petits, qu'vn
„ chacun se porta volontairement à contribuer à vne si bonne œu-
„ ure, les vns en argent, les autres en bled, ou en d'autres denrées
„ selon leur pouuoir : de sorte que prés de trois cens Pauures
„ estoient logez, nourris, & entretenus fort raisonnablement. Mon-
„ sieur Vincent donna la premiere aumône, & puis il se retira.

    Mais comment se retira-t-il ? Il le faut apprendre de luy-mes-
me, voicy ce qu'il en écriuit en l'année 1635 à Mademoiselle le
Gras, qui estoit par son auis allée à Beauuais pour quelque œuure
semblable , & qui auoit besoin d'vn peu d'encouragement. Ie
„ vous le disois bien, luy écriuit-il, que vous trouueriés de gran-
„ des difficultez en l'affaire de Beauuais. Beny soit Dieu, que vous
„ l'auez heureusement acheminée. Quand i'établis la Charité à
„ Mascon, chacun se mocquoit de moy, on me montroit au doigt
„ par les ruës , croyant que ie n'en pourrois iamais venir à bout : &

quand la chofe fut faite chacun fondoit en larmes de ioye : & les «
Efcheuins de la Ville me faifoient tant d'honeur au départ, que ne «
le pouuant porter ie fus contraint de partir en cachette, pour «
éuiter cét applaudiffement ; Et c'eft là vne des Charitez les «
mieux établies. I'efpere que la confufion qu'il vous a fallu fouf- «
frir au commencement, fe conuertira à la fin en confolation, & «
que l'œuure en fera plus affermie.   «

Les RR. PP. de l'Oratoire de Mafcon luy firent la grace de
le loger chez eux pendant le feiour qu'il y fit, qui fut d'enuiron
trois fepmaines ; & ils s'apperceûrent qu'il oftoit le matelas de
fon lit & couchoit fur la paille : il auoit commencé cette mortification quelques années auparauant, & l'a continuée iufqu'à fa
mort, c'eft à dire plus de cinquante ans : & comme il fe vit décou-
uert par ces bons Peres, le dernier iour feulement qu'ils entrerent
en fa Chambre de bon matin pour luy dire Adieu, il couurit cette mortification de quelqu'autre pretexte.

CHAPITRE XVI.

*Il eft choify par le Bien-heureux François de Sales Euefque
de Genéue, & par la Reuerende Mere de Chantal, pour eftre
le premier Pere fpirituel & Superieur des Religieufes de la
Vifitation de Sainte Marie à Paris.*

IL y auoit desja quelques années que Dieu auoit fait éclorre le
Saint Ordre des Religieufes de la Vifitation, comme vne nouuelle fleur qui commençoit deflors à répandre vne odeur de fuauité dans le Iardin de l'Eglife. C'eftoit le Bien-heureux François
de Sales Euefque de Genéue duquel Dieu s'eftoit feruy pour donner la vie & la premiere culture à cette myftique plante ; à quoy
il s'eftoit appliqué auec tous les foins que fa Charité incomparable luy auoit pû fuggerer. La Reuerende Mere de Chantal, dont
la memoire eft en benediction, auoit efté enuoyée à Paris par fon
Bien-heureux Pere pour y fonder vn Monaftere de ce Saint Ordre ; Et elle y trauailla auec tant de zele & de prudence, que nonobftant toutes les oppofitions, contradictions & perfecutions
qui luy furent faites, les murs de cette petite Hierufalem & de
cette demeure de paix s'éleuerent auec vn fauorable fuccés. Plufieurs ames defireufes de leur falut & de leur perfection venoient

s'y rendre, & y chercher vn abry affeuré contre les vanitez & les tentations du monde : l'humilité, la modeftie, la douceur, la patience, l'obeïffance, la charité, & toutes les autres vertus de ces nouuelles Epoufes de IESVS-CHRIST, donnoient vne merueilleufe édification à tous ceux qui les connoiffoient, ou qui en entendoient parler. Il eftoit queftion de trouuer vn Pere Spirituel & vn Superieur propre pour cette Religieufe Communauté; c'eft à dire vn Ange vifible qui en fût le Gardien, & qui par fa charité, par fa prudente conduite, & par fa vigilance & fidelité conferuaft le premier efprit que IESVS-CHRIST leur auoit donné, par le miniftere de leur Saint Inftituteur, & qui leur rendift les affiftances neceffaires, pour marcher de vertu en vertu, & faire progrés dans le chemin de la perfection.

Mais fi ce Saint Prelat a dit dans fa Philothée, & l'a dit auec tres-grande raifon, parlant d'vn Directeur pour vne perfonne particuliere, *qu'il le falloit choifir entre dix mille, & qu'il s'en trouuoit moins qu'on ne fçauroit dire, qui fuffent capables de cet office* : que peut-on penfer de la difficulté qu'il y auoit de rencontrer vn vray Pere Spirituel & vn digne Superieur de cette Sainte Congregation, qui alloit s'augmentant tous les jours en nombre auffi bien qu'en vertu, & dont la conduite requeroit d'autant plus de grace & de lumiere en celuy qui en feroit chargé, que la vie Religieufe eft plus fublime, la perfection plus importante, & fon déchet plus pernicieux à l'Eglife ? C'eft pour cela qu'entre les qualitez que ce Bien-heureux Inftituteur defiroit en celuy auquel on pût confier cette charge, outre celles qui luy font communes auec les autres Directeurs particuliers, il demande qu'il foit *homme de grande vertu & de grande Charité*, à quoy il joint la doctrine & l'experience; ce qui fignifie en vn mot, qu'il faut vn homme confommé en toute forte de vertus, & parfait en vn fi haut poinct, qu'il foit capable de perfectionner les ames que Dieu appelle à la plus haute perfection.

Eftant donc queftion de trouuer vn tel homme, ce n'eft pas vn petit témoignage de l'excellente vertu, & des autres grandes qualitez d'efprit de M. Vincent, qu'entre tant de perfonnages fignalez en doctrine & en pieté, qui viuoient alors, le Bien-heureux François de Sales qui auoit vn don tout fingulier du difcernement des Efprits, & la tres-digne Mere de Chantal qui auoit vn efprit grandement éclairé, ayent jugé que M. Vincent fût le plus digne & le plus capable de cet employ, auquel ils puffent
confier

confier ce qui leur eſtoit le plus cher, & le plus precieux en ce
monde. Il y auoit alors dans Paris pluſieurs Eccleſiaſtiques ſça-
uans, vertueux, & plus âgez que M. Vincent : Il y auoit des Paſteurs tres-ſages & tres-vigilans dans les Parroiſſes, des Doƈteurs
inſignes en pieté dans les Maiſons de Sorbonne, de Nauarre, &
autres de la celebre Vniuerſité de cette premiereVille du Royaume, outre pluſieurs particuliers qui ſ'appliquoient auec grand
fruit à la direƈtion des Ames ; & neanmoins, ce Bien-heureux
Prelat, aprés y auoir long-temps penſé deuant Dieu, & perſe-
ueré long-temps en prieres pour ce ſujet, auec cette tres-ſage &
vertueuſe Superieure, jugea qu'il ne pouuoit faire vn choix plus
auantageux pour vne Charge ſi importante, que de la perſonne
de *Vincent de Paul*, dans lequel il trouuoit toutes les qualitez
qu'il pouuoit deſirer pour vn premier & tres-digne Pere Spirituel
& Superieur de cette chere Congregation naiſſante.

Certes, ſi ce qu'a dit vn Ancien eſt veritable, *que c'eſt vne grande*
loüange d'eſtre eſtimé & loüé par vne perſonne qui d'elle-meſme eſt tres-
digne de loüange : & que l'excellence & la vertu de celuy qui rend ce
témoignage d'eſtime, contribuë grandement à l'honneur & à l'auantage
de celuy auquel il eſt rendu. Il faut auoüer que M. Vincent ne pouuoit pas alors receuoir vn plus ſignalé témoignage de ſa vertu &
de ſon merite : & on a depuis connu par l'effet, que ce Saint
Eueſque ne s'eſtoit pas trompé en ſon jugement.

Monſieur Vincent ayant depuis ce temps-là toûjours tres-
dignement exercé cette Charge, ſous l'autorité & par la commiſſion de M. le Cardinal de Rets, alors Eueſque de Paris, & de
ſes Succeſſeurs, nous verrons au troiſiéme Liure la conduite que
ce Sage Superieur a tenuë à l'égard des Maiſons de ce Saint Ordre qui ont eſté établies à Paris, & qui en ont produit pluſieurs
autres en diuers lieux, & la benediƈtion que Dieu a donnée à ſon
gouuernement, qui a duré trente-huit ans, & juſqu'à la fin de ſa
vie, quelques efforts qu'il ait pû faire de temps en temps pour en
eſtre déchargé, à cauſe de ſes autres grandes occupations ; &
d'ailleurs n'eſtimant pas que cet employ fût propre & conuenable à l'Inſtitut des Miſſionnaires, qui doiuent s'appliquer par
preference, au ſeruice & à l'inſtruƈtion des Pauures, particulierement de la Campagne, & vaquer à d'autres ſemblables œuures
de Charité qui ſe trouuent les plus abandonnées.

Magna laus,
laudari   à
laudato viro.
*Cicero lib.*5.
Epiſt. 12.
Adjicit lau-
dum dignita-
ti honor lau-
dantis.
Mamertin. in
Panegyr.
Iulien.

I

CHAPITRE XVII.

*Il est pourueu de la Principauté du College des Bons-Enfans,
enfuite dequoy fe fit la premiere Fondation de la
Congregation de la Miffion.*

MADAME la Generale des Galeres, comme il a efté desja
dit, ayant reconnu la neceffité & les fruits des Miffions,
auoit conceu depuis plufieurs années le pieux deffein de faire
vne Fondation, pour l'entretien & fubfiftance de quelques
bons Preftres ou Religieux, qui allaffent de temps en temps exercer cét office de Charité dans fes Terres : Et le defir de voir ce
deffein accomply, alloit tous les jours s'augmentant en fon cœur;
de forte que renouuellant chaque année fon Teftament, par lequel elle deftinoit feize mille liures pour cette bonne œuure, elle
en recommanda auffi l'execution à M. Vincent, lequel de fa part
cherchoit de tous coftez, les moyens & l'occafion propre pour
mettre en execution le deffein de cette vertueufe Dame : Il en
parla plufieurs fois aux Superieurs de diuerfes Communautez, &
employa toute fon induftrie pour leur perfuader d'accepter cette
Fondation ; ce qu'il ne pût pourtant obtenir, n'ayant trouué aucun Superieur qui vouluft y engager fa Communauté ; chacun
ayant fes raifons particulieres, pour lefquelles il jugeoit ne le deuoir pas faire : mais la principale eftoit, que Dieu referuoit cét
ouurage à M. Vincent ; & comme fa Prouidence difpofe fuaue-
ment toutes chofes pour paruenir à fes fins, il employa le concours des caufes fecondes les plus propres pour le faire reüffir, &
pour y engager fon fidéle Seruiteur. Voicy de quelle façon.

Madame la Generale fçachant le refus que faifoient les Communautez Religieufes, & d'ailleurs voyant plufieurs Docteurs
& autres Vertueux Ecclefiaftiques qui fe joignoient ordinairement à M. Vincent pour trauailler aux Miffions, elle jugea que
fil y auoit vne maifon dans Paris, qui fuft deftinée pour ceux qui
voudroient continuer ces Miffions, quelques-vns d'entr'eux
pourroient f'y retirer, & y viure enfemble en quelque forme de
Communauté, en laquelle d'autres Preftres eftans depuis receus,
cette bonne œuure pourroit ainfi fe perpetuer, & fa fondation
auoir vn effet tel qu'elle le defiroit. Elle en parla à M. fon Mary,
qui non feulement approuua fa penfée, mais auffi voulut fe rendre

Fondateur conjointement auec elle, & tous deux communique-
rent leur deſſein à M. Iean François de Gondy leur frere Succeſ-
ſeur de M. le Cardinal de Rets au Gouuernement de l'Egliſe de
Paris, dont il fut le premier Archeueſque, lequel approuua grandement leur zele ; & conſiderant que ſon Dioceſe en pourroit
receuoir beaucoup d'auantages, il voulut auſſi y contribuer, en
deſtinant le College des Bons-Enfans qui eſtoit à ſa diſpoſition,
pour le logement de ces Preſtres : Aprés auoir conferé enſemble de ce qu'il leur ſembloit eſtre le plus expedient pour faire
reüſſir vn ſi grand bien, ils ſe reſolurent d'en parler tous trois à
Monſieur Vincent, pour couper chemin à toutes les excuſes
que ſon humilité pourroit alleguer, & l'obliger plus efficacement
de ſe conformer à leurs ſentimens ; ce qui reüſſit ſelon leur intention, le ſingulier reſpect que M. Vincent portoit à ces trois perſonnes luy ayant fait donner les mains à tout ce qu'ils deſiroient
de luy : il conſentit à la propoſition qu'ils luy firent, premierement de receuoir la Principauté de ce College auec la direction
des Preſtres qui ſ'y retireroient auec luy, & des Miſſions auſquelles ils ſ'appliqueroient : Secondement, d'accepter la Fondation
au nom deſdits Preſtres : & en troiſiéme lieu, de choiſir luy-meſme ceux qu'il trouueroit propres & diſpoſez pour ce pieux
deſſein.

La choſe eſtant ainſi reſoluë, elle fut enſuite executée, & peu
de jours aprés, c'eſt à dire le premier jour de Mars 1624, ledit Seigneur Archeueſque luy fit expedier les prouiſions de la Principauté du College des Bons-Enfans.

Et le 17 d'Avril de l'année ſuiuante M. le General des Galeres,
& Madame ſa femme paſſerent le Contract de Fondation, qui fut
par leur ordre, & ſuiuant leur intention conceu en des termes dignes de leur pieté.

Ils declarerent en premier lieu, que Dieu leur ayant donné de- «
puis quelques années le deſir de le faire honorer tant en leurs ter- «
res qu'autres lieux, ils auoient conſideré qu'ayant plû à ſa Diuine «
Majeſté pouruoir par ſa miſericorde infinie aux neceſſitez ſpiri- «
tuelles des habitans des Villes, par quantité de bons Docteurs, & «
de vertueux Religieux qui les preſchent & catechiſent, & qui les «
conſeruent en l'eſprit de deuotion ; il ne reſte que le Pauure peu- «
ple de la Campagne, qui ſeul demeure comme abandonné ; à «
quoy il leur auoit ſemblé qu'on pourroit remedier par la pieuſe «
aſſociation de quelques Eccleſiaſtiques, de doctrine, pieté, & »

» capacité connuë, qui vouluffent renoncer tant aux conditions
» defdites Villes, qu'à tous Benefices, charges & dignitez de l'Egli-
» fe, pour, fous le bon-plaifir des Prelats, l'appliquer entierement
» & purement au falut dudit Pauure peuple, allant de village en
» village, aux dépens de leur bourfe commune, prefcher, inftruire,
» exhorter, & catechifer ces pauures-gens, & les porter à faire vne
» Confeffion Generale de toute leur vie paffée, fans en prendre au-
» cune retribution, en quelque forte & maniere que ce foit, afin
» de diftribuer gratuitement les dons qu'ils auront gratuitement
» receus de la main de Dieu. Et pour y paruenir, lefdits Seigneur
» & Dame en reconnoiffance des biens & graces qu'ils ont receuës
» & reçoiuent journellement de fadite Majefté Diuine, pour con-
» tribuer à l'ardent defir qu'elle a du falut des pauures ames ; pour
» honorer le Myftere de l'Incarnation, de la Vie & de la Mort de
» IESVS-CHRIST Noftre-Seigneur, pour l'amour de fa tres-
» fainte Mere, & encore pour effayer d'obtenir la grace de fi bien
» viure le refte de leurs jours, qu'ils puiffent auec leur famille par-
» uenir à la gloire eternelle ; & qu'à cet effet lefdits Seigneur &
» Dame ont donné & aumôné la fomme de quarante mille liures,
» qu'ils ont déliurez comptant és mains de M. *Vincent de Paul* Pref-
» tre du Diocefe d'Acqs, aux claufes & charges fuiuantes. C'eft à
» fçauoir, Que lefdits Seigneur & Dame ont remis & remettent au
» pouuoir dudit Sieur *de Paul*, d'élire & choifir dans vn an tel nom-
» bre de perfonnes Ecclefiaftiques, que le reuenu de la prefente
» Fondation pourra porter, dont la doctrine, pieté, bonnes mœurs,
» & integrité de vie luy foient connuës, pour trauailler audit œu-
» ure, fous fa direction fa vie durant ; ce que lefdits Seigneur &
» Dame entendent & veulent expreffément, tant pour la confiance
» qu'ils ont en fa conduite, que pour l'experience qu'il f'eft acquife
» au fait defdites Miffions, efquelles Dieu luy a donné grande be-
» nediction. Nonobftant laquelle direction toutefois, lefdits Sei-
» gneur & Dame entendent qu'iceluy Sieur *de Paul*, faffe fa refi-
» dence continuelle & actuelle en leur Maifon, pour continuer à
» eux & à leur famille l'affiftance fpirituelle qu'il leur a renduë de-
» puis longues années.
»   Que lefdits Ecclefiaftiques & autres qui defireront à prefent
» & à l'auenir s'adonner à ce Saint œuure, f'appliqueront entiere-
» ment au foin dudit Pauure peuple de la Campagne, & à cet effet
» f'obligeront de ne prefcher ny adminiftrer aucun Sacrement és
» Villes efquelles il y aura Archeuefché, Euefché, ou Prefidial, finon

en cas de notable neceſſité. Que leſdits Eccleſiaſtiques viuront en «
commun ſous l'obeïſſance dudit ſieur *de Paul*, & de leurs Supe- «
rieurs à l'auenir aprés ſon decez, ſous le nom de Compagnie ou «
Congregation des Preſtres de la Miſſion. Que ceux qui feront cy- «
aprés admis audit œuure, feront obligez d'auoir intention d'y ſer- «
uir Dieu en la maniere ſuſdite, & d'obſeruer le Reglement qui «
ſera ſur ce entr'eux dreſſé. Qu'ils feront tenus d'aller de cinq «
ans en cinq ans par toutes les terres deſdits Seigneur & Dame «
pour y preſcher, confeſſer, cathechiſer & faire toutes les bonnes «
œuures ſuſdites ; & d'aſſiſter ſpirituellement les pauures Forçats, «
afin qu'ils profitent de leurs peines corporelles, & qu'en cecy «
ledit Seigneur General ſatisfaſſe à ce en quoy il ſe ſent aucune- «
ment obligé ; Charité qu'il entend eſtre continuée à perpetuité «
à l'auenir auſdits Forçats par leſdits Eccleſiaſtiques, pour bonnes «
& juſtes conſiderations. Et enfin, que leſdits Seigneur & Dame «
demeureront conjointement Fondateurs dudit œuure, & comme «
tels eux & leurs hoirs & ſucceſſeurs deſcendans de leur famille «
joüiront à perpetuité des droits & prérogatiues concedées & «
accordées aux Patrons par les Sainéts Canons, excepté au droit de «
nommer aux charges, auquel ils ont renoncé. «

Il y a quelques autres clauſes dans le Contraét, qui ne regardent
que le bon ordre qui doit eſtre obſerué par leſdits Preſtres, tant
pour les interualles des Miſſions, que pour leur propre perfeétion,
qui euſſent eſté trop longues à rapporter : ce qui en a eſté extrait cy-deſſus ſuffira pour faire connoiſtre non ſeulement quelle
a eſté la premiere fondation des Preſtres de la Congregation de
la Miſſion ; mais auſſi combien pure & agreable à Dieu a eſté
l'intention de leurs premiers Fondateurs, leſquels y ont vniquement recherché ſa plus grande gloire, & le ſalut des ames
qui ſembloient les plus delaiſſées, telles que ſont celles des pauures-gens de la Campagne. Et ce qui eſt particulierement digne
de remarque, & qui fait voir leur grand deſintereſſement en cette affaire, eſt qu'ils n'ont point voulu impoſer aucune obligation
ny de Meſſes, ny de prieres pour eux, ny d'autres charges ou
bonnes œuures qui leur fuſſent applicables en particulier, ſoit
pendant leur vie ou apres leur mort ; afin que les Preſtres de cette
Congregation eſtans dégagez de ces ſortes d'obligations puſſent
auec plus de liberté, s'appliquer aux fonétions de leur Miniſtere,
& trauailler auec plus d'aſſiduité aux Miſſions : ces charitables
Fondateurs s'eſtant ainſi volontairement priuez de tous les ſoula-

gemens spirituels qu'ils eusseut pû pretendre, afin que les Pauures en fussent mieux seruis & secourus, & que par ce moyen Dieu en fust plus glorifié.

Peu de temps aprés que ce Contract eut esté passé, M. le General des Galeres s'en alla en Prouence, & Madame demeura à Paris, tous deux grandement consolez du sacrifice qu'ils venoient d'offrir à Dieu, & fort satisfaits d'auoir asseuré leur Fondation, l'ayant ainsi mise entre les mains de M. Vincent, en qui ils auoient vne entiere confiance, tenant pour certain qu'il se comporteroit, comme ce vigilant seruiteur de l'Euangile, qui fit profiter les talens qu'il auoit receus de son Maistre : en quoy ils n'ont pas esté trompez, cette premiere Fondation ayant si bien profité entre les mains, & sous la sage & fidele conduite de M. Vincent, qu'elle en a produit vn grand nombre d'autres, par la benediction qu'il a plû à Dieu luy donner comme, il se verra en la suite de ce liure.

CHAPITRE XVIII.

Madame la Generale des Galeres passe de cette vie à vne meilleure, & M. Vincent se retire au College des Bons-Enfans.

COMME la Fondation des Prestres de la Mission estoit l'ouurage que cette vertueuse Dame auoit le plus affectionné, reconnoissant les fruits qu'il pouuoit produire dans l'Eglise, pour le salut & la sanctification d'vn tres-grand nombre d'ames ; aussi aprés que Dieu luy eust fait la grace d'y mettre la derniere main, le voyant parfait & accomply, il luy sembloit qu'elle ne pouuoit plus rien desirer en cette vie, & comme vne autre Sainte Monique, elle pouuoit bien dire en son cœur, qu'elle n'auoit plus rien à faire sur la terre ; Dieu ayant donné le comble à ses plus ardens souhaits ; & partant qu'il ne luy restoit plus sinon d'aspirer au Ciel, pour y receuoir la Couronne preparée aux seruices qu'elle auoit tâché de rendre à sa Diuine Majesté. Et en effet, deux mois n'estoient pas encore écoulez depuis que ce Contract de Fondation eut esté passé, qu'elle se sentit atteinte d'vne maladie, laquelle en peu de iours ayant reduit à l'extremité son Corps desja fort attenué par ses maladies precedentes, & par toutes les peines & fatigues que son zele & sa Charité luy auoient fait entreprendre, en separa enfin son ame, pour la transmettre dans vn repos eternel : ce fut la veille de la Feste de S. Iean Baptiste de l'année 1625 qu'arriua cette mort, laquelle n'a pû estre que tres-precieuse deuant Dieu, ayant esté precedée d'vne vie tres-sainte, dont l'histoire eust esté capable de fournir dequoy remplir vn juste volume, à la tres-grande édification de toute la posterité ; mais comme il n'y auoit que M. Vincent qui en pûst donner les meilleurs memoires, ayant eu plus de connoissance qu'aucun autre des excellentes qualitez, & des rares vertus de la défunte ; & d'ailleurs son humilité luy faisant toûjours cacher sous le voile du silence tous les biens où il auoit quelque part ; cela a esté la cause, pour laquelle il a toûjours éuité de declarer ce qu'il en sçauoit, pour ne pas donner connoissance de ce qui estoit de luy-mesme, cette Sainte & vertueuse Dame n'ayant presque rien fait de considerable pour le seruice & la gloire de Dieu, où M. Vincent n'eust grandement cooperé, & par consequent n'eust merité d'auoir beaucoup de part à la loüange qu'on luy en eust renduë, ce qu'il craignoit le plus, & qu'il fuyoit autant qu'il luy estoit possible.

Aprés qu'on eut rendu les derniers deuoirs à Madame la Generale, & que suiuant ce qu'elle auoit ordonné, son corps eut esté porté au Monastere des Carmelites de la ruë Chapon, M. Vincent partit aussi-tost pour aller en Prouence porter cette triste nouuelle à M. son Mary : & comme il sçauoit bien qu'elle luy causeroit vne grande douleur, & qu'vne telle separation ne luy pouuoit estre que tres-sensible ; du premier abord ayant par prudence dissimulé le sujet de sa venuë, il ne luy parla que des grandes obligations qu'il auoit à Dieu, pour les graces tres-particulieres qu'il en auoit receuës, tant en sa personne, qu'en toute sa famille ; & de la reconnoissance qu'il luy en deuoit rendre, dont vn des principaux actes estoit de se tenir continuellement dans vne parfaite dependance & entiere conformité à sa tres-sainte volonté en toutes choses, sans aucune reserue : & ainsi l'ayant peu à peu disposé, il luy declara enfin ce qui estoit arriué ; & aprés auoir donné lieu aux premiers mouuemens de la nature, il employa tout ce que son grand Iugement, & l'onction du Saint Esprit, dont il estoit abondamment remply, luy pûrent suggerer, pour adoucir la douleur causée par vne si fâcheuse nouuelle, & pour luy aider à porter cette affliction, qui luy estoit tres-sensible & amere, auec paix & tranquilité d'esprit : Car on peut dire auec verité, qu'entre les graces particulieres que M. Vincent auoit receuës de Dieu, vne des principales estoit celle de consoler les affligez

& adoucir leurs plus grandes peines & angoiſſes interieures ; Nô-
tre Seigneur IESVS-CHRIST luy ayant donné pour cet effet,
vne ſpeciale communication de ſon Eſprit, par la vertu & l'onction duquel il pouuoit dire à ſon imitation *que l'eſprit du Seigneur
eſtoit ſur luy, pour Euangeliſer les Pauures, & pour conſoler les Affligez,
& guerir les bleſſures de leurs cœurs.* Ce que cette vertueuſe Dame
defunte auoit ſouuent éprouué parmy les angoiſſes & peines interieures, dans leſquelles il plaiſoit à Dieu l'exercer ; car dans cét
eſtat de ſouffrance, elle ne pouuoit trouuer de conſolation plus
ſolide, que celle qu'elle receuoit de M. Vincent ; en qui elle auoit
reconnu vne ſi parfaite charité pour luy procurer le vray bien
de ſon ame, & pour attirer toutes ſortes de graces ſur ſa famille,
qu'elle auoit toûjours ſouhaité qu'il n'en ſortiſt point, eſtimant
qu'il y ſeroit comme l'Arche en la maiſon d'Obededom, qui y at-
tireroit abondamment les benedictions Diuines : ce fut pourquoy
en luy faiſant vn legs par ſon Teſtament, pour vn témoignage de
„ ſa reconnoiſſance, elle y ajoûta, qu'elle le ſupplioit pour l'amour
„ de Noſtre Seigneur IESVS-CHRIST & de ſa Sainte Mere, de
„ ne vouloir jamais quitter la maiſon de M. le General des Galeres,
„ ny aprés ſa mort, ſes enfans ; & non contente de cela elle ſupplie
„ par ſon meſme Teſtament M. le General de vouloir retenir chez
„ luy M. Vincent, & de l'ordonner à ſes enfans aprés luy, les priant
„ de ſe ſouuenir & de ſuiure ſes ſaintes inſtructions, connoiſſant
„ bien, s'ils le font, l'vtilité qu'en receura leur ame, & la benedi-
„ ction qui en arriuera à eux & à toute la famille.

M. Vincent toutefois n'eſtoit pas en ſon element dans cette
grande Maiſon, laquelle quoy que tres-bien reglée & ordonnée,
l'expoſoit trop au grand air du monde ; ce fut pourquoy regardant plus ce que Dieu demandoit de luy, que ce que cette vertueuſe Dame en auoit deſiré, & preferant l'amour ſouuerain qu'il
deuoit au Createur, à toutes les conſiderations humaines, qui
ſembloient l'obliger à rendre cette ſatisfaction & reconnoiſſance
à la creature, il pria inſtamment M. le General, d'agréer qu'il ſe
retiraſt au College des Bons-Enfans ; ce qu'il obtint en fin de luy,
& auec ſa permiſſion eſtant ſorty de ſa Maiſon, il alla s'établir en
cette nouuelle demeure.

Ce fut en l'an 1625 que ce fidéle Seruiteur de Dieu, aprés
auoir vogué pluſieurs années ſur la Mer orageuſe du monde,
aborda enfin par vne conduite toute particuliere de la Diuine
Prouidence en cette retraite, comme en vn port aſſeuré, pour y
commencer

commencer vne vie toute Apoſtolique, & en renonçant abſolument aux honneurs, aux dignitez, & aux autres biens du monde,
y faire vne profeſſion particuliere de trauailler à ſa propre perfection, & au ſalut des peuples, dans la pratique des vertus que
IESVS-CHRIST a enſeignées, & dont il nous a laiſſé l'exemple.

Ce fut en ce lieu où il jetta les premiers fondemens de la Congregation de la Miſſion, toute dediée comme celle des premiers
Diſciples de IESVS-CHRIST, à ſuiure ce grand & premier
Miſſionnaire venu du Ciel, & à trauailler au meſme ouurage, auquel il s'eſt employé pendant le temps de ſa vie mortelle.

Or pour mieux penetrer dans les deſſeins de Dieu touchant
cette nouuelle Inſtitution de la Congregation de la Miſſion, il eſt
neceſſaire de bien connoiſtre quel a eſté celuy duquel ſa prouidence infiniment ſage en toutes ſes conduites, a voulu ſe ſeruir
pour en eſtre le premier Inſtituteur; & comment il luy a donné
toutes les qualitez de corps & d'eſprit conuenables pour bien
reüſſir dans vne entrepriſe ſi importante à ſa gloire, & au bien de
ſon Egliſe. Il eſt vray qu'il ne ſera pas aiſé de repreſenter ce que
ce grand Seruiteur de Dieu s'eſt toûjours efforcé de cacher, autant qu'il luy a eſté poſſible, ſous le voile d'vne tres-profonde humilité ; c'eſt pourquoy nous n'en pouuons dire que ce que la
Charité ou l'obeïſſance l'ont obligé de produire au dehors, dont
neanmoins la principale partie qui eſt toute interieure & ſpirituelle, nous eſt inconnuë : & partant nous en preſenterons au
Chapitre ſuiuant ſeulement vn crayon, lequel quoy que fort groſ-
ſier & imparfait, ne laiſſera pas de donner quelque lumiere au
Lecteur, pour mieux conceuoir tout ce que nous auons à luy rapporter dans la ſuite de cét Ouurage.

CHAPITRE XIX.

Les diſpoſitions de Corps & d'Eſprit de M. Vincent, & les
qualitez de ſa conduite.

POVR ce qui eſt du Corps, M. Vincent eſtoit d'vne taille
moyenne & bien proportionnée : Il auoit la teſte vn peu
chauue & aſſez groſſe, mais bien faite par vne juſte proportion au
reſte du Corps ; le front large & majeſtueux, le viſage ny trop
plein, ny trop maigre, ſon regard eſtoit doux, ſa veuë penetran-
te, ſon ouïe ſubtile, ſon port graue, & ſa grauité benigne, ſa

contenance fimple & naïue, fon abord fort affable, & fon naturel grandement bon & amiable. Il eftoit d'vn temperament bi-
lieux, & fanguin, & d'vne complexion affez forte & robufte; ce
qui n'empefchoit pas pourtant qu'il ne fuft plus fenfible qu'il ne
fembloit aux impreffions de l'air, & enfuite fort fujet aux atteintes de la fievre.

Il auoit l'Efprit grand, pofé, circonfpect, capable de grandes
chofes, & difficile à furprendre. Il n'entroit pas legerement dans
la connoiffance des affaires; mais lors qu'il s'y appliquoit ferieu-
fement, il les penetroit jufqu'à la mouëlle, il en découuroit toutes les circonftances petites & grandes, il en preuoyoit les inconueniens, & les fuites: & neanmoins de peur de fe tromper il n'en
portoit point jugement d'abord, s'il n'eftoit preffé de le faire;
& il ne déterminoit rien qu'il n'euft balancé les raifons pour &
contre; eftant mefme bien aife d'en concerter encore auec d'autres: lors qu'il luy falloit dire fon auis, ou prendre quelque refolution, il déueloppoit la queftion auec tant d'ordre & de clar-
té, qu'il étonnoit les plus experts, fur tout, dans les matieres fpirituelles & Ecclefiaftiques.

Il ne s'empreffoit jamais dans les affaires, & ne fe troubloit
point pour leur multitude, ny pour les difficultez qui s'y rencontroient; mais auec vne prefence & vne force d'Efprit infatigable,
il les entreprenoit, & s'y appliquoit auec ordre & lumiere, &
en portoit le poids & la peine auec patience & tranquillité.

Quand il eftoit queftion de traiter d'affaires, il écoutoit volontiers les autres, fans interrompre jamais aucun pendant qu'il parloit; & neanmoins il fupportoit fans peine qu'on l'interrompift;
s'arrétant tout court, & puis reprenoit le fil de fon difcours; lors
qu'il donnoit fon auis fur quelque chofe, il ne s'étendoit pas beaucoup en difcours, mais declaroit fes penfées en bons termes, ayant
vne certaine éloquence naturelle, non feulement pour s'expliquer nettement & folidement, mais auffi pour toucher & perfuader auec des paroles fort affectiues ceux qui l'écoutoient, quand
il s'agiffoit de les porter au bien: Il faifoit en tous fes difcours vn
jufte mélange de la prudence & de la fimplicité; Il difoit fincerement les chofes comme il les penfoit; Et neanmoins il fçauoit fort
bien fe taire fur celles, où il voyoit quelque inconuenient de parler: il fe tenoit toûjours prefent à luy-mefme, & attentif à ne riẽ dire, ny écrire de mal digeré, ou qui témoignaft aucune aigreur, mef-
eftime, ou defaut de refpect & de Charité enuers qui que ce fût.

Son Eſprit eſtoit fort éloigné des changemens, nouueautez, & ſingularitez ; & tenoit pour maxime , quand les choſes eſtoient bien , de ne les pas changer facilement , ſous pretexte de les mettre mieux. Il ſe défioit de toutes ſortes de propoſitions nouuelles & extraordinaires , ſpeculatiues , ou de pratique ; & ſe tenoit ferme aux vſages & ſentimens communs , ſur tout en fait de Religion : Il diſoit à ce ſujet, *que l'Eſprit humain eſt prompt & remuant ; que les Eſprits les plus vifs & éclairez ne ſont pas toûjours les meilleurs, s'ils ne ſont les plus retenus ; & que ceux-là marchent ſeurement, qui ne s'écartent pas du chemin par où le gros des Sages a paſſé.*

Il ne s'arrétoit pas à l'apparence des choſes , mais il en conſideroit la nature , & la fin ; & par ſon bon ſens, qui excelloit en luy il ſçauoit fort bien diſtinguer le vray d'auec le faux , & le bon d'auec le mauuais , quoy qu'ils luy paruſſent ſous vn meſme viſage.

Il auoit le cœur fort tendre , noble , genereux, liberal, & facile à conceuoir de l'affection pour ce qu'il voyoit eſtre vraiment bon , & ſelon Dieu : & neanmoins il auoit vn empire abſolu ſur tous ſes mouuemens , & tenoit ſes paſſions ſi ſujettes à la raiſon , qu'à peine pouuoit-on s'apperceuoir qu'il en euſt.

En fin quoy que l'on ne puiſſe pas dire qu'il n'euſt point de défauts , l'Eſcriture-Sainte y contrediſant , & les Apoſtres meſmes ny les autres Saints n'en ayant pas eſté exempts ; il eſt pourtant veritable qu'il ne s'eſt gueres veu d'hommes en ce dernier ſiecle, expoſez comme luy à toutes ſortes d'occaſions , d'affaires & de perſonnes , en qui on ait trouué moins à redire. Dieu luy auoit fait la grace de ſe poſſeder toûjours à vn tel poinct, que rien ne le ſurprenoit ; & il auoit ſi bien en veuë Noſtre Seigneur I E S V S-C H R I S T , qu'il mouloit tout ce qu'il auoit à dire ou à faire ſur ce diuin original. C'eſt par ce principe qu'il s'eſt comporté auec tant de circonſpection & de retenuë enuers les plus grands, & auec tant d'affabilité & de bonté enuers les plus petits , que ſa vie & ſa conduite ont toûjours eſté non ſeulement ſans reproche, mais auſſi dans vne approbation vniuerſelle & publique.

Neanmoins comme il s'en trouue toûjours quelques-vns qui s'écartent du ſentiment commun , il auroit pû ſembler à quelques eſprits prompts & actifs, que ce ſage perſonnage tardoit trop à ſe déterminer dans les affaires , & à les executer : Et à d'autres, qu'il diſoit trop de mal de luy-meſme , & trop de bien d'autruy.

Il eſt vray qu'il a parú vn peu ſingulier en ces deux poincts ;

mais cette fingularité eftoit d'autant plus loüable, que la plufpart du monde, bien-loin de fe porter à cét excés, s'il y en a, tombe ordinairement dans les defauts contraires ; de forte qu'on
pourroit auec raifon dire de *Vincent de Paul*, ce que S. Ierôme a
écrit de Sainte Paule, que fes defauts auroient efté des vertus en
d'autres.

Quant au premier, M. Vincent eftoit lent & tardif dans les
affaires, & par nature & par maxime de vertu ; par nature, à caufe
que fon grand entendement luy fourniffoit diuerfes lumieres fur
vn mefme fujet, qui le tenoient quelque-temps en fufpens & comme irrefolu : Par maxime de vertu, dautant qu'il ne vouloit pas
(pour vfer de fon mot ordinaire en cette matiere) enjamber fur la
conduite de la Prouidence Diuine, dont il craignoit de préuenir
tant foit peu les ordres : Il euft mefme fouhaité par vn fingulier
refpeƈt enuers Dieu, & par vn tres-bas fentiment qu'il auoit de
foy, que fa Diuine Majefté euft fait tout plûtoft fans luy, que par
luy : reconnoiffant d'vn cofté que ce que Dieu fait par luy-mefme, eft toûjours le plus affuré & le plus parfait : & d'vn autre, que
les hommes pour l'ordinaire empefchent plûtoft le bien, qu'ils
ne le font ; ou au moins y apportent beaucoup de déchet, & y
mélent toûjours quelque defaut ou imperfeƈtion : Il difoit à ce
propos, *qu'il ne voyoit rien de plus commun que les mauuais fuccés des*
affaires precipitées : & l'experience a fait voir que tant f'en faut,
que la lenteur de M. Vincent ait gafté ou empefché aucune
bonne affaire, qu'on peut dire au contraire, qu'il eft vn de ceux
qui en a le plus fait, & de plus diuerfes, & de plus importantes, &
qui f'y eft appliqué plus continuellement, & qui en eft venu plus
heureufement à bout, comme il fe verra en la fuite de ce Liure.
En quoy il femble que Dieu a voulu faire connoiftre que le fuccés des bons deffeins ne dépend pas de l'empreffement, ny de
l'ardeur auec laquelle les hommes f'y portent. La terre, toute
pefante qu'elle eft, eft celle qui porte les arbres & les fruits ; &
l'aƈtiuité du feu, f'il n'eft moderé & proportionné, n'eft propre
qu'à tout détruire.

Pour ce qui eft du fecond poinƈt, on peut dire auec verité, que
le monde eft tellement accoûtumé à fe loüer foy-mefme, & à ra-
batre l'eftime d'autruy, que fi M. Vincent euft fuiuy en cela le
train ordinaire des autres, on n'en auroit rien dit ; mais parce qu'il
a fait le contraire, on aura pû y trouuer à redire, & on n'aura pas
goûté la pratique qui luy eftoit ordinaire, d'exalter les per-

fonnes vertueufes, & fe rabaiffer luy-mefme au rang des Pecheurs; bien-qu'à vray dire il ne faifoit en cela que fuiure l'exemple non feulement des plus grands Saints, mais mefme du Saint
des Saints, lequel parlant de foy par la bouche d'vn Prophete,
difoit qu'il eftoit non vn homme, mais vn vermiffeau. Et quoy-
qu'il fuft le jufte & l'innocent, ou plûtoft la juftice & l'innocence
mefme, il a bien voulu paffer pour pecheur deuant les hommes,
& fe prefenter deuant fon Pere celefte, comme chargé de toutes
les iniquitez des pecheurs.

Ego vermis, & non homo. Pfal. 2c.

Monfieur Vincent auoit tellement pris à cœur cette pratique
d'humilité & d'auiliffement de foy-mefme, qu'à l'oüir parler, il
fembloit qu'il ne voyoit en luy que vice & peché; il fouhaittoit
qu'on l'aidaft à remercier Dieu, non tant des graces fingulieres
que fa liberalité luy communiquoit, que de la patience que fa diuine mifericorde exerçoit enuers luy, le fupportant, comme il
difoit ordinairement, en fes abominations & infidelitez. Ce n'eft
pas que dans le fecret de fon cœur il ne fuft plein de reconnoiffance des grandes faueurs, & des dons excellens qu'il receuoit de
la main de Dieu; mais il n'en parloit point, craignant de s'attribuer aucun bien, & regardant toutes ces graces comme des biens
de Dieu, dont il fe jugeoit tres-indigne, & lefquels, quoy-qu'ils
fuffent en luy, n'eftoient pas pourtant de luy ny à luy, mais vniquement de Dieu & à Dieu: de forte qu'à l'exemple d'vn grand
Apoftre, il ne faifoit parade que de fes infirmitez, & cachoit foigneufement tout le refte: Au contraire, fermant les yeux à la foibleffe & aux defauts des autres, particulierement de ceux de la
conduite defquels il n'eftoit pas chargé, il manifeftoit volontiers
le bien qu'il reconnoiffoit en eux, non pour le leur attribuer, mais
pour en glorifier Dieu, qui eft le fouuerain Auteur de tout bien.
Il difoit, *qu'il y auoit des perfonnes qui penfent toûjours bien de leur
prochain, autant que la vtaye Charité le leur peut permettre; & qui ne
peuuent voir la Vertu fans la loüer, ny les perfonnes vertueufes, fans les
aimer.* C'eft ainfi qu'il le pratiquoit luy-mefme, toûjours neanmoins auec grande prudence & difcretion: Car pour les fiens, il ne
les loüoit que tres-rarement en leur prefence, & feulement quand
il le jugeoit expedient pour la gloire de Dieu, & pour leur plus
grand bien; mais pour les autres perfonnes vertueufes, il fe con-
joüiffoit volontiers auec elles des graces qu'elles receuoient de
Dieu, & du bon vfage qu'elles en faifoient, & en parloit quand il
le jugeoit conuenable, pour les encourager à la perfeuerance dans
le bien.

K iij

Enfin, pour exprimer en peu de paroles ce que nous dirons plus amplement au troisiéme Liure touchant les Vertus de M. Vincent, il s'estoit proposé Iesvs-Christ comme l'vnique exemplaire de sa vie ; & il auoit si-bien imprimé son image dans son esprit, & possedoit si parfaitement ses maximes, qu'il ne parloit, ne pensoit, ny operoit, qu'à son imitation & par sa conduite. La vie de ce diuin Sauueur, & la Doctrine de son Euangile estoient la seule regle de sa vie & de ses actions : C'estoit toute la Morale & toute la Politique, selon laquelle il se regloit soy-mesme, & toutes les affaires qui passoient par ses mains. C'estoit en vn mot l'vnique fondement sur lequel il éleuoit son édifice spirituel. De sorte que l'on peut dire auec verité qu'il nous a laissé, sans y penser, vn tableau raccourci des perfections de son Ame, & marqué sa Deuise particuliere dans ces belles paroles qu'il dit vn jour de l'abondance de son cœur : *Rien ne me plaist qu'en* Iesvs-Christ. De cette source procedoit la fermeté & constance inébranlable qu'il auoit dans le bien, laquelle ne fléchissoit jamais par aucune consideration ny de respect humain, ny de propre interest, & qui le tenoit toûjours disposé à soûtenir toutes les contradictions, souffrir toutes les persecutions, & comme dit le Sage, agoniser jusqu'à la mort pour la defense de la justice & de la verité. C'est ce qu'il declara encore sur la fin de sa vie en ces termes bien remarquables : *Qui dit Doctrine de* Iesvs-Christ, *dit vn rocher inébranlable, il dit des Veritez eternelles, qui sont suiuies infailliblement de leurs effets : de sorte que le Ciel renuerseroit plûtost, que la doctrine de* Iesvs-Christ *vint à manquer.*

Et pour faire mieux conceuoir, & insinuër plus fortement cette maxime dans les Esprits, voicy vn raisonnement familier qu'il a quelquefois employé.

„ Les bonnes-Gens des Champs, disoit-il, sçauent que la Lune
„ change ; qu'il se fait des éclipses du Soleil, & des autres Astres,
„ ils en parlent souuent, & sont capables de voir ces accidens quand
„ ils arriuent : mais vn Astrologue, outre qu'il les voit auec eux, il
„ les préuoit encore de loin ; il sçait les principes de l'Art ou de la
„ Science ; il dira, Nous aurons vne éclipse à tel jour, à telle heure,
„ & à telle minute. Or si les Astrologues ont cette connoissance
„ infaillible, non seulement en l'Europe, mais mesme en la Chine
„ & ailleurs. Et si dans cette obscurité de l'auenir, ils portent leur
„ veuë si auant, que de sçauoir certainement les étranges effets qui
„ doiuent arriuer par le mouuement des Cieux d'icy à cent ans, à

mille ans, quatre mille ans & plus, fuiuant les Regles qu'ils en «
ont : Si, dis-je, les hommes ont cette connoiſſance, à combien «
plus forte raiſon deuons-nous croire que la Sageſſe Diuine qui «
penetre juſqu'aux moindres circonſtances des choſes les plus ca- «
chées, a veu la verité de ces maximes, & de cette Doctrine Euan- «
gelique, quoy qu'elle ſoit inconnuë aux gens du monde, qui n'en «
voient les effets qu'aprés qu'ils ſont arriuez, & ſeulement pour «
l'ordinaire à l'heure de la mort? Ha! que ne ſommes-nous conuain- «
cus que cette meſme Doctrine, & ces meſmes maximes nous eſtant «
propoſées par l'infinie Charité de Iesvs-Christ, elles ne peu- «
uent nous tromper ? Cependant noſtre mal eſt qu'on ne s'y fie «
pas ; & qu'on ſe tourne facilement du coſté de la prudence hu- «
maine. Ne voyez-vous pas que nous ſommes coupables de nous »
fier plûtoſt au raiſonnement humain, qu'aux promeſſes de la Sa- «
geſſe éternelle ? aux apparences trompeuſes de la terre, qu'à «
l'amour paternel du Sauueur deſcendu du Ciel pour nous des- «
abuſer?

Monſieur Vincent n'auoit pas ſeulement remply ſon cœur &
ſon eſprit de ces maximes & veritez Euangeliques, mais il ſ'étudioit en toutes occaſions de les répandre dans les eſprits, & dans
les cœurs des autres, & particulierement de ceux de ſa Compagnie ; voicy comme il leur parloit vn jour ſur ce ſujet.   «

Il faut, leur dit-il, que la Compagnie ſe donne à Dieu pour ſe «
nourrir de cette ambroſie du Ciel, pour viure de la maniere que «
Noſtre-Seigneur a vécu, & pour tourner toutes nos conduites «
vers luy, & les mouler ſur les ſiennes.   «

Il a mis pour premiere maxime, de chercher toûjours la gloire «
de Dieu, & ſa Iuſtice, toûjours, & deuant toute autre choſe. O «
que cela eſt beau, de chercher premierement le regne de Dieu en »
nous, & le procurer en autruy ! Vne Compagnie qui ſeroit dans «
cette maxime d'auancer de plus en plus la gloire de Dieu, com- «
bien auanceroit-elle auſſi ſon propre bon-heur ? quel ſujet n'au- «
roit-elle pas d'eſperer que tout luy tourneroit en bien ? s'il plai- «
ſoit à Dieu nous faire cette grace, noſtre bon-heur ſeroit incom- «
parable. Si dans le monde quand on entreprend vn voyage on «
prend garde ſi l'on eſt dans le droit chemin ; combien plus ceux «
qui font profeſſion de ſuiure Iesvs-Christ dans la pratique des «
Maximes Euangeliques (particulierement de celle-cy, par la- «
quelle il nous ordonne de chercher en toutes choſes la gloire de «
Dieu) doiuent-ils prendre garde à ce qu'ils font, & ſe demander, «

„ Pourquoy fais-tu cecy ou cela? Eſt-ce pour te ſatisfaire? eſt-ce
„ parce-que tu as auerſion à d'autres choſes? eſt-ce pour complaire
„ à quelque chétiue creature? mais plûtoſt n'eſt-ce pas pour ac-
„ complir le bon-plaiſir de Dieu, & chercher ſa Iuſtice? Quelle vie,
„ quelle vie ſeroit celle-là! ſeroit-ce vne vie humaine? non, elle
„ ſeroit toute angelique, puiſque c'eſt purement pour l'amour de
„ Dieu que ie ferois tout ce que ie ferois; & que ie laiſſerois à faire
„ tout ce que ie ne ferois pas.

„   Quand on ajoûte à cela la pratique de faire en toutes choſes
„ la volonté de Dieu, qui doit eſtre comme l'ame de la Compa-
„ gnie, & vne des pratiques qu'elle doit auoir bien auant dans le
„ cœur: c'eſt pour nous donner à vn chacun en particulier vn
„ moyen de perfection facile, excellent & infaillible; & qui fait que
„ nos actions ne ſont pas actions humaines, ny meſme ſeulement
„ angeliques, mais en quelque façon diuines, puiſqu'elles ſe font
„ en Dieu, & par le mouuement de ſon Eſprit & de ſa grace. Quelle
„ vie! quelle vie ſeroit celle des Miſſionnaires, quelle Compagnie
„ ſi elle s'établiſſoit bien là dedans!

„   Suit la ſimplicité, qui fait que Dieu prend ſes délices dans vne
„ Ame où elle reſide. Voyons parmi nous, ceux en qui le caractere
„ de cette vertu paroiſt dauantage, n'eſt-il pas vray qu'ils ſont les
„ plus aimables? que leur candeur nous gagne le cœur, & que nous
„ auons conſolation de conuerſer auec eux? mais qui n'en auroit,
„ puiſque Noſtre Seigneur meſme ſe plaiſt auec les ſimples?

„   De meſme la prudence bien entenduë nous rend tres-agreables
„ à Dieu, puiſqu'elle nous porte aux choſes qui regardent ſa gloire,
„ & nous fait éuiter celles qui nous en détournent: & qu'elle ne
„ nous fait pas ſeulement aller contre la duplicité des actions &
„ des paroles, mais qu'elle nous fait faire tout auec ſageſſe, circon-
„ ſpection & droiture, pour paruenir à nos fins, par les moyens que
„ l'Euangile nous enſeigne; non pour vn temps, mais pour toû-
„ jours. O quelle vie, & quelle Compagnie ſeroit celle-cy, ſi elle
„ marchoit de la ſorte!

„   Si à cela vous ajoûtez la douceur & l'humilité, que nous man-
„ quera-t-il? ce ſont deux ſœurs germaines qui s'accordent bien
„ enſemble, de meſme que la ſimplicité & la prudence, qui ne ſe
„ peuuent ſeparer. C'eſt vne leçon de Noſtre-Seigneur IESVS-
„ CHRIST qui nous enſeigne, que nous apprenions de luy qu'il
„ eſt doux & humble de cœur: Apprenez de moy, dit-il; ô Sauueur
„ quelle parole! ô quel honneur d'eſtre vos Ecoliers, & d'apprendre

dre cette leçon si courte & si energique, mais si excellente, qu'elle «
nous rend tels que vous estes : O mon Sauueur , n'aurez-vous pas «
la mesme autorité sur nous , qu'ont eü autrefois des Philosophes «
sur leurs sectateurs, lesquels s'attachoient si fortement & si étroi- «
tement à leurs Sentences , que c'estoit assez de dire, le Maistre l'a «
dit, pour le croire, & ne s'en départir iamais ? Que répondrons- «
nous à Nostre-Seigneur, qui nous a fait tant de saintes leçons , «
quand il nous reprochera que nous les auons si mal apprises ? mais «
quel bon-heur sera le nostre , si nous embrassons ces vertus, qui «
ont vne si noble origine comme est le cœur de Iesvs-Christ ? le «
voulez-vous sçauoir ? elles nous conduiront à cette fournaise d'a. «
mour, où elles retournent comme à leur centre. O mon Dieu que «
n'en sommes-nous tous épris ! «

Celuy donc qui cherchera le Royaume de Dieu, qui embrassera «
la sainte pratique de faire sa tres-sainte volonté , qui s'exercera en «
la simplicité & prudence Chrétienne, & enfin en la douceur & «
humilité de Nostre-Seigneur ; quel sera je vous prie ce Mission- «
naire ? quels serons-nous tous , si nous y sommes tous fidéles? «
quelle Compagnie sera pour lors celle de la Mission ? Dieu vous «
le peut faire comprendre ; pour moy je ne le sçaurois exprimer. «
Demain à l'Oraison appliquez-vous à penser ce que c'est qu'vne «
telle Compagnie, & qu'vn tel homme, qui a cette fidélité. «

Monsieur Vincent ajoûtoit encore à cela deux Maximes tres-
importantes , qu'il possedoit parfaitement dans son cœur , &
qu'il s'efforçoit particulierement d'imprimer dans le cœur des
siens.

La premiere estoit de ne se pas contenter d'auoir vn amour affectif enuers Dieu , & de conceuoir de grands sentimens de sa
bonté, & de grands desirs de sa gloire ; mais de rendre cét amour
effectif, & comme a dit S. Gregoire, en donner des preuues par
les œuures : Au sujet dequoy, parlant vn jour à ceux de sa Communauté, il leur dit :

Aimons Dieu, mes Freres , aimons Dieu : mais que ce soit aux «
dépens de nos bras ; que ce soit à la sueur de nos visages. Car bien «
souuent, tant d'actes d'amour de Dieu, de complaisance, de bien- «
veillance, & autres semblables affections & pratiques interieures «
d'vn cœur tendre, quoy que tres-bonnes & tres-desirables, sont «
neanmoins tres-suspectes, quand on n'en vient point à la pratique «
de l'amour effectif. En cela, dit Nostre-Seigneur, mon Pere est «
glorifié, que vous rapportiez beaucoup de fruit. Et c'est à quoy «

L

„ nous deuons bien prendre garde ; car il y en a plufieurs qui pour
„ auoir l'exterieur bien compofé, & l'interieur remply de grands
„ fentimens de Dieu, s'arreftent à cela ; & quand ce vient au fait, &
„ qu'ils fe trouuent dans les occafions d'agir, ils demeurent court.
„ Ils fe flattent de leur imagination échauffée, ils fe contentent
„ des doux entretiens qu'ils ont auec Dieu dans l'Oraifon, ils en
„ parlent mefme comme des Anges : mais au fortir de là, eft-il que-
„ ftion de trauailler pour Dieu, de fouffrir, de fe mortifier, d'in-
„ ftruire les Pauures, d'aller chercher la brebis égarée, d'aimer
„ qu'il leur manque quelque chofe, d'agréer les maladies, ou quel-
„ qu'autre difgrace, helas! il n'y a plus perfonne, le courage leur
„ manque. Non non, ne nous trompons pas : *totum opus noftrum in
operatione confiftit :* Il repetoit fouuent ces paroles, & difoit les
auoir apprifes d'vn grand feruiteur de Dieu, lequel fe trouuant
au lit de la mort, comme il luy demanda quelque mot d'édification, il luy répondit, qu'il voyoit clairement à cette heure-là, que
fouuent ce que quelques perfonnes prenoient pour contempla-
tion, rauiffemens, extafes, & ce qu'ils appelloient mouuemens
anagogiques, vnions deïfiques, n'eftoient que fumée, & que cela
procedoit ou d'vne curiofité trompeufe, ou des refforts naturels
d'vn Efprit qui auoit quelque inclination & facilité au bien : Au
lieu que l'action bonne & parfaite eft le veritable caractere de
l'amour de Dieu.

„   Et cela eft tellement vray, dit M. Vincent, que le S. Apoftre
„ nous declare, qu'il n'y a que nos œuures qui nous accompagnent
„ en l'autre vie. Faifons donc, ajoûtoit-il, reflexion à cela, d'autant
„ plus qu'en ce fiecle il y en a plufieurs qui femblent vertueux, &
„ qui en effet le font ; qui neanmoins inclinent à vne voie douce &
„ molle, plûtoft qu'à vne deuotion laborieufe & folide. L'Eglife
„ eft comparée à vne grande moiffon qui requiert des ouuriers, mais
„ des ouuriers qui trauaillent ; il n'y a rien de plus conforme à
„ l'Euangile, que d'amaffer d'vn cofté des lumieres & des forces
„ pour fon ame dans l'Oraifon, dans la Lecture & dans la Solitude,
„ & d'aller enfuite faire part aux hommes de cette nourriture fpi-
„ rituelle. C'eft faire comme Noftre-Seigneur a fait, & aprés luy
„ fes Apoftres. C'eft joindre l'office de Marthe à celuy de Marie.
„ C'eft imiter la Colombe, qui digere à moitié la pafture qu'elle
„ a prife, & puis met le refte par fon bec dans celuy de fes petits,
„ pour les nourrir. Voila comme nous deuons faire, voila comme
„ nous deuons témoigner à Dieu par nos œuures que nous l'aimons :
totum opus noftrum in operatione confiftit.

La seconde maxime de ce fidéle Seruiteur de Dieu, estoit de regarder toûjours Nostre-Seigneur Iesvs-Christ dans les autres, pour exciter plus efficacement son cœur à leur rendre tous les deuoirs de charité. Il regardoit ce diuin Sauueur comme Pontife & Chef de l'Eglise dans nostre S. Pere le Pape, comme Euesque & Prince des Pasteurs dans les Euesques, Docteur dans les Docteurs, Prestre dans les Prestres, Religieux dans les Religieux, Souuerain & puissant dans les Rois, Noble dans les Gentils-hommes, Iuge & tres-sage Politique dans les Magistrats, Gouuerneurs & autres Officiers. Et le Royaume de Dieu estant comparé dans l'Euangile à vn Marchand, il le consideroit comme tel dans les hommes de trafic, Ouurier dans les Artisans, Pauure dans les Pauures, Infirme & agonisant dans les malades & mourans ; & considerant ainsi Iesvs-Christ en tous ces estats, & en chaque estat voyant vne image de ce souuerain Seigneur, qui reluisoit en la personne de son Prochain, il s'excitoit par cette veuë à honorer, respecter, aimer & seruir vn chacun en nostre Seigneur, & nostre Seigneur en vn chacun ; conuiant les siens, & ceux ausquels il en parloit, d'entrer dans cette maxime, & de s'en seruir pour rendre leur charité plus constante, & plus parfaite enuers le prochain.

Voila vn petit crayon en general de l'Esprit de M. Vincent, dont il a luy-mesme tracé de sa propre main la plus grande partie, sans y penser, & mesme contre son dessein, qui estoit toûjours de se cacher, & de couurir les dons & les vertus qu'il auoit receus, du voile du silence & de l'humilité : mais Dieu a voulu qu'il se soit ainsi innocemment trompé, & en quelque façon trahy luy-mesme, pour faire mieux connoistre les graces, & les excellentes qualitez qu'il auoit abondamment versées dans son ame, afin de le rendre vn digne instrument de sa gloire, & se seruir de luy dans les grandes choses qu'il vouloit operer par son moyen, pour le plus grand bien de son Eglise, dont il sera amplement parlé en la suite de cét Ouurage.

Et pour recueillir en peu de paroles, de tout ce qui a esté dit en ce Chapitre, quelle a esté la conduite de M. Vincent, nous pouuons dire auec verité, qu'elle a esté,

1. Sainte, ayant eü vniquement Dieu pour objet ; qu'elle alloit à Dieu, qu'elle y menoit les autres, & luy rapportoit toutes choses, comme à leur derniere fin.

2. Humble, se défiant de ses propres lumieres, prenant conseil

dans ſes doutes , & ſe confiant à l'Eſprit de IESVS-CHRIST comme à ſon Guide & à ſon Docteur.

3. Douce en ſa maniere d'agir , condeſcendant aux foibleſſes, & ſ'accommodant aux forces, à l'inclination , & à l'eſtat des perſonnes.

4. Ferme, pour l'accompliſſement des volontez de Dieu , & pour ce qui concernoit l'auancement ſpirituel des ſiens, & le bon ordre des Communautez ; ſans ſe rebuter pour les contradictions, ny ſe laſſer ou abbattre pour les difficultez.

5. Droite, pour ne gauchir jamais ny ſe détourner des voyes de Dieu, par aucun reſpect humain.

6. Simple, rejettant tout artifice, duplicité , feintiſe , & toute prudence de la chair.

7. Prudente, dans le choix des moyens propres pour paruenir à la fin vnique qu'il ſe propoſoit en tout, qui eſtoit l'accompliſſement de ce qu'il connoiſſoit eſtre le plus agréable à Dieu ; prenant garde dans l'employ de ces moyens , & en tout ce qu'il faiſoit, de ne choquer ny contriſter perſonne, autant que cela pouuoit dépendre de luy , & éuitant judicieuſement les obſtacles, ou les ſurmontant par ſa patience, & par ſes prieres.

8. Secrete, pour ne diuulguer les affaires auant le temps , ny les communiquer à d'autres, qu'à ceux auſquels il eſtoit expedient d'en parler. Il diſoit ſur ce ſujet *que le demon ſe joüoit des bonnes œuures découuertes & diuulguées ſans neceſſité, & qu'elles eſtoient comme des mines éuentées qui demeurent ſans effet.*

9. Reſeruée & circonſpecte, pour ne ſ'engager trop à la legere, & pour ne rien précipiter, ny trop ſ'auancer.

10. Enfin deſintereſſée, ne cherchant ny honneur, ny propre ſatisfaction, ny aucun bien periſſable : mais vniquement, à l'imitation de ſon Diuin Maiſtre, la ſeule gloire de Dieu, le ſalut & la ſanctification des Ames.

CHAPITRE XX.

Naiſſance & erection de la Congregation de la Miſſion.

L'ON peut dire auec verité , que cette Congregation a eſté en ſon commencement comme le petit grain de Seneué de l'Euangile, qui eſtant le moindre entre toutes les ſemences deuient enfin comme vn arbre, ſur les branches duquel les oiſeaux se peuuent reposer. Il n'y auoit rien de si petit que cette Congregation, non seulement à l'exterieur dans ses premiers commencemens , mais aussi quant aux sentimens interieurs de M. Vincent, & des premiers Prestres qui s'associerent auec luy. Ils se consideroient comme les moindres de tous ceux qui trauailloient dans le Ministere de l'Eglise , & se destinoient seulement à seruir dans les œuures les plus basses, les plus abandonnées, & les plus méprisées selon le commun sentiment du monde ; comme à instruire & catechiser les Pauures , particulierement dans les villages & autres lieux plus abandonnez ; assister , secourir, & aider les pauures malades ; disposer les vns & les autres à faire de bonnes Confessions generales ; & se rendre comme les seruiteurs non seulement des Curez , & des autres Prestres, mais aussi des Villageois , des Galeriens & des plus miserables personnes ; pour seruir aux vns & aux autres gratuitement , & sans en receuoir aucune chose ; se tenant beaucoup honorez de seruir IESVS-CHRIST en leurs personnes, & reputant à vn grand auantage que les Curez voulussent permettre & souffrir, qu'ils exerçassent les œuures de Charité dans leurs Parroisses selon leur Institut. Cependant il a plû à Dieu répandre de grandes benedictions sur ces petits commencemens, & en faire naistre en fort peu de temps vne compagnie nombreuse , qui s'est heureusement étenduë en diuers lieux , comme il sera dit en la suite de cet Ouurage ; & qui a saintement contribué,& contribuë encore tous les jours , auec vne speciale benediction, à l'auancement du Royaume de IESVS-CHRIST.

Ce fut , comme il a esté desja dit , en l'année 1625 aprés la mort de Madame la Generale des Galeres, que M. Vincent se retira au College des Bons-Enfans, dont M. L'Archeuesque de Paris luy auoit fait prendre la Principauté , à l'instance de ladite Dame , & de Monsieur le General, pour seruir au dessein de leur Fondation ; M. Portail dont il a esté cy-deuant parlé, ayant desja demeuré douze ou quinze ans auec M. Vincent, ne le voulut pas quitter en vne si belle occasion de seruir Dieu , mais prenant vne nouuelle resolution de ne s'en jamais separer, se retira auec luy en ce College , à dessein de s'employer en sa Compagnie à l'exercice des Missions : Et pour trauailler auec plus de fruit, ils conuierent vn autre bon Prestre de se joindre à eux, auquel ils donnoient cinquante escus par an pour s'entretenir ; & alloient tous trois de village en village, Catechiser, exhorter, Confesser , & faire les

autres fonctions & exercices de la Miſſion, auec ſimplicité, humilité, & Charité, à leurs propres dépens, ſans demander,
ny meſme vouloir receuoir aucune choſe de perſonne. Ils trauailloient premierement aux lieux où la Miſſion eſtoit fondée, &
puis ils alloient faire le meſme en d'autres Paroiſſes, particulierement en celles du Dioceſe de Paris. Et comme ils n'auoient pas
le moyen d'entretenir des ſeruiteurs qui demeuraſſent pour garder le College en leur abſence, quand ils en partoient pour aller
en Miſſion, ils en laiſſoient les clefs à quelqu'vn des voiſins.

Qui euſt jamais penſé alors, que de ſi petits commencemens
dûſſent auoir vn tel progrez, que l'on voit maintenant ; & que
deux pauures Preſtres allant ainſi trauailler dans les villages, &
autres lieux inconnus & abandonnez, euſſent poſé ſans y penſer
les Fondemens d'vn ſi grand Edifice Spirituel, que Dieu a voulu
éleuer dans ſon Egliſe ? C'eſtoit vn des étonnemens de M. Vincent, lequel parlant vn jour ſur ce ſujet à la Communauté de S.
» Lazare. Nous allions, dit-il, tout bonnement & ſimplement,
» enuoyez par Noſſeigneurs les Eueſques, Euangeliſer les pauures,
» ainſi que Noſtre Seigneur auoit fait : Voila ce que nous faiſions ;
» Et Dieu faiſoit de ſon coſté ce qu'il auoit préueu de toute éterni-
» té. Il donna quelque benediction à nos trauaux, ce que voyant
» d'autres bons Eccleſiaſtiques, ils ſe joignirent à nous, & deman-
» derent d'eſtre auec nous : non pas tous à la fois, mais en diuers
» temps. O Sauueur ! qui euſt jamais penſé que cela fuſt venu en
» l'eſtat où il eſt maintenant ? Qui m'euſt dit cela pour lors, i'au-
» rois crû qu'il ſe feroit moqué de moy. Et neanmoins c'eſtoit par
» là que Dieu vouloit donner commencement à la Compagnie.
» He bien, appellerez vous humain, ce à quoy nul homme n'auoit
» jamais penſé ? Car ny moy, ny le pauure M. Portail n'y penſions
» pas ; helas nous en eſtions bien éloignez.

M. l'Archeueſque de Paris Meſſire Iean François de Gondy
ayant enſuite donné vne approbation authentique au premier
deſſein de l'Inſtitution de la Congregation de la Miſſion, par ſes
Lettres du 24 d'Avril 1626, en la meſme maniere qui eſtoit ex-
primée dans le Contract de Fondation : deux bons Preſtres de
Picardie nommez MM. François du Coudray, & Iean de la
Salle vinrent ſ'offrir à M. Vincent, pour viure & pour trauailler
ſous ſa conduite auec Monſieur Portail : Et il les receut, & aſſo-
cia tous trois auec luy, en execution de ladite Fondation, par
acte paſſé pardeuant deux Notaires du Chaſtelet du 4 Septem-

bre au mefme an 1626. Et le Feu Roy Louïs XIII. de glorieufe
memoire par fes Lettres patentes du mois de May 1627. expediées
en faueur dudit Seigneur General des Galeres, en confirmant &
agréant ledit Contract de Fondation, permit ladite affociation,
& Congregation des Preftres de la Miffion, pour viure en
Commun, & s'établir en tels lieux du Royaume de France que
bon leur fembleroit, & pour accepter tous legs, Aumônes, &
dons qui leur feroient faits.

Dieu ayant ainfi donné les premiers commencemens à la
Congregation de la Miffion, par vne conduite toute particuliere
de fa mifericordieufe Prouidence ; il étendit les foins de cette
mefme Prouidence pour la faire croître & multiplier : & à cette
fin il infpira plufieurs autres vertueux Ecclefiaftiques de fe ioindre à M. Vincent, pour trauailler auec luy à la Moiffon des Ames;
outre les trois fus-nommez, il y eut quatre autres Preftres qui
entrerent des premiers en cette Congregation, c'eft à fçauoir
Iean Becu du village de Brache au Diocefe d'Amiens, Antoine
Lucas de la ville de Paris, Iean Brunet de la ville de Rion en Auuergne au Diocefe de Clermont, & Iean Dehorgny du village
d'Eftrée au Diocefe de Noyon : Ces fept eftant ainfi affemblez
& vnis auec M. Vincent, pour viure & mourir dans la Congregation de la Miffion, promirent à Dieu de s'appliquer toute leur vie à
procurer le falut & la fanctification du Pauure peuple des Champs
en la mefme Congregation ; Ce qu'ils ont fidelement accomply ;
Et l'on peut dire qu'ils furent comme ces fept Preftres, lefquels
fous la conduite de Iofué fonnerent les trompettes pour renuerfer
les murs de Iericho, & que par l'exemple de leur zele & de leurs
vertus, ils en attirerent plufieurs autres à cette Sainte Milice.

Par Bulle du Pape Vrbain VIII du mois de Ianuier 1632,
cette Compagnie a efté erigée en Congregation, & approuuée
du Saint Siege fous le titre de Preftres de la Congregation de la
Miffion, & fous la conduite de M. Vincent, à qui fa Saincteté
donna le pouuoir de faire & dreffer des Reglemens pour le bon
ordre de cette Congregation ; après quoy pour authorifer dauantage cét Inftitut, le Roy en fit expedier d'autres Lettres
patentes du mois de May 1642, verifiées au Parlement de Paris
en Septembre de la mefme année.

Par ladite Bulle d'Vrbain VIII le nom de Preftres de la Congregation de la Miffion eft tellement attribué par le Saint Siege
à ceux qui font de cette Congregation, que c'eft par ce Nom

qu'ils font diftinguez des autres Communautez, & mefme des Ecclefiaftiques particuliers, qui f'appliquent auffi à faire des Miffions: ce que nous auons jugé neceffaire d'obferuer en ce lieu, pour obuier aux inconueniens, que pourroit caufer le defaut de cette diftinction.

CHAPITRE XXI.

Paroles remarquables de M. Vincent *touchant l'Efprit d'humilité, & les autres vertueufes difpofitions, qu'il a voulu pofer comme Fondement au nouuel établiffement de fa Congregation.*

MONSIEVR Vincent voyant que la main de Dieu eftoit auec luy, pour éleuer ce nouuel édifice de la Congregation de la Miffion, & que fa Prouidence donnoit vn fuccez plein de benediction aux premiers commencemens de ce Saint Ouurage; il voulut comme vn Sage Architecte pofer vn fondement qui fuft proportionné à la hauteur où il deuoit vn jour atteindre, & qui en puft fouftenir toute la ftructure, en forte qu'elle demeuraft ferme & inébranlable dans fon affiette. Il ne trouua point de fondement qui luy fuft plus conuenable ny plus propre que celuy de l'humilité: Car il connoiffoit bien que parmy toutes les tentations & diftractions, aufquelles les Miffionnaires deuoient eftre expofez par leurs emplois, il n'y auoit point de meilleur moyen pour chacun d'eux en particulier, de mettre fon ame & fon falut en affeurance, que de fe tenir dans vn fentiment tres-bas de foy-mefme; & qu'il faut eftre méprifé & abjet deuant fes yeux, pour eftre grand & eftimé deuant Dieu; Enfin qu'il n'y auoit rien à craindre dans l'humiliation quelque grande qu'elle pût eftre; mais qu'il y auoit fujet de crainte, & mefme d'horreur dans la moindre éleuation, où l'on fe porteroit par quelque préfomption de foy-mefme. C'eft pourquoy il s'eft toûjours étudié, dés les premiers commencemens de l'établiffement de fa Compagnie, d'infpirer aux fiens vn efprit d'abbaiffement, d'humiliation, d'auilliffement & de mépris de foy-mefme: Il les a toûjours portez à fe confiderer comme les moindres de tous ceux qui trauaillent dans l'Eglife, & à mettre dans leur eftime tous les autres au deffus d'eux. Nous ne fçaurions mieux faire conoître

cecy,

cecy, que par les paroles mesmes qu'il prononça vn jour de l'a- "
bondance de son cœur, au sujet de ce qu'vn Prestre nouuellement "
receu en sa Congregation, la qualifia de Sainte Congregation : "
Cét humble Scruiteur de Dieu l'arresta tout court, & luy dit : "
Monsieur, quand nous parlons de la Compagnie, nous ne deuons "
point nous seruir de ce terme (de Ste Compagnie, ou Ste Congre- "
gation) ou autres termes équiualens & releuez, mais nous seruir "
de ceux-cy : la pauure Compagnie, la petite Compagnie, & sem- "
blables. Et en cela nous imiterons le Fils de Dieu qui appelloit "
la Compagnie de ses Apostres & Disciples, petit Troupeau, petite "
Compagnie. O que ie voudrois qu'il plûst à Dieu faire la grace à "
cette chétiue Congregation, de se bien établir dans l'humilité, "
faire fonds & bastir sur cette vertu, & qu'elle demeurast là comme "
en son poste, & en son quadre. Messieurs, ne nous trompons pas, "
si nous n'auons l'humilité nous n'auons rien. Ie ne parle pas seu- "
lement de l'humilité exterieure, mais ie parle principalement de "
l'humilité de cœur, & de celle qui nous porte à croire veritable- "
ment qu'il n'y a nulle personne sur la terre plus miserable que "
vous & moy ; Que la Compagnie de la Mission est la plus chétiue "
de toutes les Compagnies, & la plus pauure pour le nombre, & "
la condition des sujets ; & estre bien-aise que le monde en parle "
ainsi. Helas ! vouloir estre estimé qu'est-ce que cela, sinon vou- "
loir estre traité autrement que le Fils de Dieu ? C'est vn orgueil "
insupportable. Le Fils de Dieu estant sur la terre, qu'est-ce qu'on "
disoit de luy ? Et pour qui a-t-il bien voulu passer dans l'esprit du "
peuple ? pour vn fol, pour vn seditieux, pour vne beste, pour vn "
pecheur, quoy qu'il ne le fût point. Iusques-là mesme qu'il a "
bien voulu souffrir d'estre postposé à vn Barrabas, à vn Brigant, à "
vn Meurtrier, à vn tres-méchant homme. O Sauueur ! ô mon "
Sauueur, que vostre sainte humilité confondra de pecheurs, com- "
me moy miserable, au jour de vostre Iugement ! Prenons garde à "
cela ; prenez-y garde vous qui allez en Mission, vous autres qui "
parlez en public : quelquefois & assez souuent, l'on voit vn peu- "
ple si touché de ce que l'on a dit, l'on voit que chacun pleure ; & "
il s'en rencontre mesme, qui passant plus auant, vont jusqu'à pro- "
ferer ces mots, Bien-heureux le ventre qui vous a portés, & les mã- "
melles qui vous ont allaités : nous auons oüi dire de semblables "
paroles quelquefois. Entendant cela, la nature se satisfait, la va- "
nité s'engendre & se nourrit, si ce n'est qu'on reprime ces vaines "
complaisances, & qu'on ne cherche purement que la gloire de "

M

» Dieu, pour laquelle feule nous deuons trauailler ; Oüy purement
» pour la gloire de Dieu, & le falut des Ames. Car en vfer autre-
» ment, c'eft fe prefcher foy-mefme, & non pas I e s v s-C h r i s t;
» Et vne perfonne qui prefche pour fe faire applaudir, loüer, efti-
» mer, faire parler de foy ; qu'eft-ce que fait cette perfonne, ce
» Predicateur ? qu'eft-ce qu'il fait ? vn facrilege, oüy vn facrilege.
» Quoy ? fe feruir de la parole de Dieu, & des chofes diuines, pour
» acquerir de l'honneur & de la reputation, oüy c'eft vn facrilege.
» O mon Dieu ! ô mon Dieu ! faites la grace à cette pauure petite
» Compagnie, que pas vn de fes membres ne tombe dans ce mal-
» heur. Croyez-moy, Meffieurs, nous ne ferons iamais propres
» pour faire l'œuure de Dieu, que nous n'ayons vne profonde humi-
» lité, & vn entier mépris de nous-mefmes. Non, fi la Congrega-
» tion de la Miffion n'eft humble, & fi elle n'eft perfuadée qu'elle
» ne peut rien faire qui vaille, qu'elle eft plus propre à tout gafter,
» qu'à bien reüffir, elle ne fera iamais grande chofe ; Mais lors
» qu'elle fera & viura dans l'Efprit que ie viens de dire, alors,
» Meffieurs, elle fera propre pour les deffeins de Dieu, parce que
» c'eft de tels fujets dont Dieu fe fert pour operer les grands &
» veritables biens.

» Quelques Docteurs qui expliquent l'Euangile d'aujourd'huy,
» où il eft parlé de cinq Vierges fages, & de cinq folles, eftiment que
» l'on doit entendre cette parabole des perfonnes de Communau-
» té qui font retirées du monde. Si donc il eft vray que la moitié
» de ces Vierges, de ces perfonnes fe perd, helas ! que ne deuons-
» nous pas craindre ? & moy tout le premier que ne dois-je pas ap-
» prehender ? Or fus, Meffieurs, encourageons-nous, ne perdons
» point cœur, donnons-nous à Dieu de la bonne façon, renonçons
» à nous-mefmes, & à nos fatisfactions, à nos aifes, & à nos vanitez;
» eftimons que nous n'auons pas vn plus grand ennemy que nous-
» mefmes, faifons tout le bien que nous pourrons, & faifons-le auec
» toute la perfection requife. Ce n'eft pas tout d'affifter le pro-
» chain, de jeûner, faire Oraifon, trauailler aux Miffions, cela eft
» bien, mais ce n'eft pas affez ; il faut de plus bien faire cela, à fça-
» uoir dans l'Efprit de Noftre-Seigneur, en la maniere que Noftre-
» Seigneur l'a fait, humblement & purement, afin que le nom de
» fon Pere foit glorifié, & fa volonté accomplie.

» Les plantes ne pouffent point des fruits plus excellens que la
» nature de leurs tiges ; nous fommes comme les tiges de ceux qui
» viendront aprés nous, qui vray-femblablement ne pousferont

point leurs œuures ny leur perfection plus haut que nous ; si nous «
auons bien fait, ils feront bien, l'exemple en passera des vns aux «
autres ; ceux qui demeurent, enseignent ceux qui les suiuent de la «
maniere dónt les premiers se sont pris à la vertu, & ceux-cy en- «
core d'autres qui viendront aprés ; & cela par l'aide de la grace «
de Dieu, qui leur a esté meritée par les premiers. D'où vient «
que nous voyons dans le monde de certaines familles qui viuent «
si bien en la crainte de Dieu ? I'en ay presentement vne entre «
plusieurs autres dans l'esprit, dont i'ay connu le grand-pere, & le «
pere, qui tous estoient fort gens de bien, & encore aujourd'huy «
ie connois les enfans qui le font de mesme ; D'où vient cela ? c'est «
que leurs peres leur ont merité de Dieu cette grace par leur bon- «
ne & sainte vie, selon la promesse de Dieu mesme, qu'il benira «
telles familles iusqu'à la milliéme generation. Mais de l'autre côté «
il se voit des maris & des femmes, qui font gens de bien & qui «
viuent bien, & neanmoins tout se fond, & se perd entre leurs «
mains, ils ne reüssissent en rien ; d'où vient cela ? c'est que la pu- «
nition de Dieu qu'ont merité leurs parens, pour de grandes fau- «
tes qu'ils ont commises, passe en leurs descendans, selon ce qui «
est écrit, que Dieu châtiera le pere qui est pecheur dans ses en- «
fans, iusqu'à la quatriéme generation : Et quoy que cela s'enten- «
de principalement des biens temporels, neanmoins nous le pou- «
uons en quelque sens prendre aussi pour les spirituels ; de sorte «
que si nous gardons exactement nos Regles, si nous pratiquons «
bien toutes les vertus conuenables à vn vray Missionnaire, nous «
meriterons en quelque façon de Dieu cette grace à nos Enfans, «
c'est à dire à ceux qui viendront aprés nous, lesquels feront bien «
comme nous ; & si nous faisons mal, il est bien à craindre qu'ils «
ne fassent le mesme, & encore pis ; parce que la nature entraîne «
toûjours aprés soy, & porte sans cesse au desordre. Nous nous «
pouuons considerer comme les peres de ceux qui viendront aprés «
nous ; la Compagnie est encore dans son berceau, elle ne fait que «
de naistre, il n'y a que peu d'années qu'elle a commencé, qu'est- «
ce que cela ? n'est-ce pas estre dans son berceau ? Ceux qui se- «
ront aprés nous dans deux ou trois cens ans, nous regarderont «
comme leurs peres, & ceux mêmes qui ne font que de venir seront «
reputez les premiers, car ceux qui font dans les premieres cent «
années, font comme les premiers Peres. Quand vous voulez ap- «
puyer quelque passage, qui est dans quelque Pere des premiers «
Siecles, vous dites, ce passage est rapporté par vn tel Pere qui vi- «

» uoit dans le premier ou ſecond Siecle : de meſme dira-t-on, du
» temps des premiers Preſtres de la Congregation de la Miſſion on
» faiſoit cela, ils viuoient ainſi, telles & telles vertus y eſtoient en
» vigueur.   Cela eſtant, Meſſieurs, quel exemple ne deuons-nous
» point laiſſer à nos Succeſſeurs, puiſque le bien qu'ils feront dé-
» pend en quelque façon de celuy que nous pratiquerons ? S'il eſt
» vray, comme diſent quelques Peres de l'Egliſe, que Dieu faſſe
» voir aux peres & meres damnez le mal que leurs enfans font ſur la
» terre, afin que leur tourment en ſoit augmenté ; & que plus ces
» enfans multiplient leurs pechez, plus leurs peres & meres qui en
» ſont cauſe, par le mauuais exemple qu'ils leur ont laiſſé, en ſouf-
» frent la vengeance de Dieu: Auſſi d'autre part S. Auguſtin dit que
» Dieu fait voir aux peres & meres qui ſont au Ciel, le bien que font
» leurs enfans ſur la terre, afin que leur joye en ſoit augmentée. De
» meſme, Meſſieurs, quelle conſolation, & quelle joye n'aurons-nous
» point, lorſqu'il plaira à Dieu nous faire voir la Compagnie qui fe-
» ra bien, qui foiſonnera en bonnes œuures, qui obſeruera fidéle-
» ment l'ordre du temps & des emplois, qui viura dans la pratique
» des vertus & des bons exemples que nous aurons donnez ? O mi-
» ſerable que ie ſuis ! qui dis, & ne fais pas. Priez Dieu pour moy,
» Meſſieurs ; Priez Dieu pour moy, mes Freres afin que Dieu me
» conuertiſſe.   Or-ſus, donnons-nous tous à Dieu, & tout de
» bon, trauaillons, allons aſſiſter les Pauures-gens des Champs, qui
» attendent aprés nous. Par la grace de Dieu il y a de nos Preſtres
» qui preſque toûjours ſont dans le trauail ; les vns plus, les autres
» moins ; à cette Miſſion, & à cette autre ; en ce Village & en cet
» autre. Il me ſouuient qu'autrefois, lors que ie reuenois de Miſ-
» ſion, il me ſembloit approchant de Paris, que les portes de la Ville
» deuoient tomber ſur moy, & m'écraſer, & rarement reuenois-je
» de la Miſſion que cette penſée ne me vint dans l'Eſprit : la raiſon
» de cela eſt, que ie conſiderois en moy-meſme comme ſi on m'euſt
» dit, tu t'en vas, & voila d'autres Villages qui attendent de toy le
» meſme ſecours que tu viens de donner à celuy-cy, & à cét autre :
» Si tu ne fuſſes allé là, vray-ſemblablement telles & telles perſon-
» nes mourant en l'eſtat que tu les as trouuées, ſeroient perduës &
» damnées. Or ſi tu as trouué tels & tels pechez en cette Parroiſſe-
» là, n'as-tu pas ſujet de penſer que de pareilles abominations ſe
» commettent en la Parroiſſe voiſine, où ces Pauures-gens atten-
» dent la Miſſion ? & tu t'en vas, tu les laiſſe-là ; s'ils meurent cepen-
» dant, & qu'ils meurent dans leurs pechez, tu ſeras en quelque

façon cauſe de leur perte, & tu dois craindre que Dieu ne t'en «
puniſſe. Voila quelles eſtoient les agitations de mon Eſprit.   «

L'eſtat des Miſſionnaires, leur diſoit-il vne autre fois, eſt vn «
eſtat conforme aux Maximes Euangeliques, qui conſiſte à tout «
quitter & abandonner, ainſi que les Apoſtres pour ſuiure I e s v s- «
C h r i s t, & pour faire à ſon imitation ce qu'il conuient : & cela «
eſtant ainſi, comme me diſoit vne perſonne en quelque rencon- «
tre, il n'y a que le Diable qui puiſſe trouuer à redire à cét eſtat : «
Car y a-t-il rien de plus Chrétien que de s'en aller de Village en «
Village, pour aider le Pauure Peuple à ſe ſauuer, comme vous «
voyez que l'on fait auec beaucoup de fatigues & d'incommodi- «
tez ? Voila tels & tels de nos Confreres, qui trauaillent preſente- «
ment en vn Village du Dioceſe d'Evreux, où meſme il faut qu'ils «
couchent ſur la paille, pourquoy ? pour faire aller les Ames en «
Paradis, par l'inſtruction & par la ſouffrance ; cela n'approche-t- «
il pas de ce que Noſtre-Seigneur eſt venu faire ? Il n'auoit pas ſeu- «
lement vne pierre où il pûſt repoſer ſa teſte, & il alloit & venoit «
d'vn lieu à vn autre, pour gagner les Ames à Dieu, & enfin il eſt «
mort pour elles. Certes il ne pouuoit nous faire mieux compren- «
dre combien elles luy ſont cheres, ny nous perſuader plus efficace- «
ment de ne rien épargner, pour les inſtruirede ſa Doctrine,& pour «
les lauer dans les fontaines de ſon precieux ſang. Mais voulons- «
nous qu'il nous faſſe cette grace ? trauaillons à l'humilité ; car «
d'autant plus que quelqu'vn ſera humble, d'autant plus ſera-t-il «
charitable enuers le prochain. Le Paradis des Communautez c'eſt «
la Charité : Or la Charité eſt l'ame des Vertus,& c'eſt l'Humilité «
qui les attire & qui les garde ; Il en eſt des Compagnies humbles «
comme des Vallées, qui attirent ſur elles tout le ſuc des Monta- «
gnes ; dés que nous ſerons vuides de nous-meſmes,Dieu nous rem- «
plira de luy ; car il ne peut ſouffrir le vuide. Humilions - nous «
donc, mes Freres, de ce que Dieu a ietté les yeux ſur cette petite «
Compagnie, pour ſeruir ſon Egliſe ; ſi toutefois on peut appeller «
Compagnie vne poignée de gens, pauures de Naiſſance,de Scien- «
ce & de Vertu, la lie, la balieure, & le rebut du monde ; Ie prie «
Dieu tous les iours deux ou trois fois, à ce qu'il nous aneantiſſe, ſi «
nous ne ſommes vtiles pour ſa gloire.Quoy ! Meſſieurs,voudrions- «
nous eſtre au monde ſans plaire à Dieu,& ſans luy procurer ſa plus «
grande gloire ?   «

Voila quels ont eſté les fondemens ſur leſquels M. Vincent a
tâché d'élcuer l'édifice ſpirituel de ſa Congregation, c'eſt à ſç͞
uoir ſur l'Humilité & ſur la Charité.   M iij

Et à ce propos feu le R. Pere de Gondren General de l'Oratoire, dont la memoire est en benediction, disoit vn iour à Mon-
» sieur Vincent : O Monsieur, que vous estes heureux, de ce que
» vostre Compagnie a les marques de l'Institution de IESVS-
» CHRIST! Car comme en instituant son Eglise il prit plaisir de
» choisir des pauures, des gens idiots & grossiers, pour la fonder &
» pour l'étendre par toute la terre, afin de faire paroistre par de si
» chétifs instrumens sa toute-puissance, renuersant la sagesse des
» Philosophes par des pauures Pescheurs, & la puissance des Rois
» par la foiblesse de ces chétifs Ouuriers : De mesme la pluspart de
» ceux que Dieu appelle en vostre Compagnie, sont personnes de
» basse, & au plus de mediocre condition, ou qui n'éclatent pas
» beaucoup en science; & ainsi sont des instrumens propres aux
» desseins de IESVS-CHRIST, qui s'en seruira pour détruire le
» mensonge & la vanité.

CHAPITRE XXII.

Establissement des Prestres de la Congregation de la Mission à Saint Lazare lez-Paris.

CETTE Mystique Ierusalem alloit ainsi s'édifiant petit à petit, comme vne nouuelle Cité, & les pierres viues qui en
deuoient faire la structure se ramassoient, & se disposoient de plus
en plus par la pratique des vertus, qui leur estoient conuenables.
Il est bien vray que le peu d'espace, & le peu de reuenu du College des Bons-Enfans, ne pouuoit fournir de logement ny de subsistance que pour peu de personnes; mais Dieu voulut y pouruoir
d'vne maniere qui surprendra le Lecteur, & qui luy fera admirer
les conduites de son infinie Sagesse. Pendant que ces bons Prestres Missionnaires appliquoient leurs pensées & leurs soins, qu'à
procurer l'agrandissement du Royaume de IESVS-CHRIST, & à
luy gagner des Ames; la Prouidence Diuine disposoit les moyens
qu'elle vouloit employer pour les établir dans la Maison de Saint
Lazare lez-Paris; C'est vne Seigneurie Ecclesiastique, où il y
a Iustice haute, moyenne, & basse; en laquelle outre la grande
étenduë des logemens & des enclos, ils pouuoient trouuer tous
les secours raisonnables pour s'y affermir & multiplier. Or ce qui
montre clairement que cét établissement est vn ouurage particulier de la main de Dieu, C'est qu'il s'est fait, contre toutes les

apparences humaines, & que les moyens par lesquels il a reüssi, ne pouuoient selon le raisonnement humain seruir qu'à l'empécher & y mettre obstacle. Ce que l'on ne sçauroit mieux connoistre, que par le recit de ce qui s'est passé en l'execution de ce dessein, selon le témoignage que M. Vincent en a donné pendant sa vie, & qui a esté confirmé aprés sa mort par celuy qui en a esté le principal entremeteur, dont les vertus aussi bien que la qualité de Docteur de Sorbonne, & Curé d'vne Parroisse de la ville de Paris, merite vne creance particuliere. Ce fut feu M. de Lestocq Docteur de la Faculté de Sorbonne, & Curé de Saint Laurent à Paris, qui non content de l'auoir declaré de viue voix, a voulu encore donner son témoignage écrit de sa propre main, en la maniere suiuante ; qui fait voir combien admirable a esté la conduite de Dieu sur la Congregation de la Mission, & combien pur & desinteressé a esté l'esprit de celuy, dont sa Prouidence a voulu se seruir pour en faire l'établissement.

Recit qui a esté écrit & signé de la main de feu M. de Lestocq Docteur de Sorbonne & Curé de Saint Laurent, touchant ce qui s'est passé en l'établissement des Prestres de la Mission dans la Maison de Saint Lazare lez-Paris.

MEssire Adrien le Bon Religieux de l'Ordre des Chanoines Reguliers de Saint Augustin, & Prieur de Saint Lazare, eut quelque difficulté en l'année 1630 auec ses Religieux, qui le porta à vouloir permuter ledit Prieuré auec vn autre Benefice. Plusieurs le presserent qui luy offrirent des Abbaïes, & autres Benefices de reuenu ; mais ayant communiqué ce dessein à ses amis, ils l'en détournerent disant, qu'on pourroit apporter remede au different qu'il auoit auec ses Religieux, par vne Conference de luy auec eux, en presence de quatre Docteurs ; à quoy il consentit, & ses Religieux en conuinrent : L'assemblée s'estant faite chez vn Docteur fort recommandable en merite, & en sainteté, M. le Prieur allegua ses griefs ; & ensuite on ouït la réponse du sous-Prieur qui parloit pour les Religieux : Aprés quoy il fut ordonné que l'on dresseroit vne formule de vie, & vn Reglement qu'on suiuroit à l'auenir ; ce qui ayant esté executé, M. le Prieur ne laissa pas de perseuerer en la volonté de quitter son Prieuré ; Et ayant ouï parler de quelques bons Prestres qui s'adonnoient à faire des Missions, sous la conduite de M. Vincent qu'il ne con-

„ noiſſoit point, il eut la penſée que s'il les établiſſoit audit Prieu-
„ ré, il pourroit participer au grand fruit qu'ils faiſoient dans l'E-
„ gliſe ; il demanda où ils demeuroient, & le lieu luy ayant eſté de-
„ claré, il me pria comme ſon voiſin & ſon bon amy de l'accompa-
„ gner ; ce que ie fis tres-volontiers, luy repreſentant qu'il ne pou-
„ uoit mieux faire, & que cette penſée ne pouuoit venir que du
„ Ciel, qui auoit ſuſcité ces bons Preſtres pour le bien de la Cam-
„ pagne, laquelle auoit vn extréme beſoin d'eux, tant pour l'in-
„ ſtruction que les villageois en receuoient, que pour la declara-
„ tion de leurs pechez au Tribunal de la Confeſſion, où ils ou-
„ uroient librement & entierement leurs conſciences, & décou-
„ uroient ce qu'ils n'auoient oſé dire aux Confeſſeurs du lieu,
„ ſoit pour n'auoir pas eſté interrogez ſur iceux, ou par honte de les
„ manifeſter : que i'en pouuois parler & l'en aſſurer, pour y auoir
„ eſté auec eux, & l'auoir experimenté ; Qu'au reſte il verroit vn
„ homme de Dieu en leur Compagnie, qui eſtoit leur Directeur, en-
„ tendant parler de M. Vincent. ainſi que luy-meſme reconnoî-
„ troit. Eſtant donc allez enſemble au College des Bons-Enfans
„ prés la porte de Saint Victor, M. le Prieur parlant à M. Vincent,
„ luy découurit le ſujet qui l'auoit amené, qui eſtoit qu'on luy
„ auoit fait vn recit tres-auantageux de ſa Congregation, & des
„ charitables emplois auſquels elle s'appliquoit en faueur des Pau-
„ ures-gens des Champs ; qu'il ſeroit heureux s'il y pouuoit contri-
„ buer, & qu'il auoit la maiſon de Saint Lazare, laquelle volon-
„ tiers il leur cederoit pour vn ſi digne exercice.

„ Cette offre ſi auantageuſe étonna grandement cét humble
„ ſeruiteur de Dieu, en qui elle fit le meſme effet qu'vn éclat de
„ tonnerre impréueu, qui ſurprend vn homme ſoudainement, &
„ qui le laiſſe comme interdit ; en ſorte que ce bon Prieur s'en ap-
„ perceuant, luy dit, hé quoy, Monſieur, vous tremblez : Il eſt
„ vray, Monſieur, luy répondit-il, que voſtre propoſition m'é-
„ pouuante ; Et elle me paroiſt ſi fort au deſſus de nous, que ie n'o-
„ ſerois y penſer : Nous ſommes de pauures Preſtres, qui viuons
„ dans la ſimplicité, ſans autre deſſein que de ſeruir les Pauures
„ Gens des Champs. Nous vous ſommes grandement obligez,
„ Monſieur, de voſtre bonne volonté, & vous en remercions tres-
„ humblement. En vn mot, il témoigna n'auoir aucune inclination
„ d'accepter cette offre, & ſ'en recula ſi loin, qu'il oſta toute eſpe-
„ rance de le retourner voir ſur ce ſujet : neanmoins la douce & affa-
„ ble reception dont vſa M. Vincent, toucha tellement le cœur

de

de M. le Bon, qu'il ne pouuoit changer de deſſein, & luy dit qu'il «
luy donnoit ſix mois pour y penſer.   «

Aprés ce temps-là il me pria derechef de l'accompagner pour «
aller reuoir M. Vincent, auquel il fit la meſme propoſition, & le «
conjura de vouloir agréer ſon Prieuré, & que Dieu luy inſpiroit «
de plus en plus de le luy remettre entre les mains : à quoy inſiſtant «
auſſi de mon coſté, ie priay M. Vincent de ne pas refuſer vne ſi «
belle occaſion. Tout cela ne changea point ſon eſprit & ſon ſen- «
timent; il demeura ferme ſur le petit nombre qu'ils eſtoient, qu'à «
peine ils eſtoient nés; qu'il ne vouloit pas faire parler de luy; que «
cela feroit bruit; qu'il n'aimoit pas l'éclat; & enfin qu'il ne me- «
ritoit pas cette faueur de M. le Prieur. Sur cela M. le Bon enten- «
dant ſonner le diſner, dit à M. Vincent, qu'il vouloit diſner auec «
luy & ſa Communauté, comme en effet il y diſna, & moy auſſi : la «
modeſtie de ces Preſtres, la bonne lecture, & tout l'ordre plût «
tellement à M. le Bon, qu'il en conceüt vne veneration & vn «
amour ſi grand pour eux, qu'il ne ceſſa de me faire ſoliciter M. «
Vincent. Ce que ie reïteray plus de vingt fois dans l'eſpace de ſix «
mois; juſqu'à ce point qu'eſtant fort amy de M. Vincent, ie luy «
dis pluſieurs fois qu'il reſiſtoit au S. Eſprit, & qu'il répondroit «
deuant Dieu de ce refus, pouuant par ce moyen s'établir & former «
vn Corps, & vne Congregation parfaite, dans toutes ſes circon- «
ſtances.   «

Ie ne puis dire auec quelle inſtance on l'a pourſuiui; Iacob n'a «
pas eu tant de patience pour obtenir Rachel, & tant inſiſté pour «
obtenir la benediction de l'Ange, que M. le Prieur & moy en «
auons eü pour auoir vn Oüy, de M. Vincent, lequel nous preſ- «
ſions de nous accorder cette acceptation : Nous auons crié plus «
viuement après luy que la Cananée aprés les Apoſtres. Enfin «
M. le Prieur ſ'auiſa de luy aller dire au bout d'vn an : Monſieur, «
quel homme eſtes-vous? Si vous ne voulez pas entendre à cette «
affaire, dites-nous au moins de qui vous prenez auis? En qui vous «
auez confiance? Quel Amy vous auez à Paris, à qui nous puiſſions «
nous adreſſer pour en conuenir? car i'ay le conſentement de tous «
mes Religieux, & il ne me reſte que le voſtre: Il n'y a perſonne «
qui veüille voſtre bien, qui ne vous conſeille de receuoir ce- «
luy que ie vous preſente. Alors Monſieur Vincent luy indiqua «
M. André Du-Val Docteur de Sorbonne, qui eſtoit vn Saint «
homme, & qui a meſme écrit la vie de pluſieurs Saints; Nous fe- «
rons, dit-il, ce qu'il nous conſeillera. En effet M. le Prieur l'eſtant «

N

» allé trouuer, ils traiterent enfemble de ce deffein, demeurerent
» d'accord des conditions, & enfuite fut paffé Concordat le 7
» Ianuier 1632 entre M. le Prieur & les Religieux de S.Lazare d'vne
» part ; & M. Vincent & les Preftres de fa Congregation de l'autre.
» C'eft par ce moyen que M. Vincent a cedé enfin aux importuni-
» tez qui luy ont efté faites, & entr'autres par moy-mefme, qui pou-
» uois bien dire en cette occafion, que *Rauca factæ funt fauces meæ*.
» I'euffe volontiers porté fur mes épaules ce Pere des Miffionnai-
» res pour le tranfporter à S. Lazare, & l'engager à l'accepter :
» mais il ne regardoit pas l'exterieur ny les auantages du lieu, & de
» tout ce qui en dépend, n'eftant pas mefmes venu le voir pendant
» tout ce temps-là ; de forte que ce ne fut point fa belle fituation
» qui l'y attira, mais la feule volonté de Dieu, & le bien fpirituel
» qu'il y pouuoit faire. L'ayant donc ainfi accepté par ce feul mo-
» tif, aprés toutes les refiftances imaginables, il y vint le lendemain
» 8 Ianuier 1632, & tout fe paffa auec douceur, & au contente-
» ment de toute la Maifon. C'eft ce qui fait voir que *digitus Dei*
» *hîc eft*, que c'eft la Terre de Promiffion où Abraham a efté con-
» duit ; je veux dire M. Vincent vray Abraham, grand Seruiteur de
» Dieu, duquel les Enfans font deftinez pour remplir la Terre de
» Benediction, & fa famille fubfiftera dans les Siecles.

　　Ledit Sieur Curé de S. Laurent ayant enuoyé ce recit au Succeffeur de feu M. Vincent en la charge de Superieur General en
la Congregation de la Miffion, il l'accompagna de la Lettre fuiuante, datée du 30 Octobre 1660.

» MONSIEVR, Le defir que vous auez témoigné de fçauoir
» comment f'eftoit paffé l'entrée de M. Vincent & de fa Congre-
» gation dans S. Lazare, auec le refpect que ie dois à fa memoire,
» m'ont engagé à vous en dreffer vn petit récit, que ie vous enuoye.
» Monfieur, Ie n'en dis pas la centiéme partie ; car ie ne puis me
» fouuenir de tous les pieux entretiens que M. le Prieur de S.Lazare
» & moy auons entendu de la bouche de feu M. Vincent dans les
» vifites que nous luy auons renduës plus de trente fois, l'efpace de
» plus d'vn an, pendant lequel nous auons eü mille peines à l'ébran-
» ler & à le difpofer à accepter S. Lazare. Plufieurs euffent efté
» rauis d'vne telle offre, & il la rebutoit. C'eft ainfi que les bonnes
» chofes f'établiffent : Moïfe refufoit d'aller en Egypte, Ieremie
» d'aller au peuple, & nonobftant leurs excufes Dieu les choifit &
» veut qu'ils marchent ; C'eft vne vocation toute diuine & miracu-
» leufe, où la Nature n'a point de part. Le papier ne peut pas ex-

primer la conduite de cette affaire, de laquelle Dieu est l'Au- «
theur & le Consommateur. Ie ne l'ay fait que tracer & crayon- «
ner; celuy qui la voudra mettre au jour la releuera, & suppléera «
à mon silence. Cependant ie vous prie de croire que ie venere «
extrémement la memoire de feu M. Vincent, & que i'estime à «
faueur d'auoir esté connu & aimé de luy. «

Voila vn témoignage bien autentique, & qui contient beaucoup de particularitez tres-considerables, que le pieux Lecteur
sçaura bien pezer au poids du Sanctuaire, & reconnoistre quel
estoit dés ce temps-là le degré de vertu & de perfection, auquel
la grace de I e s v s-C h r i s t auoit éleué M. Vincent; combien
son cœur estoit dégagé de tous interests propres, & de tous respects humains; combien purement il regardoit Dieu en toutes
ses entreprises, ne voulant pas seulement écouter les propositions
qui sembloient luy estre les plus auantageuses, qu'il ne consultast
& reconnust quelle estoit sa volonté, & ce qui luy estoit le plus
agreable; ne desirant autre auancement, ny autre succés que celuy qui seroit pour sa plus grande gloire.

Mais il y a vne circonstance que nous ne deuons pas ômettre,
qui fera encore mieux voir, non seulement le parfait dégagement
que ce grand Seruiteur de Dieu auoit de toute sorte de biens &
auantages temporels; mais aussi l'exactitude & fidelité qu'il gardoit inuiolable, & qu'il vouloit estre gardée des siens, iusqu'aux
moindres choses qui pouuoient contribuer au bon ordre de leur
Congregation, & à la plus grande perfection du seruice qu'il se
proposoit de rendre à Dieu.

Les principaux articles du Concordat estant arrestez, il en restoit vn qui ne sembloit pas fort considerable, que M. Vincent
iugea neanmoins tres-important: C'estoit que M. le Prieur desiroit que ses Religieux logeassent dans le Dortoir auec les Missionnaires; estimant que cela ne nuiroit en rien aux vns, & serui-
roit beaucoup aux autres, c'est à dire à ses Religieux, qui auroient
pú tirer grand profit du bon exemple, & de toutes les pratiques
de vertu & de regularité qu'ils auroient veuës en la Personne de
M. Vincent & des siens. Mais ce sage Superieur ne voulut iamais
y consentir, pour plusieurs inconueniens qu'il préuoyoit en pouuoir arriuer, qui eussent apporté quelque empeschement au bon
ordre qu'il auoit établi parmy ses Missionnaires: Et pour cet effet
il pria M. le Curé de S. Laurent de representer à M. le Prieur, que
les Prestres de la Mission demeuroient en silence depuis les prieres «

„ du ſoir, juſqu'au lendemain aprés le diſner ; enſuite dequoy ils
„ auoient vne heure de conuerſation, depuis laquelle ils obſeruoient
„ le meſme ſilence iuſqu'au ſoir aprés ſouper, auquel temps ils auoiēt
„ encore vne autre heure de conuerſation ; & qu'enſuite on entroit
„ dans le ſilence, pendant lequel on ne parloit que des choſes neceſ-
„ ſaires, & encore à voix baſſe. Qu'il tenoit pour certain que qui
„ oſte cela d'vne Communauté, introduit le deſordre & la confu-
„ ſion ; Ce qui auoit fait dire à vn Saint Perſonnage, que lors qu'on
„ voyoit vne Communauté obſeruer exactement le ſilence, on
„ pouuoit dire aſſurément qu'elle obſeruoit auſſi exactement le re-
„ ſte de la regularité : Et au contraire que dans celles où le ſilence
„ ne ſ'obſeruoit pas, il eſtoit preſque impoſſible que les autres Re-
„ gles ſ'y obſeruaſſent. Or comme il y auoit ſujet de craindre que
„ ces Meſſieurs les Religieux ne vouluſſent pas ſ'aſſujettir & ſ'obli-
„ ger à cette obſeruance ſi étroite ; auſſi ſ'ils ne le faiſoient pas, ce
„ ſeroit vn empeſchement qui ruineroit entierement cette prati-
„ que des Miſſionnaires.

C'eſt ce que M. Vincent pria M. de Leſtocq de repreſenter à
M. le Prieur, & qui ſ'eſt trouué inſeré dans vne de ſes Lettres écrite de ſa main : il propoſa enſuite vn expedient pour le logement
des Religieux hors du Dortoir ; & enfin declara ouuertement ſa
reſolution par ces paroles dignes de remarque : *J'aimerois mieux,*
dit-il, *que nous demeuraſſions dans noſtre pauureté, que de détourner le*
deſſein de Dieu ſur nous. Et il demeura ſi ferme en cette reſolution,
qu'il fallut rayer cét article, autrement il n'euſt iamais paſſé les
autres, & euſt mieux aimé eſtre priué de tous les grands auantages temporels qui luy en pouuoient reuenir, que de conſentir à
vne choſe qui euſt pû cauſer le moindre obſtacle au bien ſpirituel
de ſa Congregation. Ce qui le rendoit encore plus ferme & plus
inflexible en ce poinct, eſtoit l'eſtime & l'amour qu'il auoit pour
la ſolitude & recollection interieure, à laquelle il eſtimoit que les
Miſſionnaires deuoient eſtre d'autant plus affectionnez, qu'ils
auoient vn plus grand beſoin de ſe prémunir contre la diſſipation
d'eſprit, où leurs emplois les expoſoient. Diſant ſur ce ſujet, *que*
les vrais Miſſionnaires deuoient eſtre comme des Chartreux en leurs mai-
ſons, & comme des Apoſtres au dehors.

Enſuite de ce Concordat, & ſur la démiſſion que fit M. le Bon
du Prieuré, Maiſon, & dépendances de S. Lazare, pour eſtre vny
à la Congregation de la Miſſion, M. l'Archeueſque de Paris en fit
l'vnion comme d'vn Benefice qui eſtoit à ſa Collation, par ſes

Lettres du dernier Decembre 1632. Et N. S. P. le Pape Vrbain V I I I la confirma par ses Bulles du 15 Mars 1635, qui n'ont toutefois esté leuées que le 18 Auril 1655.

Messieurs les Preuost des Marchands & Escheuins de Paris, consentirent pareillement à l'établissement des Missionnaires en cette maison de S. Lazare ; Et le Roy fit expedier sur cét établissement de nouuelles Lettres Patentes, lesquelles ayant esté presentées au Parlement pour y estre enregistrées, vne Communauté Religieuse fort celebre s'y opposa, prétendant que cette Maison luy appartenoit : mais cette opposition fut leuée par vn Arrest contradictoire & solemnel, & les Lettres du Roy enregistrées le 17 Septembre 1632. Mais ce qui ne doit pas estre ômis en ce sujet, est que pendant que les Auocats plaidoient la Cause, M. Vincent estoit dans la Sainte Chapelle du Palais en Oraison, se tenant deuant Dieu dans vne entiere indifference pour l'éuenement de cette affaire. Voicy ce qu'il en écriuit en ce temps-là à vne personne de grande vertu, en qui il auoit vne entiere confiance : Vous sçauez bien, luy dit-il, que les Religieux de N. N. nous " contestent S. Lazare. Vous ne sçauriez croire les deuoirs de sou- " mission que ie leur ay rendus selon l'ordre de l'Euangile ; quoy " qu'en verité ils ne soient point fondez en raison à ce que M. Du- " Val m'a assuré, & à ce que me disent toutes les personnes qui sça- " uent dequoy il s'agit. Il en sera ce qu'il plaira à Nostre-Seigneur " qui sçait en verité que sa bonté m'a rendu autant indifferent en " cette occasion qu'en aucune autre affaire que i'aye iamais euë : " aidez-moy à l'en remercier, s'il vous plaist. "

Il y a encore vne autre chose tres-digne de remarque sur le sujet de ce procés, qui fait voir le merueilleux détachement de ce grand Seruiteur de Dieu : C'est qu'en prenant possession de la maison de Saint Lazare, il fut obligé de se charger de trois ou quatre pauures aliénez d'esprit, que leurs parens auoient confiez au soin de M. le Prieur le Bon. Il ne se peut dire auec quelle charité M. Vincent faisoit seruir, & seruoit luy-mesme ces pauures insensez, à quoy il s'appliquoit auec d'autant plus de plaisir, que la nature y trouue moins de satisfaction ; ces gens-là n'estant pas capables de reconnoistre le bien qu'on leur fait, & d'ailleurs estant ordinairement sales, embarrassans, & quelquefois mesme dangereux. Monsieur Vincent donc se voyant lors en hazard d'estre éuincé de la Maison de Saint Lazare par cette Communauté Religieuse opposante, qui auoit beaucoup de credit &

d'amis ; pour se preparer selon sa bonne coûtume à tel éuenement qu'il plairoit à Dieu de donner à ce procés , il se mit vn iour
à considerer , comme il a luy-mesme declaré à quelques personnes de confiance , qu'est-ce qui luy pourroit faire peine , s'il
falloit quitter cette nouuelle demeure , qui estoit si commode &
auantageuse à sa Congregation ; & parmy toutes les commoditez & auantages d'vne Maison Seigneuriale , située aux portes de
Paris , telle qu'étoit celle de Saint Lazare , il ne trouua rien qui
luy pust donner de la peine , que de quitter ces pauures alienez
d'esprit , le seruice desquels , ou plûtost le seruice qu'il rendoit à
Iesvs-Christ en leurs personnes , luy tenoit plus au cœur
que tout le reste de cette Seigneurie , & de toutes ces possessions
qu'il regardoit auec vne entiere indifference. O que le cœur de
ce Saint Prestre auoit des sentimens bien differens de ceux du
monde , & que ses pensées estoient bien éleuées au dessus des pensées ordinaires des hommes ! Il réputoit pour folie de s'attacher
aux biens & commoditez de la terre , & tenoit pour sagesse de seruir les fous : il estimoit ce seruice rendu pour l'amour de Iesvs-
Christ , comme vn grand Tresor qu'il craignoit de perdre ; &
ne se mettoit point en peine , d'estre dépoüillé d'vne riche possession dont il commençoit à joüir , & qui luy pouuoit estre si
commode pour la subsistance & affermissement de sa nouuelle
Congregation ! O que le Saint Apostre a eu grande raison de dire , que Dieu se plaisoit de perdre & de confondre toute la sagesse
du monde ! Et que pour deuenir sage selon Dieu , il faut quelque
fois se porter à ce qui est estimé folie deuant les hommes. Certainement ceux qui ont connu M. Vincent , peuuent rendre témoignage qu'il auoit vn Esprit autant capable & éclairé qu'on eust
pû desirer en vne personne de sa condition ; il n'y auoit aucun
mélange de legereté ny de ferueur indiscrete en sa conduite ;
elle estoit appuyée non sur le simple raisonnement humain , mais
sur les maximes & veritez de l'Euangile qu'il auoit posées pour
fondement , & qu'il portoit grauées dans son cœur , & auoit toûjours presentes en son Esprit. Selon ce principe il se conformoit
en toutes choses à la Doctrine & aux exemples de Iesvs-Christ ;
& à son imitation il fuyoit autant qu'il luy estoit possible , tout ce
qui ressentoit tant soit peu la vaine gloire , ou l'ostentation ; & au
contraire embrassoit auec vne affection particuliere , l'humiliation , l'abjection , le mépris , l'abnegation de soy-mesme , & autres semblables pratiques , pour se rendre d'autant plus conforme

à celuy qui estant Dieu par nature, a voulu pour nostre sujet se raualler jusques-là, que de se faire non seulement homme, mais l'opprobre des hommes & l'abjection du peuple.

C'est dans cét Esprit que M. Vincent, aprés estre demeuré paisible possesseur de la Maison de Saint Lazare, a voulu continuer toûjours, quoy que sans aucune obligation, ce mesme exercice d'humilité & de Charité, receuant en cette Maison ces pauures insensez que tout le monde rebutte, & dont personne ne se veut charger ; les regardant comme membres infirmes de Iesvs-Christ, & en cette qualité leur rendant tout le seruice, & toute l'assistance corporelle & spirituelle dont ils peuuent estre capables.

CHAPITRE XXIII.

Dénombrement de plusieurs grands biens pour l'Eglise, qui ont accompagné ou suiuy l'Institution de la Congregation de la Mission, desquels Dieu voulut que M. Vincent fust l'Autheur ou le principal Promoteur.

Et premierement l'établissement des Confrairies de la Charité, pour l'assistance corporelle & spirituelle des Pauures malades.

C'E s t vne chose étonnante, & qui sembleroit presque incroyable, si elle n'auoit autant de témoins qu'il y a de personnes qui ont connu M. Vincent, qu'vn seul homme qui auoit de si bas sentimens de luy-mesme, qui ne se regardoit que comme le dernier des Prestres, & qui d'ailleurs estoit chargé des soins & de la conduite d'vne Compagnie nouuellement établie, qui alloit s'augmentant tous les jours en nombre ; que ce pauure & simple Prestre, dis-je, qui fuyoit autant qu'il pouuoit, d'estre connu, & qui ne se produisoit que malgré luy, & auec vne extréme contrainte, ait neanmoins entrepris & conduit heureusement à chef tant de grandes & importantes Oeuures pour le seruice de l'Eglise & pour la gloire de Dieu, comme il se verra en la suite de cét Ouurage. O qu'il est vray, comme a dit vn Saint Pere, que la Charité n'a point de mesure ! Elle ne dit jamais, *c'est assez* ; & quand elle anime parfaitement vn cœur, elle le rend infatiga-

ble dans les trauaux ; elle luy fait entreprendre autant que la prudence luy peut permettre, tout ce qu'il voit pouuoir contribuer
à la plus grande gloire de son Diuin Sauueur ; il luy semble que
tout luy est possible en la vertu de celuy qui le conforte. Certes si
l'on connoist l'arbre par les fruits, & la Charité par les œuures ;
Il faut auoüer que Dieu auoit préuenu M. Vincent de graces bien
particulieres, puis qu'il vouloit faire par luy de si grandes choses,
& que la Charité que le Saint Esprit auoit répanduë dans son ame
estoit bien parfaite, puis qu'elle luy donnoit vne telle latitude de
cœur, qu'il sembloit que le monde fust trop étroit & la terre de
trop petite étenduë, pour luy fournir vne matiere proportionnée
au desir tres-ardent qu'il auoit de procurer que Dieu fust de plus
en plus connu, aymé, & glorifié.

Nous allons faire dans ce chapitre, & dans les autres qui suiuent, vn dénombrement sommaire de quelques-vnes de ses Saintes œuures qui ont acccompagné ou suiuy les premiers établissemens de la Congregation de la Mission. Nous les rapporterons à
peu prés selon l'ordre du temps auquel elles ont esté faites : Et
neanmoins nous ne nous attacherons pas tellement à cét ordre,
que quelquefois nous ne l'interrompions, pour continuer les matieres qui se trouueront auoir quelque rapport & liaison ; nous re-
seruant toutefois de déuelopper & faire voir plus au long dans le
second Liure ce qui se trouuera plus digne de consideration en
tous ces Ouurages de pieté.

Nous commencerons en ce Chapitre par l'établissement des
Confrairies de la Charité, pour l'assistance des Pauures malades,
desquels la misere corporelle & spirituelle touchoit viuement le
cœur de M. Vincent, qui estoit extrémement tendre sur ce sujet.
Ayant vû les bons effets qu'auoit produit cette premiere Assemblée ou Confrairie de la Charité, que Dieu auoit par son moyen
établie dans la Bresse, comme il a esté dit en vn des Chapitres
precedens ; il se resolut d'étendre cette bonne œuure autant qu'il
luy seroit possible : & pour cet effet en toutes les Missions qu'il
faisoit par luy-mesme, ou par les siens dans les Villages, il tâchoit
d'y établir cette Confrairie pour l'assistance corporelle & spirituelle des Pauures malades ; & il plût à Dieu de donner vne telle
benediction à ce pieux dessein, qu'il y a eü peu de lieux, où la
Mission ayant esté faite, la Confrairie de la Charité n'y ait esté
établie.

Or comme ce n'est pas assez de commencer les bonnes entreprises

prises si on ne les soûtient, & si on ne tâche de les conduire à leur perfection ; M. Vincent se trouuoit en peine de ce qu'il deuoit faire pour entretenir, & perfectionner ces nouuelles Confrairies ; lesquelles estant composées de simples femmes de village, auoient besoin de quelque aide exterieure , soit pour les encourager dans l'exercice des œuures de Charité , où elles trouuoient quelquefois des contradictions ; soit pour leur donner les auis necessaires dans les difficultez qui pouuoient naistre en leurs emplois ; soit enfin pour les dresser au seruice des malades : Car quoy que M. Vincent leur eust donné des Reglemens tres-propres pour leur conduite, & qu'il fist ce qu'il pust pour aller de fois à autres, rendre visite, ou la faire rendre par quelques-vns des siens aux lieux où ces Confrairies estoient établies ; elles s'estoient neanmoins multipliées en tant de lieux, & les Missionnaires se trouuoient tellement occupez en leurs emplois, qu'ils n'y pouuoient plus satisfaire, comme il eust esté à desirer : Ce fut alors que Dieu qui a vne Prouidence qui veille sur tout, inspira à vne tres-vertueuse Demoiselle de se dedier particulierement à ces œuures de Charité , sous la direction de M. Vincent ; & parce qu'elle a beaucoup trauaillé pour ces Confrairies de la Charité , & qu'elle a cooperé auec M. Vincent à plusieurs autres Saintes entreprises, dont il sera parlé cy-aprés , il est necessaire de la faire plus particulierement connoistre au Lecteur.

C'estoit Mademoiselle Louïse de Marillac , veuue de M. le Gras Secretaire de la Reyne Mere Marie de Medicis: Dieu luy auoit donné les vertus & les dispositions conuenables pour reüssir auec benediction dans toutes les Saintes œuures ausquelles il la destinoit ; Car elle auoit vn fort bon jugement, vne vertu masle, & vne Charité vniuerselle, qui luy faisoit embrasser auec vn zele infatigable toutes les occasions de secourir le prochain,& particulierement les Pauures. Sa Prouidence l'exerça pendant quelque temps par diuerses peines interieures qui l'affligeoient & molestoient grandement;elle se trouua aussi en de grandes perplexitez touchant sa propre conduite, & la resolution qu'elle deuoit prendre pour se donner à Dieu comme elle le desiroit ; Elle auoit demeuré plusieurs années sous la direction de feu M. l'Euesque de Bellay ; & ce fut par son conseil qu'elle se resolut enfin de prendre M. Vincent pour son Directeur ; lequel bien qu'il ne se chargeât pas facilement de la conduite des ames en particulier, & qu'il éuitast cét employ autant qu'il luy estoit possible , de peur

O

qu'il ne luy oftaſt le temps, & ne l'empéchaſt de s'appliquer à des
œuures plus importantes pour le ſeruice de l'Egliſe ; il crût neanmoins qu'il deuoit en cette occaſion déferer aux auis de ce grand
Prelat, & rendre cét office de Charité à cette vertueuſe Demoiſelle, Dieu en ayant ainſi diſpoſé pour les grands biens que ſa Prouidence en vouloit tirer, qui parurent bien-toſt aprés. Cette
fidéle Seruante de IESVS-CHRIST ſe ſentit fortement touchée en ſes Oraiſons, de s'adonner au ſeruice des Pauures, ſur quoy
ayant demandé l'auis de M. Vincent, il luy fit cette réponſe dans
» vne Lettre : Ouy certes, Mademoiſelle, ie le veux bien : pour-
» quoy non? Puiſque Noſtre-Seigneur vous a donné ce Saint ſenti-
» ment : Communiez demain, & vous preparez à la ſalutaire re-
» ueuë que vous-vous propoſez. Et aprés cela vous commencerez
» les Saints Exercices que vous-vous eſtes ordonnez. Ie ne ſçau-
» rois vous exprimer combien mon cœur deſire ardemment de voir
» le voſtre, pour ſçauoir comme cela s'eſt paſſé en luy : Mais ie m'en
» veux bien mortifier pour l'amour de Dieu, auquel ſeul ie deſire
» que le voſtre ſoit occupé. Or-ſus, je m'imagine que les paroles de
» ce jour vous ont fort touchée, auſſi ſont-elles fort preſſantes pour
» vn cœur aimant d'vn parfait amour. O que vous auez paru au-
» jourd'huy deuant les yeux de Dieu comme vn bel Arbre, puiſ-
» que par ſa grace vous auez produit vn tel fruit! Ie le ſupplie qu'il
» faſſe par ſon infinie bonté, que vous ſoyez à jamais vn veritable
» Arbre de vie, qui produiſe des fruits d'vne vraye Charité.

Ce fut vn trait fort particulier de la Prouidence Diuine, qui
parut en ce que Madame la Generale des Galeres eſtant decedée
en l'année 1625, aprés auoir cooperé auec tant de benediction aux
premieres Miſſions, & au premier établiſſement des Miſſionnaires ; M. Vincent s'eſtant alors retiré, comme il a eſté dit, au College des Bons-Enfans ; Dieu voulut que bien-toſt aprés Mademoiſelle le Gras allaſt demeurer auprés de ce College, pour cooperer auec vn tres-grand zele à toutes les entrepriſes de Charité,
auſquelles ce fidéle Seruiteur de Dieu s'appliquoit, pour l'aſſiſtance corporelle & ſpirituelle des Pauures. Ayant donc trouué
en elle de ſi bonnes diſpoſitions, & éprouué durant quelques années ſa vertu ; il luy propoſa au commencement de l'an 1629, de
ſe donner particulierement à Noſtre-Seigneur pour honorer ſa
Charité enuers les Pauures, & pour l'imiter autant qu'elle pouroit
dans les fatigues, laſſitudes, & contradictions qu'il auoit ſouffertes pour leur ſujet : Il la conuia d'entreprendre à l'exemple de ce

tres-charitable Seigneur quelques voyages, & d'aller par les villages voir comme alloient les Confrairies & assemblées de Charité qu'on y auoit établies, & que l'on continuoit d'établir dans
les Missions : Ce qu'elle fit par esprit d'obeïssance, y estant d'ailleurs assez portée par son zele, & par l'amour qu'elle auoit enuers
les Pauures. Il ne se peut dire quel fruit & quelle benediction elle
apporta en tous les lieux où elle fit cette visite charitable des Confrairies de la Charité ; releuant celles qui estoient déchûës, encourageant les femmes qui les composoient ; leur en faisant aug-
menter le nombre, quand elles estoient trop peu pour en porter
les charges ; leur donnant diuers auis pour s'acquitter dignement
de leurs deuoirs ; les dressant au seruice des Pauures malades ; leur
distribuant des chemises & autres linges qu'elle leur portoit, auec
des drogues pour composer les remedes ; & leur suggerant plusieurs adresses & autres moyens pour procurer le soulagement &
le salut de ces Pauures infirmes.

Elle faisoit ordinairement quelque sejour en chaque Parroisse;
& pendant ce temps-là, outre ce qu'elle procuroit pour le bien
des Confrairies de la Charité, elle faisoit assembler les jeunes
filles en quelque maison particuliere sous le bon plaisir de M. le
Curé, & les catechisoit & instruisoit des deuoirs de la vie Chrétienne : S'il y auoit vne Maistresse d'Ecole, elle luy enseignoit
charitablement à bien faire son office : S'il n'y en auoit pas, elle
tâchoit d'y en faire mettre quelqu'vne qui fust propre ; & pour la
mieux dresser, elle-mesme commençoit à faire l'Ecole, & instruire les petites filles en sa presence.

Elle s'appliqua durant plusieurs années à ces trauaux & exercices de Charité, dans les Dioceses de Beauuais, de Paris, de
Senlis, de Soissons, de Meaux, de Chaalons en Champagne, & de
Chartres, auec des fruits & des benedictions qui ne se peuuent
conceuoir. Elle auoit vne instruction écrite de la main de M. Vincent touchant la maniere qu'elle deuoit obseruer. Elle luy écriuoit de temps en temps tout ce qui s'y passoit, & ne faisoit rien
d'extraordinaire que par ses auis. Elle faisoit ces voyages, & ces
Aumônes à ses dépens, & estoit toûjours accompagnée de quelques autres Demoiselles de pieté & d'vne seruante. Aprés auoir
employé la plus grande partie de l'année en ces penibles & charitables exercices, elle reuenoit ordinairement passer l'hyuer à
Paris, où elle continuoit de s'occuper à rendre la mesme assistance aux Pauures ; mais non contente de ce qu'elle faisoit par elle-

mefme, la Charité qui preſſoit ſon cœur la portoit à conuier, autant qu'elle pouuoit, les autres perſonnes vertueuſes de ſe donner à IESVS-CHRIST, pour luy rendre vn ſemblable ſeruice en ſes membres. Et ce qui eſt conſiderable en cecy, eſt qu'elle eſtoit d'vne complexion fort délicate, & ſujette à beaucoup d'infirmitez, pour leſquelles toutefois elle ne relaſchoit rien de ſes charitables trauaux.

Voicy l'extrait du commencement & de la fin d'vne Lettre que M. Vincent luy écriuit ſur ce ſujet.

„ Beny ſoit Dieu de ce que vous voila arriuée en bonne ſan-
„ té. Ayez donc ſoin de la conſeruer pour l'amour de Noſtre-Sei-
„ gneur, & de ſes pauures membres, & prenez garde de n'en pas
„ trop faire. Car c'eſt vne ruſe du Diable, de laquelle il ſe ſert
„ pour tromper les bonnes Ames, de les inciter à faire plus qu'elles
„ ne peuuent, afin qu'elles ne puiſſent plus rien faire. Au contraire
„ l'Eſprit de Dieu excite doucement à faire raiſonnablement le
„ fruit que l'on peut faire, afin qu'on le faſſe auec perſeuerance.
„ Faites donc ainſi, Mademoiſelle, & vous agirez ſelon l'Eſprit de
„ Dieu, &c.

„ Lors que vous ſerez loüée & eſtimée, vniſſez voſtre eſprit aux
„ mépris, aux moqueries, & aux affronts que le Fils de Dieu a ſouf-
„ ferts. Certes vn eſprit vraiment humble, eſt humilié autant dans
„ les honneurs que dans les mépris, & fait comme l'Abeille qui
„ compoſe ſon miel auſſi-bien de la roſée qui tombe ſur l'Abſyn-
„ the, que de celle qui tombe ſur la Roſe ; I'eſpere que vous en
„ vſerez ainſi.

Or quoy que dans le commencement M. Vincent n'euſt autre deſſein que d'établir cette Confrairie de la Charité dans les Parroiſſes des Villages & des petites Villes, où n'y ayant point d'Hôpitaux, les Pauures malades ſe trouuoient ſouuent dans vn grand abandon, deſtituez de ſecours & de remedes : Neanmoins feu M. l'Eueſque de Beauuais ayant ſceu les grands fruits que produiſoit cette Confrairie de la Charité pour le bien ſpirituel, auſſi-bien que pour le ſoulagement corporel des Pauures malades, il voulut qu'elle fût établie en toutes les Parroiſſes de la ville de Beauuais, qui ſont au nombre de dix-huit : & depuis, quelques Dames vertueuſes & charitables de Paris ayant vû les bons effets de cette Confrairie dans les Villages, firent en ſorte qu'elle fut établie à Paris en leur Parroiſſe qui eſtoit celle de S. Sauueur ; Ce fut en l'année 1629 que ſe fit ce premier établiſſement en la ville de

Paris par M. Vincent, felon le defir de M. le Curé. Et l'année fuiuante Mademoifelle le Gras ayant conuié cinq ou fix Dames de
fa connoiffance de la Parroiffe de S. Nicolas du Chardonnet où
elle demeuroit, de fe ioindre à elle pour le feruice des Pauures
malades, comme elles firent ; Elle écriuit à M. Vincent qui eftoit
alors en Miffion, pour luy rendre compte du progrés qu'elles
auoient fait dans ce charitable exercice. Surquoy il luy recommanda particulierement de fuiure les Reglemens des Confrairies
desja établies, ajoûtant d'autres auis conuenables pour faire reüffir ce faint Oeuure en cette Parroiffe-là, ainfi qu'il auoit fait l'année precedente en celle de S. Sauueur. Ce qu'elle obferua fidélement ; & Dieu y donna telle benediction, que plufieurs autres
Dames f'eftant affociées aux premieres, les Pauures ont toûjours
efté depuis par ce moyen tres-bien affiftez, fous la fage conduite
de M. le Curé.

La mefme année & la fuiuante 1631, cette Confrairie fut établie
par M. Vincent auec la permiffion de M. l'Archeuefque de Paris,
& l'agréement de Meffieurs les Curez, dans les Parroiffes de Saint
Mederic, S. Benoift, & S. Sulpice ; & enfuite en diuers temps le
mefme établiffement f'eft fait dans les Parroiffes de S. Paul, de
S. Germain de l'Auxerrois, de S. Euftache, de S. André, de S. Iean,
de S. Barthelemy, de S. Eftienne du Mont, de S. Nicolas des
Champs, de S. Roch, de S. Iacques de la Boucherie, de S. Iacques
du Haut-pas, de S. Laurent, & generalement prefque en toutes
les Parroiffes de la Ville & des Faux-bourgs de Paris.

Meffieurs Defcordes & Lamy, qui eftoient Maiftres & Adminiftrateurs de l'Hofpital des Quinze-vingts, prierent auffi M.
Vincent d'y établir la mefme Confrairie de la Charité ; ce qui
fut fait.

Il ne faut pas ômettre icy que les premieres années que Mademoifelle le Gras f'employoit aux exercices de la Confrairie de
la Charité dans la Parroiffe de S. Nicolas du Chardonnet, il luy
arriua vn iour d'approcher d'vne fille qui auoit la Pefte : Ce que
M. Vincent ayant fceu, il luy écriuit en ces termes : Ie viens d'ap- «
prendre, il n'y a qu'vne heure, l'accident qui eft arriué à la fille «
que vos gardes des Pauures retiroient, & comme vous l'auez vifi- «
tée ; Ie vous auoüe, Mademoifelle, que d'abord cela m'a fi fort «
attendry le cœur, que s'il n'euft efté nuit, ie fuffe party à l'heure- «
mefme pour vous aller voir. Mais la bonté de Dieu fur les per- «
fonnes qui fe donnent à luy pour le feruice des Pauures, dans la «

„ Confrairie de la Charité , en laquelle iufqu'à prefent aucune n'a
„ efté frappée de la Pefte , me fait auoir vne tres-parfaite confiance
„ en luy , que vous n'en aurez point de mal. Croiriez-vous , Madé-
„ moifelle , que non feulement ie vifitay feu M. le Sous-Prieur de S.
„ Lazare qui mourut de la Pefte , mais mefme que ie fentis fon ha-
„ leine ; & neanmoins ny moy , ny nos gens qui l'affifterent iufqu'à
„ l'extrémité , n'en auons point eu de mal. Non, Mademoifelle, ne
„ craignez point, Noftre-Seigneur veut fe feruir de vous, pour quel-
„ que chofe qui regarde fa gloire , & i'eftime qu'il vous conferuera
„ pour cela. Ie celebreray la Sainte Meffe à voftre intention. Ie
„ vous irois voir dés demain , n'eftoit l'affignation que i'ay auec
„ quelques Docteurs à la Magdeleine , pour des affaires qui regar-
„ dent l'établiffement de cette Maifon-là.

On a remarqué fur le fujet de cette Lettre , que la prediction
de M. Vincent a eü fon effet, & que cette charitable Demoifelle
nonobftant la continuation de fes penibles exercices , & toutes
fes grandes & frequentes infirmitez , n'a pas laiffé de viure encore
prés de trente ans, depuis que M. Vincent luy écriuit cette Lettre : Dieu voulant fe feruir d'elle, non feulement pour le bien de
ces Confrairies fi vtiles & falutaires aux Pauures malades ; mais
auffi pour l'établiffement d'vne nouuelle Communauté de vertueufes Filles qui ont beaucoup contribué au bien de ces Confrairies, & qui rendent outre cela d'autres bons feruices à l'Eglife,
comme nous allons voir au Chapitre fuiuant.

CHAPITRE XXIV.

Inftitution de la Compagnie des Filles de la Charité,
Seruantes des Pauures malades.

S'IL eft vray, comme a dit le Prophete, qu'vn abyfme appelle
à foy vn autre abyfme ; à plus forte raifon peut-on dire qu'vne
benediction attire vne autre benediction ; & que la Charité qui
eft la plus feconde de toutes les vertus acheuant vne de fes Oeuures, en conçoit ordinairement, & en commence vne autre. Cela
fe verifie particulierement au prefent fujet ; car la Confrairie de
la Charité, dont il a efté parlé au Chapitre precedent, a donné
commencement à vne fainte Compagnie de Filles, qui portent
le mefme titre,& fe nomment Filles de la Charité : Et Dieu ayant
fait M. Vincent Inftituteur d'vne Congregation d'hommes, pour

euangelizer les Pauures, a voulu qu'il fût auſſi le Pere & l'Inſtituteur d'vne nouuelle Communauté de Filles, pour le ſeruice des
meſmes Pauures, & principalement des Malades.   Cét ouurage
doit eſtre d'autant plus attribué à la conduite de la Diuine Prouidence, que M. Vincent y a moins contribué de ſa propre volonté, & qu'il ſ'eſt vû comme neceſſité contre ſon deſſein, de
donner les mains à ce nouuel établiſſement ; voicy de quelle façon cela eſt arriué.

Les Confrairies de la Charité ayant eſté premierement établies
dans les Villages, comme il a eſté dit ; les femmes qui en eſtoient,
s'appliquoient elles-meſmes au ſeruice des Malades, allant les
vnes aprés les autres les viſiter, & leur rendre toutes les aſſiſtances neceſſaires : lors que ces meſmes Confrairies furent établies
dans les Parroiſſes de Paris, les Dames qui en auoient procuré
l'établiſſement, pouſſées du meſme eſprit de Charité, voulurent
auſſi elles-meſmes les aller viſiter en leurs maiſons, & leur rendre
les meſmes ſeruices : Or ces Confrairies ſ'eſtant beaucoup multipliées dans la ſuite du temps, il ſe trouua parmy celles qui s'y
faiſoient enrooller, pluſieurs Dames de condition, leſquelles ne
pouuoient pas, ſoit par l'oppoſition de leurs Maris, ou pour d'autres raiſons, leur rendre elles-meſmes les aſſiſtances neceſſaires &
accoûtumées ; comme leur porter la nourriture, faire leur lit,
preparer les remedes, & autres choſes ſemblables ; & lors qu'elles employoient leurs gens pour leur rendre ces ſeruices, il
arriuoit le plus ſouuent, qu'ils n'auoient ny adreſſe ny affection
pour ſ'en bien acquitter : Ce qui leur fit voir qu'il eſtoit abſolument neceſſaire d'auoir des Seruantes, qui ne fuſſent employées
qu'à ſeruir ces Pauures Malades, & qui leur diſtribuaſſent chaque iour la nourriture, & les remedes ſelon l'exigence de leurs
maladies.

Cela fut propoſé dés l'année 1630 à M. Vincent, lequel aprés
y auoir penſé deuant Dieu, & reconnu la neceſſité de ce ſecours,
il ſe ſouuint que dans les Miſſions des Villages on rencontroit
quelquefois de bonnes Filles, qui n'auoient pas diſpoſition pour
le Mariage, ny le moyen d'eſtre Religieuſes ; & qu'il s'en pourroit trouuer de ce nombre qui ſeroient bien-aiſes de ſe donner
pour l'amour de Dieu au ſeruice des Pauures Malades. La Prouidence de Dieu diſpoſa les choſes en ſorte, qu'aux premieres Miſſions ſuiuantes il s'en trouua deux qui accepterent la propoſition
qui leur en fut faite, & qui furent miſes l'vne en la Parroiſſe de S.

Sauueur, & l'autre en celle de S. Benoiſt : Et enſuite il ſ'en pre-
ſenta d'autres qui furent placées à S. Nicolas du Chardonnet, &
en d'autres Parroiſſes.

M. Vincent & Mademoiſelle le Gras leur donnerent les auis
qu'ils iugerent neceſſaires pour leur aider à ſe comporter de la
maniere qu'elles deuoient, tant enuers les Dames, qu'enuers les
Pauures Malades : mais ces Filles eſtant venuës de diuers lieux,
n'auoient alors aucune liaiſon ny correſpondance entr'elles, ny
autre dépendance que des Dames des Parroiſſes, où elles demeuroient ; d'ailleurs n'ayant point eſté dreſſées aux exercices de ces
Charitez enuers les Pauures Malades, il s'en trouuoit parmy elles qui ne donnoient point de ſatisfaction, leſquelles pour cela il
falloit oſter, & comme on n'auoit point des Filles de reſerue
éprouuées & formées, il arriuoit que les Dames & les Pauures
retomboient dans leur premier beſoin. Cela faiſoit bien voir
qu'il eſtoit neceſſaire d'auoir en main vn grand nombre de Filles,
pour en mettre dans tous les lieux de Paris, où ces Confrairies ſe
trouuoient établies ; & qu'il falloit auſſi en prendre vn ſoin particulier pour les dreſſer au ſeruice des Malades, leur apprendre à
ſeigner, & à preparer les remedes ; mais encore plus pour les éleuer & former à l'exercice de l'Oraiſon & de la vie ſpirituelle ;
eſtant comme impoſſible de perſeuerer long-temps en cette vocation tres-penible, & de vaincre les repugnances que la nature
y reſſent, ſi on n'a vn grand fonds de vertu.

M. Vincent voyoit ce grand beſoin, & il eſtoit fort ſouuent
importuné ſur ce ſujet par les Dames qui n'auoient recours qu'à
luy, pour leur fournir des Filles telles qu'il eſtoit à deſirer, mais
qui ne ſe pouuoient que tres-difficilement rencontrer. Or comme
il n'eſtoit pas homme à s'inquieter ny empreſſer, il ſe contentoit
de recourir à Dieu par la Priere, attendant qu'il plût à ſa Prouidence luy découurir quelque moyen pour pouruoir à cette neceſſité. Il ne fut point trompé dans ſon attente ; car pluſieurs Filles
s'eſtant bien-toſt preſentées, il en choiſit trois ou quatre qu'il
jugea les plus propres, & les mit entre les mains de Mademoiſelle
le Gras qui logeoit alors auprés de S. Nicolas du Chardonnet ;
l'ayant auparauant diſpoſée à les receuoir, loger, & entretenir en
ſa Maiſon, pour les rendre capables de correſpondre aux deſſeins
de la Prouidence de Dieu ſur elles.

Cela ſe fit en l'année 1633, ſeulement par maniere d'eſſay, &
Dieu donnant benediction à ces commencemens, le nombre des
Filles

Filles s’augmenta, & il s’en forma enfin vne petite Communauté, qui a seruy & qui sert encore d’vne pepiniere de Filles de la Charité, pour seruir les Pauures Malades dans les Parroisses, dans les Hospitaux , & dans les autres lieux où elles sont appellées.

Mademoiselle le Gras voyant les benedictions que Dieu répandoit sur cette petite Communauté naissante, & l’affection qu’elle auoit pour les Pauures luy donnant mouuement de s’appliquer plus particulierement à dresser ces Filles , qui leur pouuoient rendre vn seruice si vtile & salutaire ; Elle voulut sçauoir de M. Vincent si elle se dédieroit entierement à cette sainte entreprise, & aprés l’auoir pressé plusieurs fois pour la déterminer, & luy dire si elle deuoit écouter cette pensée, & suiure ce mouuement. Voicy la réponse qu’il luy fit, selon sa maxime ordinaire de ne s’employer aux œuures nouuelles & extraordinaires que par maniere d’essay.

Quant à cet employ, luy dit-il, ie vous prie vne fois pour tou-   “
tes de n’y point penser, iusqu’à ce que Nostre-Seigneur fasse pa-   “
roistre qu’il le veut ; car on desire souuent plusieurs bonnes cho-   “
ses, d’vn desir qui semble estre selon Dieu, & neanmoins il ne   “
l’est pas toûjours ; mais Dieu permet ces desirs pour la prepara-   “
tion de l’esprit, à estre selon ce que sa Prouidence mesme desire.   “
Saül cherchoit des Asnesses, & il trouua vn Royaume. Saint Loüis   “
prétendoit à la conqueste de la Terre-Sainte , & il obtint la con-   “
queste de soy-mesme, & de la couronne du Ciel. Vous cherchez   “
à deuenir la Seruante de ces Pauures Filles, & Dieu veut que   “
vous soyez la sienne, & peut-estre de plus de personnes que vous   “
ne seriez en cette façon. Pour Dieu, Mademoiselle, que vostre   “
cœur honore la tranquillité de celuy de Nostre-Seigneur , & il   “
sera en estat de le seruir. Le Royaume de Dieu est la paix au S.   “
Esprit ; il regnera en vous, si vous estes en paix. Soyez-y donc,   “
s’il vous plaist, & honorez souuerainement le Dieu de paix & de   “
dilection.   “

Et par vne autre Lettre il luy manda : Ie n’ay pas le cœur assez   “
éclaircy deuant Dieu en cette affaire : vne difficulté m’empesche   “
de voir quelle est sa volonté. Ie vous supplie, Mademoiselle, de   “
luy recommander ce dessein, pendant ces saints jours, ausquels il   “
communique plus abondamment les graces du S. Esprit.   “

Par ces Lettres & plusieurs autres que M. Vincent écriuit sur ce mesme sujet, on voit auec quelle retenuë il procedoit au discernement de la vraie vocation de cette vertueuse Demoiselle pour

P

la direction de ces Filles; non seulement parce qu'il la iugeoit capable de plus grandes chofes que celle-là, qui paroiffoit alors bien
petite, pour borner les talens & les graces qu'elle auoit receuës
de Dieu ; mais auffi parce que fon humilité ne luy permettoit pas
de préfumer que Dieu vouluft fe feruir de luy pour executer tout
ce que fa Prouidence a fait depuis par l'entremife de cette charitable Demoifelle ; Il la tint donc deux ans dans cette indifference, la remettant toûjours fans luy donner vne derniere refolution, & l'exhortant de fe confier vniquement en Dieu, moyennant quoy il l'affuroit qu'elle ne feroit point trompée. Quant à
luy fa grande humilité luy faifoit toûjours fouhaiter que Dieu fît
tout fans luy ; ne s'eftimant capable de rien, finon d'apporter ob-
ftacle aux deffeins de fa Prouidence ; & il fembloit tout au contraire, que Dieu fe plaifoit de fe feruir de la main de fon fidéle
Seruiteur malgré luy, pour commencer & conduire à chef les
chofes les plus importantes pour fa gloire.

Enfin cette parole qu'il auoit fi fouuent repetée fur ce fujet à
Mademoifelle le Gras, que fe confiant vniquement en Dieu, elle
ne feroit point trompée, fe verifia dans la fuite du temps, par les
benedictions extraordinaires, que Dieu donna à ces premiers ef-
fais, qu'elle n'auoit entrepris & continuez que par efprit d'obeïffance. Pour M. Vincent l'on peut dire en quelque maniere
qu'il fut luy-mefme trompé ; car il ne prétendoit que de faire inftruire & dreffer quelques Filles au feruice de Dieu, & des Pauures Malades, pour les départir enfuite dans les Parroiffes de
Paris, fans que cela paruft au dehors. Mais Dieu a tellement multiplié cette petite Communauté de Filles, en nombre & en grace,
que M. Vincent & cette vertueufe Demoifelle ont eü la confolation pendant leur vie de la voir répanduë non feulement en vingt-
cinq ou trente endroits de Paris ; mais encore en plus de trente
autres Villes, Bourgs & Villages de diuerfes Prouinces de la
France, & mefme iufques dans la Pologne, où la Reyne par fon
zele & par fa Charité a voulu les établir pour le bien des Pauures
de fon Royaume.

Voila quels ont efté les fruits de l'humilité de M. Vincent, qui
ne penfoit à rien moins que de fe faire Infticuteur d'vne nouuelle
Communauté de Filles, fur laquelle il a plû à Dieu répandre
vne fi abondante rofée de fes benedictions & de fes graces, qu'elle
a efté defirée & recherchée de toutes parts, iufqu'à vn tel point,
qu'on ne donne pas le temps de bien dreffer les Filles, parce que

(s'il faut ainsi parler) on arrache ces jeunes plantes de leur Seminaire presque aussi-tost qu'elles y sont mises, sans leur donner
le temps de se former ; A quoy neanmoins Dieu suppléant par sa
misericorde, les a toûjours assistées de telle sorte, que par leur
frugalité, assiduité dans le trauail, amour de la Pauureté, Patience,
Modestie & Charité, elles ont donné & continuënt de donner
beaucoup d'édification en tous les lieux où elles sont employées.

Les premiers fondemens de leur Communauté furent posez
dans la maison de Mademoiselle le Gras en la Parroisse de Saint
Nicolas du Chardonnet, d'où depuis par l'auis de M. Vincent,
elle les transfera en vne autre maison, au village de la Chapelle à demy-lieuë de Paris, comme à vn lieu plus propre pour les
éleuer, nourrir & vétir à la façon des champs dans vn esprit de
pauureté & d'humilité, estant destinées pour estre les Seruantes
des Pauures. Ensuite dequoy enuiron l'année 1642 elles retournerent à Paris, & furent logées & établies au Faux-bourg Saint
Lazare en la maison où elles sont encore aujourd'huy.   Enfin
M. Vincent leur prescriuit des Regles & Constitutions, qui furent approuuées par M. l'Archeuesque de Paris, lequel par son
autorité les érigea en Congregation ou Compagnie, sous le titre
des Filles de la Charité, Seruantes des Pauures, & sous la direction
du Superieur General de la Congregation de la Mission. Le
Roy a confirmé & autorisé leur établissement par ses Lettres Patentes, qui ont esté verifiées au Parlement de Paris. Outre le
seruice & l'assistance qu'elles rendent aux Pauures Malades, elles
s'employent encore en plusieurs lieux à instruire les jeunes filles,
& leur apprennent sur tout à connoistre & seruir Dieu, & à s'acquitter des principaux deuoirs de la vie Chrétienne.

Cette œuure semblera petite aux yeux du monde, qui ne prise
que les choses qui ont de l'apparence & de l'éclat : mais ceux qui
sçauent combien les œuures de Misericorde & de Charité sont
precieuses deuant Dieu, & de quelle façon elles ont esté recom-
mandées par Nôtre-Seigneur, connoistront que cét Institut, quoy
que petit deuant les hommes, est neanmoins grand deuant Dieu;
& d'autant plus meritoire dans ses emplois, que IESVS-CHRIST
a plus expressément declaré, qu'il auoit aussi agreable le seruice
qu'on rend aux Pauures, que s'il estoit fait à sa propre personne ;
& que d'ailleurs la Charité auec laquelle on luy rend ce seruice
en la personne des Pauures, est plus pure, & par consequent plus
parfaite ; n'y ayant souuent rien à attendre pour toute recon-

noiſſance de la part de ces Pauures. creatures, que des contradictions, des plaintes, & des injures.

C'eſt Dieu, qui par l'humble & charitable *Vincent de Paul* a
fait naiſtre & multiplier cette petite Communauté, laquelle a
produit par le paſſé, & continuë toûjours de produire des fruits
d'Humilité, de Patience, de Charité, & des autres vertus que le
Fils de Dieu a le plus cheries, & plus particulierement recom-
mandées dans l'Euangile ; dequoy il ſera encore parlé en la ſeconde Partie.

CHAPITRE XXV.

Les Exercices des Ordinans, pour aider ceux qui deſirent
receuoir les Saints Ordres.

L'AVERTISSEMENT de S. Paul à l'Eueſque S. Timothée, de
n'impoſer pas facilement les mains pour conferer le Sacrement de l'Ordre eſt tres-important, non ſeulement aux Eueſques pour ne ſe rendre participans, comme dit le meſme Apoſtre,
des pechez d'autruy ; mais auſſi à toute l'Egliſe, qui ne reçoit
point ordinairement de plus grand dommage, comme a dit vn
S. Pere, que de la part de ſes propres Miniſtres : En ſorte que l'on
peut dire auec verité, que les perſecutions des Tyrans n'ont pas
tant cauſé de préjudice au ſalut des Ames, que la vie ſcandaleuſe
& la conduite pernicieuſe des mauuais Preſtres.

C'eſt là auſſi le ſujet d'vne des plus grandes peines des bons
Eueſques, qui deſirent s'acquitter dignement de leur charge, leſquels d'vn coſté voyant la neceſſité de pouruoir leurs Egliſes de
Preſtres & autres Miniſtres ſacrez, ſe trouuent d'autre part fort
empeſchez, lorſqu'il eſt queſtion d'en faire le choix ; eſtant preſque impoſſible que dans le grand nombre de ceux qui ſe preſentent, & qu'ils ſont neceſſitez de receuoir pour fournir à la grande
étenduë de leurs Dioceſes, & à la multitude nombreuſe des peuples qui rempliſſent les Parroiſſes, il ne s'en trouue pluſieurs aſſez
mal pourueus des qualitez & des vertus requiſes, pour vn ſi ſaint
Miniſtere ; Et quelque diligence qu'ils puiſſent apporter à l'examen de la capacité de ceux qui ſe preſentent, & à la perquiſition
de leur vie & de leurs mœurs, ils ne peuuent pas connoiſtre tout
ce qui en eſt, & ils y ſont ſouuent trompez. Feu Meſſire Auguſtin Potier Eueſque de Beauuais, dont la memoire eſt en bene-

diction, pour son zele, sa vigilance Pastorale, & ses autres vertus, auoit bien reconnu ce mal, & souuent recherché les moyens d'y remedier.

Ce fut pour cela, que voyant auec quelle abondance Dieu auoit communiqué son Esprit à M. Vincent, pour pouruoir aux necessitez spirituelles de son Peuple, par le moyen des Missions qu'il auoit faites en la pluspart des Parroisses de son Diocese, & par les Confrairies de la Charité qu'il y auoit établies, il jugea qu'il n'auroit pas moins de lumiere ny de grace pour luy aider à remettre son Clergé en bon état. Pour cet effet comme il auoit vne grande estime de sa vertu, & vne confiance particuliere en sa charité, il luy déchargeoit souuent son cœur, & luy declaroit les peines qu'il ressentoit sur ce sujet ; il l'appelloit souuent à Beauuais, ou bien il le venoit visiter à Paris pour auiser aux moyens & aux remedes les plus conuenables & les plus efficaces. Vn jour entre les autres ce bon Prelat ayant demandé à M. Vincent, qu'est-ce qu'il pourroit faire pour remedier aux déreglemens de son Clergé, & le remettre en l'état qu'il deuoit estre ? Ce Sage & experimenté Missionnaire luy répondit, qu'il estoit presque impossible de reformer & redresser les mauuais Prestres qui auoient vieilly dans leurs vices, & les Curez mal reglez en leur vie qui auoient pris vn mauuais ply ; Mais que pour trauailler auec esperance de fruit à la reforme de son Clergé, il falloit aller à la source du mal, pour y appliquer le remede, & que puisqu'on ne pouuoit que tres-difficilement conuertir & changer les anciens Prestres, il falloit mettre peine d'en former de bons pour l'auenir : Ce qui se feroit, premierement en prenant resolution de n'en plus admettre aux Ordres, qui n'eussent la science requise & les autres marques d'vne veritable vocation. Secondement, en trauaillant vers ceux qu'on voudroit admettre, pour les rendre capables de leurs obligations, & leur faire prendre l'esprit Ecclesiastique, desquels on pourroit aprés pouruoir les Parroisses.

M. de Beauuais ayant fort gousté cette pensée, il arriua vn jour que faisant voyage, & menant auec luy M. Vincent dans son carrosse, au mois de Iuillet de l'année 1628 ; Ce bon Prelat demeura quelque temps les yeux fermez sans parler, meditant quelque chose dans son Esprit ; & ceux qui l'accompagnoient s'étant retenus dans le silence, croyant qu'il sommeillast, il ouurit les yeux & leur dit qu'il ne dormoit pas, mais qu'il venoit de penser quel seroit le moyen le plus court & le plus asseuré pour bien dresser &

preparer les prétendans aux Saints Ordres ; & qu'il luy auoit semblé que ce feroit de les faire venir chez luy , & de les y retenir quelques jours , pendant lefquels on leur feroit faire quelques Exercices conuenables , pour les informer des chofes qu'ils deuoient fçauoir & des vertus qu'ils deuoient pratiquer ; alors M. Vincent qui luy auoit desja reprefenté en general la neceffité de cette preparation , en approuua grandement la maniere , & éleuant fa voix, luy dit : *O Monfeigneur ! voila vne penfée qui eft de Dieu : voila vn excellent moyen pour remettre petit à petit tout le Clergé de voftre Diocefe en bon ordre.* Et fur cela l'ayant encouragé de plus en plus à commencer vne fi Sainte entreprife ; ce vertueux Prelat fe refolut dés lors d'en venir à l'execution , & en fe feparant de M. Vincent , il luy dit qu'il alloit faire preparer toutes chofes à cette fin , le priant de penfer aux matieres propres pour entretenir ceux qui fe prefenteroient à l'Ordination , & de mettre par écrit l'ordre qu'ils deuoient obferuer pendant cette retraite ; Il le conuia auffi de fe rendre à Beauuais quinze ou vingt jours auant le temps de la prochaine Ordination , qui fe deuoit faire au mois de Septembre fuiuant. M. Vincent ne manqua pas de faire ce que ce Prelat luy auoit prefcrit ; *Eftant plus affeuré ,* comme il difoit , *que Dieu demandoit ce feruice de luy , l'ayant appris de la bouche d'vn Euefque , que s'il luy auoit efté reuelé par vn Ange.* Lors qu'il fut arriué à Beauuais M. l'Euefque aprés l'examen des Ordinans , fit luy mefme l'ouuerture des Exercices ; & les Entretiens, dont le projet auoit efté difpofé , furent continuez jufques au jour de l'Ordination par M. Vincent , & par Meffieurs Meffier & Duchefne , Docteurs de la Faculté de Paris , à peu prés felon l'ordre qu'on a depuis fuiuy , & que l'on fuit encore maintenant. Monfieur Vincent expliqua particulierement le Decalogue aux Ordinans ; ce qu'il fit d'vne maniere fi nette & tout enfemble fi affectiue & fi efficace , que fes Auditeurs en conceurent vn defir de luy faire des Confeffions Generales ; & mefme M. Duchefne Docteur , qui faifoit de fon cofté vne partie de ces Entretiens, en fut tellement touché , qu'il voulut faire vne Confeffion Generale de toute fa vie à M. Vincent , dequoy les Ordinans furent grandement édifiez.

A quelque temps de-là , M. l'Euefque de Beauuais eftant venu à Paris , & ayant entretenu feu M. l'Archeuefque des grands fruits que ces Exercices commençoient à produire dans fon Diocefe, il luy en fit voir l'importance , l'vtilité , & mefme la neceffité ; de telle forte que ce bon Prelat ordonna au commencement de l’année 1631, que tous ceux qui feroient admis pour receuoir les Ordres dans fon Diocefe, feroient obligez de fe retirer chez les Preftres de la Congregation de la Miffion, dix jours auant chaque Ordination, pour eftre informez par eux des difpofitions requifes, & aidez à les obtenir de Dieu. Monfieur Vincent obeïffant à cette Ordonnance, commença dés le Carefme fuiuant à receuoir les Ordinans au College des Bons-Enfans, n’ayant pas encore fon établiffement à S. Lazare ; Et leur fit faire les Exercices pendant le temps prefcrit par la mefme Ordonnance. Ce qui a toûjours efté continué depuis ce temps-là jufqu’à maintenant. De cette premiere Maifon de la Congregation de la Miffion, cette Sainte pratique de retirer & exercer les Ordinans pendant quelques jours, s’eft communiquée & répanduë par le zele de M. Vincent en plufieurs autres Diocefes de France & d’Italie, & mefme jufques dans Rome, auec vn fruit & vne benediction qui fe peut mieux reconnoître par les effets, qu’expliquer par les paroles : nous referuons de faire voir plus en particulier dans le fecond Liure l’ordre qu’on obferue en ces Exercices ; les fruits qu’ils ont produits ; & les raifons principales qui en font connoître l’importance & la neceffité pour le bien de l’Eglife.

CHAPITRE XXVI.

L’vfage des Retraites fpirituelles pour toutes fortes de perfonnes.

LA terre eft toute en defolation (difoit autrefois vn Prophete) parce qu’il n’y a perfonne, qui fe recueille interieurement, & qui s’applique à penfer & à mediter dans fon cœur. On s’épanche fur les chofes exterieures, & on laiffe aller les penfées de fon efprit fur toutes fortes d’objets fenfibles, fans r’entrer prefque jamais en foy-mefme ; on fe fouuient tres-rarement de Dieu ; on ne confidere point la fin pour laquelle Dieu nous a donné l’eftre & la vie, auecque les moyens pour y paruenir ; Et de-là prouient l’aueuglement d’efprit, le dérèglement du cœur, & enfin la perte du falut de la plufpart de ceux qui fe damnent.

Les plus grands Saints ont fouuent parlé contre ce defordre, & ont exhorté les Fidéles à r’entrer en eux-mefmes, par l’exercice de la Meditation. Dans ces derniers temps Saint Charles Boromée, Saint Ignace, le Bien-heureux François de Sales, & plusieurs autres Saints personnages ont mis en vsage les Exercices spirituels, pour porter les Ames à la pratique de cette Recollection si necessaire. Mais quoy-que cela ait produit de tres-grands fruits, il s'est trouué neanmoins, que faute de lieux propres, & autres aides & commoditez exterieures pour faire ces Exercices, il y auoit peu de personnes, particulierement entre les Laïques qui en pussent profiter. Ce fut cette consideration qui fit resoudre M. Vincent de tenir la porte de sa maison, & encore plus celle de son cœur ouuerte pour receuoir tous ceux qui auroient cette deuotion ; & mesme de conuier les personnes qui en auroient besoin, de venir passer quelques jours dans les Exercices d'vne Sainte Retraite. Il sembloit que ce fidéle Seruiteur disoit plus de cœur que de bouche, à l'imitation de son Diuin Maistre, Venez à moy vous tous qui estes trauaillez & chargez du fardeau de vos pechez & de vos vices, & ie vous soulageray.

Depuis qu'il eut commencé cet office de Charité au College des Bons-Enfans, il l'a toûjours continué en toutes les Maisons de la Mission, & particulierement en celles de Paris & de Rome, où les Prestres de sa Congregation (qui pratiquent eux-mesmes ces Exercices de Retraite tous les ans, à l'exemple de leur Pere & Instituteur, qui n'y manquoit jamais, quelques affaires qu'il pust auoir) reçoiuent à bras ouuerts, & auec vne charité cordiale les personnes de dehors qui s'y presentent, de quelque condition qu'elles soient, riches & pauures, Ecclesiastiques & Laïques, Docteurs & ignorans, Nobles & Artisans, Maistres & Seruiteurs : Et en leur faisant part de leur table, ils leur rendent toute sorte d'assistances & de seruices pour le bien de leurs Ames ; soit en les portant & aidant à faire de bonnes Confessions Generales, pour se conuertir parfaitement à Dieu ; soit en leur donnant lumiere & conseil pour se dresser vn ordre & vn reglement de vie selon leur condition ; ou mesme pour faire le choix d'vn Estat, & pour connoître les desseins de Dieu sur eux. L'on a vû plusieurs fois en la Maison de Saint Lazare, dans vn mesme Refectoir, des Seigneurs portant le Cordon-bleu, des Gens de Palais, des Artisans, des Hermites, & des Laquais, qui faisoient en mesme-temps leur Retraite, auec plusieurs autres personnes Ecclesiastiques. Et pour cela, M. Vincent disoit quelquefois auec cette douce gayeté, dont il sçauoit vser en temps & lieu, Que la Maison de Saint Lazare estoit comme l'Arche de Noë, où

toute

toute forte d'animaux grands & petits, étoient receus & logez.
Nous verrons plus en particulier au fecond Liure, les grands fruits
& les effets admirables que ces Retraites ont produits en diuerfes occafions, dont M. Vincent auoit des fentimens tres-particu-
liers de reconnoiffance enuers Dieu, le remerciant, & fe tenant
grandement obligé à fa bonté, de ce qu'il daignoit fe feruir de
luy & des fiens, pour operer tous ces effets de fa mifericorde &
de fa grace.   C'eft auffi pour cette confideration qu'il a toûjours eü vne affection toute extraordinaire, de conferuer dans
fa Compagnie cette pratique des Retraites, qu'il appelloit
vn don du Ciel, quoy qu'elle luy fût grandement à charge ;
& qu'outre la peine que luy & les fiens en receuoient, cela
l'obligeaft de faire vne dépenfe fort notable, nourriffant gratuitement la plufpart de ce grand nombre d'Exercitans, qui
paffent tous les ans par S. Lazare & par les autres Maifons de la
Miffion, fans qu'il y ait aucune fondation, ny reuenu deftiné
pour les défrayer. Mais ce grand Seruiteur de Dieu n'auoit aucun
égard à la dépenfe, quand il eftoit queftion de procurer le falut
des Ames, qui auoient coûté fi cher à IESVS-CHRIST ; Il luy
fembloit, felon ce que dit le Saint Efprit dans les Cantiques,
que quand bien il euft employé toute la fubftance de fa Maifon
pour de telles œuures de Charité, il n'auroit encore rien fait
au prix de ce qu'il croyoit que cette diuine vertu l'obligeoit de
faire.

Et comme s'il n'euft pas encore efté pleinement fatisfait, de
ce que les hommes de toute forte de conditions trouuoient dans
les Maifons de fa Compagnie des aides fi propres pour leur fanctification & pour leur falut ; fa Charité, qui ne difoit jamais, *c'eft
affez*, a procuré auffi que des femmes & des filles trouuaffent
quelquefois vn femblable fecours, pour le bien fpirituel de leurs
Ames, dans la Maifon des Filles de la Charité, où Mademoifelle
le Gras les receuoit à bras ouuerts, & leur rendoit toutes les affiftances qu'elle pouuoit, auec vn cœur qui n'eftoit iamais las de
bien faire.

Voicy l'extrait d'vne Lettre que M. Vincent luy écriuit vn iour
fur ce fujet. Madame la Prefidente Gouffault, & Mademoifelle "
Lamy s'en vont faire chez vous leur petite Retraite. Ie vous prie "
de les feruir en cela, de leur donner le département du temps que "
ie vous ay mis en main, de leur marquer les fujets de leurs Orai- "
fons, d'écouter le rapport qu'elles vous feront de leurs bonnes "

» penſées en preſence l'vne de l'autre , & faire faire lecture de
» table pendant leur repas, au ſortir duquel elles ſe pourront diuer-
» tir d'vne maniere gaye & modeſte. Le ſujet pourra eſtre des cho-
» ſes qui leur ſeront arriuées pendant leur ſolitude, ou qu'elles au-
» ront leu des Hiſtoires ſaintes. Et s'il fait beau aprés le diſner, el-
» les ſe pourront promener vn peu ; hors ces deux temps elles ob-
» ſerueront le ſilence. Il ſera bon qu'elles écriuent les principaux
» ſentimens qu'elles auront eü en l'Oraiſon, & qu'elles diſpoſent
» leur Confeſſion generale pour Mecredy. La Lecture ſpirituelle
» pourra eſtre de l'Imitation de Iᴇsvs-Cʜʀɪsт de Thomas à
» Kempis, en ſ'arrétant vn peu à conſiderer ſur chaque periode ;
» comme auſſi quelque choſe de Grenade, rapportant au ſujet de
» leur meditation. Elles pourront encore lire quelques Chapitres des
» Euangiles. Mais il ſera bon que le jour de leur Confeſſion gene-
» rale vous leur donniez l'Oraiſon du Memorial de Grenade, qui
» eſt pour exciter à la contrition. Au reſte, vous veillerez à ce
» qu'elles ne ſe preſſent pas trop âprement en ces Exercices. Ie prie
» Noſtre-Seigneur qu'il vous donne ſon Eſprit pour cela.

Vne autre Dame ayant fait ſa retraite en la meſme Maiſon des
Filles de la Charité, en quelqu'autre occaſion, & ſur la fin ayant
donné à Mademoiſelle le Gras ce qu'elle auoit mis par écrit de
ſes bons ſentimens & reſolutions, pour les enuoyer à M. Vincent,
comme elle fit. Ce ſage & experimenté Directeur les ayant leuës,
luy écriuit en ces termes.

» Ie vous enuoye les reſolutions de Madame N. qui ſont bonnes ;
» mais elles me ſembleroient encore meilleures, ſi elle deſcendoit
» vn peu au particulier. Il ſera bon d'exercer à cela celles qui fe-
» ront les Exercices de la retraite chez vous ; le reſte n'eſt que
» production de l'eſprit, lequel ayant trouué quelque facilité, &
» meſme quelque douceur en la conſideration d'vne vertu, ſe flatte
» en la penſée d'eſtre bien vertueux ; neanmoins pour le deuenir ſo-
» lidement, il eſt expedient de faire des bonnes reſolutions de pra-
» tique ſur les actes particuliers des vertus, & eſtre aprés fidéle à
» les accomplir. Sans cela on ne l'eſt ſouuent que par imagina-
» tion.

CHAPITRE XXVII.
Les Conferences spirituelles pour les Ecclesiastiques.

C'Est de tout temps que les Conferences spirituelles ont
esté en vsage dans l'Eglise, principalement entre les personnes
nes desireuses de la vertu : Les anciens Peres du Desert s'en seruoient
uoient comme d'vn excellent moyen pour s'entr'aider dans la
voye étroite de la perfection Euangelique ; & nous auons encore
des Volumes entiers remplis des matieres qu'ils traitoient dans
leurs saintes Assemblées, où ils consideroient Iesvs-Christ
present ; suiuant la parole qu'il en a donnée dans son Euangile,
que lorsque deux ou trois seroient assemblez en son nom, il se
trouueroit au milieu d'eux.

Vbi enim sunt duo vel tres congregati in nomine meo, ibi sum in medio eorū. *Matth.* 18.

Or comme M. Vincent reconnoissoit l'excellence & l'vtilité
de ce moyen par sa propre experience, l'ayant introduit parmy
ceux de sa Compagnie dés le commencement de son établissement,
ment, auec grande benediction ; il embrassa volontiers l'occasion
que Dieu luy presenta d'établir ces mesmes Conferences spirituelles
tuelles parmy les personnes Ecclesiastiques : Voicy de quelle maniere
niere la chose arriua.

Quelques vertueux Ecclesiastiques ayant passé par les Exercices
ces de l'Ordination, & receu par ce moyen plusieurs graces, &
particulierement vne grande affection de mener vne vie digne
du Caractere sacré qu'ils auoient receu, se trouuerent pleins du
desir de conseruer ces bons sentimens, & de perseuerer dans ces
saintes dispositions. Ils s'adresserent pour ce sujet à M. Vincent,
le priant de les vouloir assister de ses bons auis pour leur conduite,
& leur declarer de quelle façon ils se deuoient comporter, pour
correspondre fidélement aux graces qu'ils auoient receuës en
l'Ordination.

M. Vincent qui ne respiroit que charité, & qui auoit vn zele
tres-ardent pour procurer le bien spirituel des personnes Ecclesiastiques,
siastiques, leur proposa entre plusieurs autres moyens, de s'assembler
bler vne fois la semaine pour conferer ensemble des choses qui
regardoient leur estat, comme des vertus Ecclesiastiques, des fonctions
ctions propres de leur Ministere, & autres semblables matieres,
dont ils pourroient tirer vne grande vtilité pour le bien de leurs
Ames ; outre que ces mesmes Conferences seruiroient à faire

Q ij

entr'eux quelque vnion particuliere au feruice de IESVS-CHRIST & de fon Eglife , pour s'entr'aider les vns les autres, s'encourager dans leurs trauaux, & fe perfectionner dans leurs emplois.

Cette propofition fut receuë par eux, comme vn auis qui leur venoit du Ciel par l'organe de M. Vincent ; le Mardy fut choify comme le jour de la femaine qui leur fembloit le plus propre pour cette Conference , laquelle ils commencerent dés ce temps-là, auec l'agrément & permiffion de M. l'Archeuefque de Paris (ce fut en l'année 1633) & l'ont depuis toûjours continuée auec vn tres-grand fruit, non feulement pour leur propre auancement en la vertu, mais auffi pour le bien de toute l'Eglife , comme l'on verra au fecond Liure. Cette Affemblée petite au commencement, quant au nombre, f'eft multipliée auec vne benediction particuliere, & a feruy comme d'vne pepiniere facrée qui a fourny à la France plufieurs Archeuefques & Euefques qui f'acquittent faintement de leurs charges, & vn grand nombre de Vicaires generaux, Officiaux, Archidiacres, Chanoines , Curez, & autres Ecclefiaftiques qui rempliffent tres-dignement les Benefices, Offices, & Dignitez de l'Eglife ; & qui fe font répandus par tous les Diocefes de ce Royaume, où ils ont beaucoup profité par le bon exemple de leur vie, & par le zele qui anime leurs fonctions, & qui les fait trauailler auec benediction à l'auancement du Royaume de IESVS-CHRIST.

Il eft bien vray que ce n'eftoit en aucune façon pour fe produire, ny pour fe procurer aucun auantage temporel , ou l'entrée dans les Benefices , que ces Ecclefiaftiques f'engageoient dans ces Conferences ; Au contraire , entre les difpofitions qu'on defiroit en ceux qui y eftoient receus, vne des principales eftoit vn grand dégagement de tout propre intereft, auec vne intention pure & fimple de fe donner parfaitement au feruice de Dieu, & de correfpondre fidélement à leur vocation. Leur fage & zelé Directeur ne leur inculquoit pour l'ordinaire autre chofe, que l'amour de l'humiliation, du mépris, de la pauureté & des fouffrances, à l'exemple de IESVS-CHRIST leur diuin Maître; dont ils faifoient profeffion particuliere de fe rendre Imitateurs ; & leurs Emplois plus frequens eftoient d'aller catechifer & confeffer les Pauures dans les Hôpitaux , dans les Prifons, & autres femblables lieux ; ou bien d'aller trauailler quand M. Vincent les y conuioit, auec les Preftres de fa Congregation dans les Parroiffes des Villages , & rendre tous les feruices qu'ils pouuoient aux Pauures de la Campagne ; & enfin de s'occuper dans les emplois Ecclesiastiques qui semblent les plus bas, & les moins estimez. Cependant Dieu qui se plaist autant à exalter les humbles, qu'à rabaisser les superbes, voulut se seruir de leur abbaissement pour les éleuer : car ces Conferences & ces Exercices ayant produit vn changement assez considerable parmy les Ecclesiastiques de Paris ; entre lesquels on en voyoit plusieurs d'vne Naissance Illustre, mener vne vie fort exemplaire, & s'employer auec zele à diuerses œuures de Charité. Monsieur le Cardinal de Richelieu qui en auoit oüy parler, voulut en estre plus particulierement informé ; pour ce sujet il manda M. Vincent, & l'ayant entretenu touchant ces Assemblées & Conferences d'Ecclesiastiques, & mesme sur la conduite & les emplois des Prestres de la Mission ; il en fut fort satisfait, & conceut dés-lors vne plus grande estime de la personne & de la vertu de Monsieur Vincent, que le bruit commun ne luy en auoit donné, comme il le témoigna à Madame la Duchesse d'Aiguillon sa Niéce ; l'ayant depuis voulu voir en diuerses occasions, il l'exhorta de continuër les bonnes Oeuures qu'il auoit commencées, & luy dit mesme qu'il estimoit que sa Congregation feroit beaucoup de bien dans l'Eglise, luy promettant toute protection & assistance.

Il desira aussi sçauoir quels estoient ces bons Ecclesiastiques qui s'assembloient toutes les semaines à S. Lazare ; quelle estoit la fin de leurs Assemblées ; de quelle matiere ils traitoient dans leurs Conferences ; & à quelles œuures de pieté ils s'appliquoient. Et ayant témoigné vne satisfaction particuliere des réponses que Monsieur Vincent luy fit là-dessus ; comme il auoit vn grand desir de procurer que les Eglises de France fussent remplies de bons Euesques, & que ceux qui seroient éleuez à cette dignité fussent pourueus de toutes les qualitez requises pour s'acquiter dignement de leurs obligations ; il luy demanda quels estoient particulierement ceux qu'il estimoit dignes de l'Episcopat, à dessein de les proposer au Roy pour estre nommez par sa Majesté aux Eueschez qui viendroient à vacquer M. Vincent : luy en ayant nommé quelques-vns ; Ce sage & zelé Ministre prit aussi-tost la plume, & se donna la peine d'en écrire luy-mesme la liste de sa propre main, selon l'ordre qu'il les luy nommoit. Et ce qui ne doit pas estre ômis, est que tout cecy se passa si secrettement, & M. Vincent fut si reserué en ce point, qu'aucun des Ecclesiastiques de cette Conference n'en a iamais rien sceu

de son viuant, ayant toûjours eu vn tres-grand soin de les entretenir dans cet esprit d'humilité, de simplicité & desinteresse-
ment Euangelique, sans iamais leur dire aucune parole qui fist
paroistre qu'il eust la moindre pensée de leur procurer ces grandes charges; mais plûtost les exhortant incessamment à fuïr tout
ce qui paroist éclatant & éleué, & à aimer & embrasser leur
propre abjection. Nous verrons au second Liure plus en particulier les grands biens que Dieu a tirez de cette assemblée qui se faisoit à Saint Lazare, pour la sanctification du Clergé & pour le
seruice de toute l'Eglise; l'vn desquels a esté, que cette pratique
des Conferences Ecclesiastiques ayant ainsi commencé à Paris,
s'est depuis introduite en plusieurs autres Dioceses; où par les
soins de M.M. les Prelats, on voit les Curez, les Beneficiers &
autres Prestres tant des Villes que des Champs, s'assembler en
certains jours aux lieux qui leur sont designez, pour y traiter &
conferer ensemble des matieres qui concernent leur estat, & les
obligations qui y sont annexées; le tout auec vne tres-grande
vtilité, non seulement pour la Reformation du Clergé, mais aussi
pour l'édification des peuples.

En l'année 1642 il se presenta vne occasion à M. Vincent d'é-
tablir vne seconde Conference d'Ecclesiastiques au College des
Bons-Enfans, qui fut telle.

Les Dames de l'assemblée de la Charité de Paris, dont il sera
parlé cy-aprés, ayant procuré qu'il y eust vn certain nombre de
Prestres, outre ceux qui demeuroient à l'Hostel-Dieu, pour estre
particulierement employez à l'assistance des Malades; M. Vincent selon sa Charité ordinaire receut à Saint Lazare les six premiers qui y furent destinez, pour les y preparer par les Exercices
de la Retraite; à la fin de laquelle les ayant exhortez de s'aquiter
dignement de cet employ de Charité auquel ils s'alloient appliquer, & de conseruer l'esprit de pieté & l'vnion fraternelle
entr'eux; il s'auisa de leur proposer pour cela diuers moyens, dont
le principal fut de s'assembler vne fois chaque semaine au College
des Bons-Enfans, pour y faire des Conferences Spirituelles à peu
prés comme celles de Saint Lazare: ce que ces bons Ecclesiastiques ayant volontiers accepté, il leur designa le Ieudy, comme
vn jour plus propre que le Mardy, auquel se tenoit la Conference
de Saint Lazare; parce que le Ieudy n'estant pas ordinairement
vn jour de Classe, cela donnoit la commodité à plusieurs Ecclesiastiques étudians en Theologie dans l'Vniuersité, de pouuoir

aſſiſter à cette nouuelle Conference, ſans perdre aucune de leurs Leçons. Ainſi fut commencée cette ſeconde Conference qui a toûjours continué depuis, & qui a donné moyen à pluſieurs Eccleſiaſtiques de joindre l'étude de la Vertu auec celle de la Science, & de ſe rendre ainſi plus capables de ſeruir l'Egliſe, & de donner vne plus grande gloire à Dieu.

CHAPITRE XXVIII.

L'Etabliſſement des Hôpitaux de Paris & de Marſeille, pour les pauures Galeriens.

LA miſericorde, dont M. Vincent eſtoit touché enuers les pauures Forçats des Galeres, tirant ſon origine de la connoiſſance qu'il auoit euë de leur miſere par ſa propre experience, comme il a eſté dit; & la Charité qui animoit ſon cœur ne luy permettant pas de les mettre en oubly, parmy tous les autres importans emplois qui occupoient ſon eſprit; Il tournoit ſouuent ſes penſées vers cét hoſpice qu'il leur auoit procuré proche l'Egliſe de Saint Roch, où il les viſitoit d'affection, ne le pouuant d'effet, pour n'en auoir pas le temps. Mais conſiderant que cette charitable entrepriſe ne pourroit pas long-temps ſubſiſter ſans quelque reuenu aſſuré, & ſans vne maiſon en propre, celle où ils eſtoient logez n'eſtant que de loüage; il ſe reſolut de trauailler, auec le ſecours de la Diuine Prouidence, à procurer le remede conuenable à ſes beſoins.

Pour cet effet il ſolicita & fit ſoliciter le feu Roy Loüis XIII. de glorieuſe memoire, & M.M. les Eſcheuins de la Ville de Paris, d'agréer & conſentir que cette ancienne Tour, qui eſt entre la Porte de Saint Bernard & la riuiere, fuſt deſtinée pour ſeruir de retraite à ces pauures enchaînez: ce qui luy fut accordé en l'année 1632. & en ſuite ils y furent conduits, & pendant quelques années ils n'y ſubſiſterent que par les aumônes des perſonnes charitables. M. Vincent de ſon coſté, pour n'eſtre importun aux autres, pouruoyoit luy ſeul à leur aſſiſtance ſpirituelle, leur enuoyant des Preſtres de ſa Congregation qui demeuroient au College des Bons-Enfans, pour leur dire la Sainte Meſſe, & pour les inſtruire, les confeſſer & conſoler; & dans les occaſions il conuioit des perſonnes de vertu & de condition de les aller viſiter, pour leur faire quelque bien.

Mademoiſelle le Gras ne fut pas des dernieres à leur rendre
toutes ſortes de charitables offices, & à les aſſiſter de ſes propres
aumônes ; & comme elle eſtoit alors Superieure de la Confrairie
de la Charité de la Parroiſſe de Saint Nicolas du Chardonnet, il
vint en penſée à M. Vincent s'il ne ſeroit pas expedient qu'elle
propoſaſt aux Dames de cette Confrairie, de faire diſtribuer à ces
pauures Galeriens, qui ſe trouuoient logez dans la meſme Parroiſſe, quelque partie des aumônes de la Charité. Voicy en quels
termes il luy propoſa cette bonne œuure par vne petite Lettre.

» 　La Charité enuers ces pauures Forçats eſt d'vn merite incom-
» parable deuant Dieu ; vous auez bien fait de les aſſiſter, & vous
» ferez bien de continuer en la maniere que vous le pourrez, juſqu'à
» ce que j'aye le bien de vous voir, qui ſera dans deux ou trois jours.
» Penſez vn peu ſi voſtre Charité de Saint Nicolas s'en voudroit
» charger, au moins pour quelque-temps : Vous les aideriez de
» l'argent qui vous reſte. Mais quoy ? cela eſt difficile, & c'eſt ce
» qui me fait jetter cette penſée en voſtre eſprit à l'auenture.

　　Il demeura pluſieurs années le Pouruoyeur de ces Pauures miſerables, faiſant contribuer ſa Maiſon pour leurs beſoins corporels, auſſi-bien que pour les ſpirituels ; juſqu'à ce qu'il plût à la
Diuine Prouidence d'inſpirer à vne perſonne riche qui mourut
enuiron l'année 1639. de laiſſer par ſon Teſtament ſix mille liures
de rente, pour eſtre appliquées par Madame N. ſa fille & ſon
heritiere, ſuiuant l'auis de quelque Eccleſiaſtique, au ſoulagement
des criminels condamnez aux Galeres. Ce ne fut pas neanmoins
ſans peine que M. Vincent, aprés auoir fait beaucoup de ſolici-
tations, & ſouffert pluſieurs rebuts de la part du Mary de cette
Dame, obtint enfin de luy & d'elle, par l'entremiſe de feu M. Molé
alors Procureur General, qu'ils aſſigneroient tous deux vn fonds
ſuffiſant pour aſſurer cette rente, comme ils firent. Cette
Dame meſmes ayant appris de M. Vincent l'état déplorable auquel ces Forçats eſtoient reduits, auant qu'on en priſt quelque
ſoin, & combien il eſtoit important de perpetuer cette aſſiſtance ; elle eut cette affaire fort à cœur, & conſentit, aprés en auoir
conferé diuerſes fois auec luy, que M. le Procureur General en
euſt l'adminiſtration temporelle à perpetuité. Elle deſira encore
depuis, qu'il y eût des Filles de la Charité deſtinées pour le ſeruice
de ces pauures Forçats, particulierement des malades, & leur fit
aſſurer leur entretien ſur la meſme rente de ſix mille liures. Et dautant qu'on prétendoit que Meſſieurs les Eccleſiaſtiques de Saint
Nicolas

Nicolas du Chardonnet eſtoient tenus d'adminiſtrer les Sacremens à ces Pauures-gens, & d'enterrer leurs morts, à cauſe qu'ils
eſtoient logez dans leur Parroiſſe ; Monſieur Vincent repreſenta que la charge eſtoit fort grande, & quelques Dames
ayant joint leurs inſtances aux ſiennes, firent en ſorte qu'on
leur accorda trois cens liures de rente, à condition qu'ils ſeroient tenus de leur dire la Sainte Meſſe, leur faire des Exhortations & Catechiſmes, & leur rendre les autres aſſiſtances
ſpirituelles ; dequoy ils ſe ſont toûjours acquittez, & s'acquittent encore tres-dignement, & auec vne tres-grande charité ; ce qui n'a pas empeſché que M. Vincent n'ait fait faire des
Miſſions de temps en temps à ces pauures Enchaiſnez, ſur tout
lors qu'ils ſe trouuoient en grand nombre, & qu'ils eſtoient preſts
d'eſtre menez aux Galeres, pour les conſoler & diſpoſer à faire
vn bon vſage de leurs peines.

Il ſembloit qu'il ne ſe pouuoit rien faire dauantage pour le ſoulagement de ces pauures Forçats, & vn cœur moins embraſé de
charité que celuy de M. Vincent, ſe fuſt contenté de leur auoir
procuré cette retraite, auec toutes les aſſiſtances corporelles &
ſpirituelles qu'ils y receuoient : mais l'amour qu'il auoit pour eux
ne luy permettoit pas de les quitter, ny de s'en ſeparer. Il les
accompagna de ſes charitables ſoins iuſqu'à Marſeille, où il les
trouua dans vn eſtat encore plus miſerable que celuy dont il les
auoit déliurez à Paris ; car ceux qui deuenoient malades demeuroient toûjours attachez à la Chaiſne ſur les Galeres, où ils
eſtoient rongez de vermine, accablez de douleurs, & preſque
conſumez de pourriture & d'infection. Son cœur pitoyable fut
ſenſiblement touché, voyant des hommes faits à l'Image de Dieu
dans vne telle extrémité de miſere, & des Chrétiens reduits à
mourir comme des beſtes. Cela le fit reſoudre d'auoir recours à
M. le Cardinal de Richelieu, pour lors General des Galeres,
& à Madame la Ducheſſe d'Aiguillon ſa Niéce ; & leur ayant repreſenté l'eſtat de ces miſerables Forçats, & l'extréme neceſſité
d'vn Hôpital, pour les y faire porter & aſſiſter lorſqu'ils ſeroient
malades ; leur pieté procura qu'on en baſtiſt vn à Marſeille ; à
quoy feu M. Gault Eueſque de Marſeille, dont la memoire eſt
en benediction, & feu M. le Cheualier de Symiane de la Coſte
Gentil-homme Prouençal tres-charitable, ont auſſi beaucoup
contribué de leurs ſoins & ſollicitations. Mais comme ce n'eſtoit
pas aſſez d'auoir vne maiſon ſans reuenu ; M. Vincent aprés la

mort du Roy Loüis XIII, ayant esté appellé par la Reine Regente pour luy donner ses auis dans les affaires Ecclesiastiques & autres œuures de pieté, porta sa Majesté à faire en sorte que le Roy son Fils heureusement regnant se rendist le Fondateur de cét Hôpital ; ce qu'il fit par ses Lettres Patentes de l'année 1645, par lesquelles sa Majesté assigna audit Hôpital douze mille liures de reuenu annuel sur les Gabelles de Prouence ; & ordonna que les Prestres de la Mission qui estoient déslors établis à Marseille, comme il se dira cy-aprés, auroient la direction spirituelle de cet Hôpital à perpetuité, suiuant le pouuoir qui leur en auoit esté octroyé par le Seigneur Euesque ; & qu'ils auroient aussi à perpetuité la direction temporelle du mesme Hôpital conjointement auec quatre des principaux & des plus zelez Bourgeois de laVille. Et afin que les Galeres fussent à l'auenir pourueuës de bons Aumôniers, sa Majesté ordonna par ces mesmes Lettres, que le Superieur de la Maison de la Mission de Marseille, auroit droit de les nommer , & aussi de les destituer quand besoin seroit ; & mesme de les obliger de viure en Communauté en leur dite Maison, lorsque les Galeres seroient au Port de Marseille, pour estre rendus capables par les exercices qu'ils y pratiqueroient, de bien faire leurs fonctions d'Aumôniers. Pour cét effet sa Majesté vnit à perpetuité la Charge d'Aumônier Real à la Congregation de la Mission, afin que les Missionnaires qui estoient employez à procurer le salut des Forçats, eussent tout le pouuoir necessaire pour y trauailler auec plus de fruit & de benediction.

M. le Cheualier de la Coste auoit vn tel zele pour cét establissement, qu'il vint exprés à Paris pour solliciter l'expedition de ces Lettres, & les ayant enfin obtenuës à la recommandation de M. Vincent, Voicy en quels termes il luy en écriuit l'an 1645.

» Ie vous écris pour vous faire voir le progrés de l'Hôpital , à
» l'établissement duquel vous auez tant contribué. Vous aurez
» appris par ma derniere, comme aprés beaucoup de resistance, par
» l'aide de Nostre-Seigneur on nous a donné les malades des Ga-
» leres. Certes ie ne vous sçaurois exprimer la joye que reçoiuent
» ces pauures Forçats, lorsqu'ils se voyent transportez de cét En-
» fer dans l'Hôpital qu'ils appellent vn Paradis ; à l'entrée seule-
» ment on les voit guerir de la moitié de leur mal, parce qu'on les
» décharge de la vermine dont ils viennent couuerts, on leur laue
» les pieds, puis on les porte dans vn lit vn peu plus mol que le bois
» sur lequel ils ont accoûtumé de coucher. Et ils sont tous rauis

de se voir couchez, seruis, & traitez auec vn peu plus de charité «
que dans les Galeres, où nous auons renuoyé grand nombre de «
Conualescens qui y fussent morts. Certes M. nous pouuons dire «
que Dieu a beny cette Oeuure, ce qui paroist non seulement en «
la conuersion des mauuais Chrétiens, mais mesme des Turcs qui «
demandent le Saint Baptesme. «

Depuis ce temps, la plufpart des Galeres ayant esté transferées de Marseille à Toulon, le soin des malades y a esté aussi transmis, on y a pris vne Maison à loüage pour les y retirer, où il y a ordinairement vn Prestre de la Mission qui les assiste spirituellement, & qui veille à ce qu'ils soient pourueus de tout ce qui est necessaire pour le soulagement de leurs corps, dans leurs maladies.

CHAPITRE XXIX.

L'Institution d'vne Compagnie de Dames pour le seruice de l'Hostel-Dieu de Paris, & pour plusieurs autres Oeuures publiques de Charité, tant à Paris qu'ailleurs.

LA multiplicité des miseres qui se trouuent en cette vallée de larmes, oblige les Ames charitables de multiplier leurs soins, & diuersifier les moyens pour secourir les miserables, & pour leur donner ou procurer quelque soulagement. Monsieur Vincent estant vraiment animé de cette vertu, auoit toûjours les oreilles ouuertes pour écouter les auis de cette nature, & le cœur disposé pour les embrasser. Il est vray qu'il tenoit cette maxime de ne s'ingerer iamais de luy-mesme à entreprendre de nouuelles Oeuures, mais il attendoit que la volonté de Dieu luy fust manifestée, plûtost par les sentimens des autres, principalement de ses Superieurs, que par les siens propres; car son humilité luy donnoit toûjours de la défiance de ses lumieres particulieres, & luy faisoit croire qu'il pouuoit se tromper, sur tout lorsqu'il estoit question de connoistre les desseins de Dieu dans quelques entreprises extraordinaires; c'est pourquoy il écoutoit non seulement auec attention, mais aussi auec respect ce qui luy estoit proposé en telles occasions de la part des personnes qui faisoient profession de vertu. Ce fut dans cét esprit qu'il écouta vne proposition qui luy fut faite en l'année 1634, par Madame la Presidente Gouffault, dont la memoire est en benediction à cause de ses rares vertus, & particulierement pour son excellente cha-

rité. Cette Dame eſtant demeurée veuue à la fleur de ſon âge,
& pouuant prétendre à de grands Etabliſſemens dans le monde, comme ayant toutes les qualitez, & tous les dons de
nature & de fortune qui ſont ordinairement les plus eſtimez &
recherchez ; Elle renonça neanmoins de grand cœur à tous ces
auantages, & en fit vn ſacrifice à Iᴇsᴠs-Cʜʀɪsᴛ ; prenant
vne genereuſe reſolution de s'employer vniquement à ſon ſeruice, en la perſonne des Pauures, particulierement des Malades.
Elle alloit ſouuent les viſiter à l'Hoſtel-Dieu de Paris, & n'y
trouuant pas les choſes dans l'ordre qu'elle euſt bien deſiré, & tel
qu'il a eſté depuis étably ; elle eut recours à M. Vincent, le priant
d'étendre ſa Charité ſur ces Pauures, & d'auiſer aux moyens de
procurer quelque ſecours à ce grand Hôpital. Mais comme il ſe
conduiſoit en toutes choſes auec prudence & diſcretion, il ne
crût pas d'abord deuoir porter (comme l'on dit) la faux en la
moiſſon d'autruy, ny s'ingerer de faire aucune choſe dans vn
Hôpital qui auoit pour Directeurs & Adminiſtrateurs, tant au
ſpirituel qu'au temporel, des Perſonnes qu'il eſtimoit tres-ſages
& tres-capables d'y apporter les Reglemens neceſſaires. Cette
vertueuſe Dame, aprés auoir continué long-temps ſes ſollicitations enuers luy, voyant qu'elle ne pouuoit rien gagner ſur ſon
eſprit, & qu'il s'excuſoit toûjours de ſe méler de cette affaire, s'a-
dreſſa à feu M. l'Archeueſque de Paris ; lequel fit ſçauoir à M.
Vincent qu'il ſeroit fort content qu'il écoutaſt la propoſition de
cette Dame, qui eſtoit d'établir vne Aſſemblée de Dames, qui
prendroient quelque ſoin particulier des Malades de l'Hoſtel-
Dieu, & qu'il penſaſt aux moyens de faire cét Etabliſſement.

　M. Vincent ayant receu cét ordre, & reconnoiſſant la volonté
de Dieu par l'organe de ſon Prelat, prit reſolution d'y trauailler.
Pour cét effet il aſſembla quelques Dames, & leur en fit l'ouuerture auec des paroles ſi énergiques, qu'elles prirent auſſi-toſt reſolution de ſe donner à Dieu pour entreprendre cette bonne œu-
nre. Voicy les noms des premieres Dames qui l'ont commencée, qui ſe trouuent dans vne de ſes Lettres à Mademoiſelle le
Gras.

,, 　L'Aſſemblée ſe fit hier chez Madame Gouſſault, Meſdames
,, de Ville-Sauin, de Bailleul, Du-Mecq, Sainctot, & Poulaillon
,, s'y trouuerent : la propoſition fut agreée, & on reſolut de s'aſ-
,, ſembler encore Lundy prochain, & que cependant l'on offrira
,, l'affaire à Dieu, & que l'on communiera pour cela : & chacune

propofera la chofe aux Dames & Demoifelles de fa connoiſſance; «
Madame de Beaufort en fera : l'on aura befoin de vous & de vos «
filles ; l'on eftime qu'il en faudra quatre ; c'eft pourquoy il faut «
penfer au moyen d'en auoir de bonnes.   «

La feconde Affemblée fut plus nombreufe que la premiere,
Madame la Chanceliere s'y trouua, Madame Foucquet, Madame
de Trauerzay , & plufieurs autres Dames de vertu & de condition, qui s'affocierent aux premieres ; & toutes enfemble firent
élection de trois Officieres , c'eft à fçauoir d'vne Superieure,
d'vne Affiftante, & d'vne Treforiere ; Madame Gouffault fut la
premiere Superieure, & M. Vincent demeura le Directeur per-
petuel de cette Compagnie. L'odeur des vertus , & du bon
exemple de celles-là, en attira vn grand nombre d'autres, en
forte que plus de deux cens Dames s'y font enrollées, mefme de
la plus haute condition , comme Prefidentes, Comteffes, Mar-
quifes, Ducheffes & Princeffes, qui ont tenu à honneur de s'offrir à Dieu pour feruir fes Pauures, les reconnoiffant comme les
membres viuans de fon Fils Iesvs-Christ.

Par cette Compagnie M. Vincent commença dés la fufdite année 1634, de procurer vn feruice & vn fecours qui a efté tres-
auantageux à l'Hôtel-Dieu , & qui ayant duré toute fa vie, fe
continuë encore auec benediction aprés fa mort. Il confifte en
diuerfes affiftances corporelles & Spirituelles que les Dames rendent aux Pauures Malades, & que ce Pere des Pauures leur con-
feilla d'ajoûter aux anciens vfages de cét Hôpital, qui jufqu'alors
faute de foin, ou de moyens laiffoit manquer les Pauures de plufieurs chofes requifes pour leur foulagemẽt. Ils y eftoient alors
pour le moins mille ou douze cens d'ordinaire , & depuis ils ont
efté jufqu'au nombre de deux mille & dauantage ; c'eft vn flux &
vn reflux continuel de pauures Malades, qui entrent & qui for-
tent ; les vns y demeurent huit , ou quinze jours ; les autres vn
mois ou dauantage ; il y a des jours qu'on en reçoit 50 ou 60 ou
80, & quelquefois 100 ; & tous les ans il y en paffe du moins 20,
ou 25 mille , dont les vns gueriffent , les autres meurent : Et
pour les vns, & pour les autres il y a vne grande moiffon d'a-
mes à faire, & vne occafion fauorable de trauailler auec grand
fruit, tant pour les mettre en eftat de commencer vne bonne vie ,
par vne Confeffion generale , & par vne vraye conuerfion de leurs
mœurs ; que pour leur aider quand leur derniere heure eft venuë,
à finir leur vie par vne bonne mort.

R iij

M. Vincent n'eut pas peine d'aſſocier ces Dames, ny de les diſpoſer à trauailler pour les Pauures, mais bien de les mettre en
exercice dans l'Hoſtel-Dieu : Auſſi leur prédit-il, lors qu'il leur
repreſenta le merite & l'importance de cette entrepriſe, qu'elle
ne ſeroit pas ſans difficultez de la part de quelques perſonnes qui
pourroient leur eſtre contraires, dans la penſée que ces exercices.
de Charité feroient connoiſtre les defauts qui eſtoient alors dans
cét Hôpital : de ſorte qu'elles deuoient ſe repreſenter que s'il y
auoit de grands biens à faire, il y auoit auſſi beaucoup d'obſtacles
à ſurmonter, & par conſequent qu'il eſtoit neceſſaire de s'y preparer, & de bien prendre ſes meſures ; Surquoy il ne manqua pas
de leur donner tous les auis les plus conuenables touchant la maniere de s'y comporter : & de ſa part il jugea qu'il deuoit préuenir
M.M. les Superieurs ſpirituels & temporels de cét Hôpital, leur
donnant connoiſſance de la bonne intention de ces vertueuſes &
Charitables Dames, & de l'ordre qui auoit eſté donné par M.
l'Archeueſque, afin qu'ils agreaſſent l'aſſiſtance qu'elles auoient
deſſein de rendre aux Malades, comme ils l'agrécrent en effet.

Enfin aprés auoir nommé celles qui deuoient commencer cette charitable viſite des Pauures malades, & les autres qui les deuoient ſuiure ; il leur recommanda, comme il a encore fait depuis
en diuerſes occaſions. 1. D'inuoquer tous les jours en entrant dans
l'Hôtel-Dieu, l'aſſiſtance de Noſtre-Seigneur qui eſt le vray
Pere des pauures, par l'entremiſe de la tres-Sainte Vierge, & de
Saint Louïs Fondateur de cette Maiſon. 2. De ſe preſenter enſuite
aux Religieuſes qui ont le ſoin des Malades, s'offrant de les ſeruir
auec elles pour participer au merite de leurs bonnes œuures.
3. D'eſtimer & reſpecter les meſmes Religieuſes comme des Anges
viſibles, leur parlant auec douceur & humilité, & leur rendant
vne entiere déference. 4. S'il arriuoit que ces bonnes Filles ne
priſſent pas toûjours en bonne part leur bonne volonté, qu'elles
leur en fiſſent des excuſes, & tâchaſſent d'entrer dans leurs ſentimens, ſans jamais les contredire, ny les contriſter, ny vouloir
l'emporter ſur elles.

» 　 Nous prétendons, leur diſoit-il, de contribuer au ſalut & au
» ſoulagement des Pauures, & c'eſt choſe qui ne ſe peut ſans l'aide
» & l'agrément de ces bonnes Religieuſes qui les gouuernent ; Il
» eſt donc juſte de les préuenir d'honneur, comme leurs Meres,
» & les traiter comme les Epouſes de Noſtre-Seigneur & les Dames
» de la Maiſon : car c'eſt le propre de l'Eſprit de Dieu d'agir ſuaue-

uement, & c'eſt le moyen le plus aſſuré de reüſſir , que de l'i- «
miter en cette maniere d'agir. «

Voila quel eſtoit l'eſprit auec lequel M. Vincent entreprit cette Sainte Oeuure , & la prudente & ſage conduite ſous laquelle
ces vertueuſes Dames commencerent d'aller exercer leur Charité
enuers les pauures de l'Hôtel-Dieu ; où elles trouuerent vn facile
accez par cét abord amiable & reſpectueux enuers les Religieuſes, dont elles gagnerent incontinent les cœurs, par les ſeruices &
aſſiſtances qu'elles rendoient, non ſeulement aux Malades & Con-
ualeſcens , mais auſſi aux parens des meſmes Religieuſes, lors
qu'elles les en requeroient pour quelques affaires de famille : &
par ce moyen elles eurent toute liberté d'aller de Salle en Salle ,
& de lit en lit , conſoler les Pauures malades , leur parler de
Dieu , & les porter à faire vn bon vſage de leurs infirmitez.

Et pour ne point faire cette viſite des Malades les mains vuides, elles conuinrent auec M. Vincent qu'il eſtoit expedient ,
outre les paroles de conſolation & d'édification qu'on leur diſoit, de leur porter quelques douceurs par maniere de collation entre le diſner & le ſouper. A cet effet elles loüerent vne
Chambre prés l'Hôtel-Dieu, pour y preparer & garder les con-
fitures, fruits, baſſins, plats, linges, & autres vtenſiles conuenables.
Il fut auſſi reſolu d'y mettre des Filles de la Charité, pour acheter
& preparer toutes les choſes neceſſaires, & pour aider les Dames
à diſtribuer ces collations aux Malades. Monſieur Vincent eſtoit
abſent lorſque ces Filles y furent établies, & l'ayant ſçeu il en
écriuit à Mademoiſelle le Gras en ces termes : *Dieu vous beniſſe,*
Mademoiſelle , de ce que vous eſtes allée mettre vos Filles en faction à
l'Hôtel-Dieu , & de tout ce qui s'en eſt ſuiuy. Menagez voſtre ſanté ;
car vous voyez le beſoin qu'on a de vous. Mais parce que cette vertueuſe Demoiſelle qui eſtoit fort zelée pour le ſeruice de ces Pauures malades, craignoit toûjours de ne pas faire aſſez pour correſpondre aux deſſeins de Dieu, quoy qu'elle s'y employaſt autant qu'elle pouuoit ; M. Vincent dans vne autre Lettre luy dit
ces paroles dignes de Remarque : D'eſtre toûjours à l'Hoſtel- «
Dieu, il n'eſt pas expedient : mais d'y aller & venir, il eſt à pro- «
pos. Ne craignez pas de trop entreprendre, en faiſant le bien qui «
ſe preſente à vous : mais craignez le deſir d'en faire plus que vous «
ne faites, & que Dieu ne vous donne le moyen de faire. La pen- «
ſée d'aller au de-là me fait trembler de peur, parce qu'elle me «
ſemble vn crime aux Enfans de la Prouidence. Ie remercie «

„ Noftre-Seigneur de la grace qu'il fait à vos Filles, d'eftre fi gene-
„ reufes & fi bien difpofées à luy rendre feruice. Il y a fujet de croire
„ que fa bonté, comme vous dites, daigne fuppléer à ce qui leur
„ peut manquer de voftre part, vous trouuant neceffitée de va-
„ quer fouuent à d'autres chofes, qu'à celles qui regardent leur
„ conduite.

Les Dames ayant cette chambre & ces Filles, faifoient au
commencement preparer des boüillons au lait pour les Malades
aufquels ils eftoient propres, qui font pour l'ordinaire en affez
grand nombre, & leur en faifoient la diftribution tous les matins:
Aprés le difner fur les trois heures, elles portoient la Collation
pour tous, c'eft à fçauoir du pain blanc, du bifcuit, des confitu-
res, & de la gelée; des raifins & des cerifes en la faifon; & durant
l'hyuer, des citrons, des poires cuites,& des rofties au fucre: Quoy
que depuis elles en ayent retranché le pain, le bifcuit, & les citrons, pour n'en pouuoir foûtenir la dépenfe; comme auffi les
boüillons au lait, parce que Meffieurs les Adminiftrateurs en
ont fait donner. Elles alloient quatre ou cinq enfemble chaque
iour à leur tour diftribuer cette Collation, ceintes de tabliers, &
fe feparant par les Salles paffoient d'vn lit à vn autre, pour prefenter ces petites douceurs, & rendre ce feruice aux Pauures malades, ou plûtoft à Noftre-Seigneur en leur perfonne. Voila ce
qu'elles faifoient pour le foulagement de leurs corps.

Mais pour ce qui eft de l'affiftance fpirituelle de leurs Ames,
elle confiftoit à leur parler auec grande douceur, leur témoi-
gnant compaffion de leurs maux, les exhortant à les fouffrir auec
patience & auec fofimiffion à la volonté de Dieu. Et quant aux
femmes, & filles qu'elles trouuoient n'eftre pas fuffifamment in-
ftruites des chofes neceffaires à falut, elles leur enfeignoient fami-
lierement & par maniere d'entretien ce qu'elles eftoient obligées
de croire & de faire; puis elles les difpofoient à faire de bonnes
Confeffions generales, fi elles voyoient qu'elles en euffent befoin; & enfin elles tafchoient de les preparer à bien mourir fi
leurs maladies eftoient perilleufes; ou à prendre vne ferme refolution de bien viure, fi elles eftoient en efperance de recouurer
leur fanté.

Pour leur faciliter cet exercice de Charité, M. Vincent fit
imprimer vn petit Liuret qui contenoit les Points principaux,
defquels il eftoit plus neceffaire d'inftruire les Pauures malades; & recommanda particulierement quatre chofes aux
Dames,

Dames lors qu'elles iroient leur rendre cét office de Charité.

1. de tenir ce Liure en leurs mains lors qu'elles parleroient à ces Pauures, afin qu'il ne femblaft pas qu'elles vouluffent leur faire des Predications, ny auffi leur parler d'elles-mefmes ; mais feulement felon ce qui eftoit contenu & qu'elles apprenoient dans ce Liure.

2. De s'habiller le plus fimplement qu'elles pourroient aux iours qu'elles iroient à l'Hôtel-Dieu, afin de paroître finon pauures auec les pauures, au moins fort éloignées de la vanité & du luxe des habits, pour ne pas faire peine à ces Pauures infirmes, lefquels voyant les excez, & fuperfluitez des perfonnes riches, fe contriftent ordinairement dauantage de ce qu'ils n'ont pas pour eux les chofes mefmes qui leur font neceffaires.

3. De fe comporter enuers les Pauures malades auec grande humilité, douceur, & affabilité ; leur parlant d'vne maniere familiere & cordiale, pour les gagner plus facilement à Dieu. Enfin il leur marqua de quelle façon elles deuoient leur parler de la Confeffion generale ; & quoy que ce fuft en termes fort fimples & populaires, le pieux Lecteur aura confolation en les lifant icy, d'y voir vne expreffion naïue de la Charité, dont le cœur de ce Pere des Pauures eftoit remply. Voicy comme il conuioit ces vertueufes Dames de parler aux Pauures femmes & filles malades, pour les difpofer & inftruire à faire vne Confeffion generale.

Ma bonne Sœur, y a-t-il long-temps que vous ne vous eftes « point confeffée ? N'auriez-vous point la deuotion de faire vne « Confeffion generale, fi l'on vous difoit comme il la faut faire? On « m'a dit à moy qu'il eftoit important pour mon falut d'en faire vne « bonne auant que de mourir, tant pour reparer les defauts des « Confeffions ordinaires que i'ay peut-eftre mal faites ; que pour « conceuoir vn plus grand regret de mes pechez, en me reprefen- « tant les plus griefs que i'ay commis en toute ma vie, & la grande « mifericorde auec laquelle Dieu m'a fupportée, ne m'ayant pas « condamnée ny enuoyée au feu d'Enfer lorfque ie l'ay merité, « mais m'ayant attenduë à penitence pour me les pardonner & « pour me donner enfin le Paradis, fi ie me conuertiffois à luy de « tout mon cœur, comme i'ay vn bon defir de faire auec le fecours « de fa grace. Or vous pouuez auoir les mefmes raifons que moy de « faire cette Confeffion generale, & de vous donner à Dieu pour « bien viure à l'auenir. Et fi vous voulez fçauoir ce que vous auez « à faire pour vous reffouuenir de vos pechez, & enfuite pour vous «

» bien confeſſer, on m'a appris à moy-meſme à m'examiner com-
» me ie vay vous le dire, &c. On m'a auſſi appris comment il falloit
» former en mon cœur vne vraie contrition de mes pechez, & à en
» faire les actes en cette maniere, &c. On m'a auſſi enſeigné à faire
» des actes de foy, d'eſperance, d'amour de Dieu en cette ma-
» niere, &c.

Voila comment ces Vertueuſes & Charitables Dames par l'a-
uis de ce Sage Directeur de leur Aſſemblée, ſe comportoient
enuers ces Pauures malades, pour les inſtruire, & pour les preparer à faire vne bonne Confeſſion ; ce qu'elles faiſoient non ſeulement auec ſuccez & benediction, mais auſſi d'vne telle maniere,
que perſonne n'y pouuoit trouuer à redire, mais plus-toſt en tirer
de l'edification, & profiter de leurs bons exemples.

Enuiron deux ans aprés le premier Eſtabliſſement de cette
Compagnie, M. Vincent jugea qu'il eſtoit expedient de deputer
vn certain nombre de Dames de trois mois en trois mois, qui
ſ'appliqueroient particulierement à l'inſtruction & conſolation
ſpirituelle des Pauures malades, pendant que les autres vaque-
roient à leur donner quelque ſoulagement corporel ; l'experience
ayant fait connoiſtre qu'il eſtoit difficile que celles qui trauailloient à l'vn, pûſſent auſſi ſ'employer à l'autre ; outre qu'on pourroit par ce moyen, choiſir & deputer celles qui ſeroient trouuées
les plus propres pour l'exercice de ces œuures de Miſericorde ſpirituelles, les vnes n'y ayant pas ſi grande aptitude que les autres.
Elles ſ'aſſemblerent donc toutes à cet effet, & la Compagnie
ayant approuué la propoſition qui en fut faite, on prit reſolution
de l'executer, & on en deputa quatorze pour trauailler pendant
trois mois à ce Saint employ. Dés le lendemain celles qui auoient
eſté ainſi députées, furent ſuiuant l'auis de M. Vincent prendre
la benediction de celuy ou de ceux d'entre MM. les Chanoines de Noſtre-Dame qui exerçoient la charge de Superieurs de
l'Hôtel-Dieu, & enſuite elles commencerent à aller deux chaque jour de la ſemaine les vnes aprés les autres viſiter, conſoler,
& inſtruire les Malades. De trois mois en trois mois aux quatre
téps de l'année on en éliſoit d'autres qui faiſoient le meſme : & M.
Vincent aſſembloit tant celles qui ſortoient de Charge que les
autres qui y entroient, auec les Officieres de la Compagnie, dans
leur Chambre prés de l'Hôtel-Dieu ; & là celles qui ſortoient de
Charge rapportoient de quelle façon elles y auoient procedé, &
les fruits que Dieu en auoit fait reüſſir ; afin que ce qu'elles

auoient bien fait, feruist de regle aux autres qui leur fuccedoient, & leurs bons fuccez d'encouragement pour s'employer auec plus d'affection au mefme Exercice. Monfieur Vincent appuyoit de fes auis quand il le jugeoit neceffaire, les chofes qu'il falloit fuiure, & faifoit prendre garde à celles qui eftoient à éuiter, leur recommandant toûjours de fe comporter enuers les Religieufes & les Pauures, de la maniere qui a efté dite cy-deuant.

Quand les Pauures malades eftoient fuffifamment inftruits & difpofez à faire leurs Confeffions generales, les Dames prenoient au commencement le foin de faire prier quelques Religieux de les aller entendre : mais quelques difficultez eftant furuenuës qui les empefcherent de continuer, elles y employerent auec l'approbation & permiffion des Superieurs, deux Preftres en leur donnant quelque honnefte retribution, l'vn defquels fçauoit parler plufieurs langues pour la commodité des Pauures malades étrangers. Et comme ces deux n'y pûrent fuffire, & que d'ailleurs le nombre des Malades augmentant les Dames fe trouuoient furchargées de l'inftruction; outre que la bien-feance ne leur permettoit pas de vaquer à celle des hommes, pour leur apprendre à bien faire leurs Confeffions generales : Elles conuinrent auec MM. les Superieurs, de mettre fix Preftres à l'Hôtel-Dieu pour inftruire les hommes, & pour entendre les Confeffions tant des hommes que des femmes; afin de fuppléer par ce moyen au défaut des autres Preftres habituez au mefme lieu, lefquels eftant attachez au Chœur pour les Diuins Offices, ne pouuoient pas f'appliquer au foin des Malades. Ces fix Preftres ne deuoient f'employer qu'à l'affiftance fpirituelle de ces Pauures malades, & pour cela ils n'eftoient point du tout obligez d'affifter aux Offices; & auant qu'entrer à l'Hôtel-Dieu ils deuoient faire vne Retraite en la Maifon de Saint Lazare où demeuroit M. Vincent, & la renouueller en la mefme Maifon tous les ans, pour fe bien difpofer aux offices de Charité qu'ils exerçoient. Les Dames leur donnoient quarante efcus à chacun, & outre cela ils auoient tous les jours leurs Meffes en l'Eglife de Noftre-Dame, & eftoient logez & nourris à l'Hôtel-Dieu.

Or pour connoiftre les grands biens que cette Compagnie des Dames a produits, pour le falut & pour la fanctification des Pauures malades de l'Hoftel-Dieu; il faut remarquer qu'auant qu'elle fuft établie, c'eftoit la coûtume de faire confeffer les Malades en entrant, lefquels pour l'ordinaire n'ayant point efté inftruits, ny difpofez, & eftant dans le trouble & dans la douleur que leur caufoit leur mal, faifoient fouuent des Confeffions nulles & facrileges : d'ailleurs il fe trouuoit parmy ces Malades affez frequemment des Heretiques, qui n'ofant pas dire quelle eftoit leur Religion de peur d'eftre renuoyez, faifoient femblant de fe confeffer comme les autres, & de la forte il f'y commettoit de tres-grands abus, & ne f'y faifoit que tres-peu de vraies conuerfions. On ne leur parloit iamais de Confeffion Generale, ny mefme de faire vne autre Confeffion finon aux approches de la mort, lorfqu'ils eftoient autant ou plus incapables de fe bien confeffer que la premiere fois. C'eft à tous ces befoins & à tous ces abus qu'il a plû à Dieu de pouruoir par l'établiffement de cette Compagnie des Dames ; lefquelles par leurs Emplois charitables, & par leur zele foûtenu & affifté de la prudente conduite de M. Vincent, ont non feulement remedié à ces maux, mais auffi procuré de tres-grands biens pour la fanctification & pour le falut de ces Pauures Malades. C'eft Dieu feul qui connoift tous les bons effets que cette Affiftance a produits auec le fecours de fa grace : C'eft luy qui fçait le nombre de ceux qui ont efté mis en eftat de bien mourir, ou de commencer vne bonne vie. On peut neanmoins dire qu'il ne peut auoir efté que tres-grand, quant à la conuerfion des mœurs, f'il eft permis d'en iuger par la comparaifon des conuerfions qui regardoient la Religion : Car dés la premiere année feulement, fans parler des autres fuiuantes, la benediction de Dieu fut fi abondante fur cette Sainte Oeuure, qu'il y eut plus de fept cens foixante perfonnes déuoyées de la vraie Foy, tant Lutheriens, Caluiniftes, que Turcs, dont plufieurs auoient efté bleffez & pris fur Mer, enfuite menez à Paris, & enuoyez à l'Hoftel-Dieu, qui fe conuertirent & embrafferent la Religion Catholique. Et cette grace extraordinaire que Dieu répandoit fur les emplois & les foins charitables de ces Dames mit l'Hôtel-Dieu en telle eftime, qu'vne honnefte Bourgeoife de Paris eftant malade, demanda d'y eftre receuë en payant fa dépenfe & bien au de-là, pour y eftre fecouruë & affiftée fpecialement comme les Pauures : ce qui luy fut accordé.

M. Vincent a eü la confolation de voir tous ces grands biens qui eftoient comme les fruits de fes mains, & de fes charitables entremifes, que Dieu luy a fait goûter pendant fa vie, durant plus de vingt-cinq ans, lefquels continuënt encore aprés fa mort, auec la mefme benediction. Il inuita vn iour les Dames en leur Affemblée à la reconnoiſſance qu'elles deuoient rendre à Dieu de ce qu'il auoit daigné les choiſir & ſe ſeruir d'elles pour operer de ſi grands biens. O Meſdames, leur dit-il, que vous deuez bien ren- « dre graces à Dieu de l'attention qu'il vous a fait faire aux beſoins « corporels de ces Pauures ! Car l'aſſiſtance de leurs corps a pro- « duit cét effet de la grace, de vous faire penſer à leur ſalut, en vn « temps ſi opportun, que la pluſpart n'en ont iamais d'autre pour « ſe bien preparer à la mort. Et ceux qui releuent de maladie ne « penſeroient gueres à changer de vie, ſans les bonnes diſpoſitions « où l'on taſche de les mettre. «

CHAPITRE XXX.

Etabliſſement d'vn Hôpital pour les Enfans-Trouuez.

LEs Peintres voulant repreſenter la Charité ſous quelque fi- gure ſenſible, la dépeignent ordinairement auec pluſieurs mammelles, & vn nombre de petits enfans qu'elle tient entre ſes bras & ſur ſon ſein. Si on vouloit faire vn Embléme de la Charité de M. Vincent, il ne faudroit point ſe ſeruir d'autre pein- ture que de celle-là, qui viendroit auſſi fort à propos au ſujet dont nous allons parler en ce Chapitre. Nous y verrons ce Saint hom- me comme le Pere Nourriſſier d'vn tres-grand nombre de Pau- ures petits Enfans délaiſſez, auſquels on peut dire qu'il a donné & conſerué la vie, leur procurant au lieu de leurs Maraſtres qui les auoient ſi inhumainement expoſez & abandonnez, autant de Meres tres - charitables, qu'il a excité & porté de Dames ver- tueuſes à prendre ſoin de pouruoir à leur nourriture, & à leurs autres neceſſitez. Voicy de quelle façon & par quelle occaſion cette entrepriſe vraiment Chrétienne a commencé.

La ville de Paris eſtant d'vne étenduë exceſſiue, & le nombre de ſes habitans preſque innombrable; Il ſe trouue beaucoup de dereglemens en la vie de quelques perſonnes particulieres, auſ- quels il n'eſt pas poſſible d'apporter vn tel remede, qu'il ne reſte toûjours pluſieurs deſordres; entre leſquels vn des plus pernicieux eſt l'expoſition & l'abandon des Enfans nouuellement nés, deſ- quels ſouuent on met non ſeulement la vie, mais auſſi le ſalut en peril; les Meres dénaturées, ou autres qui exercent cette inhu- manité enuers ces petites creatures innocentes, ne ſe ſouciant guere de leur procurer le Bapteſme pour les mettre en eſtat de ſalut.

On a remarqué qu'il ne se passe aucune année, qu'il ne s'en trouue au moins trois ou quatre cens exposez, tant en la Ville qu'aux Faux-bourgs ; & selon l'ordre de la Police, il appartient à l'Office des Commissaires du Chastelet de leuer ces Enfans ainsi exposez, & de faire des Procés Verbaux, du lieu & de l'estat où ils les ont trouuez.

Ils les faisoient porter cy-deuant en vne maison qu'on appelloit de la Couche en la ruë S. Landry, où ils estoient receus par vne certaine Veuue qui y demeuroit auec vne ou deux seruantes, & se chargeoit du soin de leur nourriture : mais ne pouuant suffire pour vn si grand nombre, ny entretenir des Nourrices pour les allaiter, ny nourrir & éleuer ceux qui estoient sevrez, faute d'vn reuenu suffisant ; la pluspart de ces pauures Enfans mouroient de langueur en cette Maison, où mesme les seruantes pour se déliurer de l'importunité de leurs cris, leur faisoient prendre vne drogue pour les endormir, qui causoit la mort à plusieurs : Ceux qui échappoient ce danger, estoient ou donnez à qui les venoit demander, ou vendus à si vil prix, qu'il y en a eü pour lesquels on n'a payé que vingt sols : on les achetoit ainsi, quelquefois pour leur faire tetter des femmes gastées, dont le lait corrompu les faisoit mourir ; d'autrefois pour seruir aux mauuais desseins de quelques personnes qui supposoient des enfans dans les familles, d'où arriuoient d'étranges desordres. Et on a sceu qu'on en auoit acheté (ce qui fait horreur) pour seruir à des operations magiques & diaboliques ; de sorte qu'il sembloit que ces pauures Innocens fussent tous condamnez à la mort, ou à quelque chose de pire, n'y en ayant pas vn seul qui échappast ce mal-heur, parce qu'il n'y auoit personne qui prist soin de leur conseruation ; Et ce qui est encore plus déplorable, plusieurs mouroient sans Baptesme ; cette Veuue ayant auoüé qu'elle n'en auoit iamais baptisé, ny fait baptiser aucun.

Ce desordre si étrange dans vne Ville si riche, si bien policée, & si Chrétienne, qu'est celle de Paris, toucha sensiblement le cœur de M. Vincent lorsqu'il en eut connoissance ; mais ne sçachant comment y pouruoir, il en parla à quelques-vnes des Dames de la Charité, & les conuia d'aller quelquefois dans cette Maison, non tant pour découurir le mal qui estoit assez connu, que pour voir s'il n'y auroit point quelque moyen d'y remedier. Ce qu'ayant fait, elles furent excitées à vn tres-grand sentiment de compassion enuers ces pauures petits Innocens, qui estoient à la verité bien plus à plaindre que ceux qu'Herodes fit maſſacrer; & ne pouuant ſe charger de tous, elles eurent la penſée d'en prendre quelques-vns pour leur ſauuer la vie. Elles ſe reſolurent d'abord d'en nourrir douze ; & pour honorer la Prouidence Diuine, ne ſçachant pas ſes deſſeins ſur ces petites creatures, elles les tirerent au ſort. Ils furent mis dans vne maiſon de loüage hors la porte S. Victor en l'année 1638, ſous le ſoin de Mademoiſelle le Gras, & de quelques Filles de la Charité que M. Vincent y enuoya. On eſſaya au commencement de les faire ſubſiſter auec du lait de Chevres ou de Vaches, & depuis on leur donna des Nourrices.

Ces vertueuſes Dames en retiroient encore d'autres de temps en temps, ſelon la deuotion & les moyens qu'elles en auoient, & toûjours au ſort, comme les premiers. Elles ſe ſentoient meſme fort preſſées par les élans de leur charité, & de la compaſſion qu'elles auoient de ceux qui reſtoient dans l'abandon, de ſe charger de tout le reſte, & d'entreprendre leur nourriture & éducation : mais comme cette charge & cette entrepriſe eſtoit au deſſus de leurs forces, l'impoſſibilité d'y ſatisfaire les obligeoit de retenir ces bons mouuemens dans leur cœur, ſans paſſer à l'effet.

Enfin aprés auoir beaucoup prié Dieu, & concerté ſouuent enſemble ſur ce ſujet, elles tinrent vne Aſſemblée generale au comencement de l'année 1640, dans laquelle M. Vincent leur repreſenta auec des paroles animées de ſon zele, l'importance & la neceſſité de cette bonne œuure, & le grand ſeruice qu'on y pouuoit rendre à Dieu, en pratiquant excellemment vne vertu qui luy eſt ſi agreable ; elles prirent vne genereuſe reſolution d'embraſſer le ſoin de la nourriture & de l'éducation de ces petits Enfans. Pour ne s'engager toutefois inconſidérément en vne telle entrepriſe ; ſuiuant l'Auis de ce ſage Directeur, elles ne le firent que par maniere d'eſſay, ſans deſſein de s'en charger par aucune ſorte d'obligation, veu que pour-lors il n'y auoit que 12 ou 14 cens liures par an de reuenu aſſuré. Mais quoy-que depuis, le Roy leur ait aſſigné douze mille liures par aumône ſur les cinq groſſes Fermes, M. Vincent ayant pour cela ſollicité la pieté de la Reine Mere ; Neanmoins comme la dépenſe alloit tous les ans à prés de quarante mille liures, les Dames ſe ſont trouuées de temps en temps fort en peine de ſoûtenir vne ſi grande charge, & dans l'apprehenſion de ſuccomber ſous le faix d'vne telle entre-

prife. Cela obligea M. Vincent de faire vne autre Affemblée generale enuiron l'an 1648, où il mit en déliberation fi la Compagnie deuoit ceffer, ou bien continuër à prendre foin de la nourriture de ces Enfans, eftant en fa liberté de s'en décharger, puisqu'elle n'auoit point d'autre obligation à cette bonne œuure que
celle d'vne fimple charité. Il leur propofa les raifons qui pouuoient les diffuader, ou perfuader ; il leur fit voir que iufqu'alors
par leurs charitables foins, elles en auoient fait viure iufqu'à cinq
ou fix cens, qui fuffent morts fans leur affiftance, dont plufieurs
apprenoient métier, & d'autres eftoient en eftat d'en apprendre;
que par leur moyen tous ces pauures Enfans en apprenant à parler auoient appris à connoiftre & à feruir Dieu ; que de ces commencemens elles pouuoient inferer quel feroit à l'auenir le fruit
de leur Charité. Et puis éleuant vn peu fa voix, il conclud auec
» ces paroles : Or-fus, Mefdames, la compaffion & la charité vous
» a fait adopter ces petites creatures pour vos Enfans ; vous auez
» efté leurs meres felon la grace, depuis que leurs meres felon la
» nature les ont abandonnez ; Voyez maintenant fi vous voulez
» auffi les abandonner. Ceffez d'eftre leurs Meres, pour deuenir à
» prefent leurs Iuges, leur vie & leur mort font entre vos mains ; ie
» m'en vais prendre les voix & les fuffrages : il eft temps de pronon-
» cer leur Arreft, & de fçauoir fi vous ne voulez plus auoir de mife-
» ricorde pour eux. Ils viuront fi vous continuez d'en prendre vn
» charitable foin ; & au contraire ils mourront & periront infailli-
» blement fi vous les abandonnez : l'experience ne vous permet pas
» d'en douter. Monfieur Vincent ayant prononcé ces paroles auec
vn ton de voix qui faifoit affez connoiftre quel eftoit fon fentiment, ces Dames en furent fi fort touchées, que toutes vnanime-
ment conclurent qu'il falloit foûtenir à quelque prix que ce fuft,
cette entreprife de Charité, & pour cela elles déliberérent entr'elles des moyens de la faire fubfifter.

Ce fut enfuite de cette refolution qu'elles obtinrent du Roy
les bâtimens du Château de Biffeftre, où elles ont logé pendant
quelque-temps ces Enfans, aprés qu'ils eftoient fevrez ; mais outre
que l'air y eftoit trop fubtil pour ces petites creatures, il y auoit
encore d'autres incommoditez qui obligerent les Dames de les
faire ramener à Paris, & de prendre à loüage vne grande maifon
au bout du Faux-bourg de Saint Lazare, où ils font encore pre-
fentement nourris & éleuez par dix ou douze Filles de la Charité.
On entretient plufieurs Nourriffes dans cet Hôpital, pour
donner

donner du lait aux Enfans nouuellement apportez, en attendant que d'autres Nourrisses des champs les viennent prendre, ausquelles on paye par mois le salaire dont on conuient auec elles. Lorsque les Enfans sont sevrez, elles les rapportent au mesme Hôpital, où ces bonnes Filles de la Charité prennent soin d'eux, & en leur apprenant à parler, leur apprennent à prier Dieu, à le bien connoistre, à l'aimer & à le seruir : & quand ils auancent vn peu en âge, elles les occupent à faire quelque petit ouurage pour éuiter l'oisiueté, en attendant que la Prouidence de Dieu fasse naistre quelque occasion pour les pouruoir, & mettre en estat de subsister par leur trauail & industrie.

Voila quels ont esté les fruits de cette sainte Oeuure qui s'est continuée auec grande benediction depuis plus de vingt-cinq ans, par la sage conduire de M. Vincent, & par les soins & les bien-faits de ces Vertueuses Dames ; dont la Charité a esté si auantageuse & si fauorable à ces Enfans, qu'on peut dire qu'ils sont plus heureux dans l'abandon où ils ont esté exposez, que s'ils auoient esté nourris & éleuez parmy leurs parens, que l'on peut présumer estre ou tres-pauures ou tres-vicieux ; en sorte que Dieu semble auoir voulu verifier par le mouuement de sa grace, qui est le premier principe de cette charitable entreprise, ce qu'il a dit autrefois par vn Prophete : Que s'il se trouuoit des Meres si dénaturées, que de mettre en oubly & à l'abandon leurs propres Enfans, sa Prouidence paternelle en prendroit le soin, leur suscitant & donnant d'autres Meres bien meilleures, qui auroient l'affection, & qui prendroient le soin de suppléer abondamment au defaut des autres.

CHAPITRE XXXI.

Etablissement de plusieurs Seminaires d'Ecclesiastiques.

LES grandes riuieres vont toûjours continuant leur cours vers l'Ocean, en augmentant & grossissant leurs eaux, par la décharge de plusieurs fleuues & ruisseaux qu'elles reçoiuent dans leur sein : Ainsi la Charité de M. Vincent en se portant toûjours plus parfaitement vers Dieu, prenoit tous les iours de nouueaux accroissemens, aussi-bien exterieurement qu'interieurement; non pas tant à la verité en receuant du secours des autres, qu'en se communiquant & répandant de plus en plus au dehors, selon les occasions que la Prouidence diuine luy presentoit.

Nous auons veu dans quelques-vns des Chapitres precedens le zéle de M. Vincent, & les soins qu'il a pris pour faire reuiure le premier esprit Ecclesiastique dans le Clergé ; c'est pour cela qu'il s'employa à procurer les Exercices des Ordinans, les Conferences, & les Retraites des Personnes Ecclesiastiques: Or comme ces moyens, quoy-que tres-excellens & tres-propres, ne produisoient pas encore tout le fruit que sa Charité souhaittoit, il iugea qu'il falloit porter le remede iusques dans la premiere source de la Clericature, c'est à dire de preparer & disposer de longue-main les Enfans, qui témoignoient auoir quelque inclination & vocation pour cét estat, par le moyen des Seminaires selon l'intention du Saint Concile de Trente.

C'est la raison pour laquelle, aprés qu'il se fut retiré en la Maison de S. Lazare enuiron l'an 1636, il destina le College des Bons-Enfans pour seruir de Seminaire, dans lequel on éleueroit des jeunes Clercs aux Lettres & aux bonnes Mœurs, pour les rendre capables & dignes de l'estat auquel ils aspiroient. Neanmoins ayant reconnu depuis que les fruits de ces Seminaires de jeunes Clercs estoient vn peu tardifs, à cause du long-temps qui se passoit auant qu'ils fussent en âge & en disposition de receuoir les Saints Ordres : & d'ailleurs voyant le grand besoin que l'Eglise auoit qu'on formast de bons Prestres, qui fussent propres pour estre bientost employez aux fonctions Ecclesiastiques ; Son zéle luy faisoit souhaiter qu'il plûst à Dieu de pouruoir à cette necessité, par l'établissement de plusieurs Seminaires pour ceux qui auoient receu les Ordres sacrez, ou qui seroient en volonté de les receuoir, afin qu'ils y prissent l'esprit Ecclesiastique, & se formassent aux fonctions de leur estat : mais comme son humilité ne luy permettoit pas de s'ingerer de luy-mesme en cette sainte entreprise, la Diuine Prouidence qui l'auoit fait connoistre à M. le Cardinal de Richelieu, lequel témoignoit estre fort aise de le voir de temps en temps, & mesme de le consulter quelquefois sur les moyens de procurer la gloire de Dieu dans le Clergé, luy donna occasion de declarer vn iour à ce bon Seigneur les sentimens qu'il auoit sur ce sujet. Il luy dit donc qu'aprés les Exercices des Ordinans, & l'vsage des Conferences spirituelles entre les Ecclesiastiques, qui se pratiquoient desja en plusieurs lieux, il sembloit qu'il ne restoit plus rien à desirer, sinon l'établissement des Seminaires dans les Dioceses, non tant pour les jeunes Clercs, dont les fruits estoient vn peu tardifs, que pour ceux qui estoient desja entrez, ou en disposition prochaine d'entrer dans les Saints Ordres; afin d'y estre exercez pendant vn ou deux ans, à la Vertu, à l'Oraison, au Seruice Diuin, aux Ceremonies, au Chant, à l'administration des Sacremens, au Catechisme, à la Predication, & aux autres fonctions Ecclesiastiques; comme aussi pour y apprendre les Cas de Conscience, & les autres parties plus necessaires de la Theologie; En vn mot pour estre rendus capables non seulement de trauailler à leur perfection particuliere, mais aussi de conduire les Ames dans les voyes de la Iustice & du salut; Que faute de cela on voyoit fort peu de Prestres qui eussent les qualitez necessaires pour seruir & édifier l'Eglise;& au contraire qu'il y en auoit grand nombre de vicieux, d'ignorans, & de scandaleux qui seruoient de pierre d'achopement aux peuples.

M. le Cardinal l'ayant écouté auec satisfaction, témoigna qu'il goustoit fort cette proposition, & l'exhorta efficacement d'entreprendre luy-mesme vn tel Seminaire : Et pour luy donner moyen de le commencer, il luy enuoya mille écus qui furent employez à l'entretien des premiers Ecclesiastiques que M. Vincent receut au College des Bons-Enfans au mois de Fevrier de l'année 1642. Il les fit nourrir & instruire l'espace de deux ans, pour les rendre capables de tout ce qui appartenoit à leur condition : Et plusieurs autres se presenterent depuis, qui offrirent de payer leur pension, pour estre éleuez de mesme à la pieté & à la science. C'est ainsi que le Seminaire des Bons-Enfans commença sous la sage conduite de M. Vincent, auec la permission & l'agrément de feu M. l'Archeuesque de Paris. Ce bon Prelat auoit desja permis aux Prestres de la Communauté de S. Nicolas du Chardonnet d'en commencer vn autre, sur lequel Dieu versoit beaucoup de benediction, par les soins de ces Messieurs, & particulierement par le zéle incomparable de M. Bourdoise, à qui N. S. auoit donné l'esprit Clerical en abondance dés sa jeunesse,& vne ardeur incroyable pour le communiquer aux autres.

Quelques années aprés l'Etablissement de ce nouueau Seminaire au College des Bons-Enfans, le nombre des Ecclesiastiques s'y estant beaucoup accrû, & le logement qui est assez resserré ne pouuant contenir tant de Personnes sans incommodité; M. Vincent en retira les jeunes Clercs qui étudioient aux Humanitez, & les transfera dans vne Maison, qui est au bout de l'enclos de S. Lazare hors les Faux-bourgs, qu'il nomma le Seminaire de

S. Charles; où les Preſtres de ſa Congregation ont toûjours depuis continué, & continuënt encore maintenant d'inſtruire aux
Humanitez, & d'éleuer à la vertu les jeunes Enfans qui témoi-
gnent auoir quelque inclination d'embraſſer l'Eſtat Ecclesia-
ſtique.

Depuis ce temps-là, les Prelats de ce Royaume conſiderant la
neceſſité qu'il y auoit d'établir de ſemblables Seminaires pour les
perſonnes Eccleſiaſtiques, en ont pour la pluſpart érigé dans leurs
Dioceſes; & pluſieurs d'entr'eux en ont confié la conduite aux
Preſtres de la Congregation de la Miſſion, comme à Caors,
Saintes, S. Malo, Treguier, Agen, Montauban, Agde, Troyes,
Amiens, Noyon, & en pluſieurs autres lieux, non ſeulement de la
France, mais auſſi de l'Italie, & des autres Prouinces étrangeres. En quoy l'on a remarqué, que comme le fruit des Miſſions
faites par M. Vincent & par ceux de ſa Congregation, a excité
pluſieurs autres Vertueux Eccleſiaſtiques de ſ'adonner au meſme
exercice des Miſſions : Ainſi depuis qu'il ſe fut appliqué à l'employ des Seminaires, & que l'experience en eut fait voir plus
clairement la neceſſité, l'vtilité & la facilité; ils ont eſté établis
en pluſieurs Dioceſes du Royaume; ce qui a beaucoup contribué au bien de tout le Clergé de France, qui commence par la
miſericorde de Dieu à reprendre ſa premiere ſplendeur, laquelle
ſembloit auoir eſté vn peu ternie dans les ſiecles paſſez.

CHAPITRE XXXII.

Quelques ſeruices rendus par M. Vincent à feu Monſieur le
Commandeur de Sillery, & à l'Ordre de S. Iean de Hieru-
ſalem, communément dit des Cheualiers de Malte.

FEv Meſſire Noël de Bruſlard de Sillery, Commandeur du
Temple de Troyes de l'ordre de S. Iean de Hieruſalem, aprés
auoir eſté enuoyé en diuerſes Ambaſſades en Italie, en Eſpagne,
& en d'autres Prouinces étrangeres; & eſté employé en pluſieurs
importantes affaires pour le ſeruice du Roy, dont il ſ'eſtoit toûjours acquitté auec honneur, & auec vne entiere ſatisfaction de
ſa Majeſté; fut enfin particulierement touché de Dieu, de ſe
donner plus parfaitement à luy, & en ſe ſeparant de toutes les
diſtractions de la Cour, & de tous les embarras du ſiecle, vaquer

ecc vne attention plus particuliere aux affaires qui concer-
oient le feruice de Dieu, & la fanctification & perfection de
n Ame. Il auoit eü connoiffance de M. Vincent, & conceu
ne haute eftime de fa vertu, dés le temps qu'il eftoit engagé
ans le grand monde ; ce qui le fit refoudre de luy communiquer
n deffein, & le prier de l'affifter de fes confeils pour le mettre
n execution : à quoy il apporta de fon cofté vne fi bonne difpo-
tion, & témoigna vne fi grande docilité à fuiure, & mefme à
réuenir quelquefois les falutaires auis de ce fage Directeur,
u'en peu de temps on vit des changemens tres-notables en fa
erfonne, & en toute fa conduite.

Et premierement reconnoiffant la vanité du luxe, & des gran-
es dépenfes du monde, il quitta fon Hoftel de Sillery, auec tous
- fomptueux & magnifiques appartemens, dont il f'eftoit feruy
our foûtenir auec honneur, comme il eftimoit deuoir faire, les
randes Charges aufquelles il auoit efté employé. Il congedia
plus grande partie de fon train, récompenfant fes feruiteurs à
roportion du feruice qu'ils luy auoient rendu. Il vendit tous fes
lus riches & precieux meubles, & diftribua de grandes & nota-
les fommes en diuerfes œuures de Charité. Aprés cela il fut in-
iré de fe confacrer encore plus particulierement à Dieu dans
 Saint Ordre de Preftrife : Surquoy ayant pris l'auis de M. Vin-
ent, il fe difpofa à ce grand Sacrement, par les pratiques de pieté
s plus conuenables ; & l'ayant receu il commença de mener
ne vie digne de la fainteté de ce Caractere, s'exerçant en toute
rte de vertus. Et pour s'y affermir dauantage, il voulut fe lier
ncore plus étroitement à M. Vincent dans ce nouuel eftat, pre-
ant vne nouuelle refolution de fuiure entierement fes confeils,
 fe conduire en toutes chofes par fa Direction. Voicy comme
 luy parle en l'vne de fes Lettres.

M. mon Reuerend & tres-cher Pere. Ie ne doute point que «
onnoiffant comme vous faites le cœur de voftre chétif Fils, »
ous n'ayez voulu par voftre tant aimable & fi cordiale Lettre, «
 remplir de tant de douceurs de voftre exuberante bonté ; «
u'encore qu'en matiere de cordialité, il ne cede à perfonne, «
ous l'obligez neanmoins à vous rendre les armes, & à vous re- «
onnoître, ainfi qu'il fait tres-volontiers en cela & en tout, pour «
on Maiftre & fon Superieur. Et de vray, il faudroit eftre bien «
ude & bien agrefte, pour ne pas fondre tout en dilection pour «
ne charité fi amoureufement exercée, par vn fi digne & fi de- «

» bonnaire Pere , enuers vn Fils qui ne luy fert qu'à luy donner de
» la peine. Mais il n'y a remede, ie reçois humblement & volon-
» tiers la confufion de toutes les pauuretez & foibleffes que vous
» fuportés en moy , aprés vous en auoir, en toute reuerence &
» foûmiffion , requis pardon. Ie vous promets bien , mon tres-cher
» Pere, que c'eft à bon efcient que i'ay bonne enuie moyennant la
» grace de Noftre-Seigneur de m'en amender. Ouy certes , mon
» vnique Pere, il m'eft auis que ie ne me fuis jamais fenty touché
» pour ce regard jufques au point que ie me trouue. O que fi nous
» pouuons & venons à trauailler efficacement à vn bon amende-
» ment , de tant de miferes dont Voftre Reuerence fçait que ie fuis
» remply & enuironné de tous coftez , ie fuis affuré qu'elle en re-
» ceura des confolations indicibles : & quand ce bien n'arriue roit
» pas fi promptement, ou fi notablement que voftre pieté le defire,
» ie vous coniure , mon bon Pere, *per vifcera mifericordiæ Dei noftri*
» *in quibus vifitauit nos oriens ex alto*, que voftre bonté ne fe laffe
» point, & ne veüille jamais délaiffer ce pauure Fils : Vous fçauez
» bien qu'il feroit fous vne trop mauuaife conduite, s'il demeuroit
» fous la fienne.

Voila vne partie de cette Lettre, en laquelle il eft mal-aifé de
dire ce qui eft plus admirable de voir, ou vne telle humilité &
fimplicité, en vn perfonnage qui auoit paffé la meilleure partie
de fa vie parmy les intrigues de la Cour, & dans le maniment des
plus importantes affaires du Royaume ; ou bien vne conduite fi
fage & fi remplie d'onction , telle qu'étoit celle de de M. Vincent, qui a pû auec la grace de Dieu produire de fi grands effets ,
& gagner vne telle creance fur l'efprit de ce Seigneur.

Aprés vn changement fi confiderable en l'eftat , & en la vie,
M. le Commandeur de Sillery pouffé par fon zéle qui prenoit
tous les iours de nouueaux accroiffemens, eut la penfée de pouruoir aux befoins fpirituels des Religieux & des Curez de fon Ordre , dépendans du grand Prieuré du Temple : & ayant receu
commiffion de M. le Grand-Maiftre de Malte pour les vifiter , il
en communiqua auec M. Vincent, & concerta auec luy de la maniere de faire vtilement fes vifites. Ils conuinrent enfemble qu'on
feroit des Miffions dans les Parroiffes à mefme-temps qu'il les
vifiteroit ; tant pour mettre les peuples en bon eftat, que pour
donner aux Religieux & aux Curez qui eftoient chargez de leur
conduite, les auis & les remedes les plus propres & conuenables
aux befoins des Parroiffes : ce qui fut fait auec vn heureux fuccez.

dequoy M. le Grand-Maiftre de Malte ayant eu connoiffance, il en receut vne telle fatisfaction, qu'il en écriuit la Lettre fuiuante à M. Vincent pour l'en remercier.

Monfieur, on m'a donné auis que le venerable Baillif de Sillery « vous auoit choifi, pour luy aider à faire la vifite des Eglifes & « Parroiffes qui dependent du grand Prieuré ; à quoy vous auez « desja commencé d'employer vtilement vos foins & fatigues , « pour l'inftruction de ceux qui en auoient vn extréme befoin : ce « qui me conuie à vous en faire par ces lignes de bien affectionnés « remercimens, & à vous en demander la continuation ; puis qu'el- « le n'a autre objet que l'auancement de la gloire de Dieu , & l'hon- « neur & reputation de cet Ordre. Ie fupplie de tout mon cœur la « bonté de Dieu , de vouloir recompenfer voftre zele & charité de « fes graces & benedictions ; & me donner le pouuoir de vous té- « moigner combien ie m'en reconnois , Voftre &c. Le grand Maî- « tre Lafcaris de Malte le fepriefme Septembre 1637. «

Monfieur le Commandeur confiderant que ce n'eftoit pas affez de nettoyer les ruiffeaux, fi on ne purifioit la fource , ne fe contenta pas de bien faire ces vifites ; mais outre cela il voulut procurer qu'on éleuaft de bons Ecclefiaftiques dans la Maifon du Temple à Paris , & qu'on choifit pour cet effet les perfonnes que l'on reconnoiftroit bien appellées de Dieu , pour luy rendre fer-uice dans cette Religion ; afin que ceux qui en prendroient l'ha-bit en receuffent auffi le veritable Efprit , & qu'on pûft aprés tirer d'entr'eux des fujets propres pour remplir dignement les Cures, & renouueller ainfi peu à peu toute la face de ce grand Or-dre. Mais ce bon deffein n'eut pas tout l'effet qu'on en efperoit, quoy-que M. Vincent euft efté prié de f'y appliquer, & que pour cela il euft fait quelque fejour dans le Temple : parce que n'ayant pas eu la liberté d'y agir à fa façon , il n'y pût pas reüffir comme il euft bien defiré. Voicy ce qu'il en écriuit alors à vne perfonne de confiance. L'on me violente , dit-il , par la précipi- « tation de l'affaire du Temple , dont ie crains qu'on n'ait pas vn « fuccez tel que ie le fouhaite. Ie le dis & redis , & neanmoins l'on « paffe par-deffus. L'humilité m'oblige à deferer , & la raifon me « fait apprehender. *In nomine Domini.* Ie ne voy rien de plus com- « mun , que les mauuais fuccez d'vne affaire precipitée. «

L'on apprend par vne autre Lettre de M. le Grand-Maiftre de Malte, que M. Vincent luy en auoit écrit plufieurs pour le fer-uice de M. le Commandeur de Sillery , & pour luy recommander

ses pieuses intentions. Et en effet, il obtint pouuoir de son Ordre
de disposer de ses grands biens, qu'il employa tous en diuerses
œuures de pieté tres-considerables : Entre lesquelles il ne faut
pas ômettre en ce lieu, que ce Vertueux Seigneur pour récon-
noissance des obligations qu'il auoit à M. Vincent, & plus encore par la consideration des grands seruices que sa Congregation
rendoit, & pouuoit rendre à l'auenir à toute l'Eglise, donna vne
somme considerable tant pour la fondation d'vne Maison & d'vn
Seminaire en la ville d'Annessy au Diocese de Genéue, que pour
aider à la Fondation de celle de Troyes, & à la subsistance de
celle de Saint Lazare à Paris qui est comme la Mere des autres,
laquelle en a des obligations immortelles à sa Charité. Dieu l'en
récompensa aussi par les grandes graces qu'il luy fit, non seulement durant sa vie, mais particulierement à sa mort, qui fut sainte
& precieuse deuant les yeux de sa Diuine Majesté : M. Vincent
qui luy rendit en cette derniere heure tous les seruices & toutes
les assistances qu'il pût, ayant rendu cét auantageux témoignage
de luy, qu'il n'auoit jamais veu mourir personne plus remplie de
Dieu, qu'estoit ce vertueux & charitable Seigneur en ce dernier
passage.

CHAPITRE XXXIII.

*Missions faites en l'Armée en l'an 1636, & Reglemens
donnèes par M. Vincent aux Missionnaires qui
deuoient y trauailler.*

LA memoire est encore recente de l'irruption que firent les
Etrangers, pour-lors ennemis de ce Royaume, en l'année
1636, du costé de la Picardie, où ils prirent en peu de temps plusieurs places, & entr'autres la ville de Corbie. Comme leur Armée
estoit nombreuse, & qu'elle étendoit beaucoup ses quartiers, &
enuoyoit ses coureurs fort auant, Cela causa vne alarme d'autant
plus grande, qu'il y auoit moins d'apparence de receuoir vn
prompt secours, les Armées du Roy estant alors occupées ou
hors le Royaume, ou aux extrémitez des Prouinces les plus éloignées. Neanmoins le feu Roy Louïs XIII de glorieuse memoire,
ayant en fort peu de temps mis sur pied vne nouuelle Armée, la
Maison de Saint Lazare eut occasion de témoigner non seulement

ment son obeïssance, mais aussi son affection à tout ce qui pouuoit contribuer au seruice de sa Majesté, ayant esté choisie pour seruir comme de place d'armes pour dresser les soldats nouuellement enrollez, & les mettre en estat d'aller repousser les ennemis. Voicy ce qu'en écriuit M. Vincent à vn de ses Prestres, qui estoit pour-lors en Auuergne occupé à faire des Missions auec feu M. l'Abbé Olier.

Paris, luy dit-il, apprehende d'estre assiegé par les ennemis, qui « sont entrez en la Picardie, & qui la rauagent auec vne grande Ar- « mée, dont l'auant-garde s'étend jusqu'à dix ou douze lieües d'icy: « de sorte que tout le plat pays se vient refugier à Paris: Et Paris est « si épouuanté, que plusieurs ses habitans se vont refugier en d'au- « tres villes. Le Roy neanmoins dresse vne Armée pour s'opposer à « celle-là, ses autres Armées estant occupées au dehors, ou aux ex- « tremitez du Royaume; & le lieu où se dressent & s'arment les « soldats nouuellement enrollez, est ceans; ou l'étable, le bucher, « les salles & le Cloistre sont pleins d'armes; & les cours, de gens « de guerre. Ce Saint jour de l'Assomption n'est pas exempt de ces « embarras tumultueux; le Tambour commence d'y battre, quoy « qu'il ne soit encore que sept heures du matin: de sorte que depuis « huit jours, il s'est dressé ceans soixante & douze Compagnies. « Or quoy-que les choses soient en cét estat, toute nostre Compa- « gnie ne laisse pas de faire sa Retraite, trois ou quatre exceptez, « qui sont sur le point de partir & de s'en aller au loin. I'écris à « M. l'Abbé que ie pourray luy enuoyer quatre ou cinq de nos « Prestres; i'en enuoiray d'autres à Messeigneurs d'Arles & de « Caors, & i'espere les faire partir au plûtost, auant que les affai- « res se broüillent dauantage. «

Cette Lettre fait assez voir, non seulement la force merueilleu- se d'esprit de M. Vincent, mais aussi la grandeur de sa vertu & l'ardeur de son zele; il est au milieu du bruit & du tumulte d'vne nouuelle Armée, sa maison est toute pleine de soldats, on n'y voit de tous costez que des Armes, & des instrumens de guerre, on ny entend que le son des Tambours; & nonobstant cela comme s'il eust esté dans la plus grande paix & tranquillité exterieure, il met ses Prestres en Retraite, & leur fait faire les Exercices ordi- naires: & au mesme-temps qu'il voit sa maison employée à dresser des soldats pour le seruice de l'Estat & du Roy, il s'en sert pour preparer des Missionnaires à rendre de nouueaux seruices à Dieu, & à l'Eglise; il en fait vne Place d'Armes pour former des soldats

V

de Iesvs-Christ, & les enuoyer combattre contre le Diable. Mais en quel pays ? Il penſoit, comme le Prophete Abacuc, enuoyer quelque ſecours à ces Prelats dont il parle dans ſa Lettre : Et il eſt comme emporté ſubitement en Babylone parmy des Lions. Il reçoit vn ordre du Roy par M. le Chancelier, d'enuoyer vingt Preſtres à l'Armée pour y faire Miſſion, qui eſtoit vne choſe non moins difficile que nouuelle & extraordinaire ; & il pouuoit bien dire comme ce Prophete, qu'il ne ſçauoit pas le chemin de cette Babylone, & qu'il n'auoit iamais eſté en aucune Armée ; mais il ſe laiſſa prendre & porter par la teſte, c'eſt à dire qu'il ſoumît ſon Iugement, & fit voir qu'il n'excelloit pas moins en l'obeïſſance & en l'affection de ſeruir ſon Roy, que dans les autres vertus. Il fit auſſi-toſt partir quinze Miſſionnaires n'en ayant pas dauantage, & les enuoya au rendez-vous de l'Armée, d'où ils ſe diſperſerent en tous les quartiers où les Regimens eſtoient campez, pour y trauailler ſelon le deſſein pour lequel ils y auoient eſté enuoyez. Monſieur Vincent ſ'en alla en meſme-temps à Senlis où eſtoit le Roy, pour offrir ſon ſeruice & celuy de toute ſa Congregation à ſa Majeſté ; & aprés ſ'eſtre acquité de ce deuoir, il y laiſſa vn de ſes Preſtres pour receuoir les ordres de ſadite Majeſté, & les enuoyer au Superieur de cette Miſſion. Il fit enſuite acheter vne tente pour ſeruir aux Miſſionnaires de l'Armée, & leur enuoya des meubles & des viures auec vn mulet & vne charrette, pour les porter & leur ſeruir dans leurs beſoins. Et il leur donna depuis le Reglement ſuiuant, par lequel il leur preſcriuit ce qu'ils auoient à obſeruer & à faire, pendant cette Miſſion.

„ Les Preſtres de la Miſſion qui ſont à l'Armée ſe repreſenteront, „ que Noſtre-Seigneur les a appellez à ce Saint employ. 1. Pour „ offrir leurs prieres & Sacrifices à Dieu pour l'heureux ſuccez des „ bons deſſeins du Roy, & pour la conſeruation de ſon Armée. „ 2. Pour aider les gens de guerre qui ſont dans le peché à ſ'en reti-„ rer, & ceux qui ſont en eſtat de grace à ſ'y conſeruer. Et enfin „ pour faire leur poſſible, que ceux qui mourront, ſortent de ce „ monde en eſtat de ſalut.

„ Ils auront pour cét effet vne particuliere deuotion au nom que „ Dieu prend dans l'Ecriture, *du Dieu des Armées* ; & au ſentiment „ qu'auoit Noſtre-Seigneur quand il diſoit : *non veni pacem mittere,* „ *ſed gladium* : & cela pour nous donner la paix, qui eſt la fin de la „ guerre.

Ils se representeront que si bien ils ne peuuent oster tous les «
pechez de l'Armée, que peut-estre Dieu leur fera la grace d'en «
diminuer le nombre ; qui est autant que si l'on disoit, que si «
Nostre-Seigneur deuoit estre encore crucifié cent fois, il ne le «
sera peut-estre que quatre vingt-dix ; & si mille Ames par leurs «
mauuaises dispositions deuoient estre damnées, ils feront en sorte «
auec le secours de la misericorde & de la grace de Dieu, qu'il y en «
aura quelques-vnes de ce nombre qui ne le feront pas. «

Les vertus de charité, de ferueur, de mortification, d'obeïs- «
sance, de patience, & de modestie leur sont grandement necessai- «
res pour cela : c'est pourquoy ils en feront vne continuelle prati- «
que interieure & exterieure , & notamment de l'accomplisse- «
ment de la volonté de Dieu. «

Ils celebreront la Sainte Messe tous les jours, ou commu-
nieront à cet effet.

Ils honoreront le Silence de Nostre-Seigneur aux heures accoûtumées, & toûjours à l'égard des affaires d'Estat ; & ne té-
moigneront leurs peines qu'à leur Superieur, ou à celuy qu'il leur
ordonnera.

Si on les applique à entendre les Confessions des pestiferés,
ils le feront de loin, & auec les précautions necessaires ; & laisse-
ront l'assistance corporelle tant de ceux-cy que des autres malades, à ceux que la Prouidence emploie en ces fonctions.

Ils feront souuent des Conferences, aprés auoir pensé deuant
Dieu aux sujets qui seront proposez : par exemple.

1. De l'importance qu'il y a que les Ecclesiastiques assistent
les Armées.

2. En quoy consiste cette assistance.

3. Les moyens de la bien faire.

Ils pourront traiter par la mesme methode, d'autres sujets qui
leur seront conuenables en cet employ : comme de l'assistance
des malades ; de quelle maniere on se comportera pendant les
combats & les batailles ; de l'humilité , de la patience, de la modestie , & des autres pratiques requises dans les Armées.

L'on obseruera le plus exactement que l'on pourra les petits Reglemens de la Mission, notamment à l'égard des heures du leuer
& du coucher, de l'Oraison, de l'Office Diuin, de la Lecture Spirituelle , & des Examens.

Le Superieur distribuëra les Offices à chacun ; donnera à l'vn,
celuy de la Sacristie ; à l'autre, celuy d'entendre les Confessions

de la Compagnie, & de la Lecture de Table ; à l'autre des malades ; à l'autre, de l'œconomie & appreſt du manger ; à l'autre, de
la Tente & des meubles , pour les faire charger & décharger , &
mettre en place ; & les vns , & les autres ſeront employez aux
Predications , & Confeſſions , ſelon que le Superieur le jugera
expedient.

Ils logeront & viuront enſemble ſi faire ſe peut , quoy qu'ils
ſoient diſtribuez dans les Regimens : que ſi on les emploie en diuers lieux , comme en l'auant-garde , ou en l'arriere-garde , ou au
corps de l'Armée ; le Superieur qui les diſtribuëra , fera en ſorte
qu'ils logent ſous des Tentes , ſi faire ſe peut.

Voila quel fut le Reglement que M. Vincent donna à ces bons
Miſſionnaires , à la pratique duquel ſ'eſtant rendus fidelles , cela
attira ſur eux & ſur leurs Saints trauaux vne tres-grande benediction ; ainſi qu'on apprend par vne Lettre de congratulation que
„ M. Vincent écriuit à l'vn d'entr'eux. Beny ſoit Dieu , luy dit-il ,
„ de la benediction qu'il donne à voſtre trauail. O Iesvs ! M.
„ quelle me paroiſt grande. Quoy ? d'auoir desja procuré pour vô-
„ tre part , le bon eſtat de trois cens ſoldats qui ont ſi deuotement
„ Communié , & des ſoldats qui ſ'en vont à la mort ; il n'y a que
„ celuy qui connoiſt la rigueur de Dieu dans les Enfers , ou qui ſçait
„ le prix du ſang de Iesvs-Christ répandu pour vne ame ,
„ qui puiſſe comprendre la grandeur de ce bien. Et quoy-que ie
„ connoiſſe mal l'vn & l'autre , il plaiſt neanmoins à ſa bonté de
„ m'en donner quelque petite lueur , & vne eſtime infinie du bien
„ que vous auez fait en ces 300 penitens. Mardy paſſé il y auoit
„ desja 900 Confeſſions faites en toutes les autres Miſſions de l'Ar-
„ mée , ſans conter les voſtres ; outre ce qui ſ'eſt fait depuis. O
„ Dieu ! M. que cela eſt au deſſus de mon eſperance ! il faut ſ'humi-
„ lier , loüer Dieu , continuer auec courage , & ſuiure , ſi vous n'auez
„ d'autre ordre.

Et dans vne autre Lettre du 20. Septembre qu'il écriuit à M.
Portail , pour ſ'excuſer de ce qu'il ne pouuoit enuoyer les Miſ-
„ ſionnaires qu'il auoit fait eſperer à M. l'Abbé Olier. Il nous eſt
„ impoſſible , luy dit-il , de vous enuoyer ſi-toſt ces Miſſionnaires
„ que vous attendez , parce que ceux que nous auions preparez ,
„ ont eſté commandez de ſuiure les Regimens qui eſtoient à l'Vſar-
„ che , à Pons , Saint Leu , & à la Chappelle-Orly , & de camper
„ auec eux dans l'Armée ; où desja quatre mille ſoldats ont fait leur
„ deuoir au Tribunal de la Penitence , auec grande effuſion de lar-

mes; I'espere que Dieu fera misericorde à plusieurs par ce petit «
secours, & que peut-estre cela ne nuira pas au bon succez des Ar- «
mées du Roy.   «

Aprés ces quatre mille Confessions, les Missionnaires furent obligez de suiure l'Armée, & de camper auec elle ; & en chaque campement, outre les assistances spirituelles qu'ils donnoient aux soldats, quantité de personnes des Dioceses par lesquels ils passoient, furent aussi Confessez & Communiez, selon la permission expresse de MM. les Euesques. L'vn des Missionnaires qui en conduisoit vne bande, manda à M. Vincent qu'ils trauailloient toûjours au seruice & à l'assistance spirituelle des malades, tant soldats, que Picards refugiez ; & qu'il en mouroit vn grand nombre, ausquels ils administroient les Sacremens. Enfin vne partie de ces Missionnaires aprés six semaines de trauail, s'en retournerent à Paris: & les autres continuerent de camper auec l'Armée jusqu'au mois de Nouembre qu'elle retourna victorieuse des ennemis.

CHAPITRE XXXIV.

Etablissement du premier Seminaire interne pour la Congregation de la Mission, en la Maison de S. Lazare.

C'ESTOIT vne Maxime receuë parmy ces anciens Peres qui faisoient profession de l'estat Cœnobitique, de ne receuoir aucun en leurs Congregations, qu'ils n'eussent auparauant bien reconnu ses dispositions, & éprouué sa vertu. Cette Maxime a toûjours esté depuis saintement obseruée dans toutes les Communautez, aussi-bien dans les Seculieres, comme dans les Regulieres, qui se sont établies de temps en temps dans l'Eglise : car comme a fort bien dit vn des plus experimentez de l'antiquité en cette sorte de vie, l'or ne peut estre acheué ny perfectionné s'il n'est éprouué : & ceux qui aspirent à la perfection d'vn estat, auquel ils se croyent appellez de Dieu, pour se dédier particulierement à son seruice, ont besoin de passer par diuerses épreuues ; tant pour se bien connoistre eux-mesmes, que pour se rendre mieux disposez, & plus capables de paruenir à la fin qu'ils se proposent.

Sine probatione aurum non perficitur. Ioan. Climac. grad. 4.

Il est bien vray que pendant les premieres années que M. Vincent commença de trauailler aux Missions, ne connoissant pas encore les desseins de Dieu, ny ce qu'il vouloit faire de luy & par

luy; il n'obſeruoit aucune forme ny façon particuliere en la reception de ceux qui deſiroient ſe joindre à luy, pour participer à ſes
ſaints trauaux. Il ſe contentoit de la bonne volonté auec laquelle
ils ſe preſentoient, & de quelque Retraite qu'il les conuioit de
faire, tant pour s'y affermir dauantage, que pour implorer le ſecours de la grace Diuine. Quelque-temps aprés, il iugea qu'il
falloit ajoûter à cette Retraite quelques-autres Exercices ſpirituels, qui euſſent vn peu plus d'étenduë que les Retraites ordinaires. Enfin voyant ſa Congregation formée, & connoiſſant
l'importance de n'y admettre que des ſujets bien diſpoſez, & bien
appellez de Dieu; il reſolut que deſormais tous ceux qui ſe
preſenteroient pour y entrer, feroient auant que d'y eſtre admis,
vne eſpece de probation dans vn Seminaire ſous vn Directeur,
qui les exerceroit dans la pratique des vertus, & les éleueroit à la
vie ſpirituelle.

Le premier qu'il choiſit pour l'employer à cette Direction, fut
M. Iean de la Salle, l'vn des trois premiers Preſtres qui s'eſtoient
ioints à luy; & ayant dreſſé vn ordre pour l'Employ de la journée, & quelques Regles particulieres propres pour cette probation; Ce Seminaire fut commencé au mois de Iuin de l'année
1637 en la Maiſon de S. Lazare; où il a toûjours depuis continué,
& continuë encore auec benediction : y ayant pour l'ordinaire
trente ou quarante Seminariſtes tant Preſtres que Clercs. Ce Seminaire eſt proprement le premier Seminaire qui a eſté fait pour
ceux de la Congregation de la Miſſion; à la difference des autres
Seminaires, dont il a eſté parlé cy-deſſus, qui ont eſté établis
pour former les autres Eccleſiaſtiques qui ne ſont pas de cette
Congregation. Monſieur Vincent l'appelloit *ſpem gregis*, & la
pepiniere des Miſſionnaires; & il a toûjours eü cette confiance
en la Prouidence paternelle de Dieu, qu'il auroit ſoin de le remplir de ſujets propres pour ſon ſeruice: car il tenoit pour Maxime,
que c'eſtoit à Dieu de choiſir & d'appeller ceux qu'il luy plaiſoit;
& que comme les premiers Miſſionnaires du Fils de Dieu qui ont
eſté ſes Apoſtres, ne ſe ſont pas ingerez d'eux-meſmes, mais ont
eſté choiſis par ce diuin Seigneur, qui appella à luy ceux qu'il
voulut: de meſme qu'il falloit que ceux qui ſe donneroient à Dieu,
pour trauailler à l'Imitation de ces grands Saints, à l'inſtruction
& à la conuerſion des Peuples, fuſſent choiſis & appellez par ce
meſme Seigneur.

C'eſt pour cette raiſon que M. Vincent n'a iamais voulu dire

vn feul mot à aucune perfonne, pour l'attirer dans fa Congregation : & il défendoit aux fiens de perfuader à qui que ce fuft d'y
entrer. Voicy en quels termes il leur parla vn iour fur ce fujet.

Dieu fe fert pour l'ordinaire des perfonnes peu confiderables «
pour operer de grandes chofes. Nous en auons quelques-vns «
dans noftre Congregation, que nous y auons admis auec beau- «
coup de peine & de difficulté, parce qu'ils paroiffoient de petite «
efperance ; lefquels y font aujourd'huy de tres-bons Ouuriers, & «
quelques - vns mefme Superieurs, qui conduifent leurs Maifons «
auec prudence & douceur ; en forte qu'il y a fujet d'en loüer «
Dieu, & d'admirer fes conduites fur ces perfonnes-là. Hà ! Mef- «
fieurs, prenez bien garde lors-que vous rendez feruice, & donnez «
conduite à ceux qui viennent faire leurs Retraites fpirituelles en «
cette Maifon, de ne iamais leur rien dire qui tende à les attirer «
en la Compagnie : c'eft à Dieu à y appeller & à en donner la pre- «
miere infpiration. Bien dauantage, quand mefme ils vous décou- «
uriroient qu'ils en ont la penfée, & qu'ils vous témoigneroient «
qu'ils y ont inclination ; gardez-vous bien de les déterminer de «
vous-mefme à fe faire Miffionnaires, en le leur confeillant ou les «
y exhortant : Mais alors dites-leur feulement qu'ils recomman- «
dent de plus en plus ce deffein à Dieu, qu'ils y penfent bien, «
eftant vne chofe importante. Reprefentez-leur mefme les diffi- «
cultez qu'ils y pourront auoir felon la nature ; & qu'il faut qu'ils «
s'attendent, s'ils embraffent cét eftat, de bien fouffrir & de bien «
trauailler pour Dieu. Que fi aprés cela ils prennent leur refolu- «
tion, à la bonne-heure, on peut les faire parler au Superieur pour «
conferer plus amplement auec eux de leur Vocation. Laiffons «
faire Dieu, Meffieurs, & nous tenons humblement dans l'attente, «
& dans la dépendance des Ordres de fa Prouidence. Par fa mife- «
ricorde l'on en a vfé ainfi dans la Compagnie iufqu'aprefent ; & «
nous pouuons dire qu'il n'y a rien en elle que Dieu n'y ait mis, & «
que nous n'auons recherché ny hommes, ny biens, ny établiffe- «
mens : Au nom de Dieu tenons-nous-là, & laiffons faire Dieu. «
Suiuons ie vous prie fes Ordres, & ne les préuenons pas. Croyez- «
moy, fi la Compagnie en vfe de la forte, Dieu la benira. «

Que fi nous voyons qu'ils ayent la penfée de fe retirer ailleurs, «
d'aller feruir Dieu dans quelque fainte Religion ou Communau- «
té : ô Dieu ! ne les en empefchons pas ; autrement il faudroit «
craindre que l'indignation de Dieu ne tombaft fur la Compagnie, «
pour auoir voulu auoir ce que Dieu ne veut pas qu'elle ait. Et «

„ dites-moy, ie vous prie, fi la Compagnie n'auoit efté iufqu'apre-
„ fent dans cét efprit, de n'affecter point d'autres fujets pour excel-
„ lens qu'ils fuffent, finon ceux qu'il a plû à Dieu d'y enuoyer, &
„ qui en ont eü le defir long-temps auparauant ; Les Peres Char-
„ treux & autres Communautez Religieufes nous enuoiroient-ils,
„ comme ils font, pour faire Retraite ceans quantité de jeunes hom-
„ mes qui demandent d'entrer chez eux ? Vraiment ils s'en donne-
„ roient bien de garde.

„ Quoy donc ? voila vn bon fujet qui a la penfée de fe faire
„ Chartreux, on l'enuoie icy pour conferer auec Noftre-Seigneur
„ par le moyen d'vne Retraite, & vous tâcheriez de luy perfuader
„ qu'il demeuraft ceans : Et que feroit-ce que cela, Meffieurs, finon
„ vouloir retenir ce qui ne nous appartient pas ; & vouloir faire
„ qu'vn homme entre dans vne Congregation où Dieu ne l'appelle
„ pas, & à quoy mefme il n'a pas penfé ? Et que pourroit faire ou
„ produire vne telle entreprife, finon attirer la difgrace de Dieu
„ fur toute cette Compagnie ? O pauure Compagnie de Miffion-
„ naires, que tu tomberois en vn pitoyable eftat, fi tu en venois là ?
„ mais par la grace de Dieu tu en as toûjours efté, & tu en es en-
„ core bien éloignée. Prions Dieu, Meffieurs, prions Dieu qu'il
„ confirme cette Compagnie dans la grace qu'il luy a faite iufqu'à
„ prefent, de ne vouloir auoir autre chofe que ce qu'il a agreable
„ qu'elle ait.

Vn autre iour M. Vincent ayant receu vne Lettre d'vn Preftre
de fa Congregation, pour la faire tenir à vn Ecclefiaftique tres-
vertueux, qu'il eftimoit fort propre pour la vie, & pour les Emplois des Miffionnaires; & mefme qui luy auoit témoigné en quelque rencontre auoir inclination d'entrer en leur Congregation.
Il fit cette réponfe.

„ Ie n'ay pas enuoyé voftre Lettre à M. N. parce qu'elle le per-
„ fuade d'entrer en la Compagnie, & que nous auons vne Maxime
„ contraire, qui eft de ne folliciter jamais perfonne d'embraffer
„ noftre eftat. Il n'appartient qu'à Dieu de choifir ceux qu'il y veut
„ appeller : & nous fommes affurez qu'vn Miffionnaire donné de fa
„ main paternelle, fera luy feul plus de bien, que beaucoup d'au-
„ tres qui n'auroient pas vne pure vocation. C'eft à nous à le prier
„ qu'il enuoye de bons Ouuriers en la moiffon, & à fi bien viure,
„ que nous leur donnions par nos exemples de l'attrait pour tra-
„ uailler auec nous, fi Dieu les y appelle.

Voila de quelle façon M. Vincent parloit : & voicy comme

il agiſſoit. On a veu pluſieurs perſonnes s'adreſſer à luy, & luy écrire ou luy dire chacun en ſon particulier: M. ie me remets entre vos mains, pour faire tout ce que vous jugerez que Dieu demande de moy. Dites-moy donc ce que ie dois faire ? ſi ie dois quitter le monde pour embraſſer vn tel, ou vn tel Eſtat ? Il me ſemble qne Dieu m'adreſſe à vous pour connoitre ſa volonté. Ie ſuis dans vne entiere indifference ſur le choix que ie dois faire, & ie ſuiuray voſtre auis comme la marque la plus aſſurée de la volonté de Dieu. On luy a fait pluſieurs fois de telles conſultations, & demandes ; & c'eſt vne choſe merueilleuſe, que cét humble & ſage Seruiteur de Dieu n'a preſque jamais voulu déterminer perſonne, ny leur preſcrire l'eſtat qu'ils deuoient embraſſer, de peur d'entreprendre, comme il diſoit, ſur la conduite de la Prouidence de Dieu, & de préuenir les ordres de ſa ſouueraine volonté, qu'il faut humblement & fidelement ſuiure. Sa réponſe plus ordinaire eſtoit en ces termes.

La reſolution de voſtre doute eſt vne affaire à vuider entre Dieu & vous : continuez à le prier qu'il vous inſpire ce que vous auez à faire : mettez-vons en Retraite pour quelques jours à cét effet ; & croyez que la reſolution que vous prendrez en la veuë de Noſtre-Seigneur, ſera la plus agreable à ſa Diuine Majeſté, & la plus vtile pour voſtre vray bien.

Quant à ceux qui s'adreſſoient à luy, eſtant desja déterminez de quitter le monde, mais incertains de la Religion ou Communauté en laquelle ils deuoient ſe retirer ; s'ils luy en propoſoient deux qui fuſſent bien reglées, pour ſçauoir laquelle ils deuoient choiſir, il les remettoit encore à reſoudre ce qu'ils auoient à faire auec Dieu ; mais ſi la Congregation de la Miſſion eſtoit l'vne de ces deux-là, il leur diſoit. *O Monſieur ! nous ſommes de pauures gens indignes d'entrer en comparaiſon auec cette autre Sainte Compagnie: allez-y au nom de Noſtre-Seigneur, vous y ſerez incomparablement mieux qu'auec nous.*

Pour ceux qui venoient ſe preſenter à luy auec vne volonté determinée d'entrer en ſa Congregation, il apportoit vne tres-grande circonſpection auant que de les y receuoir. Il s'informoit ordinairement d'eux, depuis quand ils auoient eu cette penſée ? comment & par quelle occaſion elle leur eſtoit venuë ? de quelle condition ils eſtoient ? par quel motif ils eſtoient portez d'embraſſer l'Eſtat de Miſſionnaires ? s'ils eſtoient diſpoſez d'aller en tous les lieux où ils ſeroient enuoyés, meſme dans les

X

Regions eſtrangeres les plus éloignées ? & de paſſer par deſſus telles & telles difficultez ; Leur propoſant celles qui arriuent plus frequemment en l'eſtat qu'ils vouloient embraſſer. Il les renuoyoit quelquefois ſans leur donner aucune reſolution, & meſme auec peu d'eſperance d'eſtre reçeus, pour éprouuer leur Vocation & leur vertu : il les remettoit pour l'ordinaire pendant vn temps notable, les obligeant de reuenir pluſieurs fois pour les mieux connoître ; & jamais il ne leur donnoit parole, quelque épreuue qu'il euſt faite de leurs diſpoſitions & de leur perſeuerance, qu'il ne leur euſt fait faire vne Retraite exprés pour conſulter la volonté de Dieu ; aprés laquelle s'ils perſeueroient dans leur premier deſſein, il les faiſoit voir par quelques Anciens de la Maiſon ; & s'ils les jugeoient propres pour la Congregation, ils étoient receus au Seminaire pour y faire vne épreuue de deux ans, dans les Exercices de l'humilité, de la mortification, de la deuotion, de la recollection, de l'exactitude, & en d'autres ſemblables pratiques neceſſaires pour faire vn fonds de vertu, & pour honorer, comme il diſoit, l'eſtat d'Enfance de Noſtre-Seigneur. Il vouloit qu'ils ſe rendiſſent fort interieurs, & qu'ils fiſſent bonne prouiſion de cette onction de l'eſprit de Dieu, qui pûſt aprés conſeruer le feu de la Charité dans leurs cœurs, parmy tous les Emplois & tous les trauaux des Miſſions. Et puis ayant paſſé ce temps, & s'eſtant acquittez de leur deuoir dans le Seminaire, il les admettoit à la Congregation. Aprés quoy s'ils n'auoient pas encore acheué leurs eſtudes, il les leur faiſoit continuer autant qu'il eſtoit neceſſaire, pour s'acquiter dignement des fonctions de leur eſtat. Voicy vn petit ſommaire des diſpoſitions qu'il requeroit, des ſiens qu'il a laiſſé écrit de ſa propre main.

„ Quiconque veut viure en Communauté, doit ſe reſoudre de „ viure comme vn pelerin ſur la terre ; de ſe faire fol pour IESVS-„ CHRIST ; de changer de mœurs, de mortifier toutes ſes paſſions, „ de chercher Dieu purement, de s'aſſuiettir à vn chacun comme „ le moindre de tous ; de ſe perſuader qu'il eſt venu pour ſeruir, & „ non pour gouuerner ; pour ſouffrir & trauailler, & non pour viure „ en delices & en oiſiueté. Il doit ſçauoir que l'on y eſt éprouué cō-„ me l'or en la fournaiſe, qu'on ne peut y perſeuerer ſi l'on ne veut „ s'humilier pour Dieu, & ſe perſuader qu'en ce faiſãt on aura vn ve-„ ritable contentement en ce monde, & la vie Eternelle en l'autre.

Dans ce peu de paroles ce Saint homme a compris beaucoup de choſes, & l'on peut dire qu'il a bien taillé de l'ouurage à ceux

qui ne trouuant pas leurs commoditez ny leurs satisfactions dans
le monde, penseroient trouuer leurs aises & leur repos dans la
Congregation des Missionnaires.

Voicy encore vn mot de la disposition qu'il leur souhaitoit, «
qu'il dit vn jour à sa Communauté au sujet d'vn Missionnaire qui «
auoit esté mal-traité dans vn pays estranger : Plaise à Dieu, mes «
Freres, que tous ceux qui viennent pour estre de la Compagnie, y «
viennent dans la pensée du Martyre, & dans le desir de souffrir «
la mort, & de se consacrer totalement au seruice de Dieu, soit «
pour les pays éloignés, soit pour celuy-cy, ou pour quelqu'au- «
tre lieu que ce soit, où il plaira à Dieu de se seruir de la pauure «
petite Compagnie. Ouy, dans la pensée du Martyre. O ! que «
nous deurions demander souuent cette grace à Nostre-Seigneur! «
Helas ! Messieurs & mes Freres, y a-t-il rien de plus raisonnable «
que de se consumer pour celuy qui a si liberalement donné sa vie «
pour nous? Si Nostre-Seigneur nous a aimez jusqu'à ce point que «
de mourir pour nous ; pourquoy n'aurons-nous pas la mesme affe- «
ction enuers luy, pour la mettre à effet si l'occasion s'en presente ? «
Nous voyons tant de Papes qui les vns aprés les autres ont esté «
Martyrisez. N'est-ce pas vne chose étonnante de voir des Mar- «
chands, qui pour vn petit gain, trauersent les mers & s'exposent «
à vne infinité de dangers ? l'estois Dimanche passé auec vn qui «
me disoit qu'on luy auoit proposé d'aller aux Indes, & qu'il estoit «
resolu d'y aller. Ie luy demanday s'il y auoit du peril ; il me dit «
qu'il y en auoit plusieurs tres-grands ; qu'il estoit vray qu'vn mar- «
chand de sa connoissance en estoit venu, mais qu'vn autre y estoit «
demeuré. Ie disois alors en moy-mesme Si cette personne, pour «
aller chercher quelques pierres de prix & faire quelque gain, se «
veut ainsi exposer à tant de dangers, combien plus le deuons- «
nous faire pour porter la pierre precieuse de l'Euangile & gagner «
des Ames à IESVS-CHRIST? «

CHAPITRE XXXV.

Monſieur Vincent s'employe ponr l'aſſiſtance des pauures Lorrains pendant les guerres , & prend vn ſoin particulier de pluſieurs pauures Gentils-hommes & Demoiſelles refugiés à Paris.

SAINT Auguſtin a dit auec grande raiſon, que Dieu eſtoit ſi bon, qu'il ne permettroit jamais aucun mal, s'il ne ſe reconnoiſſoit aſſez puiſſant pour en tirer vn plus grand bien. On pourroit alleguer vn nombre preſque infiny d'exemples pour faire voir combien cette parole eſt veritable. Mais ſans en aller chercher plus loin, il ne faut que ietter les yeux ſur ce qui s'eſt paſſé pendant les guerres dernieres dans la Lorraine; où il ſemble que Dieu n'ait permis cette extréme miſere, en laquelle ont eſté reduits les habitans de cette Prouince autrefois ſi riche & ſi abondante en toutes ſortes de biens, que pour en tirer de tres-grands auantages ſpirituels; particulierement pour donner occaſion à pluſieurs perſonnes vertueuſes de pratiquer des œuures d'vne Charité toute Heroïque; & entre les autres à M. Vincent, qui a ſignalé ſa vertu en cette occaſion, & qui a fait reſſentir à ces pauures peuples affligez juſques à quel degré pouuoit monter la Charité en ces derniers ſiecles , quoy-que ſelon la Prediction de IESVS-CHRIST, elle s'y trouue ſi refroidie à cauſe de l'iniquité qui abonde & regorge de tous coſtez.

Quoniam abundabit iniquitas, refrigeſcet charitas. Matth. 24.

M. Vincent ayant eu auis en l'année 1639 de l'eſtat deplorable auquel la Lorraine eſtoit reduite par le mal-heur des guerres & par l'extréme neceſſité des habitans, ſe reſolut de les ſecourir; & ayant recueilly quelques aumônes, auſquelles il contribua notablement de ſon coſté, il les enuoya diſtribuer par les mains de ſes Miſſionnaires. Mais ces aumônes ayant eſté bien-toſt employées; quelques-vns de ceux qu'il auoit enuoyez eſtant retournez, luy rapporterent les neceſſitez inoüies, & preſque incroyables qu'ils auoient veuës de leurs propres yeux. Cela toucha ſi fort le cœur de M. Vincent, & de quelques-autres perſonnes de condition & de pieté de l'vn & de l'autre ſexe de la ville de Paris, auſquelles il en fit le reçit, que la reſolution fut priſe de ſecourir ces pauures gens à quelque prix que ce fuſt. Pour cét effet ces charitables, perſonnes fournirent des ſommes tres-notables, que M. Vincent enuoya par quelques-vns des ſiens pour eſtre départies & employées ſelon les plus preſſans beſoins qui ſe trouueroient, non ſeulement dans les villages, mais auſſi dans les Villes, & meſme dans les plus grandes, qu'on croyoit les moins incommodées des guerres, comme Mets, Toul, Verdun, Nancy, Bar-le-Duc, Pont-à-Mouſſon, Saint Michel, & autres : car en ce deplorable temps il y auoit en tous lieux des perſonnes de tous eſtats dans la derniere affliction & indigence ; Iuſques-là qu'il ſe trouuoit des Meres qui par vne rage de faim mangeoient leurs propres enfans ; des filles & Demoiſelles en grand nombre, qui eſtoient ſur le point de ſe proſtituer pour éuiter la mort ; & des Religieuſes meſme des plus reformées, qui ſe voyoient à la veille d'eſtre oligées par l'extréme neceſſité, de rompre leur cloſture pour aller chercher du pain, au peril de leur honneur, & au grand ſcandale de l'Egliſe.

Ce grand nombre de perſonnes de toute condition & de tout ſexe, reduites à l'extreme neceſſité, épuiſoient incontinent les aumônes, quoy-que tres-abondantes, qu'on enuoyoit pour les ſecourir ; & vne charité moindre que celle de M. Vincent euſt perdu courage, & euſt conſideré cette entrepriſe comme vne choſe impoſſible ; attendu les autres grandes & preſſantes neceſſitez, auſquelles il falloit en meſme-temps pouruoir du coſté de Paris, & du reſte de la France. Mais que ne peut vn cœur qui aime Dieu, & qui ſe confie parfaitement en luy ? *Ie puis tout*, diſoit le Saint Apoſtre, *en celuy qui me conforte*. Monſieur Vincent pouuoit bien dire le ſemblable : & en effet Dieu donna vne telle benediction à ſes charitables inſtances, enuers tous ceux & celles qu'il voyoit diſpoſés à exercer les œuures de miſericorde, qu'il procura & fiſt enuoyer en diuers temps prés de ſeize cens mille liures d'aumônes pour les pauures de la Lorraine, dont la Reine Mere du Roy fit donner vne partie, & les Dames de la Charité de Paris y contribuerent auſſi notablement de leur coſté. L'on a meſme remarqué qu'vn ſeul Frere de la Miſſion a fait cinquante trois voyages en Lorraine, pendant neuf ou dix années que cette extréme neceſſité dura, pour y porter l'argent des Aumônes ; & qu'il n'y portoit pas moins de vingt-mille liures à chaque fois, & quelquefois 25, & 30 mille, & plus : Et ce qui eſt merueilleux & qui fait connoître la protection manifeſte de Dieu ſur cette bonne œuure, eſt qu'ayant fait la pluſpart de ces voyages au trauers des Armées, & en des lieux remplis de ſoldats, & expoſez aux

Omnia poſſum in eo qui me confortat Philipp. 4.

X iij

pilleries de telles gens, il n'a jamais esté volé, ny fouïllé, & est toûjours arriué heureusement dans les lieux où il alloit distribuer ces Aumônes. Pour les rendre plus vtiles aux Pauures, & mesme pour les étendre dauantage, M. Vincent auoit donné ordre aux Missionnaires qui estoient en Lorraine, de faire distribuer journellement dans tous les lieux où il y auoit des Pauures, du pain & du potage qu'on faisoit faire pour leur nourriture ; & il leur recommandoit particulierement d'auoir soin des malades, & de ne pas oublier aussi de faire l'aumône spirituelle en mesme-temps qu'on leur distribuoit la corporelle, les instruisant, consolant, encourageant, & donnant ainsi la pasture aux Ames, pendant qu'on nourrissoit & soulageoit les corps.

Qui pourroit maintenant dire à combien de personnes ce fidéle Dispensateur a par ses soins & entremises charitables sauué la vie du corps & de l'ame ? Combien il en a retiré du precipice du desespoir, où ils s'alloient perdre ? Dieu seul qui a esté le premier Autheur de tous ces biens, le connoist : & nous en verrons quelque chose au second liure, où il sera parlé plus en particulier de ce qui s'est passé dans cette merueilleuse entreprise.

Mais ce n'est pas encore tout, la Prouidence de Dieu preparoit vne nouuelle matiere en ce mesme temps-là, pour mettre le comble à la charité de ce vray Pere des Pauures. La continuation de la guerre & des miseres extrémes de la Lorraine obligea enfin vne partie des Habitans d'en sortir, & de se venir refugier à Paris ; dont vn grand nombre se vint ietter entre les bras de M. Vincent, comme au commun & au plus asseuré azile des pauures & des affligez. Il prit soin de les faire loger en diuers lieux, leur procura du pain & des habits ; & ayant reconnu que par le malheur du temps & faute d'assistance de leurs Pasteurs, qui estoient pour la plus part ou morts ou en fuite, il y en auoit plusieurs qui depuis long-temps n'auoient point approché des Sacremens ; il leur fit faire deux Missions dans l'Eglise d'vn village distant enuiron demy-lieuë de Paris, nommé la Chappelle, au temps des Festes de Pasques pendant deux années consecutiues ; ausquelles Missions il y eut vn grand nombre de personnes de condition de Paris, qui eurent deuotion d'assister ; les vns pour prendre part au trauail, & les autres aux fruits & au merite de l'œuure par leurs biensfaits & aumônes ; & par ce moyen ces pauures gens en receuant le bien spirituel qu'on leur procuroit, furent aussi secourus pour leurs besoins temporels, les vns ayant esté mis en condition, & les autres en estat de gagner leur vie.

Or entre ces refugiez de Lorraine il se trouua plusieurs personnes de condition de tout sexe, Gentils-Hommes & Demoiselles
que la necessité obligea aussi de venir à Paris : où ayant vendu ce
qu'ils auoient pû apporter, & sauuer du debris de leurs biens, &
s'en étant entretenus quelque temps; aprés que tout fut consumé
n'ayant plus de quoy subsister, ils se trouuoient pour la plus part
reduits à vne necessité d'autant plus grande, qu'ils ne l'osoient
faire paroître : la honte de se voir d'echûs de leur premier estat,
leur fermant la bouche, & les faisant resoudre à souffrir plûtost toutes sortes d'extremitez que de manifester leur pauureté.
Vne personne d'honneur & de merite en ayant eu connoissance
en donna auis à M. Vincent, & luy proposa la pensée qu'il auoit
euë de chercher les moyens de les assister. A quoy il respondit. *O
Monsieur que vous me faites plaisir ! Ouy, il est iuste d'assister & de soulager cette pauure Noblesse, pour honorer Nostre-Seigneur qui estoit tres-
Noble, & tres-pauure toute ensemble.* Apres quoy ayât recommandé
cette affaire à Dieu, & consideré en luy-mesme par quel moyen
on leur pourroit rendre cette assistance, il jugea que cét œuure
étoit vn digne objet de la charité de quelques personnes de condition; Et en effet il en disposa sept ou huit d'entr'eux qui étoient
d'vne insigne pieté, du nombre desquels étoit feu M. le Baron de
Renty, dont la sainte Vie, qui a esté redigée par écrit, & donnée
au public aprés sa mort, peut seruir d'vn parfait modele de toutes sortes de vertus aux ames vrayment nobles.

Ces Messieurs donc ayant esté conuiez par M. Vincent de s'assembler pour ce sujet, il leur parla si efficacement de l'importance & du merite de cette œuure de charité, qu'ils prirent resolution de se lier & associer ensemble, pour secourir & assister cette
pauure Noblesse; & quelques-vns s'étant chargez de les aller
voir en leurs chambres, pour reconnoître plus en particulier leurs
besoins, prendre leurs noms, & sçauoir au vray le nombre des
personnes de chaque famille; le rapport en fut fait en la prochaine assemblée, où ils se cotiserent tous pour leur fournir la subsistance d'vn mois. Et depuis ils continuerent de s'assembler à saint
Lazare tous les premiers Dimanches des mois, où ils se cotisoient
de nouueau selon les besoins de ces pauures refugiez; M. Vincent
y contribuoit toûjours de son costé, & quelquefois au delà de ce
qu'il pouuoit : Vne fois entre les autres il arriua que tous s'étant
cotisez, il s'en falloit enuiron deux cens liures que la somme necessaire pour cette charité ne fût complete; ce que M. Vincent

voyant , il appella le Preſtre Procureur de la maiſon , & aprés l'a-
uoir tiré à l'écart , il luy demanda tout bas quel argent il auoit.
A quoy il répondit qu'il n'auoit que ce qui eſtoit neceſſaire pour
pouruoir le lendemain aux neceſſitez ordinaires du viure de la
Communauté , qui étoit alors fort nombreuſe. Et combien y
a-t-il , luy dit M. Vincent ? cinquante écus reſpondit-il : Mais
n'y a-t-il que cela d'argent dans la maiſon , replique M. Vincent?
Non , Monſieur, répond l'autre , il n'y a que cinquante écus. Ie
vous prie , luy dit de rechef M. Vincent , de me les aller querir:
& les luy ayant apportez , il les donna pour fournir à peu prés à
ce qui manquoit pour la ſubſiſtance d'vn mois de cette pauure
Nobleſſe ; aimant mieux s'incommoder , & ſe reduire à emprun-
ter pour auoir de quoy viure pour les ſiens , que de laiſſer ſouffrir
ces pauures refugiez. Vn de ces Meſſicurs qui auoit prété l'oreil-
le , ayant entendu la réponſe du Procureur , admira la genereuſe
charité de M. Vincent: ce qu'ayant aprés rapporté aux autres , ils
en furent ſi touchez , que quelqu'vn d'entr'eux enuoya le lendemain matin vn ſac de mille-francs à la maiſon de ſaint Lazare par
aumône.

Cet exercice de Charité enuers la pauure Nobleſſe de Lorraine continua enuiron huit-ans , pendant leſquels on leur portoit
tous les mois leur ſubſiſtance ; & outre cela , ces Meſſieurs les alloient viſiter les vns aprés les autres , leur rendant toûjours dans
ces viſites quelque témoignage de reſpect , & leur diſant quelque
parole de conſolation ; ils leur procuroient encore d'ailleurs tout
le ſecours qu'ils pouuoient dans leurs affaires : Enfin la Lorraine
ſ'étant vn peu remiſe de tous ces troubles qui l'auoient agitée,
pluſieurs de ces refugiez retournerent en leurs maiſons ; & M.
Vincent prit ſoin de leur fournir ce qui eſtoit neceſſaire tant
pour leur voyage , que pour ſubſiſter quelque temps dans leur
Païs , & continua toûjours d'aſſiſter ceux qui reſtoient à Paris.

Comme vn exercice de Charité n'occupoit iamais tellement le
cœur de M. Vincent , qu'il ne fût toûjours diſpoſé d'en embraſſer
vn autre , ayant ſceu en ce meſme temps qu'il y auoit pluſieurs
Seigneurs & Gentils-Hommes Anglois & Eſcoſſois , leſquels
pour le ſujet de la Foy Catholique qu'ils profeſſoient , auoient été
contraints de ſe refugier à Paris ; il en parla à ces Meſſieurs qui
auoient aſſiſté les Lorrains , & procura conjointement auec eux
qu'ils fuſſent ſecourus comme les autres ; & il a toûjours continué
preſque iuſqu'au temps de ſa mort de les aſſiſter de ſes ſoins & de

ſes

ſes aumônes. Voicy vn extrait de ce qu'vn des plus qualifiez Seigneurs de cette illuſtre & charitable Aſſemblée a mis par eſcrit, ſur ce ſujet.

M. Vincent étoit toûjours le premier à donner ; il ouuroit ſon «
cœur & ſa bouche ; de ſorte que quand il manquoit quelque cho- «
ſe, il contribuoit tout le ſien, & ſe priuoit des choſes qui luy «
étoient neceſſaires pour acheuer l'œuure commencé. Vne fois «
meſme que pour parfaire vne ſomme conſiderable il étoit beſoin «
de trois cens liures, il les donna auſſi-toſt : & l'on ſçeut que c'é- «
toit des deniers qu'vne perſonne charitable luy auoit donnés, «
pour luy auoir vn autre cheual meilleur que le ſien, qui étoit di- «
uerſes fois tombé ſous luy de foibleſſe, étant extrémement vieux. «
Mais il aima mieux ſouffrir de ſe mettre en peril d'étre bleſſé, que «
de laiſſer des perſõnes, qu'il croyoit dans le beſoin, ſans les aſſiſter. «

Cette Aſſemblée continua prés de vingt-ans, ou enuiron ; & on peut auec raiſon la mettre au rang des grandes œuures, auſquelles M. Vincent a cooperé ; puis qu'il en a eſté l'Autheur & le Promoteur, & qu'auec la charité & le zele des perſonnes Illuſtres qui la compoſoient, il a remedié à vne infinité de maux, & procuré vn tres-grand nombre de biens fort conſiderables.

Nous ne deuons pas ômettre icy, que M. Vincent voyant tant de mauuais effets cauſez par la guerre, & conſiderant les horribles pechez, les blaſphémes, les ſacrileges, & prophanations des choſes les plus ſaintes, les meurtres, & toutes les violences & cruautez qu'on exerçoit ſur les perſonnes meſme innocentes, outre la deſolation des Prouinces, & la ruine de tant de familles; ſon cœur ſ'en trouua tellement ſaiſi, & comme tout outré de douleur, qu'il ſe reſolut contre toutes les raiſons, que la prudence humaine luy pouuoit ſuggerer, d'employer vn moyen dont le ſuccez paroiſſoit aſſez douteux, & qui pouuoit d'ailleurs luy étre fort préjudiciable. Nous auons déja dit en vn autre endroit, que M. le Cardinal de Richelieu luy témoignoit beaucoup de bienueillance : & ce fut de cette bienueillance qu'il ſe voulut préualoir, non pour ſes propres intereſts, mais pour le bien public. Dans ce deſſein il ſ'en alla vn iour le trouuer ; & aprés luy auoir expoſé auec toute ſorte de reſpect la ſouffrance extréme du pauure peuple, & tous les autres deſordres & pechez cauſez par la guerre, il ſe jetta à ſes pieds en luy diſant. *Monſeigneur donnez-nous la paix : ayez pitié de nous : donnez la paix à la France.* Ce qu'il repeta auec tant de ſentiment, que ce grand Cardinal en fut tou-

Y

ché : & ayant pris en bonne part ſa remontrance, il luy dit qu'il y trauailloit, & que cette paix ne dependoit pas de luy ſeul, mais auſſi de pluſieurs autres perſonnes, tant du Royaume, que du dehors.

Il eſt vray que ſi M. Vincent eût conſulté quelque Sage du ſiecle, il luy eût dit que par cette liberté de parler, il s'expoſoit à n'auoir plus aucun accés auprés de ce premier Miniſtre : mais la Charité qui preſſoit ſon cœur luy fit depoſer toute crainte, & fermer les yeux à tout reſpect humain, pour ne regarder vniquement en ce qu'il entreprenoit, que le ſeruice de Dieu, & le bien du peuple Chreſtien. Luy-meſme parlant d'vn ſemblable ſujet, „ Ie fus vn iour chargé, dit-il, de prier M. le Cardinal de Riche-„ lieu d'aſſiſter la pauure Hibernie, c'eſtoit du temps que l'Angle-„ terre auoit la guerre auec ſon Roy ; ce qu'ayant fait, hà M. Vin-„ cent ! me dit-il, le Roy a trop d'affaires pour le pouuoir faire. „ Ie luy dis que le Pape le ſeconderoit, & qu'il offroit cent mille „ écus. Cent mil écus, repliqu'a-t-il, ne ſont rien pour vne Armée : „ il faut tant de ſoldats, tant d'équipages, tant d'armes, & tant de „ conuois par tout : c'eſt vne grande machine qu'vne Armée, qui „ ne ſe remuë que malaiſément.

Or quoy que ſes prieres ne fuſſent pas alors efficaces, & que ce qu'il propoſoit ne ſe pût executer ; l'on voit neanmoins par là auec combien d'affection & de zele il ſ'eſt toûjours employé pour procurer l'auantage de la Religion, & le vray bien des Catholiques.

CHAPITRE XXXVI.

Seruices rendus par M. Vincent au feu Roy Louïs XIII. de glorieuſe memoire en ſa derniere maladie, pour le bien ſpirituel de ſon ame.

QVoy-que la dignité des Roys les éleue au deſſus de la condition des autres hommes, iuſqu'à vn tel point que l'Ecriture ſainte les appelle des Dieux, entant qu'ils ſont les Lieutenans & les viuantes Images de Dieu ſur la terre : cette meſme Ecriture neanmoins, aprés leur auoir donné vn titre ſi ſublime & ſi glorieux, les auertit au meſme endroit qu'ils ne doiuent pas oublier qu'ils ſont hommes, & par conſequent obligés de payer le commun tribut à la Nature, & de mourir comme les autres hommes.

Cette Loy est indispensable, & comprend aussi bien les plus sages & les plus vertueux Princes, que les autres qui ne sont pas tels : auec cette difference toutefois, que la mort est aux bons Roys, comme l'Eglise le declare, vn heureux échange d'vne souueraineté temporelle & terrestre, en vn Royaume celeste & eternel : & aux autres tout au contraire, elle est le terme de leurs vices, aussi bien que de leur vie, & le commencement de la punition que la puissance de Dieu leur en fera ressentir.

Si les vertus & qualitez toutes Royales de Louïs XIII. de tres-glorieuse memoire l'ont fait recounoître pendant sa vie pour l'vn des plus grands Monarques de la terre, sa pieté s'est particulierement signalée au temps de sa mort. Ce n'est pas icy le lieu de rapporter tout ce que ce Prince vrayment tres-Chrestien a fait & dit pendant sa derniere maladie ; par où il a donné à connoître combien son cœur Royal estoit détaché des choses de la terre, & quel estoit son zele pour procurer la conuersion des Heretiques & des pecheurs, & pour faire autant qu'il estoit en luy, que Dieu fût de plus en plus connu, honoré, seruy & glorifié, en tous les lieux de son obeïssance. Il suffira de remarquer icy, que ce bon Roy ayant oüy parler de la vertu & sainteté de vie de M. Vincent, & de tous ses emplois charitables pour le bien spirituel de ses sujets, luy demanda de le venir trouuer à saint Germain en Laye au commencement de sa derniere maladie, pour estre assisté en cet état de ses bons & salutaires auis ; & pour luy communiquer aussi quelques desseins de pieté qu'il meditoit, particulierement pour procurer la conuersion des Heretiques de la Ville de Sedan. Le premier compliment que M. Vincent fit de premier abord à sa Majesté, fut de luy dire ces paroles du sage. Sire, *Timenti Deum, bene erit in extremis* ; à quoy sa Majesté toute remplie des sentimens de sa pieté ordinaire, qui luy auoit fait lire & mediter souuent ces belles sentences de l'Ecriture, répondit en acheuant le Verset, *& in die defunctionis suæ benedicetur.*

Et vn autre iour comme ce Saint homme entretenoit sa Majesté du bon vsage des graces de Dieu ; ce grand Roy faisant reflexion sur tous les dons qu'il auoit receus de Dieu, & considerant l'Eminence de sa dignité Royale à laquelle sa Prouidence l'auoit éleué, les grands droits qui y sont annexés, & particulierement celuy de nommer aux Eueschés & Prelatures de son Royaume.

O M. Vincent ! luy dit-il, si ie retournois en santé, les Euesques seroient trois ans chez vous; voulant dire qu'il obligeroit ceux qui seroient nommés aux Euesches, de se disposer à s'acquiter de leurs Charges, par la frequentation des lieux & des personnes qui pourroient leur estre vtiles à cette fin. En quoy ce grand Prince rendit vn témoignage signalé des sentimens qu'il auoit touchant l'importance de la charge Episcopale, à laquelle il iugeoit qu'il falloit se bien disposer ; & de l'estime qu'il faisoit tant de l'Institut de M. Vincent, que des moyens qu'il employoit pour le bien spirituel des Ecclesiastiques, les iugeant tres-propres & tres-conuenables pour preparer les mesmes Ecclesiastiques, à soûtenir auec honneur & merite la Charge tres-pesante de ces grandes Dignitez.

M. Vincent demeura cette premiere fois enuiron huit-iours à saint Germain, où il eut plusieurs fois l'honneur d'approcher le Roy, & de l'entretenir des paroles de salut & de vie eternelle ; à quoy sa Majesté témoignoit prendre vne particuliere satisfaction.

Enfin la maladie du Roy s'augmentant de plus en plus, & surmontant tous les remedes, ce Prince tres-Chrestien voyant que Dieu vouloit le retirer de ce monde, manda de rechef M. Vincent pour l'assister en ce dernier passage. Il retourna donc à saint Germain, & se rendit auprés de sa Majesté trois iours auant son decez : où estant il demeura presque toûjours en sa presence, pour luy aider à éleuer son esprit & son cœur à Dieu, & à former interieurement des actes de Religion, & des autres vertus propres pour se bien disposer à ce dernier moment duquel depend l'eternité.

Ce grand Prince ayant ainsi fini sa vie par vne mort tres-Chrestienne, qui arriua le 14. May de l'année 1643. & M. Vincent voyant la Reine dans les saisissemens d'vne extréme douleur, & hors d'estat de receuoir aucune consolation de la part des hommes, s'en retuint aussi-tost à saint Lazare afin de faire prier Dieu pour leurs Majestés; bien affligé d'vn costé, de la perte d'vn Prince si iuste & si pieux, Mais d'autre-part, consolé des dispositions tres-bonnes dans lesquelles il l'auoit veu mourir : estant mort tres-Chrestiennement, aprés auoir vécu comme vn Prince tres-Chrestien. Le lendemain il fit faire vn seruice solemnel dans l'Eglise de S. Lazare, & offrir le S. Sacrifice de la Messe par tous les Prestres de la Maison pour le repos de son ame.

CHAPITRE XXXVII.

Monsieur Vincent est employé pour les affaires Ecclesiastiques
du Royaume, pendant la Regence de la Reine Mere.

LE Roy Louïs XIII. de glorieuse memoire ayant laissé en mourant la Regence du Royaume à la Reyne, pendant la minorité de son Fils, & tres-digne Successeur : cette Sage & Vertueuse Princesse considerant l'étenduë de cette grande Monarchie, & la multiplicité des affaires qui accompagnoient sa Regence, & sur tout l'importance de celles qui concernoient l'Eglise & la Religion ; jugea qu'il estoit expedient d'établir vn Conseil particulier pour les affaires Ecclesiastiques, qu'elle composa de quatre personnes, c'est à sçauoir de M. le Cardinal Mazarin, de M. le Chancelier, de M. Charton Penitencier de Paris, & de M. Vincent ; ayant pris resolution de ne disposer des Benefices qui dependoient de sa nomination, que par leurs auis.

Quoy-que M. Vincent fust tres-porté à rendre toutes sortes de seruices à leurs Majestez, ce luy fut neantmoins vne tres-grande peine de se voir appellé à la Cour, pour tenir vn rang dans le Conseil, qui luy estoit d'autant plus insupportable, qu'il paroissoit plus honorable aux yeux des hommes : sa grande humilité luy ayant toûjours fait regarder les honneurs comme des Croix, dont il ne pouuoit porter la pesanteur. Il fit toutes les instances qu'il pût, pour obtenir la grace, ainsi qu'il disoit, d'estre dispensé de cette charge : mais la Reine connoissant assez sa vertu & sa capacité, voulut absolument qu'il y demeurast. Il entra donc ainsi dans l'Exercice de cet Employ en l'année 1643, par vne pure deference aux volontez de sa Majesté, & auec vne grande crainte, non pas de s'éuanoüir dans les honneurs du monde, dont il ne connoissoit que trop la vanité ; mais de n'en pouuoir pas sortir aussitost qu'il l'eust desiré, pour vaquer seulement au soin de sa Congregation, & à la pratique de l'humilité & des autres vertus qu'il preferoit à toutes les grandeurs de la terre. C'est ce qui l'obligeoit de s'adresser incessamment à Dieu, le priant tous les jours qu'il luy plust le deliurer de cet embarras ; Et il a dit à vne personne de confiance, que depuis ce temps-là il n'auoit jamais celebré la Sainte Messe, qu'il ne luy eust demandé cette grace, laquelle il desiroit jusqu'à vn tel point, que s'étant retiré hors de Paris pendant quelques jours, & le bruit ayant couru qu'il eſtoit diſgracié, & qu'il auoit eu ordre de ſe retirer de la Cour ; comme aprés ſon retour, vn Eccleſiaſtique de ſes amis ſe conjouïſſoit auec luy de ce que ce bruit ne s'étoit pas trouué veritable, il luy dit en leuant les yeux au Ciel, & frappant ſa poictrine, *ha ! miſerable que ie ſuis, ie ne ſuis pas digne de cette grace.*

Dieu voulut qu'il demeuraſt pour le moins dix ans dans cet Employ qui luy eſtoit tres-penible, parce que c'eſtoit à luy qu'on renuoyoit la plus-part des affaires qui ſe deuoient traiter en ce Conſeil ; il receuoit les Placets qu'on preſentoit à ſa Majeſté, & prenoit connoiſſance des raiſons & des qualitez des perſonnes qui demandoient, ou pour leſquelles on demandoit des Benefices, pour en faire enſuite ſon rapport au Conſeil : la Reine l'auoit particulierement chargé de l'auertir de la capacité des perſonnes, afin que ſa Majeſté ne fuſt point ſurpriſe. Mais c'eſtoit vn ſujet digne d'admiration, de voir ce grand Seruiteur de Dieu conſeruer vne Sainte egalité d'eſprit au milieu d'vn flux & reflux de perſonnes & d'affaires, dont il eſtoit aſſailly continuellement, & poſſeder ſon Ame en paix ſous vn accablement de diſtractions & d'importunitez. Il receuoit tous ceux qui le venoient trouuer, toûjours auec vne meſme ſerenité de viſage, & ſans ſortir de ſoy-meſme il ſe donnoit à vn chacun, & ſe faiſoit tout à tous pour les gagner tous à IESVS-CHRIST.

Il eſt vray que qui l'euſt conſideré dans les occupations de ce nouuel Employ, joint à la conduite de ſa Congregation, & des autres Communautez, Eſtabliſſemens, & Aſſemblées, dont il a eſté parlé aux precedens Chapitres ; il euſt ſemblé deuoir eſtre partagé & comme diuiſé en vne infinité de ſoins & de penſées differentes ; veillant & pouruoyant à tout, & trauaillant nuit & jour pour ſatisfaire à toutes ces charges, que l'Obeïſſance ou la Charité luy auoient impoſées : neanmoins par vn effet admirable de la grace, on le voyoit toûjours recueilly en ſoy & vny à Dieu, toûjours preſent à luy-meſme, & ſe poſſedant parfaitement auec autant de paix & de tranquillité que s'il n'euſt eu aucune affaire ; toûjours preſt & diſpoſé d'écouter ceux qui l'abordoient, & de ſatisfaire à vn chacun ſans rebuter jamais perſonne, ny témoigner aucune peine, quelque importunité qu'on luy puſt donner, receuant auec la meſme affabilité les petits & les pauures, que les riches & les grands ; Enfin l'on peut dire de M. Vincent dans ce maniment des affaires publiques, ce que le Saint Apoſtre diſoit de luy-mesme, qu'il a esté fait comme vn spectacle au monde, aux hommes & aux Anges ; & que la Cour a esté comme vn Theatre, où la vertu de ce fidéle Seruiteur de Dieu a paru dans son plus grand jour ; où son humilité a triomphé des vains applaudisse-mens des hommes; où sa patience s'est montrée inuincible parmy les pertes, les afflictions , & tous les traits enuenimez de l'enuie & de la malice ; où sa fermeté à soûtenir les interests de Dieu & de l'Eglise, s'est fait voir au dessus de toute crainte & de tout respect humain. C'est là qu'il a témoigné sa fidelité inuiolable & son affection constante au seruice de leurs Majestez ; son respect & sa soûmission enuers les Prelats ; l'estime & la Charité qu'il conseru-uoit en son cœur pour tous les Ordres de l'Eglise , & pour toutes les Communautez Ecclesiastiques & Religieuses ; Le grand desir qu'il auoit de bannir l'auarice & l'ambition de tous les Benefi-ciers , de remedier aux abus qui se commettoient dans l'vsage des biens de l'Eglise , & dans les moyens qu'on employoit ordinairc-ment pour paruenir aux Benefices & aux autres Dignitez Eccle-siastiques ; dequoy il sera plus amplement parlé en la seconde Partie.

Mais ce qui est principalement digne de remarque , & qui fait bien voir le parfait des-interessement de M. Vincent, est que la Reine estant pour-lors enuironnée & pressée de toutes parts de Demandeurs & de Personnes qui aspiroient auec ardeur aux Charges, aux Benefices, & autres sortes de biens ; Il ne luy de-manda , ny ne luy fit demander aucune chose pour luy ny pour les siens, quoy qu'il fust si prés de la source d'où ils découloient abondamment sur tous le autres ; Et qu'il y ait grand sujet de croire que la Reine qui auoit vne estime particuliere de sa vertu , l'auroit tres-volontiers gratifié de plusieurs choses, s'il eust esté dans la disposition de les accepter. Il courut mesme vn bruit pen-dant quelques jours, qu'il alloit estre Cardinal, jusques-là que diuerses personnes luy en firent compliment : Il est vray qu'on ne sçait pas si sa Majesté eut ce dessein, comme on le disoit publi-quement ; Mais quoy qu'il en soit, l'on peut assurer que si elle auoit eu cette intention , l'humilité de M. Vincent auroit esté assez eloquente pour l'en dissuader.

CHAPITRE XXXVIII.

En quelle maniere M. Vincent *a contribué à l'Establisse-*
ment & au bien spirituel des Filles de la Congregation
de la Croix.

COMME la Charité de M. Vincent n'estoit point bornée à
aucunes œuures particulieres, mais s'étendoit vniuerselle-
ment sur toutes celles où il voyoit que Dieu pouuoit estre glorifié, en les approuuant & estimant toûjours, & mesme y contri-
buant de ses conseils & de son entremise quand il le voyoit necessaire, ou qu'il en estoit requis ; de-là vient qu'il ne s'est fait de son
temps presque aucune œuure publique de pieté, où il n'ait eu
quelque part, & pour laquelle on n'ait eu recours à luy, soit pour
luy demander ses auis, ou pour le prier de s'en entremettre, & de
l'appuyer en quelque maniere, en voicy vn exemple tres-consi-
derable entre plusieurs autres.

Vne Dame de tres-grande pieté nommée Marie l'Huillier,
veuve de feu M. de Villeneuve, ayant par occasion reçeu chez
elle quelques vertueuses filles de Picardie qui auoient esté obligées de venir à Paris pour leurs affaires : comme elle reconnut
que ces bonnes filles auoient vn zele particulier de former à la
pieté les autres personnes de leur sexe, & particulierement les petites filles, les instruisant de toutes les connoissances necessaires
pour mener vne vie vraiment Chrestienne ; elle qui se sentit
pressée du mesme zele, les y porta autant qu'elle pût : & comme
les besoins spirituels sont ordinairement plus grands dans les villages & lieux champestres que dans les Villes, elle se retira en
quelques maisons des champs pour donner moyen à ces filles d'e-
xercer plus vtilement cette charité ; elle les enuoyoit mesme de
fois à autres en diuers lieux, où pendant quelque peu de sejour
qu'elles y faisoient, elles s'employoient à cette instruction auec
beaucoup de fruit. Ce qui conuia d'autres filles qui se sentoient
portées à pratiquer ces mesmes charitables exercices, de se joindre aux premieres, qui les auoient commencé ; & dans la suite du
temps, cette Dame reconnut par cette petite épreuue le grand
besoin qu'il y auoit de procurer, que les petites filles fussent dés
leur bas âge instruites à la connoissance de Dieu, & aux bonnes
mœurs,

mœurs ; & le peu de perſonnes qui ſe rencontroient particulierement dans les petites Villes, Bourgs & Villages, qui fuſſent
capables de bien faire cette inſtruction ; les Religieuſes Vrſuli-
nes,& autres qui font vne ſpeciale profeſſion d'y vacquer,ne pouuant pas ſ'établir en ces petits lieux ; & les filles ou femmes veuves,qui ſe vouloient mêler d'y faire les petites Ecoles,en eſtant
ſouuent fort incapables , & ne prenant aucun ſoin de former &
d'inſtruire les filles à la pieté ; outre qu'il ſe trouue vn tres-grand
nombre de lieux où il n'y auoit aucunes Maiſtreſſes d'Ecoles ; de
ſorte que les filles eſtoient obligées , ou de demeurer dans vne
tres-grande ignorance, ou d'aller aux Ecoles auec les garçons ;
d'où ſ'enſuiuoient de tres-grands deſordres, comme l'experience
l'auoit fait connoître.

Cette Dame donc conſiderant tout cela, prit reſolution d'y
apporter vn remede plus vniuerſel , perſuadant à ces bonnes
filles qui eſtoient auec elle, & qui auoient vn tres-grand reſpect
& vne entiere deference à ſes ſentimens, de s'appliquer non ſeulement à continuer leurs inſtructions , mais encore à former
entr'elles d'autres filles qu'on jugeroit propres pour aller demeurer en diuers lieux ,& y faire plus Chreſtiennement & plus fru-
ctueuſement la fonction de Maîtreſſes d'Ecole : & comme toutes
les œuures de pieté inſpirées de Dieu, ſont toûjours expoſées aux
contradictions & aux trauerſes; ces filles en ayant au commencement reçeu pluſieurs, & pour ce ſujet quelqu'vn leur ayant dit
qu'on les pouuoit auec raiſon appeller Filles de la Croix, ce titre
leur eſt toûjours depuis demeuré , & elles l'ont conſerué auec
vne affection d'autant plus grande, qu'il ſembloit les obliger en
quelque façon de ſe tenir plus vnies à I E S V S-C H R I S T crucifié,
que S. Paul appelle la puiſſance, & la ſageſſe de Dieu ; afin d'y
puiſer comme dans la vraie ſource, la lumiere & la force necel-
ſaire pour correſpondre dignement aux deſſeins de ſa Prouidence
ſur elles, & pour ſ'employer auec benediction à détruire parmy
les perſonnes de leur ſexe, les deux plus grands obſtacles de la vie
Chreſtienne, qui ſont l'ignorance & le peché.

Prædicamus
Chriſtum
crucifixum
Dei virtu-
tem, & Dei
ſapientiam
1. Cor. 1.

Cette vertueuſe Dame ne ſe voulut pas fier à ſes propres ſentimens pour vne entrepriſe de telle importance , mais elle en parla
à pluſieurs grands ſeruiteurs de Dieu ; entre leſquels ayant vne
eſtime tres-particuliere de la vertu & capacité de M. Vincent,
elle confera ſouuent auec luy ſur ce ſujet, & il luy donna pluſieurs
ſalutaires auis, ſoit pour l'encourager à l'entrepriſe de cette bon-

ne œuure, soit pour luy aider à bien former, & conduire les filles qui la deuoient soûtenir auec elle. Depuis, le nombre de ces filles s'estant accrû, pour affermir dauantage vn si bon dessein, elle en obtint l'Approbation de M. l'Archeuesque de Paris, & mesme l'erection de cette Compagnie de filles en Communauté & Congregation formée, sous le titre de Filles de la Croix, ce qui fut ensuite authorisé par Lettres Patentes du Roy verifiées en la Cour de Parlement; Et Madame la Duchesse d'Aiguillon voyant le grand bien que cette nouuelle Congregation pouuoit produire dans l'Eglise, poussée de sa Charité ordinaire contribua notablement pour les établir & fonder en la Ville d'Aiguillon, & ailleurs.

Plusieurs années se passerent auant que cette Congregation fût mise au point qu'il falloit pour subsister; les grandes & presque continuelles infirmitez de Madame de Villeneuue y ayant apporté beaucoup de retardement, & enfin la mort l'ayant preuenuë auant qu'elle eust pû donner la derniere perfection à ce qu'elle auoit si bien commencé: De sorte que ces bonnes Filles demeurerent comme orphelines, ayant perdu leur Mere; & cette perte leur arriua dans vn conjoncture assez fâcheuse, en laquelle (Dieu le permettant ainsi pour en tirer sa plus grande gloire) on peut dire que Satan commençoit d'attaquer leur Congregation naissante pour la cribler, ainsi qu'il fit à l'égard des Apostres dans les commencemens de l'Eglise selon la prediction de Iesvs-Christ. Il y auoit pour lors à la verité beaucoup de personnes de vertu & de condition qui desiroient, & s'employoient pour faire subsister cette Congregation; Mais on y trouuoit de si grandes difficultez, à cause des trauerses qu'on luy donnoit, & d'autres fâcheux accidens qui luy arriuerent en ce temps-là, que les personnes mesmes qui auoient plus d'affection & plus d'interest à sa conseruation, concluoient presque toutes à la dissoudre, ou bien à l'vnir auec quelqu'autre Communauté. Surquoy M. Vincent ayant esté consulté, & s'estant tenu plusieurs Assemblées en sa presence sur ce sujet; Ce fut vne chose merueilleuse, que nonobstant tout ce qui fut representé, pour faire voir que selon les apparences humaines elle ne pouuoit subsister; ce grand homme, comme inspiré de Dieu, bien qu'il fût toûjours assez tardif à prendre vne derniere resolution dans les affaires de cette nature, & qu'il eût d'ailleurs difficulté d'approuuer les nouueaux établissemens, fut neanmoins absolument d'auis qu'on deuoit employer tous les moyens possibles pour soûtenir & faire subsister

cette Congregation ; & quoy qu'on pût dire au contraire , il
tint toûjours ferme dans ce sentiment : il conseilla mesme à vne
vertueuse Dame, dont il connoissoit le zele & la Charité , d'entreprendre cette bonne œuure, & de se rendre la Protectrice &
comme la Tutrice de ces Filles Orphelines. Ce fut Madame An-
ne Petau Veuve de M. Renauld Seigneur de Trauerzay, Con-
seiller du Roy en son Parlement de Paris , laquelle deferant à cet
auis de M. Vincent, s'est employée auec vne affection infatigable à soûtenir & défendre les interests de cette Congregation
des Filles de la Croix, qui a surmonté par son moyen, & principalement par le secours de Dieu, tous les obstacles qui luy étoient
les plus contraires , & a esté mise en estat de subsister, & de rendre, comme elle fait, vn seruice vtile à l'Eglise. M. Vincent non
content d'auoir releué de la sorte cette Congregation qui sembloit estre sur le penchant de sa ruïne , & de luy auoir procuré vn
secours si fauorable, exhorta de plus vn Ecclesiastique qu'il iugeoit propre pour cet effet, d'en accepter la Charge de Superieur sous le bon-plaisir de M. l'Archeuesque de Paris ; pour aider ces vertueuses Filles à se perfectionner en leur estat , & pour
suppléer à ce qui n'auoit pû estre fait du viuant de Madame de
Villeneuve: Il luy donna ensuite, en diuerses rencontres plusieurs
auis tres-vtiles touchant la conduite de cette Congregation, à
laquelle il a plû à Dieu depuis ce temps-là donner vne benediction toute particuliere, en sorte qu'elle a contribué & contribuë encore tous les jours au salut & à la sanctification de plusieurs
ames : Car les Filles de cette Congregation s'emploient non seulement à former celles qui se presentent, pour les rendre propres
à instruire vtilement & Chrestiennement les autres selon leur
Institut ; mais elle exercent aussi toutes sortes d'œuures de Charité spirituelles qui leur sont conuenables à l'égard des personnes
de leur sexe, & principalement enuers les Pauures, tenant la porte de leur Maison, & encore plus celle de leurs cœurs ouuerte
pour les y receuoir, & pour leur rendre toute sorte d'assistance en
leurs besoins spirituels ; soit en les instruisant des choses necessaires à salut ; soit en les disposant à faire de bonnes Confessions generales; ou en les receuant quelques jours en leur Maison pour y
faire vne Retraite, selon les besoins qu'elles en peuuent auoir.

Or comme aprés Dieu c'est M. Vincent qui leur a tendu la
main pour les soûtenir, & pour garentir leur Congregation d'vne
chûte dont elle n'eust peut-estre jamais pû se releuer ; & com-

me c'eſt luy qui a d'ailleurs grandement contribué par ſes ſages conſeils à les mettre dans le bon eſtat où elles ſe trouuent ; elles ſont obligées de le reconnoître, ſinon pour leur Fondateur & Inſtituteur, au moins pour leur Reſtaurateur & Conſeruateur, & de remercier Dieu de toutes les aſſiſtances & ſecours temporels & ſpirituels qu'elles ont receu par ſes charitables entremiſes.

CHAPITRE XXXIX.

De quelle façon M. Vincent ſe comporta pendant les premiers troubles de l'an 1649. & de ce qui luy arriua en quelques voyages qu'il fit en ce temps-là.

CE Royaume auoit ioüy d'vn grand calme pendant les premieres années de la Regence de la Reine Mere, qui continuoit toûjours ſes ſoins pour procurer la paix au dedans, pendant qu'elle employoit les Armes au dehors pour repouſſer les efforts des ennemis. Mais ſoit que nos pechez nous rendiſſent indignes de ioüir plus long-temps d'vn ſi grand bien, ou que Dieu pour d'autres juſtes raiſons qui nous ſont inconnuës nous en voulût priuer, ce calme fut ſuiuy d'vne des plus violentes tempeſtes dont la France ait eſté agitée depuis long-temps. Ce fut vers la fin de l'année 1648. que cét orage commença de ſ'éleuer, lequel donna ſujet à leurs Majeſtés d'aller à Saint Germain en Laye au mois de Ianuier de l'année ſuiuante ; Et les trouppes ſ'étant enſuite approchées de cette grande Ville, elle ſe trouua incontinent bloquée, & peu de temps aprés reduite en de fâcheuſes extremitez.

La premiere choſe que fit alors M. Vincent, fut de mettre ſa Compagnie en prieres pour demander à Dieu le ſecours de ſa miſericorde, preuoyant bien que l'affliction publique ſeroit grande, ſi cette diuiſion duroit. Enſuite de cela il crût qu'il eſtoit de ſon deuoir de ſ'employer autant qu'il pourroit, afin d'y apporter quelque remede ; & reſolut à cet effet de prendre occaſion, en allant faire offre de ſes tres-fidéles ſeruices à leurs Majeſtez à Saint Germain, de repreſenter à la Reyne auec tout le reſpect & toute l'humilité poſſible, ce qu'il penſoit ſelon Dieu eſtre le plus expedient pour moyenner la paix, & la tranquillité de l'Eſtat. Dans cette reſolution il partit de Saint Lazare le 13. du meſme mois de Ianuier. Pour ne donner toutefois aucun ombrage de cette fortie, il mit vne Lettre entre les mains de celuy auquel il laiſſoit la conduite de la maiſon de Saint Lazare, pour la porter en meſ-me-temps à M. le premier Preſident ; par laquelle il luy declaroit le mouuement que Dieu luy auoit donné d'aller à Saint Germain faire ce qu'il pourroit pour procurer la paix ; & que s'il n'auoit eu l'honneur de le voir auparauant que de ſortir, c'eſtoit pour pou-uoir aſſurer la Reine qu'il n'auoit concerté auec perſonne de ce qu'il auoit à luy dire. Il crût deuoir vſer de cette précaution pour deux fins ; l'vne, pour oſter tout ſoupçon à la Cour qu'il euſt eu aucune communication auec ceux du party contraire, & pour auoir moyen de parler plus efficacement à ſa Majeſté, quand elle ſeroit aſſurée qu'il luy parloit ſeulement ſelon les mouuemens qu'il en auoit receus de Dieu ; Et l'autre, pour ne pas mécontenter le Parlement, qui auroit pû trouuer à redire qu'vn homme comme luy, euſt quitté Paris de la ſorte, s'il n'auoit donné auis à quel-qu'vn des principaux de ce Corps, de ſon voyage & de ſon deſſein.

Eſtant donc party de grand matin, il arriua à Saint Germain ſur les neuf à dix heures, non ſans peril à cauſe du debordement extraordinaire des eaux, & des courſes que les ſoldats faiſoient de tous coſtez. S'eſtant preſenté à la Reine, il luy parla prés d'vne heure ; & enſuite alla trouuer M. le Cardinal Mazarin, auec lequel il eut vne aſſez longue Conference. Il fut reçeu & écouté fauorablement de ſa Majeſté, & de ſon Eminence, qui connoiſ-ſoient aſſez la ſincerité de ſon cœur, & la droiture de ſes inten-tions : Mais quoy-que ſa remontrance n'euſt pas alors l'effet qu'il euſt deſiré pour la fin qu'il prétendoit, qui n'eſtoit autre que la Paix, & la reünion parfaite de l'Eſtat ; les affaires n'y eſtant pas encore diſpoſées : il eut au moins cette ſatisfaction, d'auoir fait tout ce qu'il auoit pû, pour témoigner ſa fidelité & ſon zele au ſer-uice de leurs Majeſtez, & tout enſemble ſon affection à procurer le bien public & le ſoulagement des Pauures, leſquels, quoy-que les plus innocens, reſſentoient neanmoins plus viuement que tous les autres, les coups de cette tempeſte.

Ayant donc fait ce pour quoy il eſtoit allé à Saint Germain, il en partit le troiſiéme jour pour aller à Ville-preux, ne croyant pas pour beaucoup de raiſons deuoir retourner à Paris. De Ville-preux il s'en alla en vne petite Ferme ſituée en Beauſſe à deux lieuës d'Eſtampes, en vn pauure hameau nommé Freſneuille, de la Parroiſſe du Val de Puiſſeaux ; laquelle Ferme auoit eſté don-

née à la maison de Saint Lazare par Madame de Herse , pour la
Fondation de quelques Missions. Il y sejourna l'espace d'vn mois,
pendant lequel on peut dire qu'il ne se sustenta que du pain de
tribulation & de l'eau d'angoisse, la saison estant extrémement
froide , & le logement tres-pauure , où l'on manquoit de toutes
les commoditez pour la vie , & où dans vn temps de trouble & de
guerre , tout estoit à craindre. Là M. Vincent demeura pendant
ce temps , comme vn autre Ieremie , deplorant les miseres de ce
Royaume , & offrant à Dieu ses larmes , ses souffrances & ses pe-
nitences pour implorer sa misericorde : ou bien comme vn autre
Iob sur vn peu de paille, pour attendre l'execution des desseins de
Dieu , & se soûmettre à toutes ses volontez. Et en effet pendant
qu'il s'arresta en cette pauure chaumiere , on luy rapporta que
les autres Fermes de Saint Lazare, qui estoient aux enuirons de
Paris , & d'où il tiroit la principale subsistance des siens , auoient
esté pillées par les soldats , les meubles emportez , les troupeaux
enleuez , auec dix-huit ou vingt-muis de froment. D'vn autre
costé il apprit que la maison de Saint Lazare depuis son depart
souffroit beaucoup de vexations : qu'on y auoit logé six cens soldats, lesquels y faisoient vn estrange rauage ; & qu'on s'estoit saisi
des portes de la maison & des greniers, d'où l'on auoit fait trans-
porter les grains & les farines aux Halles par ordre d'vn Conseil-
ler qui disoit en auoir charge du Parlement : ce qui neanmoins ne
s'estant pas trouué depuis veritable, le mesme Parlement en fit sortir ces soldats, & rendre les clefs; mais les dommages ne furent pas
reparez. Il venoit ainsi tous les jours quelqu'vn vers M. Vincent
pour luy rapporter ces pilleries , & ces pertes ; à quoy il répondoit toûjours, *Beny soit Dieu , beny soit Dieu.*

Et pour faire encore mieux connoître ce qui se passa en la maison de Saint Lazare dans cette rencontre , & quel fut le sujet qui
exerça la patience de M. Vincent, nous rapporterons icy ce qu'en
écriuit vn tres-vertueux Ecclesiastique, qui frequentoit les Prestres de cette Sainte Maison. Voicy en quels termes il en parle
dans vne sienne Lettre.

Nous auons esté témoins, dit-il , de la persecution que la mai-
,, son de Saint Lazare a soufferte en ses biens, commoditez , & pro-
,, uisions, pendant la guerre & les mouuemens de Paris , par l'ani-
,, mosité de quelques personnes mal-affectionnées , & mesme de
,, quel qu'vn d'entre les premiers Magistrats. Car sous-pretexte de
,, faire la reueuë des prouisions de blé , qui se trouueroient dans la

Maiſon & dans la grange, on alla foüiller, & fureter par tout, «
comme s'il y euſt eu de grands Treſors cachez ; & outre cela on «
fit entrer vn Regiment de ſoldats tres-inſolens, qui durant plu- «
ſieurs jours, firent vn dégaſt & vne diſſipation épouuantable ; & «
pour comble de leur malice, ils mirent le feu dans les buchers de «
la baſſe-cour, où eſtoit tout le bois de la prouiſion, dont i'ay «
veu les reſtes encore tous fumans, en allant voir M. Lambert qui «
tenoit la place de M. Vincent. Ce vertueux Miſſionnaire eſſuya «
tous ces affrons, & ſouffrit cette perſecution auec ſa ſerenité & «
tranquillité ordinaire, tout joyeux d'auoir enduré quelques op- «
probres auec ſon bon Pere, & de voir le degaſt & l'enleuement «
(puiſque Dieu le vouloit ainſi) non tant de leurs biens, comme «
des prouiſions des Pauures, auſquels ils auoient deſſein de les di- «
ſtribuer, ſelon leur couſtume, tres-liberalement & charitable- «
ment durant le cours de l'année. *Et rapinam bonorum veſtrorum cum* «
gaudio ſuſcepiſtis. Il euſt pû juſtement dire à ceux qu'il voyoit ſi «
auides des Treſors & des richeſſes qu'ils cherchoient à main armée «
dans la Maiſon, ce que le grand Saint Laurent répondit à ſes per- «
ſecuteurs, leur montrant les Pauures, qui eſtoient les magaſins «
viuans où il auoit caché les richeſſes de l'Egliſe pour leſquelles on «
le perſecutoit, *Facultates quas requiris, in cœleſtes theſauros manus* «
pauperum deportauerunt. Le bon M. Vincent fut comme vn juſte «
Loth tiré de cet incendie, & de cette confuſion par vn mouue- «
ment particulier, comme par vn Ange ; & ſortant de Paris le «
cœur tout outré de douleur ſur les miſeres de tant de Pauures qui «
alloient eſtre reduits aux derniers neceſſitez, il paſſa par Saint «
Germain en Laye pour en expoſer ſes ſentimens à leurs Majeſtez ; «
& puis s'eſtant retiré il alla viſiter les Maiſons de ſa Congregation, «
qui profiterent par la douceur de ſa preſence, de noſtre priuation «
& de noſtre perte. «

M. Vincent eſtant donc retiré en cette pauure chaumiere de «
Freſneuille, y ſouffrit de tres-grandes incommoditez, tant par la
rigueur du froid qui eſtoit alors tres-grand, n'ayant qu'vn peu de
bois vert pour faire du feu ; que pour la nourriture qui eſtoit tres-
chétiue, toutes choſes manquant en ce pauure lieu, ne s'y trouuant que du pain qui eſtoit fait partie de ſeigle, & partie de féues:
on n'entendoit pas neanmoins vne ſeule plainte de ſa bouche,
mais il enduroit tout en eſprit de penitence, croyant qu'en qualité de Preſtre il la deuoit faire pour appaiſer la colere de Dieu
qui faiſoit reſſentir de plus en plus ſes effets ſur tout le Royaume.

Il prefcha aux habitans de ce pauure, lieu pour les encourager à faire vn bon vfage de l'affliction prefente, & les exhorta à la Penitence, comme au moyen le plus efficace pour appaifer Dieu : & les ayant difpofez à fe confeffer, il leur fit la Charité de les entendre auec le Curé du lieu, & vn autre Preftre de fa Congregation.

Ayant fait quelque fejour en ce pauure lieu, il en partit, non-obftant la rigueur de la faifon, & s'en alla au Mans pour y faire la vifite d'vne maifon de fa Congregation, qui eft aux Fauxbourgs de la Ville. De-là s'étant mis en chemin pour aller à Angers, il luy arriua vn accident à demy-lieuë de Durtal, paffant vne petite riuiere, où fans le prompt fecours qu'on luy donna, il fe feroit noyé, fon cheual s'étant couché dedans : en ayant donc efté retiré, il remonta à cheual tout trempé, fans qu'il parût aucune émotion en fon vifage. C'eftoit en Carefme; & ayant à grand' peine trouué dequoy fe fecher dans vne petite chaumiere qu'il rencontra fur le chemin, il demeura fans manger jufqu'au foir, qu'il arriua en vne Hoftellerie. La Maîtreffe voyant que M. Vincent catechifoit felon fa couftume les feruiteurs de la maifon, elle s'en alla ramaffer tous les enfans de la Bourgade, & fans luy en parler, les fit tous monter à fa chambre; dequoy il la remercia grandement, & les ayant feparez en deux bandes, il en donna vne à inftruire au Preftre qui eftoit auec luy, pendant qu'il faifoit le Catechifme à l'autre.

Il fejourna cinq jours à Angers, où il fit la vifite des Filles de la Charité qui feruent les Malades de l'Hofpital; & enfuite s'étant mis en chemin pour aller en Bretagne, comme il approchoit de Rennes, il luy arriua vn accident qui le mit dans vn tres-grand danger de fa vie; car paffant l'eau entre vn moulin & vn eftang fort profond, fur vn petit Pont de bois, le Cheual vint à s'ombrager de la rouë du moulin, & en fe reculant alloit fe precipiter dans l'eftang, ayant déja vn des pieds de derriere hors du Pont, & fur le point de tomber, fi Dieu comme par quelque forte de miracle ne l'euft retenu, & arrefté tout court. M. Vincent fe voyant hors de ce danger auoüa qu'il n'en auoit jamais échappé vn tel; & beniffant Dieu d'vne protection fi euidente & fi merueilleufe, il pria celuy qui l'accompagnoit, de l'aider à en remercier fa diuine bonté.

M. Vincent en tout ce voyage n'auoit fait aucune vifite de compliment & de ciuilité à perfonne, ny à Orleans, ny au Mans,

ny

ny à Angers, ny aux autres lieux où il auoit passé ; Il vouloit faire
le mesme à Rennes, & trauerser simplement la Ville pour aller en
la maison de sa Congregation qui est à S. Méen, à huit lieuës au
delà, desirant passer inconnu en tout ce voyage, s'il luy eust esté
possible ; mais ayant esté nonobstant cela, reconnu à son entrée
dans la Ville de Rennes, qui pour-lors estoit dans l'émotion au sujet des troubles du Royaume, aussi bien que celle de Paris ; vne
personne qui auoit autorité en cette Ville, luy manda que son sejour estoit suspect, à cause de son employ dans les Conseils, qu'on
auoit dessein de le faire arrester, & qu'il luy en donnoit auis, afin
qu'il sortist à l'heure mesme de la Ville. M. Vincent receut ce con-
gé comme vne faueur, & à l'heure mesme il se disposa pour partir ;
mais comme on selloit son cheual, vn Gentil-homme logé dans
la mesme Hostellerie l'ayant reconnu, & s'estant laissé transpor-
ter à vn mouuement de colere luy dit tout haut, M. Vincent sera bien étonné si à deux lieuës d'icy on luy donne vn coup de
pistolet dans la teste, & en mesme temps sortit. Cette menace
ayant esté entenduë par M. le Theologal de S. Brieu, lequel ayant
appris l'arriuée de M. Vincent l'estoit venu visiter en cette Hostellerie, il l'empescha de partir, & luy persuada d'aller voir M.
le premier President, & quelques autres, desquels il fut receu
fort ciuilement : Et le lendemain comme il estoit prest de partir,
on vit rentrer ce mesme Gentil-homme, qui aprés luy auoir fait
la menace de le tuer estoit sorty, & auoit couché hors de la Ville ;
ce qui donna sujet de croire qu'il estoit allé attendre M. Vincent
sur le chemin, pour faire ce mauuais coup : Mais ce fidéle seruiteur de Dieu ayant toute sa confiance en la Diuine Prouidence,
& estant toûjours disposé à mourir, & mesme le souhaitant à l'i-
mitation du S. Apostre, pour estre auec IESVS-CHRIST, ne s'en
mit guere en peine ; neanmoins M. le Theologal de S. Brieu
estant en quelque crainte pour sa personne qui luy estoit tres-
chere, ne le voulut point quitter, mais l'accompagna iusqu'au
lieu de S. Méen, où il arriua le Mardy de la Semaine Sainte. Il y
demeura quinze jours, pendant lesquels il se tint la pluspart du
temps au Confessional, pour entendre les Pauures qui viennent
de tous costés en Pelerinage en ce saint lieu, afin d'y receuoir la
guerison de leurs incommoditez, que Dieu leur accorde frequemment par l'intercession de ce Saint.

Il s'en alla de ce lieu à Nantes pour quelque affaire de pieté ;
de-là il passa à Luçon, à dessein de continuer son voyage à Sain-

tes, & puis en Guienne pour y continuer la visite des Maisons de sa Congregation. Mais ayant receu ordre exprés de la Reine de s'en reuenir à Paris, où le Roy estoit alors retourné : il s'en vint à Richelieu, où il tomba malade; Ce que Madame la Duchesse d'Aiguillon ayant sçeu, elle luy enuoya vn petit carosse auec deux de ses cheuaux & vn de ses cochers, pour le ramener aussi-tost qu'il seroit en estat de se mettre en chemin; on luy auoit donné long-temps auparauant ce mesme carosse à cause de l'incommodité de ses jambes, dont neanmoins il n'auoit point voulu se seruir.

Il laissa en toutes les maisons qu'il visita durant ce voyage vne grande consolation à ses Enfans spirituels, & vne tres-bonne odeur de l'humilité, cordialité, douceur, & de toutes les autres vertus qu'il y pratiqua, & dont il leur donna les exemples. Enfin il retourna à Paris au mois de Iuillet 1649. aprés six mois & demy d'absence : estant arriué il renuoya aussi-tost les cheuaux à Madame la Duchesse d'Aiguillon, auec mille remercimens ; mais elle les luy fit remener, disant qu'elle les luy auoit donnez pour s'en seruir. Il les refusa derechef, en protestant que si l'incommodité de ses jambes, qui augmentoit tous les jours, ne luy permettoit plus d'aller ny à pied ny à cheual, qu'il estoit resolu de demeurer plûtost toute sa vie à S. Lazare, que de se faire traîner dans vn Carosse. Ce que la Reine & M. l'Archeuesque de Paris ayant sçeu, ils luy firent vn commandement exprés d'aller en Carosse ; à quoy il acquiesça, non sans vne grande peine & vne extréme confusion, appellant ce Carosse qui estoit tres-chetif, son ignominie, & voulant que les cheuaux qui le tiroient fussent aussi employez à la Charrüe & à la Charrette, quand il n'estoit pas obligé d'aller en ville. Il estoit alors âgé de soixante & quinze ans, & tellement incommodé qu'il auoit grande peine de se leuer quand il estoit assis, de sorte que ce n'a esté que par obeïssance & par necessité qu'il s'est seruy de ce pauure Carosse, qui luy a neanmoins donné moyen de trauailler auec benediction à diuerses importantes affaires, & de rendre plusieurs grands seruices à l'Eglise ; ce qu'il n'auroit pû faire sans cela.

CHAPITRE XL.

M. Vincent procure l'assistance des pauures Habitans des Frontieres de Champagne & de Picardie ruinées par les guerres.

IL est vray comme dit l'Ecriture sainte , que les maladies qui sont de longue durée, & qui degenerent en langueur, donnent beaucoup d'ennuy au Medecin , lequel souuent abandonne le malade , quand il ne sçait plus quel remede employer pour sa guerison : l'on peut dire de mesme qu'il y auoit quelque sujet de s'atiedir & refroidir dans l'exercice des œuures de Charité qu'on entreprenoit pour remedier à l'indigence des Pauures , dont le nombre aussi bien que la necessité & la misere augmentoit tous les iours par le malheur des guerres , particulierement des intestines & ciuiles qui causoient d'étranges desolations dans la France. Mais quand on rapporta à M. Vincent depuis son retour à Paris, l'estat deplorable où se trouuoient reduites les Prouinces de Champagne & de Picardie du costé de la Frontiere, & qu'il se vit ainsi aprés tant de pertes comme accablé d'vn nombre presque innombrable de Pauures de tout sexe, âge, & condition, ausquels il estoit necessaire de donner assistance ; Il faut auoüer qu'vn cœur moins remply de Charité que le sien, eust perdu courage & eust succombé sous le poids de cette nouuelle surcharge, ne croyant pas le pouuoir porter, ny trouuer moyen de subuenir à tant de necessitez.

Ce fut toutefois en cette occasion que ce S. Homme fit paroître excellemment la grandeur de sa vertu ; car se releuant comme la Palme auec d'autant plus de vigueur, qu'il se voyoit plus chargé ; & se confiant plus que jamais en la toute-puissante bonté de Dieu, il resolut d'entreprendre cette œuure de Charité, ainsi qu'il auoit fait toutes les autres. Pour cét effet aprés auoir imploré le secours de la Diuine Misericorde , dont les tresors sont inepuisables, il en fit la proposition aux Dames de la Charité de Paris, qui s'assembloient pour ces sortes d'œuures de misericorde : & quoyqu'alors les miseres communes qu'on auoit souffertes, eussent reduit les personnes les plus accommodées dans vn estat, où elles ne pouuoient plus faire ce qu'elles auoient fait par le passé ; nean-

moins ces charitables Dames fermant les yeux à toute autre
confideration humaine, & croyant que la volonté de Dieu leur
eftoit manifeftée par l'organe de fon fidéle Seruiteur, firent vn
effort entr'elles pour fecourir ces Pauures dans la defolation de
leurs Prouinces ; & y ayant ajoûté ce qu'elles pûrent recueillir
des queftes qu'elles firent, M. Vincent enuoya plufieurs des fiens
pour faire la diftribution de ces aumônes : A quoy Dieu donna
vne telle benediction, que depuis qu'on eut commencé cette affiftance, elle fut toûjours continuée l'efpace de dix ans, iufqu'à la
conclufion de la Paix : de forte que contre toute efperance & apparence humaine, il f'eft trouué que pendant ce temps-là, on a
diftribué la valeur de plus de fix cens mille liures d'aumônes, tant
en argent, qu'en pain, viures, veftemens, remedes pour les malades, outils pour cultiuer la terre, grains pour l'enfemencer, &
autres femblables chofes neceffaires à la vie : ce qui f'eft fait par
la conduite & par les ordres de M. Vincent, qui enuoya les Miffionaires de fa Compagnie dans ces Prouinces, où ils ont fejour-
né & parcouru tous les lieux dans lefquels ils fçavoient qu'il y
auoit des Pauures reduits à l'extremité, & particulierement les
Villes, & les enuirons de Reims, Fifmes, Rethel, Rocroy, Me-
zieres, Charleuille, Donchery, Sedan, Sainte-Menehould,
Vervins, Laon, Guife, Chauny, La fere, Peronne, Noyon,
Saint Quentin, Han, Marle, Riblemont, Amiens, Arras ; en vn
mot toutes les Villes, Bourgs, & Villages où les Pauures-gens foit
Habitans ou refugiéz eftoient plus ruinez, & plus dignes de
compaffion. Par ce fecours charitable l'on a empefché qu'vn tres-
grand nombre de Pauures n'y foient morts de faim & de froid, fur
tout les plus neceffiteux & les plus abandonnez, comme les Malades, les Vieillards, & les Orphelins qui eftoient pour la plufpart reduits en des langueurs effroyables, couchez fur de la paille pour-
rie, ou fur la terre, expofez pendant les plus grandes rigueurs de
l'Hyuer à toutes les injures de l'air, leurs Maifons ayant efté pillées & brûlées, & eux depoüillés iufqu'à la chemife, n'ayant
pour retraite que des Mafures, dans lefquelles ils attendoient
tous les jours la mort.

Dans les premieres années que cette defolation fut extréme, le
fecours fut auffi plus grand, & outre huit ou dix Miffionnaires
que M. Vincent y employa, il y enuoya auffi des Filles de la Charité : Pendant que celles-cy s'appliquoient à fecourir & affifter
les pauures Malades ; vne partie des Miffionnaires diftribuoit le

pain & les autres chofes neceffaires pour pouruoir à l'extréme indigence des autres ; & les Preftres fe répandoient dans les campa-
gnes, vifitant les Parroiffes deftituées de Pafteurs, pour diftribuer
la pafture fpirituelle à ces pauures brebis delaiffées, les inftruire,
leur adminiftrer les Sacremens, les confoler, & reparer le mieux
qu'ils pouuoient le mauuais eftat de leurs Eglifes qui auoient efté
la plufpart pillées, & prophanées par les foldats.

Nous verrons en la feconde Partie plus en particulier de quelle
façon ces charitables & feruens Miffionnaires fe font comportez
par les Ordres de leur tres-digne Pere, dans la pratique de ces
œuures de Charité : & comme les Eglifes, les Preftres, les Communautez Religieufes d'hommes & de Filles, la pauure Nobleffe,
les Filles qui eftoient en danger, les Enfans, & les malades abandonnez, en vn mot toute forte de perfonnes indigentes & affligées en ont receu foulagement & confolation.

Certes fi les fiecles paffez ont veu de femblables defolations &
miferes, on ne lit point dans l'Hiftoire qu'ils ayent jamais veu
vne pareille ardeur pour y apporter le remede, & vn remede fi
grand, fi prompt, fi étendu & fi vniuerfel que celuy-cy. Cependant tout cela s'eft fait auec la benediction de Dieu par vn Pauure Preftre, & par vn petit nombre de Dames animées par fa
charité, & affiftées de fes confeils.

CHAPITRE   XLI.

La mort de M. le Prieur de Saint Lazare, & les recon-
noiffances que M. Vincent luy a renduës.

MEssire Adrien le Bon Prieur de Saint Lazare eftoit celuy duquel Dieu auoit voulu fe feruir, comme nous auons
dit, pour introduire M. Vincent & fa Compagnie dans la Maifon
de Saint Lazare. Il auoit non feulement donné fon confentement, mais mefme follicité pour cet effet M. Vincent, & perfeueré vne année entiere, nonobftant tous fes refus, dans cette fol-
licitation, pendant laquelle il fit autant d'inftances, & employa
autant & plus de prieres enuers ce fidéle Seruiteur de Dieu pour
luy faire accepter fa Maifon & fon Prieuré, que d'autres en euffent employé enuers luy-mefme pour le porter à le leur donner :
de forte que par vn exemple tres-rare, & qui eft peut-eftre l'vnique de nos jours, il fe fit entre ces deux Seruiteurs de Dieu vn

conflict de vertus, l'humilité de M. Vincent s'opposant à la charité de ce bon Prieur, & l'amour de la pauureté combattant contre sa liberalité : Et si l'obeïssance aux Ordres de Dieu que M.
Vincent reconnut enfin, & ausquels il n'osa resister, n'eust terminé
ce differend, il eust encore duré plus long-temps ; & peut-estre
qu'en cette occasion la plus grande des vertus eust esté obligée
de ceder en quelque façon à celles qui luy sont inferieures, quoy-
qu'elle n'eust pas laissé de triompher d'vne autre maniere aussi
excellente, mais moins auantageuse au progrez de la Congregation de la Mission.

Ce charitable Prieur auoit toûjours retenu son logement dans
Saint Lazare auec ses Religieux, & il ne se peut dire combien il
receut de satisfaction & de consolation pendant le reste de sa vie
de la part de tous ces bons Missionnaires, & par dessus tous de
M. Vincent qui le consideroit comme le signalé Bienfaiteur, &
le vray Pere Nourrissier des Missionnaires qui demeuroient à
Saint Lazare. Il s'étudioit de luy rendre tous les respects, toutes les complaisances, & tous les seruices qu'il pouuoit, par vn
veritable esprit d'vne sincere & filiale reconnoissance ; ce qu'il
continua l'espace de plus de vingt-ans, & jusques en l'anné 1651,
en laquelle il plût à Dieu retirer de cette vie, le propre jour de
Pasque, ce veritablement bon & charitable Prieur, pour luy faire
gouster les fruits de sa charité dans le Ciel.

Comme M. Vincent l'auoit honoré, aymé & seruy pendant
sa vie, il luy fit encore plus paroître la sincerité de son affection
en ce dernier passage, auquel il luy rendit tous les deuoirs & toutes les assistances, que le zele qu'il auoit pour le salut d'vne Ame
qui luy estoit si chere, luy pouuoit suggerer. Il fit venir les Missionnaires qui estoient en la Maison pour se mettre en prieres au-
tour du lit de ce cher Malade, & luy-mesme recita tout haut pendant son agonie qui fut longue, les prieres pour les agonisans, ausquelles il ajoûta plusieurs autres suffrages que sa charité luy
suggera.

Lors que ce bon vieillard, qui estoit pour lors âgé de 75 ans,
eut rendu le dernier soûpir, & qu'on eut fait la recommandation
de son ame, M. Vincent se leuant parla à ceux qui estoient pre-
sens, de cette sorte.

» Or sus, mes Freres, voila nostre bon Pere maintenant deuant
» Dieu : Et puis éleuant les yeux vers le Ciel, & s'addressant à
» Dieu ; Plaise à vostre bonté, mon Dieu, dit-il, luy appliquer les

bonnes œuures que la Compagnie peut auoir faites, & les petits «
feruices qu'elle a tâché de vous rendre jufqu'à prefent : nous vous «
les offrons mon Dieu, vous fuppliant de luy en appliquer l'effica- «
ce. Peut-eftre que plufieurs d'entre nous eftions dans l'indigence, «
& il nous a pourueus de nourriture & d'entretien. Prenons garde, «
mes Freres, de ne jamais tomber dans ce miferable peché d'in- «
gratitnde enuers luy, & ces autres MM. les Anciens de cette «
Maifon, de qui nous fommes comme les Enfans, & que nous de- «
uons reconnoître & refpecter commme nos Peres. Ayons de «
grandes reconnoiffances enuers eux du bien qu'ils nous ont fait : & «
tafchons de nous reffouuenir tous les jours de M. le Prieur, & «
d'offrir nos prieres à Dieu pour luy. «

Il luy fit faire des funerailles tres-honorables ; & il celebra, &
fit celebrer à fon intention vn tres-grand nombre de Meffes
dans l'Eglife de Saint Lazare & ailleurs : & de plus il en écriuit à
toutes les Maifons de fa Congregation en ces termes : Il a plû à «
Dieu de rendre la Compagnie orpheline d'vn Pere qui nous auoit «
adoptés pour fes Enfans. C'eft du bon M. le Prieur de Saint La- «
zare, qui deceda le jour de Pafques, muny des Sacremens, & «
dans vne telle conformité à la volonté de Dieu, qu'en tout le «
cours de fa maladie il n'a pas paru en luy le moindre trait d'im- «
patience, non plus que dans fes incommoditez precedentes. Ie «
prie tous les Preftres de voftre Maifon de celebrer des Meffes à «
fou intention, & tous nos Freres de Communier. «

Aprés quoy M. Vincent fit mettre vne belle Epitaphe au milieu
du chœur de l'Eglife de faint Lazare, auprés de la tombe de ce
charitable Defunt, pour vne perpetuelle memoire de l'obligation
trés-grande & tres-particuliere que la Congregation de la Miffion luy a, & qu'elle defire toûjours reconnoître luy auoir ; & de
plus il fut refolu, que tous les ans le neuviefme d'Auril, qui fut le
jour de fon decez, on celebreroit en l'Eglife de faint Lazare vn
Seruice folemnel à fon intention.

CHAPITRE XLII.

Secours donnez ou procurez par M. Vincent *aux Pauures à Paris & en plusieurs autres lieux, durant les troubles de l'année 1662, & les autres années suiuantes.*

OVTRE les secours charitables donnez & procurez par M. Vincent aux Pauures de la Lorraine, de la Champagne, & de la Picardie, dont il a esté parlé aux Chapitres precedens ; les nouueaux troubles suruenus en ce Royaume en l'année 1652. luy fournirent encore vne nouuelle matiere, plus ample & plus abondante pour exercer sa charité, que Dieu vouloit de plus en plus perfectionner ; afin de donner par ce moyen le comble aux merites de son fidéle seruiteur, & de toutes les autres personnes vertueuses, dont le zele à procurer le bien spirituel, & le soulagement corporel des Pauures, s'est signalé en cette occasion ; Voicy de quelle façon les choses se sont passées.

Le campement & le sejour des Armées aux enuirons de Paris ayant causé par tout vne étrange desolation & misere ; la Ville d'Estampe fut celle qui en ressentit dauantage les funestes effets, ayant esté assiegée long-temps, & plusieurs fois de suite : ce qui auoit reduit les Habitans de cette Ville, & des Villages circonuoisins dans vn pitoyable estat de langueur & de pauureté, la pluspart estant malades, & ne leur restant plus que la peau collée sur les os ; & auec cela ils estoient tellement denüés de secours, qu'ils n'auoient personne pour leur donner seulement vn verre d'eau. Pour surcroist de miseres, cette pauure Ville aprés auoir esté ainsi prise & reprise, se trouua toute infectée, à cause des fumiers pourris qui estoient répandus de tous costez, dans lesquels on auoit laissé quantité de corps morts tant d'hommes que de femmes mélés auec des charognes de cheuaux & d'autres bestes, qui exhaloient vne telle puanteur qu'on n'osoit s'en approcher.

M. Vincent donc ayant appris le miserable estat de cette Ville, & de ses enuirons, aprés l'auoir representé à l'Assemblée des Dames de la Charité, qui le secondoient auec tant de bonne volonté dans toutes ses saintes entreprises, enuoya plusieurs de ses Missionaires pour secourir spirituellement & corporellement ces pauures abandonnez. L'vne des premieres choses qu'ils firent y eſtant arriuez & ayant veu vn ſi eſtrange ſpectacle, ce fut de faire venir d'ailleurs des hommes forts & robuſtes auec des cha-rettes, povr enleuer tous ces fumiers & nettoyer la Ville ; ce qui ne s'executa pas ſans vne grande dépenſe : en ſuite de cela ils donnerent la Sepulture à tous ces pauures corps à demy pourris, & puis ils firent parfumer les ruës & les maiſons, pour en oſter l'infection, & les rendre habitables. Ils établirent en meſme-temps la diſtribution des potages, qui ſe faiſoit tous les jours tant en la ville d'Eſtampe que dans pluſieurs autres Villages, que ces Miſſionnaires, aprés auoir parcouru tous les enuirons, reconnu-rent auoir eſté les plus mal-traitez par les Armées, & où les habi-tans eſtoient dans vne plus grande neceſſité : ce qu'ils firent parti-culierement outre la ville d'Eſtampe, à Guillerual, Villecoüils, Eſtrechy, & Saint Arnoul, où les pauures gens tant de ces lieux-là que des autres circonuoiſins alloient tous les jours receuoir leurs portions. Ils furent auſſi à Palaiſeau où les ſoldats auoient fait de grands rauages, & y eſtablirent auſſi la diſtribution de ces potages pour conſeruer la vie à vn grand nombre de pauures lan-guiſſans. Mais parce que pluſieurs de ces Parroiſſes qu'on aſſiſtoit ſe trouuoient ſans Paſteurs, qui eſtoient morts, ou en fuite ; les Preſtres Miſſionnaires ne pouuant pas ſatisfaire aux neceſſitez ſpi-rituelles & aux corporelles en meſme-temps, M. Vincent enuoya des Filles de la Charité pour faire & diſtribuer les potages, & pour auoir ſoin de pouruoir aux autres neceſſitez exterieures des Pauures Malades, comme auſſi d'vn grand nombre de pauures Orphelins qu'on trouua dans ces lieux, qui furent aſſemblez & retirez dans vne meſme maiſon à Eſtampe, & là veſtus & nour-ris. Pendant que ces bonnes Filles vaquoient à ces œuures de Charité exterieures & corporelles, les Preſtres Miſſionnaires al-loient d'vn coſté & d'autre dans les Parroiſſes viſiter & conſoler ces pauures affligez, leur dire la Sainte Meſſe, les inſtruire, leur adminiſtrer les Sacremens ; le tout auec les permiſſions & approbations requiſes de la part des Superieurs.

Or comme toutes ces aſſiſtances ſpirituelles & corporelles ne ſe pouuoient pas rendre ſans des peines, & des fatigues extrémes, & ſans s'expoſer au danger de contracter les meſmes maladies auſ-quelles on taſchoit de remedier, à cauſe de l'infection des lieux ; il arriua que pluſieurs de ces bons Miſſionnaires tomberent ma-lades & conſumerent leur vie dans ces exercices de Charité ; & il ne faut point douter que leur mort n'ait eſté tres-precieuſe de-

B b

uant Dieu, & qu'ayant courageufement trauaillé & combattu pour fa gloire, & gardé vne inuiolable fidelité à fa Sainte volonté par leur prompte & parfaite obeïffance, & ainfi heureufement acheué leur courfe, ils n'ayent receu de fa Diuine Mifericorde la couronne de Iuftice.

Il y eut auffi plufieurs de ces bonnesFilles de la Charité, qui aprés auoir beaucoup fouffert dans les feruices qu'elles rendoient aux Pauures, ayant enfin offert leur vie à Dieu en holocaufte de fuauité auec vn courage qui furpaffoit leur fexe, participerent à la mefme couronne.

Mais pendant que M. Vincent employoit fes foins pour af-fifter les Pauures de ces coftez-là, Dieu luy preparoit vn nouueau fujet pour eftendre les exercices de fa Charité : car il arriua que les Armées approcherent de Paris, & firent vn étrange rauage dans tous les Villages & lieux circonuoifins. Et comme on eut rapporté à ce Pere des Pauures, que les habitans du Bourg de Iuuify, & des enuirons eftoient dans vn déplorable eftat pour le corps & pour l'ame, il y enuoya auffi-toft vn de fes Preftres auec des aumônes pour diftribuer aux plus neceffiteux : Et lorfqu'on eut appris que la defolation eftoit generale, & que de tous coftez les habitans des Villages aprés auoir efté pillez & mal-traitez par les foldats, eftoient pour la plufpart reduits à vne tres-grande & prefque extréme neceffité ; plufieurs perfonnes de condition & de pieté de l'vn & de l'autre fexe, touchées de Dieu & portées d'vne charité vrayment Chreftienne, fe joignirent à M. Vincent pour fecourir ces pauures affligez : & confiderant que ce fecours ne fe pouuoit executer qu'auec des dépenfes tres-grandes qu'il euft fallu faire, pour fournir toutes les chofes neceffaires à ceux qui auoient efté depoüillez de tout ce qu'ils auoient ; la Chari-té qui eft ingenieufe, ou plûtoft le Dieu de Charité, leur fug-gera la penfée de faire vn Magazin charitable, dans lequel on inuiteroit vn chacun de porter, ou enuoyer les meubles, habits, vtenfiles, prouifions & autres chofes femblables qui leur fe-roient fuperfluës, ou qu'ils pourroient plus facilement donner que de l'argent, qui fe trouuoit alors fort court en la plus part des familles.

Nous ne deuons pas ômettre icy, que c'eft particulierement à M. du Pleffis-Monbart, dont la vertu & le zele s'eft fignalé en beaucoup d'autres rencontres, qu'on a l'obligation de ce chari-table & admirable deffein ; car c'eft luy qui dreffa le plan de ce

Magazin charitable, & qui propofa les moyens de le rendre vtile
& fructueux ; dequoy il fera plus amplement parlé en la feconde
Partie.

Or ce fut de ce merueilleux Magazin, comme d'vne fource iné-
puifable de charité, qu'on a tiré pendant fix ou fept mois toutes
fortes de fecours pour ces Pauures, c'eft à fçauoir des habits, du
linge, des meubles, des vtenfiles, des outils, des drogues pour
compofer les remedes, de la farine, des poids, du beurre, de
l'huile, des pruneaux, & autres chofes neceffaires à la vie ; &
mefme des Ornemens, Calices, Ciboires, Liures, & autres meubles & linges Sacrez pour en fournir les Eglifes qui auoient efté
pillées : toutes ces chofes eftoient enuoyées en certains lieux de la
Campagne, d'où elles eftoient aprés diftribuées auec ordre & me-
fure : Les Miffionnaires alloient chaque jour de Village en Village
auec des beftes chargées de viures & de hardes, pour les departir
felon le befoin d'vn chacun; à quoy on ajoûtoit encore la diftribution journaliere des potages, qui ont fauué la vie à vn nombre
prefque innombrable de pauures fameliques qui ne fçauoient où
trouuer du pain.

Les trauaux des Miffionnaires furent fi grands dans ces voyages
& dans ces feruices qu'ils rendoient aux Pauures, & les maladies
qu'ils y contracterent fi malignes, qu'il y en eut quatre ou cinq
qui en moururent, & plufieurs autres en furent malades fort
long-temps. Mais quoy-que M. Vincent reffentift viuement les
incommoditez, & la mort de ces bons Miffionnaires qu'il cheriffoit tendrement, comme fes Enfans fpirituels; neanmoins il loüoit
& beniffoit Dieu de les voir trauailler & fouffrir pour les membres de I E S V S-C H R I S T auec tant de courage, & finir ainfi glo-
rieufement leur vie dans le Champ de bataille, & s'il eft permis de
dire, les Armes à la main ; Sçachant bien que mourir de la forte,
ce n'eft pas mourir, mais plûtoft ceffer de mourir pour commencer vne meilleure & plus heureufe vie, dans la poffeffion parfaite
de celuy qui eft la fource, & le principe de la vraie vie.

Outre ces affiftances qu'on rendoit aux pauures habitans des
Villages hors de Paris, on eut auffi foin de plufieurs d'entre-eux
qui fuyant deuant les Armées vinrent fe refugier à Paris; il y
eut fur tout vn grand nombre de femmes & de filles, & mefme de Religieufes qui fe trouuerent d'abord dans vne grande
neceffité, lefquelles on fit retirer en des lieux affurez : Ce furent
quelques-vnes des Dames de la Charité que Monfieur Vincent

B b ij

conuia de s'appliquer à ce charitable office, & qui aprés les auoir departies en diuerses bandes, logerent chaque bande en vne maison. Pendant le temps qu'elles y furent retirées, outre la nourriture & les autres necessitez du corps qui leur estoient fournies, on se seruit de cette occasion pour leur faire en chaque lieu comme vne petite Mission ; tant pour les instruire des choses necessaires à salut que plusieurs d'entre-elles ignoroient, que pour les disposer à faire de bonnes Confessions generales, & se mettre en estat d'offrir à Dieu des prieres pour la paix & tranquillité du Royaume, qui meritassent d'estre exaucées. On pourueut aussi particulierement à la retraite des Religieuses selon les auis de M. Vincent, lequel écriuant en ce temps-là sur le sujet de toutes ces miseres à vn Docteur en Theologie de la Faculté de Paris, qui estoit pour-lors à Rome, luy parle en ces termes.

» Ie ne doute pas que vous ne soyez auerty de toutes choses. Ie
» vous diray seulement au sujet de la descente solemnelle de la
» Chasse de Sainte Geneuiefue, & des Processions generales qu'on a
» faites pour demãder à Dieu la cessation des souffrances publiques
» par l'intercession de cette Sainte, qu'il ne s'est jamais veu à Paris
» plus grand concours de peuple, ny plus de deuotion exterieure.
» L'effet de cela a esté, qu'auant le huitiéme jour, le Duc de Lo-
» raine qui auoit son Armée aux portes de Paris, & qui estoit luy-
» mesme dans la Ville, a decampé pour s'en retourner en son pays,
» ayant pris cette resolution sur le poinct que l'Armée du Roy al-
» loit fondre sur la sienne. On continuë aussi depuis à traiter de la
» paix auec les Princes, & l'on espere d'autant plus de la bonté de
» Dieu qu'elle se fera, qu'on tasche d'appaiser sa Iustice par les
» grands biens qui se font maintenant dans Paris, à l'egard des Pau-
» ures honteux, & des pauures gens de la Campagne qui s'y font re-
» fugiez. On donne chaque jour du potage à quatorze ou quinze
» mille qui mourroient de faim sans ce secours : & de plus on a
» retiré les filles en des maisons particulieres, au nombre de huit à
» neuf cens, & l'on va enfermer les pauures Religieuses refugiées
» qui logent par la Ville, & quelques-vnes mesme (comme l'on
» dit) en des lieux suspects, dans vn Monastere preparé pour cet
» effet, où elles seront bien gouuernées. Voila bien des nouuelles,
» Monsieur, contre la petite maxime où nous sommes, de n'en
» point écrire : mais qui pourroit s'empescher de publier la gran-
» deur de Dieu & ses misericordes, &c.

Il ne faut pas icy ômettre que ces distributions de potages se

faifoient prefque toutes par les Filles de la Charité , & cela par
les foins & aumônes des Dames de la Compagnie de la Charité,
qui ont toûjours eu vne tres-bonne part à toutes ces grandes œuures. Or comme ces Pauures refugiez eftoient feparez en diuers
endroits de Paris , fur tout dans les Faux-bourgs ; M. Vincent
prit vn foin particulier de la nourriture & de l'inftruction de ceux
qui fe trouuerent dans les quartiers proches de faint Lazare , au
nombre de fept à huit cens ; il les faifoit venir tous les iours le
matin & l'apres-difnée , pour leur diftribuer la nourriture,& pour
leur faire par ce moyen les mefmes inftructions & exercices qui
fe pratiquent dans les Miffions : Aprés la Predication on faifoit
entrer les hommes & les garçons dans le cloiftre de S. Lazare , &
les ayant diuifez en neuf ou dix bandes ou academies , il y auoit
vn Preftre en chacune pour les inftruire , pendant que d'autres
Preftres trauailloient à inftruire les femmes & les filles dans l'E-
glife. M. Vincent voulut prendre part à ce trauail , & faire auffi
luy-mefme le Catechifme à ces Pauures.

Il aplû à Dieu donner vne telle benediction fur toutes ces charitables entreprifes commencées par les foins & par les auis de M.
Vincent, qu'elles ont toûjours efté continuées auec le mefme
zele en diuerfes occafions qui fe font depuis prefentées , mefme
apres le decez de ce grand Seruiteur de Dieu ; lequel, comme vn
autre Elie , femble auoir laiffé fon efprit non feulement à fa fainte Congregation, mais auffi à toutes ces perfonnes Vertueufes
qui ont efté pendant fa vie vnies auec luy dans les Exercices des
œuures de Charité. Cela f'eft veu au commencement de l'année
1661. auquel temps il fe trouua vn tres-grand nombre de Pauures
perfonnes reduites en vne extraordinaire neceffité , à l'occafion
de la defenfe des dentelles , dont le trauail leur fourniffoit auparauant de quoy viure ; comme auffi à caufe de la grande cherté
du bled:Et outre cela vers le mois de Iuillet & d'Aouft de la mefme année,vne certaine maladie maligne & en quelque façon con-
tagieufe, fe répandit prefque vniuerfellement en tous les lieux de
la Campagne ; ce qui empefcha vne partie des Pauures peuples
de faire la moiffon qui fut encore fort chetiue , & ainfi la cherté
du pain & des autres viures augmenta notablement. MM. les
grands Vicaires de Paris enuoyerent plufieurs Preftres de la
Congregation de la Miffion prefque par tout le Diocefe , pour
reconnoiftre la neceffité des lieux , & en faire vn rapport affeuré.
Ils trouuerent plus de huit mille Malades en quatre vingt Par-

roiſſes qu'ils viſiterent, & d'autres ailleurs à proportion, dont la plus-part eſtoient ſans aucune aſſiſtance, les familles entieres eſtant atteintes de ce mal, & la diſette des viures eſtant tres-grande par tout : en ſuite de cela, ſuiuant les meſmes ordres qui ſ'obſeruoient du viuant de M. Vincent, on fit porter & diſtribuer des viures & des remedes de tous coſtez par les ſoins des Dames de la Charité, & auec le ſecours des aumônes qu'elles donnoient, ou qu'elles recueilloient par leurs queſtes.

Et comme la famine fut tres-grande à la fin de ladite année 1661. & pendant l'année ſuiuante, non ſeulement aux enuirons de Paris, mais auſſi en pluſieurs Prouinces, comme dans le Maine, le Perche, la Beauſſe, la Touraine, le Blaiſois, le Berry, le Gaſtinois & autres ; ces meſmes Dames faiſant reuiure en leurs cœurs le meſme eſprit qui animoit M. Vincent, & qui luy faiſoit embraſſer l'aſſiſtance de toutes ſortes de Pauures auec vne Charité infatigable, entreprirent de ſecourir ces Pauures affamés, & leur enuoyer dequoy ſe nourrir, ce qu'elles ont heureuſement executé: Dieu ayant beny leurs ſoins, & multiplié leurs charitez en telle ſorte, qu'elles ont ſauué la vie, par le moyen des Miſſionaires de M. Vincent, à vn tres-grand nombre de Pauures creatures de tout âge, ſexe, & condition, qui euſſent pery ſans leurs aſſiſtances. Et les aumônes qui ont eſté faites pour cela depuis l'année 1660. en laquelle eſt mort M. Vincent, iuſqu'à l'année courante 1664. ſe ſont trouué monter à plus de cinq cens mille liures.

CHAPITRE XLIII.

Ce que M. Vincent a fait pour le bien de ce Royaume & pour le ſeruice du Roy, pendant les troubles qui commencerent l'année 1652.

POVR remedier efficacement à quelque mal, ce n'eſt pas aſſez d'en empeſcher les effets, il faut ſi l'on peut en faire ceſſer la cauſe. Toutes les aſſiſtances charitables que M. Vincent procuroit aux Pauures pendant la guerre, pouuoient bien les ſoulager d'vne partie des miſeres que ce fleau leur faiſoit reſſentir ; mais pour les en deliurer entierement, & pour faire ceſſer les autres deſordres épouuantables, & les pechez enormes qui ſe commettoient de tous coſtez pendant ce temps de trouble & de diuision, ce grand Seruiteur de Dieu qui en estoit viuement touché, & qui auoit autant de prudence que de zele, voyoit bien que tout ce qu'on feroit auroit peu de succés, si l'on n'apportoit le remede à la racine du mal, & si on n'en faisoit cesser la cause qui estoit la diuision & la guerre, en restablissant vne paix asseurée, par l'entiere soumission, & obeïssance que les sujets doiuent à leur Souuerain : L'vnion & la juste correspondance des membres auec leur chef, estant établie de Dieu aussi bien dans le corps Politique comme dans le Naturel, pour y maintenir l'ordre, & par consequent pour y mettre la paix, qui n'est autre chose, comme dit saint Augustin, que la tranquillité de l'ordre.

M. Vincent donc voyant que le feu de la guerre alloit s'allumant de jour en jour en la plus-part des Prouinces de ce Royaume, & préuoyant les grands desastres & pour l'estat, & pour la Religion qui en arriueroient, si ce mal continuoit ; il se resolut de s'employer, autant qu'il seroit en luy, pour y remedier & pour l'éteindre. La premiere & principale chose qu'il fit pour ce sujet, ce fut de recourir à Dieu, & d'inuiter toutes les personnes vertueuses & bien intentionnées qu'il connoissoit à faire le mesme, par prieres, aumônes, jeûnes, & autres œuures de Penitence, pour appaiser sa justice, reparer les offenses commises contre sa Majesté, fléchir sa Misericorde, & obtenir la Paix. Il établit pour cet effet en la Maison de S. Lazare, que tous les iours trois Missionaires ieûneroient à cette intention, vn Prestre, vn Clerc, & vn Frere : que le Prestre celebreroit la Messe ce iour-là, & que les deux autres Communieroient pour la mesme intention ; & luy-mesme ne manquoit pas de s'acquitter exactement de ce deuoir à son tour, quoy qu'il fut plus que Septuagenaire.

Et vne fois entre les autres estant extraordinairement touché des miseres que le fleau des guerres causoit non seulement en France, mais aussi en plusieurs autres Royaumes Chrestiens, au sortir de l'Oraison mentale, dont le sujet estoit de l'vtilité des souffrances, il parla à toute sa Communauté en ces termes.

Ie renouuelle la recommandation que j'ay tant de fois faite, » & qu'on ne sçauroit assez faire, de prier Dieu pour la Paix, afin « qu'il plaise à Dieu reünir les cœurs des Princes Chrestiens. He- « las : nous voyons la guerre de tous costez, & en tous lieux : guerre « en France, guerre en Espagne, en Italie, en Allemagne, en Sue- « de, en Pologne attaquée par trois endroits, en Hibernie dont « les Pauures Habitans sont transportez de leurs païs en des lieux «

„ steriles, en des Montagnes & Rochers presque inaccessibles , &
„ inhabitables : l'Escosse n'est gueres mieux ; pour l'Angleterre on
„ sçait l'estat deplorable où elle est ; guerre enfin par tous les
„ Royaumes , & misere par tout. En France tant de personnes qui
„ sont dans la souffrance. O Sauueur ! O Sauueur ! combien y en
„ a-t-il ? Si pour quatre mois que nous auons eu icy la guerre , nous
„ auons veu tant de miseres au cœur de la France où les viures
„ abordent de toutes parts ; que peuuent faire ces pauures gens
„ des Frontieres, qui sont exposés à toutes ces miseres, & qui res-
„ sentent ces fleaux depuis vingt-ans ? S'ils ont semé , ils ne sçauent
„ s'ils pourront recueillir : les Armées viennent qui moissonnent,
„ pillent , & enleuent tout ; & ce que le Soldat n'a pas pris, les Ser-
„ gens le prennent & l'emportent ; aprés cela que faire ? Il faut
„ mourir. S'il y a des vraies vertus, c'est particulierement parmy
„ ces Pauures gens qu'elles se trouuent. Ils ont vne viue Foy , ils
„ croyent simplement ; ils sont soûmis aux ordres de Dieu ; ils ont
„ patience dans l'extremité de leurs maux ; ils souffrent tout ce
„ qu'il plaist à Dieu, & autant qu'il plaist à Dieu , tantost par les
„ violences de la guerre , & puis par l'aspreté du trauail ; ils sont
„ tous les jours dans les fatigues, exposez tantost aux ardeurs du
„ Soleil, & tantost aux autres injures de l'air ; ces Pauures Labou-
„ reurs & Vignerons qui ne viuent qu'à la sueur de leur front, nous
„ donnent leurs trauaux, & ils s'attendent aussi qu'au moins nous
„ prierons Dieu pour eux. Helas ! mes Freres , tandis qu'ils se fati-
„ guent ainsi pour nous nourrir, nous cherchons l'ombre , & nous
„ prenons du repos ! Dans les Missions mesme où nous trauaillons,
„ nous sommes au moins à l'abry des injures de l'air dans les Eglises,
„ & non pas exposez aux vents, aux pluyes,& aux rigueurs des sai-
„ sons. Certes viuans ainsi de la sueur de ces Pauures gens , & du
„ patrimoine de I E S V S - C H R I S T , nous deurions toûjours pen-
„ ser quand nous allons au Refectoir, si nous auons bien gagné la
„ nourriture que nous y allons prendre. Pour moy i'ay souuent cet-
„ te pensée qui me donne bien de la confusion , & ie me dis à moy-
„ mesme; Miserable as-tu, gagné le pain que tu vas manger? Le pain
„ qui te vient du trauail des Pauures ? Au moins mes Freres , si nous
„ ne le gagnons pas comme ils font, prions Dieu pour eux, & qu'il
„ ne se passe aucun jour que nous ne les offrions à Nostre Seigneur
„ afin qu'il luy plaise leur donner la grace de faire vn bon vsage de
„ leurs souffrances. Nous disions ces jours passez, que Dieu s'at-
„ tend particulierement aux Prestres pour arrester le cours de son

indignation

indignation, il s'attend qu'ils feront comme Aaron, & qu'ils se «
mettront l'encensoir en main entre luy & ces Pauures gens ; ou «
bien qu'ils se rendront entremetteurs comme Moïse pour obtenir «
la cessation des maux qu'ils souffrent pour leur ignorance , & «
pour leurs pechez, & que peut-estre ils ne souffriroient pas s'ils «
auoient esté instruits, & si on auoit trauaillé à leur conuersion. «
C'est donc à ces Pauures, ausquels nous deuons rendre ces offi- «
ces de Charité; tant pour satisfaire au deuoir de nostre caractere, «
que pour leur rendre quelque sorte de reconnoissance pour les «
biens que nous receuons de leurs labeurs. Tandis qu'ils souffrent, «
& qu'ils combattent contre la necessité , & contre toutes les mi- «
seres qui les attaquent , il faut que nous fassions comme Moïse, «
& qu'à son exemple nous leuions continuellement les mains au «
Ciel pour eux ; & s'ils souffrent pour leurs pechez & pour leurs «
ignorances , nous deuons estre leurs intercesseurs enuers la Diuine «
Misericorde , & la Charité nous oblige de leur tendre les mains «
pour les en retirer ; & si nous ne nous employons mesme aux dé- «
pens de nos vies , pour les instruire & pour les aider à se conuertir «
parfaitement à Dieu , nous sommes en quelque façon les causes de «
tous les maux qu'ils endurent.

Voila comme M. Vincent excitoit les siens à prier , à trauailler
& à souffrir pour bannir l'ignorance , & les pechez des peuples,
comme estant les principales causes de tous les fleaux qu'ils res-
sentoient, & pour obtenir de la bonté de Dieu vne paix veritable & assurée, qui estoit le plus souuerain remede de tous les
desordres qu'on voyoit alors. Il ne se pouuoit lasser de recommander aux siens de perseuerer à demander à Dieu cette paix par
leurs prieres ; & ayant coustume de reciter tous les matins publiquement dans l'Eglise de saint Lazare auec ceux de sa Maison les
Litanies du sacré Nom de *Iesus*, quand il venoit à ces paroles, *Iesu
Deus Pacis* , il les prononçoit d'vn ton plus graue & plus deuot , &
les repetoit toûjours par deux fois : outre cela il faisoit en toutes
occasions la mesme recommandation à toutes les personnes vertueuses qu'il connoissoit, les exhortant d'offrir à Dieu des prieres,
& faire des aumônes , des pelerinages , des jeûnes , des mortifications & actions de Penitence , pour tâcher d'obtenir de Dieu cette paix si necessaire, & si desirée. Voicy ce qu'en a témoigné vn
tres-vertueux Ecclesiastique des plus anciens de la Conference
de saint Lazare.

Si sa Charité (dit-il , parlant de **M.** Vincent) a esté grande

» pour le fecours & pour le foulagement des Pauures ruinez par les
» guerres, fon zele n'a pas efté moindre pour en faire ceffer la cau-
» fe : Pendant que les Dames de la Charité & autres perfonnes
» vertueufes, f'employoient à recueillir les aumônes & contribu-
» tions neceffaires pour le foûtien des Prouinces defolées, nous fça-
» uons auec quelle ardeur & quelle tendreffe de cœur il leur re-
» commandoit de joindre à ces œuures de mifericorde, les vœux,
» les prieres, les jeûnes, les mortifications & autres Exercices de
» Penitence, les deuotions, les pelerinages à Noftre-Dame, à
» fainte Geneuiefue, & autres SS. Tutelaires de Paris & de la Fran-
» ce ; les Confeffions, & Communions frequentes, les Meffes, &
» facrifices pour effayer de fléchir la Mifericorde de Dieu, & d'ap-
» paifer fa colere. Nous fçauons ce qu'ont fait par fes auis plufieurs
» bonnes ames durant plufieurs années pour cela ; combien de Da-
» mes fort delicates ont fait de tres-rudes aufteritez en leurs cor ps,
» qui n'y ont pas épargné les haires, difciplines, & autres macera-
» tions, pour les joindre aux fiennes propres, & à celles de fa Com-
» pagnie, afin d'obtenir cette paix tant defirée, dont nous jouif-
» fons maintenant. Qui pourroit exprimer fa douleur fur les defor-
» dres des Armées? Combien il eftoit fenfiblement & viuement tou-
» ché des violences qui fe commettoient en tous lieux, & contre
» toutes fortes de perfonnes? Des facrileges & des prophanations
» du tres-faint Sacrement & des Eglifes ; & de tous les autres defor-
» dres caufez par les gens de guerre. Combien de fois a-t-il dit,
» parlant aux Ecclefiaftiques, Hà Meffieurs ! fi noftre Maiftre eft
» preft de receuoir cinquante coups de bafton, tâchons d'en dimi-
» nuer le nombre,& de luy en fauuer quelques-vns.Faifons quelque
» chofe pour reparer ces outrages ; qu'il y ait du moins quelqu'vn
qui le confole dans fes perfecutions & fes fouffrances.

    Outre ces prieres, & exercices de Penitence, M. Vincent
creut qu'il eftoit de fon deuoir de s'employer autant qu'il pourroit enuers ceux qui auoient quelque credit, pour les porter à
procurer la paix, & à faire en forte que l'autorité du Roy fuft re-
connuë de tous fes fujets, & qu'on luy rendift en tous les lieux de
fon Royaume vne entiere & parfaite foûmiffion, qui eftoit l'vnique moyen de faire ceffer les guerres ciuiles & les diuifions inte-
ftines. Et quoy-qu'il fe fuft toûjours abftenu des affaires publiques, foit par humilité s'en iugeant incapable, foit auffi par
vne prudence Chreftienne, pour ne fe détourner de fes autres
emplois qui concernoient le feruice de Dieu, & le bien fpirituel

des Ames: neanmoins voyant la France menacée de ſa derniere ruïne, ſi ces guerres inteſtines duroient encore quelque temps, & connoiſſant bien que l'amour de la patrie eſt vn deuoir de Charité, & que le ſeruice qu'on rend au Roy fait vne partie de celuy qu'on doit à Dieu; il prit reſolution de faire tout ce qui ſeroit en ſon pouuoir pour ſecourir ſa Patrie, & pour ſeruir ſon Prince, dans vne occaſion ſi preſſante & ſi importante.

Les premiers auſquels il crût deuoir s'adreſſer pour cet effet, furent MM. les Eueſques, pluſieurs deſquels ayant quelque creance en luy, il s'en ſeruit fort à propos pour les exhorter & encourager de reſider en leurs Dioceſes pendant ces troubles; afin que par leur preſence & par leur autorité ils pûſſent contenir les peuples en leur deuoir, & s'oppoſer aux deſſeins de ceux qui les vouloient ſouſtraire de l'obeïſſance du Roy. Il écriuit diuerſes Lettres ſur ce ſujet à pluſieurs de ces Prelats, aux vns pour les congratuler d'auoir empeſché que les Villes de leurs Dioceſes n'euſſent receu ny fauoriſé le party contraire; aux autres, pour les diſſuader de venir à la Cour ſe plaindre des dommages qu'ils ſouffroient par les Armées, ne jugeant pas que le temps y fuſt propre pour-lors; mais plûtoſt de demeurer dans leurs Dioceſes pour y conſoler leurs peuples, & pour y rendre tous les ſeruices qu'ils pourroient au Roy, qui ſçauroit bien vn jour les reconnoître, & reparer tous ces dommages. Nous rapporterons icy ſeulement les extraits de deux ou trois de ces Lettres; en l'vne deſquelles qui ſ'adreſſoit à feu M. L'Eueſque d'Acqs du Dioceſe duquel il eſtoit Originaire, il parle en ces termes.

I'auoüe, Monſeigneur, que i'aurois vne grande ioye de vous voir " à Paris, mais i'aurois vn égal regret que vous y vinſſiez inutile- " ment, ne croyant pas que voſtre preſence icy dûſt auoir aucun " bon ſuccez en ce temps miſerable, auquel le mal dont vous auez " à vous plaindre, eſt quaſi vniuerſel dans tout le Royaume: par- " tout où les Armées ont paſſé, elles y ont commis les ſacrileges, " les vols, & les impietez que voſtre Dioceſe a ſoufferts: & non " ſeulement dans la Guyenne & le Perigord, mais auſſi en Sainton- " ge, Poitou, Bourgogne, Champagne, Picardie, & en beaucoup " d'autres, & meſme aux enuirons de Paris: & generalement par " tout les Eccleſiaſtiques auſſi bien que le peuple ſont fort affligez " & depourueus: en ſorte que de Paris on leur enuoye dans les Pro- " uinces plus proches du linge & des habits pour les couurir, & " quelques aumônes pour leur aider à viure: autrement il en de- "

» meureroit fort peu pour adminiſtrer les Sacremens aux Malades.
» De ſ'adreſſer à MM. du Clergé pour la diminution des Decimes,
» ils diſent que la pluſpart des Dioceſes demandent la meſme cho-
» ſe, & que tous ſe reſſentant de l'affliction de la guerre, ils ne ſça-
» uent ſur qui rejetter cette diminution. C'eſt vn fleau general,
» dont il plaiſt à Dieu exercer ce Royaume : Et ainſi Monſei-
» gneur, nous ne ſçaurions mieux faire que de nous ſoûmettre à
» ſa juſtice, en attendant que ſa miſericorde remedie à tant de mi-
» ſeres. Si vous eſtes deputé pour l'Aſſemblée generale de 1655. ce
» ſera alors que vous pourrez plus juſtement prétendre quelque
» ſoulagement pour voſtre Clergé. Il ſera cependant conſolé de
» jouïr de voſtre chere preſence de de-là, où elle fait tant de bien,
» meſme pour le ſeruice du Roy, &c.

Cette Lettre marque d'vne part l'eſtat deplorable où la France eſtoit reduite, & l'aſſiſtance qu'on donnoit aux Eccleſiaſtiques ruinez, afin que le ſeruice de Dieu ne demeurât pas abandonné, pendant que le Diable ſ'éfforçoit de le détruire : & d'autre-
part elle fait voir comme M. Vincent détournoit prudemment ce
bon Prelat du deſſein qu'il auoit de venir à Paris, pour l'obliger
à demeurer en ſon Dioceſe, où il pouuoit plus auantageuſement
ſ'employer pour le bien de ſon Egliſe, & pour le ſeruice du Roy.

Il y a vne autre Lettre qu'il écriuit à M. Iacques Raoul E-
ueſque de la Rochelle ſur le meſme ſujet, où il luy parle en ces
termes.

»   I'ay receu comme vne benediction de Dieu la Lettre dont
» vous m'auez honoré : elle m'a fort conſolé dans les afflictions
» communes de ce pays. Si celles qui ont menacé voſtre Dioceſe
» ne l'ont pas tant incommodé, ie croy qu'apres Dieu il en a l'o-
» bligation à vos ſages conduites qui ont détourné l'orage en ſer-
» uant le Roy : & c'eſt dequoy ie rends graces à Dieu, auſſi bien
» que de tant d'autres biens que vous faites & dedans & dehors vo-
» ſtre Ville, par leſquels les peuples ſont maintenus en leur deuoir
» enuers Dieu, enuers l'Egliſe, & enuers leur Prince. Les Hereti-
» ques meſmes qui voyent cela, voyent auſſi l'excellence de noſtre
» Sainte Religion, l'importance & la grace de la Prelature, & ce
» qu'elle peut quand elle eſt Saintement adminiſtrée, comme elle
» l'eſt par voſtre Sacrée perſonne. Ie prie Dieu, Monſeigneur,
» qu'il nous donne quantité de Prelats ſemblables à vous, qui tra-
» uaillent à l'auancement ſpirituel, & temporel du peuple, &c.

C'eſtoit vne pratique aſſez ordinaire à M. Vincent, quand il écriuoit ou parloit aux Perſonnes conſtituées en Dignité, de les porter aux actions dignes de leur eſtat, plûtoſt par maniere de congratulation que d'exhortation : ce qu'il faiſoit, & pour témoigner le reſpect qu'il leur portoit, & auſſi pour ſ'inſinuer plus efficacement & plus doucement dans leurs eſprits.

Voicy vn extrait d'vne troiſieſme Lettre qu'il écriuit à vn autre Prelat encore viuant, qui exprime mieux que les deux precedentes, l'affection de ce grand Seruiteur de Dieu pour le ſeruice du Roy, & la prudence auec laquelle il l'inſpiroit aux perſonnes de cette qualité.

Ie ſuis bien marry, Monſeigneur, luy dit-il, de ce que le mal- «
heur du temps vous priue des fruits de voſtre Abbaïe : ie me trou- «
ue bien empeſché de vous dire mon ſentiment la-deſſus, tant par- «
ce que ie ne ſuis pas en lieu de vous ſeruir, qu'à cauſe des broüil- «
leries du Royaume : neanmoins, Monſeigneur, il me ſemble que «
l'eſtat preſent des affaires vous doit diuertir du voyage de la Cour, «
iuſqu'à ce que les choſes ſoient vn peu éclaircies. Pluſieurs de «
Noſſeigneurs les Eueſques ſe trouuent en la meſme peine. M. de «
N. n'a pas ſeulement perdu tout ſon reuenu courant, mais encore «
toutes les prouiſions qu'il auoit faites pour long-temps : Et bien «
qu'il ſoit en grande reputation à la Cour, & cela auec ſujet ; tou- «
tefois ayant fait vn voyage icy penſant ſe reparer, il n'y a pas eu «
ſatisfaction. M. de N. qui a tenu ferme en ſon Dioceſe, a fait re- «
uenir ſa ville ſous l'obeïſſance du Roy, lorſque dans les premiers «
mouuemens elle s'eſtoit declarée pour le party contraire ; de- «
quoy il a receu de grandes loüanges à la Cour, & s'eſt ouuert la «
voye à vne reconnoiſſance. Et quoy-que vous n'ayez pas occaſion «
de rendre vn pareil ſeruice à ſa Majeſté, Voſtre preſence nean- «
moins peut notablement aider à contenir la Prouince, eſtant «
eſtimé & conſideré au poinct que Vous eſtes. C'eſt vne choſe qui «
eſt maintenant fort à deſirer, & qui ſera auſſi fort bien remar- «
quée. Ie vous ſupplie tres-humblement d'agréer ma ſimplicité, «
& les offres de mon obeïſſance, &c. «

M. Vincent écriuit pluſieurs autres ſemblables Lettres à di- «
uers Prelats ſur le meſme ſujet. «

Aprés cela ſe reſſouuenant que S. Bernard, & pluſieurs autres «
Saints Perſonnages qui menoient vne vie encore plus retirée que «
luy, auoient neanmoins quitté leurs ſolitudes, & leurs retraites, «
pour venir à la Cour des Empereurs & des Princes, quand il eſtoit «
queſtion de pacifier les diuiſions & les troubles, & de procurer la «

paix & la tranquillité publique ; il crût les deuoir imiter fermant les yeux à toutes les raiſons humaines qui l'en pouuoient
détourner, & preferant le ſeruice du Roy & le bien de la France à
toute conſideration de propre intereſt, il ſe reſolut de s'entremettre & de faire tous ſes efforts pour procurer la reünion des Princes
auec ſa Majeſté. On n'a pas ſçeu en particulier tout ce qu'il fit
pour reüſſir dans ce deſſein, parce qu'il l'a tenu fort ſecret ; mais
il eſt certain qu'il alla pluſieurs fois à la Cour, & vers MM. les
Princes, auſquels il parla en diuerſes rencontres par ordre de ſa
Majeſté, & luy rapporta leurs réponſes. On a trouué aprés ſa
mort la minute de la Lettre ſuiuante écrite de ſa main ſur ce
ſujet à M. le Cardinal Mazarin, pendant que la Cour eſtoit à ſaint
Denis, où l'on peut voir quelque choſe de cette entrepriſe.

" Ie ſupplie tres-humblement Voſtre Eminence de me par-
" donner de ce que ie m'en reuins hier au ſoir, ſans auoir eu
" l'honneur de receuoir ſes commandemens : ie fus contraint à
" cela, parce que ie me trouuay mal. Monſieur le Duc d'Or-
" leans vient de me mander qu'il m'enuoira aujourd'huy Mon-
" ſieur d'Ornano pour me faire reſponſe, laquelle il a deſiré con-
" certer auec Monſieur le Prince. Ie dis hier à la Reyne l'entre-
" tien que i'auois eu l'honneur d'auoir auec tous les deux ſeparé-
" ment, qui fut bien reſpectueux & gracieux. I'ay dit à ſon Al-
" teſſe Royale, que ſi l'on rétabliſſoit le Roy dans ſon autorité, &
" que l'on donnaſt vn Arreſt de juſtification, que Voſtre Eminence
" donneroit la ſatisfaction que l'on deſire ; que difficilement pou-
" uoit-on accommoder cette grande affaire par des Deputez ; &
" qu'il falloit des perſonnes de reciproque confiance, qui traitaſ-
" ſent les choſes de gré à gré. Il me témoigna de parole & de geſte
" que cela luy reuenoit, & me répondit qu'il en confereroit auec
" ſon Conſeil. Demain au matin i'eſpere eſtre en eſtat d'aller por-
" ter ſa réponſe à V. E. Dieu aidant, &c.

On n'a pas trouué dans les papiers de M. Vincent quelle fut
la ſuite de ces entremiſes qu'il tenoit, comme nous auons dit,
fort ſecrettes ; mais le ſuccez a fait voir que Dieu y auoit donné
benediction, puiſque peu de temps aprés, cét accommodement ſi
important ſe traita, & s'accomplit.

Les troubles du Royaume eſtant ainſi terminez au dedans par
la Diuine Miſericorde ; M. Vincent ne laiſſa pas de faire toûjours
continuer en ſa maiſon de Saint Lazare les prieres, les Meſſes les
Communions, les jeûnes, & autres exercices de Penitence, qu'il

y auoit établis. Et comme on voulut luy perfuader de les faire
ceffer, attendu que ces pratiques de Penitence eftoient beaucoup
à charge à la Communauté, & que les diuifions publiques & guerres Ciuiles pour lefquelles on les faifoit eftoient finies : il répondit ; *Non, non, il n'en faut pas demeurer là, il les faut continuer pour
demander à Dieu la Paix generale.* Et en effet elles furent toûjours
continuées jufqu'au temps que cette Paix tant defirée fut enfin
heureufement concluë en l'année 1660. C'eft à dire huit ans aprés
que ces pratiques de Penitence furent commencées, & fix ou fept
mois auant fon decez ; Dieu luy ayant voulu donner auant fa
mort la confolation de voir le fruit de fes prieres, de fes jeûnes, &
de fa perfeuerance.

CHAPITRE XLIV.

*M. Vincent s'eft toûjours fortement oppofé aux nouuelles
erreurs du Ianfenifme.*

LEs Saints ont toûjours tenu à grand honneur de demeurer
dans vne humble dependance, non feulement des ordres de
la volonté de Dieu, mais auffi des conduites de fon Eglife, à laquelle ils ont fait profeffion de foûmettre leur liberté par vne
exacte obeïffance aux loix qu'elle leur prefcrit, & mefme leur raifon, en donnant vne entiere creance aux verités qu'elle leur en-
feigne, & captiuant ainfi leur entendement pour honorer Iesvs-
Christ qui en eft le Souuerain Chef.

Tous ceux qui ont connu M. Vincent, ont pû remarquer
qu'entre toutes les vertus, il a particulierement excellé en cette
foûmiffion & dependance à l'égard de l'Eglife : & que lors qu'elle
auoit parlé, foit pour établir quelque loy, ou pour définir quelque verité, ou condamner quelque erreur ; il n'auoit point de
langue pour repliquer, ny d'efprit pour raifonner contre ;
mais feulement des oreilles pour écouter, & vn cœur pour fe foûmettre fincerement & parfaitement à tout ce qui luy eftoit prefcrit ou propofé de cette part.

C'eft ce qu'il a faintement pratiqué, lors-que les nouuelles
erreus du Ianfenifme commencerent de paroiftre, & encore
plus lors-qu'elles eurent efté condamnées par les Conftitutions
des Souuerains Pontifes.

Et premierement dés-lois que le Livre de Ianfenius, intitulé

Augustinus, fut mis en lumiere, & que la nouueauté de ses opinions eut commencé d'exciter diuerses contentions parmy les Docteurs ; ce fidéle & prudent Seruiteur de Dieu se souuenant de l'auertissement que le saint Apostre a donné, de ne pas croire à toutes sortes d'esprits, mais d'éprouuer les esprits s'ils sont de Dieu, se tint sur ses gardes pour ne se laisser surprendre à cette nouueauté : Et ce qui l'y obligeoit dauantage, estoit la connoissance tres-familiere qu'il auoit de l'vn des premiers Autheurs de la Secte du Iansenisme, dont l'esprit & la conduite luy donnoient iuste sujet de le tenir fort suspect, comme il sera plus particulierement declaré au second Liure.

Mais quand M. Vincent eut veu cette nouuelle Doctrine foudroyée par les anathemes de l'Eglise, & les Constitutions des Souuerains Pontifes Innocent X. & Alexandre VII. qui la condamnoient, receuë & publiée par l'authorité des Prelats ; alors il crût que non seulement il estoit obligé de se soûmettre à ce Iugement du saint Siege Apostolique, mais encore qu'il deuoit faire vne profession ouuerte de cette soûmission, mettant sous les pieds tous les respects humains, & toutes les raisons de la prudence politique qui eussent pû l'en détourner ; & se declarant entiement opposé tant aux erreurs condamnées, qu'à tous les pernicieux desseins de ceux qui voudroient s'obstiner à les soûtenir.

C'est ce qu'il a fait auec autant de vigueur & de courage, que de prudence & de moderation ; ne dissimulant point quand il falloit parler, & ne parlant toutefois qu'autant qu'il le jugeoit necessaire; soit pour confirmer ceux qui acquiescoient au jugement de l'Eglise, soit pour reduire ceux qui ne vouloient pas s'y soumettre, soit pour redresser & affermir ceux qui chanceloient & estoient en peril de tomber, ou enfin pour rendre constamment le témoignage qu'il deuoit à la verité. Mais quoy-qu'il ait toûjours fait paroistre vn tres-grand zele pour soûtenir les Constitutions des Souuerains Pontifes, & pour s'opposer à tout ce que quelques esprits mal intentionnés s'efforçoient de faire pour en eluder l'execution ; il a bien sçeu neanmoins, faire la distinction des personnes, d'auec l'erreur ; detestant l'erreur, & gardant toûjours en son cœur vne vraie & sincere charité pour les personnes, dont il ne parloit qu'auec grande retenuë, & plûtost par esprit de compassion que par aucun mouuement d'indignation. Il a mesme employé diuers moyens, & fait plusieurs efforts charitables quand les occasions s'en sont presentées, pour les porter à se reconcilier

concilier à l'Eglife ; Iufques-là, qu'apres la publication de la Conftitution du Pape Innocent X. il les alla rechercher, & rendre vifite à quelques-vns d'entre-eux au Port Royal, pour les conuier auec honneur, & les obliger doucement à fe reünir ; ce qui toutefois n'eut pas l'effet qu'il defiroit.

Il a fur tout veillé auec vn foin particulier, afin que ceux de fa Compagnie fuffent exempts non feulement de ces erreurs condamnées, mais auffi du moindre foupçon d'y adherer en quelque maniere que ce fuft:& s'il en apperceuoit quelqu'vn qui ne marchât pas dans cette humble & fincere foumiffion qu'il vouloit que tous les fiens rendiffent aux Conftitutions du faint Siege Apoftolique, il l'obligeoit de fe retirer de fa Compagnie.

Outre cela fa vigilance, auffi bien que fa charité f'eft encore étenduë fur les autres parties de l'Eglife qu'il voyoit auoir quelque befoin d'eftre fecouruës, & premunies contre la contagion de ces nouuelles erreurs : & comme il reconnut que ceux qui f'obftinoient à les foûtenir, s'efforçoient par diuers artifices de les répandre dans les Monafteres & Communautez de Filles, comme plus faciles à eftre furprifes & trompées par quelque fauffe apparence de bien, dont les faux Prophetes (fuiuant l'auertiffement que Iesvs-Christ nous en donne dans l'Euangile) ont toûjours accoûtumé de colorer & déguifer leurs plus pernicieux fentimens ; il employa auffi tous les moyens, dont il fe pût auifer, pour empefcher que ces loups reueftus de peaux de brebis ne fiffent aucun degaft dans cette illuftre portion du bercail de Iesvs-Christ, & mefme qu'ils n'y euffent aucun accés, fur tout dans les Monafteres que Dieu auoit particulierement confiez à fa conduite.

Il vfoit de la mefme précaution & circonfpection pour empefcher qu'il ne fe fift aucune furprife dans le Confeil des affaires Ecclefiaftiques, & qu'on ne mît dans les Charges & Dignitez de l'Eglife ceux qui fe trouueroient infectez de cette Doctrine condamnée, ou qu'on auroit jufte fujet de tenir fufpects.

Enfin fon zele pour la conferuation de l'vnion de l'Eglife,& pour la defenfe de la Doctrine orthodoxe, l'obligea de s'employer en diuerfes occafions enuers plufieurs Prelats de ce Royaume, foit pour les exhorter & encourager à f'oppofer aux entreprifes des ennemis de la verité, foit pour leur donner diuers auis afin qu'ils fe donnaffent de garde de leurs furprifes. Nous rapporterons au Second Liure diuerfes Lettres qu'il leur a écrites, dans lefquelles

on verra comme ce grand Seruiteur de Dieu ſçauoit fort bien
faire vn juſte temperament du reſpect qu'il deuoit à leur Dignité, & des charitables offices qu'il deſiroit rendre à leurs Perſonnes; l'humilité, la diſcretion, la prudence, & la Charité accom-
gnant toûjours auſſi bien ſes paroles que ſes actions.

Mais comme toute l'induſtrie & touś les efforts de la creature
ont fort peu d'effet, s'ils ne ſont ſoûtenus & fortifiez par vne aſſiſtance d'en haut; Il mettoit ſon principal appuy ſur la confiance
qu'il auoit en la bonté de Dieu, luy offrant pour ce ſujet des
prieres continuelles, & conuiant vn chacun de faire le meſme,
afin qu'il luy plût regarder ſon Egliſe d'vn œil de Miſericorde, &
ne pas permettre que l'Eſprit d'erreur & de menſonge fiſt vn plus
grand rauage parmy les Fideles. Il diſoit que les meilleures Armes qu'il falloit employer pour combattre les erreurs, eſtoient
l'Oraiſon, & la fidelité à pratiquer les vertus contraires aux vices
plus apparens & plus ordinaires de ceux qui ſ'opiniaſtroient à
les ſoûtenir: qu'il falloit oppoſer vne profonde humilité & ſoûmiſſion d'eſprit, à cet orgueil & preſomption qu'ils auoient de leur
propre ſuffiſance: vn amour de l'abjection & du mépris, à toutes
ces vaines loüanges qu'ils recherchoient, & qu'ils ſe donnoient
les vns aux autres: vne grande droiture & ſimplicité de cœur, à
tous les artifices, deguiſemens, falſifications & impoſtures qu'ils
employoient pour couurir leurs erreurs, & en cacher la difformi-
té: enfin vne ardente charité qui ne pût eſtre éteinte par toutes les
eaux malignes des contradictions, médiſances, & calomnies que
l'Eſprit de menſonge emploïe ordinairement pour opprimer &
ſuffoquer la verité.

On luy a auſſi ſouuent oüy dire & repeter en gemiſſant, qu'il
y auoit grand ſujet de craindre que la corruption des mœurs, &
les dereglemens qui ſe voyent en ce Royaume dans la vie ordinaire des Chreſtiens, ſi oppoſée aux Maximes de l'Euangile de IESVS-
CHRIST, n'euſt eſté la cauſe de la playe que la Religion receuoit
de cette nouuelle hereſie; & que ſi nous ne tâchions de nous
amender & d'appaiſer Dieu juſtement irrité contre nous, il falloit
apprehender l'effet d'vne ſemblable menace à celle qu'il auoit
faite aux Iuifs dans l'Euangile, Que le Royaume de Dieu ne nous
fût oſté pour eſtre transferé en d'autres Nations qui en feroient
meilleur vſage; que nous deuions trembler de frayeur voyant deuant nos yeux des Royaumes autrefois ſi floriſſans en Religion &
en pieté, comme l'Angleterre, le Dannemarc, la Suede, & la

plus grande partie de l'Allemagne que Dieu par vn iuste iugement auoit laissé tomber dans l'heresie ; que le malheur de nos
voisins nous deuoit rendre sages ; & que la Foy estant vn don de
Dieu , qui nous auoit esté acquis par le merite du Sang , & de la
Mort de Iesvs-Christ , Il falloit le tenir bien precieux , &
apporter vn grand soin pour le conseruer.

CHAPITRE XLV.

L'Hospital des pauures Vieillards étably à Paris par M.
Vincent , qui a donné occasion à l'Etablissement de
l'Hospital General des Pauures en la
mesme Ville.

LA Charité de M. Vincent estoit semblable au feu qui est
toûjours en action , quand il trouue de la matiere propre ;
ou plustost elle estoit toute animée & embrasée de ce feu celeste
que Iesvs-Christ est venu apporter sur la terre , & qui met
les cœurs dans vne continuelle disposition d'agir pour la gloire
de Dieu , & pour le salut des ames : C'est pourquoy ce fidéle Seruiteur de Dieu ne laissoit échapper aucune occasion de seruir l'E-
glise , ou de procurer le vray bien de son prochain. Et bien qu'outre le poids de son âge , & les infirmitez qui accompagnent ordinairement la vieillesse , il fust encore surchargé & comme accablé
d'vn grand nombre d'affaires de pieté , dont il soûtenoit le faix
& la pesanteur ; Cela n'empeschoit pas qu'il ne fust toûjours
prest & disposé d'entreprendre de nouuelles œuures pour la gloire de Dieu ; son zele s'augmentant & se fortifiant par les trauaux ,
comme s'il eust receu vn surcroist de vigueur & de forces , de ce
qui sembloit le deuoir affoiblir & épuiser.

Cela parut dans vne occasion , que la diuine Prouidence luy fit
naistre en l'année 1653. laquelle l'engageant dans vn nouuel exercice de Charité , donna depuis commencement à l'vne des plus
grandes & des plus considerables entreprises qui se soient veuës
depuis long-temps dans l'Eglise ; c'est à sçauoir l'Etablissement
de l'Hospital General des Pauures à Paris , duquel on peut dire
sans deroger à l'honneur & au merite de toutes les personnes
Vertueuses , qui y ont tres-saintement & tres-auantageusement
contribué , que M. Vincent en a mis comme la premiere pierre ,
ou plutost que Dieu s'est seruy de sa main , sans qu'il connût pres-

que les deſſeins de ſa Prouidence, pour en poſer les premiers fondemens, ſur leſquels enſuite le zele & la cooperation de pluſieurs
autres grands & inſignes Ouuriers a éleué ce merueilleux Edifice
qui va tous les jours ſ'augmentant auec benediction.

Voicy vn recit ſommaire de la maniere que la choſe eſt arriuée.

Vn Bourgeois de Paris, pouſſé d'vn deſir de rendre quelque
ſeruice à Dieu, & de faire quelque choſe qui luy fuſt agreable,
s'adreſſa vn iour à M. Vincent, en la Charité duquel il auoit vne
confiance toute particuliere; & luy dit qu'il auoit deſſein de luy
mettre entre les mains vne ſomme conſiderable d'argent, pour
eſtre par luy employée en quelques œuures de pieté, telles qu'il
iugeroit eſtre plus expedient; à condition neanmoins que iamais
il ne declareroit qu'il en fûſt l'autheur, & qu'il ne diroit ſon nom
à perſonne; voulant faire cette bonne œuure purement pour
Dieu, & ſans eſtre connu d'aucun autre apres Dieu que de luy
ſeul.

Monſieur Vincent ayant crû ne deuoir pas luy refuſer ce
ſeruice, receut cette ſomme comme en depoſt; & aprés auoir
bien penſé deuant Dieu, & demandé ſa lumiere pour connoiſtre
à quelle bonne œuure il auroit agreable qu'elle fuſt employée,
il ne voulut rien arreſter ny reſoudre qu'il n'en euſt communiqué
plus particulierement auec celuy qui luy auoit mis ce charitable
depoſt entre ſes mains : il en confera donc auec luy, & tous
deux enſemble conuinrent d'employer cette ſomme pour fonder
vn Hoſpital qui ſeruît de Retraite aux Pauures Artiſans, leſquels
ne pouuant plus gagner leur vie par vieilleſſe, ou par infirmité,
ſe trouueroient reduits à la mendicité, en laquelle on voit ordinairement les Pauures negliger leur ſalut; eſtimant que ce ſeroit
le moyen d'exercer vne double charité en leur endroit, pour-
voyant tout enſemble aux beſoins de leurs corps, & aux neceſſitez
ſpirituelles de leurs ames. Il propoſa cette penſée au Bienfaicteur
qui l'approuua grandement, & y conſentit bien volontiers; Mais
à condition que l'adminiſtration ſpirituelle & temporelle de cét
Hoſpital demeureroit pour toûjours au Superieur General de la
Congregation de la Miſſion.

Pour l'execution de ce deſſein M. Vincent acheta deux Maiſons, & vne Place aſſez grande dans le Faux-bourg de ſaint Laurent de la Ville de Paris, qu'il meubla de lits, de linges, & autres
choſes neceſſaires; il y fit auſſi accommoder vne petite Chapelle
auec tous les ajuſtemens conuenables, & du reſte de l'argent ayant

acquis vne rente annuelle, il reçeut dans cét Hospital quarante Pauures, sçauoir est vingt-hõmes, & vingt femmes, qu'on y a nourris & entretenus iusqu'à present, que leur rente estant diminuée, on sera contraint d'en retrancher quelques vns de ce nombre, si la Prouidence de Dieu n'y pouruoit bien-tost d'ailleurs. M. Vincent fit donc mettre ces quarante Pauures en deux corps de logis separez les vns des autres, mais tellement disposez qu'ils peuuent tous entendre vne mesme Messe, & vne mesme lecture de Table, prenant leur repas en commun chaque sexe à part, sans se voir ny se parler. Il fit aussi acheter & dresser des métiers, des outils, & autres choses conuenables pour les occuper selon leurs petites forces & industries, afin d'éuiter l'oisiueté: Il designa des Filles de la Charité pour le soin & le seruice de ces Pauures-gens, commit vn Prestre de la Mission pour celebrer la sainte Messe dans cet Hospital, & pour administrer à ces Pauures la parole de Dieu, & les Sacremens; Il fut luy-mesme des premiers à les instruire, & à leur recommander l'vnion entre-eux, la pieté enuers Dieu, & sur tout la reconnoissance enuers son infinie bonté de les auoir retirez de l'indigence & de la misere, & procuré vne Retraite si tranquille & si commode pour les besoins de leurs corps, & pour le salut de leurs ames.

Il donna à cette maison le titre d'Hospital du nom de Iesvs, & passa vne declaration de cette Fondation deuant Notaires, sans pourtant nommer le Fondateur: en suite dequoy M. l'Archeuesque de Paris l'ayant approuuée, luy en donna l'entiere direction pour luy & pour ses successeurs, & le Roy a confirmé & autorisé le tout par ses Lettres Patentes.

Lors-que quelqu'vn de ces Pauvres vient à mourir, on en prend vn autre pour remplir sa place. Ils y viuent en grande paix, & s'estiment heureux d'estre ainsi entretenus & assistez, tant en leur vie qu'en leur mort, n'ayant autre soin que de vivre Chrestiennement pour se disposer par ce moyen à bien mourir; & leur maniere de vie douce & reglée donne vn tel desir aux autres de leur succeder, qu'il y en a grand nombre qui recherchent & demandent les places, plusieurs années auant qu'elles soient vacantes.

Monsieur Vincent ayant donc ainsi étably & reglé ce nouuel Hospital; plusieurs Dames de la Charité de Paris, & autres Personnes de condition & de vertu le vinrent visiter; & le considerant en toutes ses parties, elles y remarquerent vn si bon or-

dre & vne fi fainte œconomie, qu'elles en furent merueilleufement edifiées : On y voyoit vne paix & vne vnion merueilleufe ;
le murmure & la médifance en eftoient bannis, auec les autres
vices : les Pauures s'occupoient à leurs petits ouurages, & s'ac-
quittoient de tous leurs deuoirs de pieté conformes à leur condition ; Enfin c'eftoit vne petite image de la vie des premiers
Chreftiens, & plûtoft vne Religion qu'vn Hofpital de Seculiers.

La veuë de ce lieu fi bien reglé donnoit fujet aux perfonnes
vertueufes qui le venoient vifiter, de déplorer le malheur de tant
de Pauures qui demandoient l'Aumône dans les ruës, & dans les
Eglifes de Paris, & qui menoient pour la plus-part vne eftrange
vie dans toute forte de vices & de libertinages, fans qu'on euft
pû iufqu'à lors y remedier. Plufieurs de ces Dames de la Charité
eurent la penfée qu'il ne feroit pas difficile à M. Vincent de les
tirer de ce defordre, & d'en faire bien viure vn grand nombre
auffi bien qu'vn petit : Dieu donnant grace & benediction à
toutes fes entreprifes ; & d'ailleurs ayant en fa difpofition tant
en la maifon de faint Lazare, qu'en celle des Filles de la Charité,
des perfonnes tres-propres pour ce deffein, pourueu qu'on euft
des lieux fuffifans pour retirer & pour occuper ces Pauures.

Les premieres Dames qui eurent cette penfée la communi-
querent à plufieurs autres, & celles-cy eftant venuës vifiter ce
petit Hofpital entrerent dans le mefme fentiment; vne d'entre-elles offrit d'abord de donner cinquante mille liures pour commencer vn Hofpital General ; & vne autre s'obligea de donner trois
mille liures de rente pour le mefme deffein : Enfin le iour de l'Affemblée de ces Dames eftant venu, où M. Vincent fe trouuoit
toûjours, s'il ne luy arriuoit quelque empefchement extraordinaire, comme il a efté dit ; elles luy firent cette grande propofition, qui d'abord le furprit, & luy donna fujet d'admirer le zele
& la charité de ces vertueufes Dames, dont il loüa Dieu & les
congratula grandement : il leur dit neamoins que l'affaire eftoit
d'vne telle importance, qu'elle meritoit d'eftre meurement confiderée, & qu'il la falloit beaucoup recommander à Dieu.

A la prochaine Affemblée, elles y parurent auec de nouuelles
ardeurs, pour venir à l'execution de ce grand deffein ; elles affu-
rerent que l'argent ne manqueroit point, qu'elles connoiffoient
d'autres perfonnes confiderables qui auoient intention d'y contribuer notablement ; & fur cela prefferent M. Vincent de trouuer bon & de confentir que leur Compagnie l'entreprift ; ce qui

ayant esté mis en deliberation , il fut resolu qu'on trauailleroit pour le commencer. M. Vincent eust pourtant bien desiré temporiser encore quelque peu , auant que de s'engager à vne telle entreprise, mais il ne pût arrester la ferueur de ces vertueuses Dames : & parce qu'il falloit vne Maison fort ample, & de grands espaces pour loger tous ces Pauures, on proposa de demander au Roy la maison & tous les enclos de la Salpetriere prés de la riuiere, & vis-à-vis de l'Arcenal, qui pour-lors n'estoient pas de grand seruice ; M. Vincent en parla à la Reine Regente, laquelle accorda bien volontiers cette demande , & le Breuet du don en fut expedié ; & sur l'opposition que fit vn particulier qui pretendoit y auoir quelque interest, vne des Dames luy promit huit cens liures de rente pour le dedommager.

Aprés cela il sembloit à ces Dames charitables que toutes choses estoient suffisamment disposées pour commencer l'execution de leur dessein ; & il tardoit à quelques-vnes des plus feruentes qu'elles ne vissent tous les Pauures retirez en ce lieu , de quoy elles pressoient fort M. Vincent : mais comme il ne conuenoit pas auec elles de la maniere d'attirer les Pauures en cette Maison , & de conduire vne telle entreprise, sa plus grande peine fut de retenir les plus pressantes ; car il luy sembloit qu'elles alloient trop viste pour son pas. C'est pourquoy il leur dit vn jour en particulier, pour moderer l'ardeur de leur zele : Que les œuures de Dieu « se faisoient peu à peu, par commencemens, & par progrez : quand « Dieu voulut sauuer Noë du deluge auec sa famille , il luy com- « manda de faire vne Arche qui pouuoit estre acheuée en peu de « temps ; & neanmoins il la luy fit commencer cent ans auparauant « afin qu'il la fit petit à petit. Dieu voulant semblablement con- « duire & introduire les Enfans d'Israël en la Terre de promission , « il pouuoit leur faire faire ce voyage dans peu de jours ; & cepen- « dant plus de quarante ans s'écoulerent auant qu'il leur fist la « grace d'y entrer. De mesme , Dieu ayant dessein d'enuoyer son « Fils au monde pour remedier au peché du premier homme qui « auoit infecté tous les autres , pourquoy tarda-t-il trois ou quatre « mille ans ? C'est qu'il ne se haste point dans ses œuures , & qu'il « fait toutes choses dans leur temps. Et Nostre-Seigneur venant « sur la terre , pouuoit venir dans vn âge parfait operer nostre Re- « demption , sans y employer trente ans de vie cachée , qui pour- « roit sembler superfluë : neanmoins il a voulu naistre petit Enfant « & croistre en âge à la façon des autres hommes , pour paruenir «

„ peu à peu à la confommation de cet incomparable Bien-fait. **Ne**
„ difoit-il pas auffi quelquefois, parlant des chofes qu'il auoit à fai-
„ re, Que fon heure n'eftoit pas encore venuë? Pour nous appren-
„ dre de ne nous pas trop auancer dans les chofes qui dependent
„ plus de Dieu que de nous. Il pouuoit mefme de fon temps éta-
„ blir l'Eglife par toute la terre; mais il fe contenta d'en ietter les
„ fondemens, & laiffa le refte à faire à fes Apoftres & à leurs Succef-
„ feurs. Selon cela il n'eft pas expedient de vouloir tout faire à la
„ fois, & tout à coup, ny de penfer que tout fera perdu fi vn cha-
„ cun ne f'empreffe auec nous, pour cooperer à vn peu de bonne
› volonté que nous auons. Que faut-il donc faire? Aller douce-
› ment, beaucoup prier Dieu, & agir de concert.

Il ajoûta, Que felon fon fentiment il eftimoit qu'il ne falloit fai-
„ re d'abord qu'vn effay, & prendre cent ou deux cens Pauures, &
„ encore feulement ceux qui viendroient de leur bon gré, fans en
„ contraindre aucun; que ceux-là eftant bien traitez & bien con-
„ tens donneroient de l'attrait aux autres; & qu'ainfi l'on augmen-
„ teroit le nombre à proportion que la Prouidence enuoiroit
„ des fonds: qu'on eftoit affeuré de ne rien gafter en agiffant de la
„ forte, & qu'au contraire la precipitation, & la contrainte dont
„ on vferoit, pourroit eftre vn empefchement au deffein de Dieu:
„ que fi l'œuure eftoit de luy, elle reüffiroit & fubfifteroit; mais que
„ fi elle eftoit feulement de l'induftrie humaine, elle n'iroit pas trop
„ bien, ny beaucoup loin.

Voila quels eftoient les fentimens de M. Vincent, & les remontrances qu'il fit à ces Dames, qui apporterent quelque temperament à l'ardeur de leur zele: mais ce qui retarda le plus l'execution de cette affaire, fut que quelques-vns des Principaux
Magiftrats croyant qu'il y auoit quelque forte d'impoffibilité
dans fon execution, ne pouuoient fe refoudre de la paffer & d'y
confentir: ce qui fut caufe que les années 1655 & 1656. s'écoulerent fans qu'on pûft faire autre chofe, finon dreffer plufieurs
projets, & propofer diuers moyens pour l'execution de ce grand
deffein; à quoy quelques perfonnes de condition & de vertu f'employerent auec vn tres-grand zele, auquel enfin Dieu ayant donné benediction, l'on conuint de la maniere de l'entreprife, & de
la forme du gouuernement, & l'on nomma des Adminiftrateurs
ou Directeurs, qui eftoient tous perfonnes d'honneur & de pieté
pour y donner commencement. Les Dames de la Charité qui
auoient ébauché ce grand Ouurage fous la fage conduite de M.
Vincent

Vincent, furent grandement confolées de le voir appuyé & foufte-
nu de l'autorité publique ; & par fon auis, elles f'en dechargerent
fur ces Meffieurs les Adminiftrateurs : & pour leur donner moyen
de baftir fur leur fondemeut, M. Vincent leur remit auec elles
non feulement la Salpetriere, mais encore le Chafteau de Biffeftre, qu'il auoit obtenu & poffedé quelques années auparauant pour les Enfans Trouuez.

Outre tous ces grands logemens que ces Dames ont cedé pour
retirer les Pauures, elles y ont encore contribué des fommes fort
notables, & quantité de linges, de lits & autres meubles, dont
quelques-vns mefme ont efté faits à Saint Lazare par les menui-
fiers de la Maifon, pour fournir aux premiers accommodemens
neceffaires dans ces Maifons, pour y receuoir les Pauures : & ainfi
cette entreprife f'eft executée, non toutefois par forme d'effay,
ny du gré des Pauures felon le premier projet de M. Vincent,
mais comme par vne refolution abfoluë de les enfermer pour les
empefcher de gueufer : & on a contraint tous les mendians qui fe
font trouuez dans Paris, ou de trauailler pour gagner leur vie, ou
bien d'entrer dans l'Hôpital General.

Voicy ce que M. Vincent en écriuit au mois de Mars de l'année 1657. à vne perfonne de confiance.

L'on va ofter la Mendicité de Paris, & ramaffer tous les Pau- «
ures en des lieux propres pour les entretenir, inftruire, & occu- «
per. C'eft vn grand deffein, & fort difficile, mais qui eft bien «
auancé, graces à Dieu, & approuué de tout le monde : beaucoup «
de perfonnes luy donnent abödamment, & d'autres f'y employent «
volontiers. On a desja dix-mille chemifes, & du refte à propor- «
tion. Le Roy & le Parlement l'ont puiffamment appuyé, & fans «
m'en faire parler, ont deftiné les Preftres de noftre Congrega- «
tion, & les Filles de la Charité pour le feruice des Pauures, fous «
le bon-plaifir de M. l'Archeuefque de Paris. Nous ne fommes «
pourtant pas encore refolus de nous engager à ces Emplois, pour «
ne pas affez connoiftre fi le bon Dieu le veut ; mais fi nous les en- «
treprenons, ce ne fera d'abord que pour effayer. «

M. Vincent donc ayant efté auerty qu'on auoit fait deffein
d'employer les Preftres de fa Congregation pour l'affiftance fpirituelle des Pauures de l'Hôpital general, creut que cet engage-
ment eftoit d'vne telle importance pour fa Congregation, qu'il
meritoit bien qu'on y penfaft deuant Dieu, & qu'on auifaft f'il
eftoit expedient de l'accepter : c'eft pourquoy aprés auoir prié

Dieu pour ce ſujet, il aſſembla les Preſtres de la maiſon de Saint Lazare pour en déliberer, & leur ayant repreſenté les diuerſes conſiderations qui pouuoient les porter, ou les detourner de cet employ ; enfin on conclud de ſ'en excuſer, comme l'on fit pour pluſieurs tres-grandes & tres-importantes raiſons. Et parce que les Lettres Patentes du Roy qui auoient desja eſté expediées pour la Fondation de l'Hôpital general leur attribuoient ce droit, ils y renoncerent abſolument par vn Acte autentique, afin que d'autres Eccleſiaſtiques púſſent auec toute liberté ſ'appliquer en cet employ.

Neanmoins comme l'établiſſement de cet Hôpital eſtoit alors ſur le poinct d'éclorre, les Directeurs & Adminiſtrateurs eſtant preſſez d'en faire l'ouuerture au plûtoſt, pour éuiter que ce refus des Preſtres de la Miſſion ne fuſt cauſe qu'vne ſi Sainte entrepriſe ſouffriſt du retardement, ou que les Pauures vinſſent à manquer de ſecours ſpirituel ; Monſieur Vincent conuia vn Eccleſiaſtique de la Compagnie de ceux qui ſ'aſſemblent le Mardy à Saint Lazare, d'accepter la charge de Recteur de l'Hôpital general, ce qu'il fit : Et aprés y auoir rendu ſeruice quelque-temps, auec d'autres Eccleſiaſtiques qui ſe joignirent à luy, & fait auſſi des Miſſions dans les Maiſons de l'Hôpital, par le ſecours de pluſieurs vertueux Eccleſiaſtiques de la meſme Compagnie & autres habituez en diuerſes Egliſes de Paris ; ſes indiſpoſitions ne luy permettant pas de porter plus long-temps cette charge, qui eſtoit tres-laborieuſe & penible, il ſ'en démit entre les mains de MM. les Vicaires Generaux de M. le Cardinal de Retz Archeueſque de Paris ; leſquels ſubſtituerent en ſa place vn Docteur de la Faculté de Paris de la meſme Compagnie, qui a exercé pendant pluſieurs années la charge de Recteur de l'Hôpital general auec grande benediction, & y a trauaillé auec vn zele infatigable par des Miſſions preſque continuelles qui ont eſté faites par ſes ſoins en toutes les Maiſons de cet Hôpital.

CHAPITRE XLVI.

Denombrement de plusieurs Establiffemens de la Congrega-
tion de la Miffion faits en diuers lieux durant
la Vie de M. Vincent.

DIEV ayant planté la Congregation de la Miffion dans fon
Eglife comme vne vigne myftique, qui deuoit fructifier
auec le fecours de fa grace pour la fanctification d'vn grand nombre d'Ames, il voulut pour la rendre plus fertile qu'elle étendift
fes pampres, & qu'elle fuft prouignée en diuers lieux par les Etabliffemens nouueaux qui en ont efté faits : que l'on peut bien auec
verité attribuer plûtoft à la volonté de Dieu qu'à celle des hommes ; Monfieur Vincent qui y deuoit cooperer plus efficacement
qu'aucun autre, n'y ayant donné fon confentement, que lors
qu'il a veu ne le pouuoir refufer fans refifter à Dieu.

Outre les trois Etabliffemens faits à Paris, fçauoir au College
des Bons-Enfans, à Saint Lazare, & à Saint Charles, dont nous
auons desja parlé.

PARIS
Le College
des Bons-En-
fans.
Saint Lazare.
Saint Charles

Le premier fe fit en Lorraine en la ville de Toul, à l'inftance
de Meffire Charles Chreftien de Gournay Euefque de Scythie,
qui auoit pour-lors l'adminiftration du Diocefe de Toul, dont
peu de temps aprés il fut Euefque. Cét Etabliffement fe fit l'année 1635. en la Maifon du Saint Efprit, du confentement des Religieux, laquelle Maifon fut vnie à ladite Congregation de la
Miffion, & cette vnion autorifée par Lettres Patentes du Roy,
verifiées en Parlement.

TOVL

Trois ans aprés, c'eft à dire en l'année 1638. M. le Cardinal de
Richelieu voulant laiffer vn monument de fa pieté, & donner des
marques de l'eftime qu'il faifoit de M. Vincent, & de fon Inftitut, fonda vne Maifon des Preftres de la Miffion en la Ville de
Richelieu, auec obligation de faire quelques Miffions tous les
ans, non feulement dans le Diocefe de Poitiers dans lequel eft la
Ville de Richelieu, mais encore dans celuy de Luçon à caufe qu'il
en auoit efté autrefois Euefque ; en attendant que d'autres Preftres de la mefme Congregation fuffent établis audit Luçon, lefquels fatisfaifant à cette obligation des Miffions pourroient y
multiplier leurs emplois ; Et dans ce defir il laiffa quelque argent
pour leur logement.

RICHELIEV

Quelque temps aprés, vne Maiſon y ayant eſté achetée, M. Vincent y enuoya enuiron l'année 1645. trois ou quatre de ſes Ouuriers pour y reſider tout à fait, deſirant de contenter en cela Meſſire Pierre de Niuelle Eueſque de Luçon qui les demandoit, & qui les ayant reçeus leur donna tous les pouuoirs ordinaires pour trauailler par tout ſon Dioceſe ; ce qu'ils ont toûjours fait depuis, non ſeulement à la decharge des Miſſionaires de Richelieu, qui pour cet effet leur ont aſſigné vn petit fonds pour partie de leur ſubſiſtance, mais auſſi pour le plus grand bien des ames qui en ſont aſſiſtées plus amplement.

En la ſuſdite année 1638. il ſe fit vn autre Etabliſſement de la meſme Congregation en la Ville de Troyes en Champagne , par les biens-faits de feu M. René de Breſle Eueſque de ladite Ville, & de feu M. le Commandeur de Sillery.

En l'année 1640. M. Vincent enuoya quelques Preſtres de ſa Congregation pour trauailler dans le Dioceſe de Genéue en Sauoye, pour ſatisfaire au deſir tres-ardent que Meſſire Iuſte Guerin alors Eueſque de Genéue luy en auoit témoigné ; & aux inſtances charitables de la venerable Mere de Chantal Fondatrice & premiere Superieure du ſaint Ordre des Religieuſes de la Viſitation en la Ville d'Anneſſy , qui eſperoit conſeruer en ce Dioceſe par le moyen des Miſſions, les grands biens que le Bienheureux François de Salles y auoit faits. M. le Commandeur de Sillery porté d'vne deuotion toute ſinguliere enuers ce ſaint Prelat, fit vne fondation pour l'entretien de ces Preſtres Miſſionaires, qui y ont toûjours trauaillé depuis, & s'y ſont employez non ſeulement à faire des Miſſions pour l'inſtruction & ſanctification du peuple de la Campagne , mais auſſi à procurer la reformation & perfection du Clergé, tant par les Exercices de l'Ordination, que par ceux qui ſe font dans le Seminaire qu'ils commencerent au mois d'Octobre de l'année ſuiuante 1641. pour éleuer les Eccleſiaſtiques dans l'eſtude de la ſcience & de la vertu.

En la meſme année 1641. M. Dominique Seguier Eueſque de Meaux approuua & autoriſa vn Etabliſſement des Preſtres de la meſme Congregation en la Ville de Crecy en Brie, pour faire des Miſſions en ſon Dioceſe , & cer Etabliſſement fut fondé par M. l'Orthon Conſeiller Secretaire du Roy ſous le nom du Roy meſme.

L'Année ſuiuante 1642. ſe fit la Fondation & Etabliſſement des meſmes Preſtres de la Miſſion en la Ville de Rome , par les liberalitez de tres-Noble Dame Marie de Vignerod Ducheſſe d'Aiguillon, niéce de M. le Cardinal de Richelieu , Dame tres-zelée pour la gloire de Dieu , & doüée d'vne tres-grande charité enuers le prochain, qui l'a toûjours rendüe fort tendre & ſenſible aux miſeres corporelles & ſpirituelles des Pauures , ſpecialement des plus abandonnez , & meſme de ceux qui eſtoient dans les lieux les plus éloignez. Cette vertueuſe Dame auoit des ſenti-mens extraordinaires d'eſtime , & de confiance pour M. Vincent; & M. Vincent auoit reciproquement pour elle vn reſpect, vne de-ference & vne reconnoiſſance toute particuliere.

La meſme Dame Ducheſſe a auſſi fondé en diuers temps de-quoy entretenir ſept Preſtres Miſſionaires pour trauailler à faire des Miſſions en ſon Duché d'Aiguillon, & dans ſon Comté d'A-genois , & de Condomois. Et M. l'Eueſque d'Agen les établit à Noſtre-Dame de la Roſe en ſon Dioceſe , prés la Ville de ſainte Liurade ſelon la fondation.   NOSTRE-DAME DE LA ROSE.

Par les bienfaits & charitez de la meſme Dame les Preſtres de la meſme Congregation de la Miſſion on t eſté fondez & éta-blis l'année ſuiuante 1643. en la Ville de Marſeille pour y exercer toutes leurs fonctions, & particulierement pour inſtruire & con-ſoler les Pauures forçats des Galeres de France , & leur aider à faire leur ſalut. Et cette fondation de Marſeille fut quelques an-nées aprés augmentée par la meſme Dame , pour faire aſſiſter ſpi-rituellement & corporellement par les Miſſionaires, les pauures Chreſtiens Eſclaues en Barbarie.   MARSEIL-LE.

En la meſme année 1643. feu M. Alain de Solminihac Eueſque Baron & Comte de Caors, dont la memoire eſt en veneration à toute l'Egliſe, pour les eminentes vertus dont ſa vie a eſté ornée, & particulierement pour ſa vigilance Paſtorale , & pour le zele de la gloire de Dieu, & du ſalut de ſes Dioceſains dont il eſtoit animé ; ce ſaint Prelat, dis-je , faiſant vne profeſſion ouuerte d'honorer & eſtimer les graces ſingulieres qu'il reconnoiſſoit en la perſonne de M. Vincent ,& en ſon Inſtitut , crût procurer vn grand auantage à tout ſon Dioceſe , y établiſſant, comme il fit, vne Maiſon des Preſtres de la Congregation de la Miſſion.   CAORS.

Le feu Roy Louïs XIII. de tres-glorieuſe memoire ayant ac-quis enuiron ce meſme temps la ſouueraineté de Sedan, qui eſtoit preſque toute infectée de l'hereſie : il deſira que M. Vincent en-uoyaſt des Preſtres de ſa Congregation pour y faire des Miſſions, & pour inſtruire & affermir les Catholiques qui eſtoient pour la

E e iij

plus-part peu inſtruits, & dont la Foy eſtoit en vn continuel peril de ſubuerſion, à cauſe du frequent commerce qu'ils auoient auec les Heretiques.

Pour cét effet ſa Majeſté ordonna qu'vne ſomme aſſez conſiderable ſeroit miſe entre les mains de M. Vincent pour eſtre employée aux frais de ces Miſſions : mais aprés la mort de ce grand Roy, Louïs XIV. ſon ſucceſſeur à preſent glorieuſement regnant, de l'auis de la Reine Regente ſa Mere, voulut que ce qui ſe trouua reſter alors de cét argent ſeruiſt de fondation pour vne Maiſon fixe & arreſtée des meſmes Preſtres de la Miſſion, comme en effet elle fut établie par M. Eleonor d'Eſtampes de Vallançay Archeueſque de Reims l'an 1644.

SEDAN.

La Maiſon de la Miſſion de Montmirail qui eſt vne petite Ville en Brie au Dioceſe de Soiſſons, fut fondée en l'année 1644. par M. le Duc de Rets ; & M. Toublan ſon Secretaire eut la deuotion de contribuer quelque choſe de ſon bien à cette fondation.

Celle de Saintes ſe fit auſſi en la meſme année par les ſoins de Meſſire Iacques Raoul alors Eueſque de ladite Ville, & par la contribution de Meſſieurs de ſon Clergé, pour les Miſſions & pour le Seminaire.

SAINTES.

L'année ſuiuante 1645. ſe fit vn autre Etabliſſement en la Ville du Mans à l'inſtance tres-grande de M. Emeric de la Ferté Eueſque du Mans, par l'autorité duquel, & à la ſollicitation de M. l'Abbé Lucas Maiſtre & Chef de l'Egliſe Collegiale de Noſtre-Dame de Coëffort de fondation Royale en ladite ville, & auec le conſentement des Chanoines, fut faite l'vnion de cette Egliſe, Maiſon, & appartenances à la Congregation de la Miſſion, qui a eſté autoriſée & confirmée par Lettres Patentes du Roy, auec le conſentement de MM. de la Ville.

LE MANS

Et en la meſme année 1645. Meſſire Achilles de Harlay Eueſque de ſaint Malo, ayant demandé des Preſtres de la meſme Congregation de la Miſſion à M. Vincent pour trauailler dans ſon Dioceſe, il luy en enuoya quelques-vns, qui furent peu de temps aprés établis par le meſme Prelat en l'Abbaïe de ſaint Méen dont il eſtoit Abbé, & du conſentement des Religieux qui cederent leur Maiſon & leur Menſe aux Miſſionaires : l'vnion en a eſté faite depuis à la meſme Congregation par N. S. P. le Pape Alexandre VII. par Bulles Apoſtoliques, qui ont eſté autoriſées par Lettres Patentes du Roy.

S. MEEN.

Il ne faut pas icy ômettre qu'en ladite année 1645. & aux deux

fuiuantes M. Vincent eſtant, follicité par quelques perſonnes vertueuſes & zelées, & encore plus par ſa propre charité d'enuoyer
de ſes Preſtres en pluſieurs Prouinces eſtrangeres & éloignées
pour diuerſes œuures de charité, & ayant obtenu toutes les facultez & pouuoirs neceſſaires du Saint Siege Apoſtolique, il en en- TVNIS
uoya quelques-vns en la ville de Tunis, & en celle d'Alger en ALGER
Barbarie, pour l'aſſiſtance ſpirituelle & corporelle des Chreſtiens
Eſclaues, tant ſains que malades, qui ſe trouuoient alors dans vn
grand abandon. Il en enuoya d'autres en Hibernie pour l'inſtru- HIBERNIE
ction & encouragement des pauures Catholiques de ce Royaume
là, qui eſtoient grandement oppreſſez par les Heretiques d'Angleterre. Et ſon zele ne mettant point de bornes aux effets de ſa MADA-
charité, il en deſtina encore d'autres en l'Iſle de Madagaſcar dite GASCAR
de Saint Laurent, qui eſt au delà de l'Equateur; où les peuples
viuent les vns comme Idolatres, & les autres preſque ſans aucune
Religion. Cette Iſle qui eſt d'vne eſtenduë fort vaſte, eſt comme
vn grand champ couuert de ronces, que cet Ouurier Euangelique
a commencé à défricher par la culture que les ſiens ont eſſayé
d'y faire auec des trauaux indicibles, qui en ont desja conſumé
pluſieurs d'entre-eux. Et ce qui eſt digne de conſideration, eſt que
M. Vincent a témoigné vne fermeté & vne conſtance inuincible
à la pourſuite de ces entrepriſes Apoſtoliques, particulierement
en cette Iſle infidéle, & dans les Villes de Tunis & d'Alger en
Barbarie, nonobſtant les grandes difficultez qui ſ'y rencontrent,
& les pertes notables qu'il y a ſouffertes. Nous reſeruons pour le
ſecond Liure à parler plus en particulier des benedictions que
Dieu a verſées ſur ces Miſſions éloignées, & des fruits qui en ont
eſté recüeillis par ſa grace.

En la meſme année 1645 M. le Cardinal Durazzo tres-digne GENES
Archeueſque de Génes en Italie, ayant appris les ſeruices que M.
Vincent & les Preſtres de ſa Congregation rendoient à l'Egliſe en
diuers lieux, & principalement en Sauoye, & à Rome, voulut
procurer vn ſemblable bien dans ſon Dioceſe : C'eſt pourquoy
ayant témoigné à M. Vincent ſon grand deſir d'auoir des Preſtres de ſa Congregation dans la ville de Génes, & l'ayant inſtamment prié de luy donner cette ſatisfaction; il luy en enuoya
quelques-vns, qu'il receut auec grande affection, & fit leur Etabliſſement dans vne Maiſon qu'il fonda. MM. Baliano, Raggio,
& Iean Chriſtophe Moncia Preſtres, Nobles Génois ayant auſſi
contribué de leurs biens pour cette Fondation.

En l'année 1650 les Preſtres de ladite Congregation furent établis en la ville d'Agen par M. Barthelemy d'Elbene Eueſque dudit lieu , qui leur donna la Direction perpetuelle de ſon Seminaire.

En l'année 1651. Monſieur Vincent enuoya des Preſtres de ſa
Congregation dans la Pologne , où ils furent quelque-temps
aprés eſtablis & fondez dans la ville de Varſouie , par les liberalitez & bien-faits de la tres-pieuſe & Sereniſſime Reine de Pologne , qui les luy auoit demandez. On verra au ſecond Liure ce
qui s'eſt paſſé de plus remarquable en cette Fondation , qui a
donné ſujet à M. Vincent d'exercer vne Sainte geneneroſité , vn
zele vraiment Apoſtolique , & vn parfait depoüillement de luy-
meſme.

En cette meſme année 1651 , Monſieur Vincent enuoya des
Preſtres de ſa Congregation pour aller trauailler au ſalut de pluſieurs pauures Ames abandonnées, & delaiſſées dans les Iſles Hebrides, qui ſont au delà du Royaume d'Eſcoſſe vers le Septen-
trion.

L'année ſuiuante 1652. les Preſtres de la meſme Congregation
furent établis au Dioceſe de Montauban,où M. Pierre de Bertier
Eueſque de cette ville , leur a donné la Direction de ſon Seminaire , & les a auſſi employez à faire des Miſſions dans ſon Dioceſe.

L'Etabliſſement des meſmes Preſtres ſe fit en la ville de Treguier en la baſſe Bretagne en l'année 1654. par les bien-faits de
Meſſire Balthazar Granger Eueſque & Comte dudit lieu, comme auſſi par les liberalitez de M. Thepant ſieur de Rumelin,
Chanoine de l'Egliſe Cathedrale de Treguier, qui s'en eſt rendu
le Fondateur.

En cette meſme année M. Vincent enuoya de ſes Miſſionnaires
en la Ville d'Agde en Languedoc , ſelon le deſir de Meſſire François Fouquet , alors Eueſque & Comte d'Agde, & maintenant
Archeueſque de Narbonne qui les auoit demandez à deſſein de
les y eſtablir.

Cette meſme année M. Vincent enuoya des Preſtres de ſa
Congregation à Turin Capitale de Piedmont, à l'inſtance que
luy en fit M. le Marquis de Pianezze premier Miniſtre d'Eſtat
du Duc de Sauoye. C'eſt vn Seigneur de picté tres-exemplaire,
lequel pouſſé d'vn tres-grand deſir de procurer la gloire de Dieu
& le ſalut des ames, a voulu ſe rendre Fondateur d'vne Maiſon
de la Congregation de la Miſſion en la ville de Turin.

En

Marginal notes: AGEN · VARSOVIE · ISLES HEBRIDES. · MONTAV-BAN, · TREGVIER · AGDE. · TVRIN.

En l'année 1657. la Cour estant allée en la ville de Mets, &
la Reine Mere du Roy toûjours appliquée selon sa pieté ordinaire à procurer le bien public , ayant esté informée de quelques
besoins spirituels qui se trouuoient dans cette grande Ville , pensa
qu'vn des moyens plus efficaces d'y remedier estoit d'y enuoyer
des Prestres de la Congregation de la Mission: pour cet effet sa
Majesté estant de retour à Paris , & ayant mandé M. Vincent luy
declara son dessein , & luy dit que pour l'executer elle desiroit
qu'il enuoyast des Missionaires en la Ville de Mets, pour y faire
la Mission ; à quoy il respondit : *Vostre Majesté ne sçait donc pas,*
Madame , que les Pauures Prestres de la Congregation de la Mission ne
sont Missionaires que pour les Pauures. Que si nous sommes établis dans
Paris , & dans les autres Villes Episcopales , ce n'est que pour le seruice
des Seminaires , des Ordinans , de ceux qui font la Retraite spiri-
tuelle , & pour aller faire des Missions à la Campagne ; & non pas pour
prescher, cathechiser, ny confesser les Habitans de ces Villes-là : Mais il
y a vne autre Compagnie d'Ecclesiastiques qui s'assemblent à Saint Lazare
toutes les Semaines qui pourront bien , si vostre Majesté l'a agreable , s'ac-
quitter plus dignement que nous de cet Employ.

A quoy la Reine répondit, qu'elle n'auoit pas encore sçeu que
les Prestres de la Congregation de la Mission ne fissent point de
Missions dans les grandes Villes ; qu'elle n'auoit garde de les détourner de leur Institut ; & que ces MM. de la Conference de
Saint Lazare venant de sa part , elle trouueroit tres-bon qu'ils
fissent cette Mission. Et en effet ils la firent auec beaucoup de benediction pendant le Caresme de l'an 1658. Ils estoient plus de
vingt Prestres , tous Ouuriers d'élite , choisis par M. Vincent,
qui pria feu M. l'Abbé de Chandenier personnage de singuliere
vertu , & de tres-grand Exemple , de vouloir prendre le soin & la
conduite de cette Mission : dont il s'acquita dignement , s'estant
rendu tres-exact à suiure les auis que M. Vincent luy auoit donnez , & à obseruer toutes les pratiques qu'il auoit jugé propres
pour la faire heureusement reüssir. Ce vertueux Abbé ayant ensuite rendu compte de cette Mission à sa Majesté , elle en fut si
satisfaite , qu'elle conçeut le dessein de faire en ladite Ville de
Mets vn Establissement des Prestres de la Congregation de la   METS.
Mission, qui n'a pourtant pû estre executé qu'après la mort de
M. Vincent.

En l'année 1659. Il enuoya à Narbonne des Prestres de sa Con-   NARBON-
gregation pour satisfaire au desir de M. François Fouquet Ar-   NE.

F f

cheuefque de cette Ville-là, qui les auoit demandez à deffein de les y établir.

Halluin Wailly   Feu M. l'Abbé de Sery de la Maifon de ~~Mailly~~ en Picardie auoit propofé plufieurs fois & en diuerfes années à M. Vincent le deffein qu'il auoit de contribuer à la fondation d'vne Maifon des Preftres de fa Congregation dans Amiens: mais N. S. l'ayant retiré de ce monde auant qu'il l'eût accomply, il n'a pas laiffé de f'executer depuis; & cet Etabliffement a efté fait par Meffire François Faure Euefque d'Amiens, qui a donné la direction perpetuelle de fon Seminaire aux Preftres de la Congregation de la Miffion

AMIENS.

Ce bon Abbé ayant furuefcu peu de temps à M. Vincent, a voulu eftre enterré auprés de luy dans l'Eglife de Saint Lazare.

NOYON.   Feu M. Henry de Baradat Euefque & Comte de Noyon, Pair de France, defirant auoir des Preftres de la Miffion en fon Diocefe, en écriuit à M. Vincent & luy en fit parler; mais M. Vincent ne voyant pas pour-lors toutes chofes difpofées à leur Etabliffement differa d'en enuoyer; la Prouidence de Dieu referuant l'execution de ce pieux deffein à fon tres-digne fucceffeur M. François de Clermont, lequel n'a pas eu plûtoft la conduite de ce Diocefe, qu'il a penfé aux moyens de pouruoir à fes befoins fpirituels; Et pour cela ayant appellé des Preftres de la Congregation de la Miffion, il leur a donné la Direction perpetuelle de fon Seminaire en l'année 1662.

Il eft à remarquer qu'en tout temps quantité de Prelats non feulement de France, mais encore d'autres endroits de la Chreftienté fe font adreffez à M. Vincent pour auoir des Ouuriers de fa Compagnie, afin de les établir en leurs Diocefes, & de les employer aux Miffions, aux Exercices de l'Ordination, & aux Seminaires. Mais ce fage Inftituteur ne pouuant pas en fournir à tous, ou pour n'auoir pas des hommes prefts, ou pour d'autres empefchemens, a laiffé ces propofitions fans effet, ne voulant rien embraffer ny hors de temps, ny au delà de fes forces.

Voila comment Dieu voulut que ce Pere des Miffionaires recueillit, mefme dés cette vie, quelque partie des fruits de fes faints trauaux, & qu'il euft la confolation de voir fes Enfans Spirituels multipliés comme les Etoiles du Ciel, & fa Congregation heureufement établie en fort peu de temps en diuerfes parties du monde. Comme fes plus ardens defirs ne tendoient à autre fin qu'à procurer que Dieu fût glorifié, & les ames qui ont coûté le Sang de I. C. fanctifiées & fauuées; auffi auoit-il vne reconnoiffance indicible de voir que sa Prouidence eust daigné se seruir de luy, quoy que tres-chetif & miserable, comme il s'estimoit, pour procurer tous ces grands biens: car la pensée de tous ces excellens ouurages le portoit, non à s'en glorifier & à s'y complaire, mais plûtost à s'abysmer de plus en plus dans la consideration de son inutilité & de son neant, & à en rendre de continuelles actions de graces à sa diuine Majesté, qu'il estimoit deuoir estre d'autant plus glorifiée de tous ces effets de sa Misericorde, qu'elle auoit voulu se seruir d'vn instrument plus foible & plus inutile, tel qu'il pensoit estre, pour les produire.

CHAPITRE XLVII.

Monsieur Vincent donne des Regles à sa Congregation, & dit plusieurs choses tres-considerables sur ce sujet.

CE fut en l'année 1658 que M. Vincent ayant mis les Regles & Constitutions de sa Congregation dans le bon ordre qu'il les souhaitoit, son grand âge & ses infirmitez presque continuelles luy faisant préuoir qu'il ne luy restoit plus guere de temps à viure; comme il auoit toûjours aimé les siens pendant sa vie, il voulut leur donner des preuues signalées de cet amour auant sa mort, en leur laissant son esprit exprimé dans ses Regles ou Constitutions.

Comme donc la Communauté de la Maison de Saint Lazare estoit assemblée vn Vendredy au soir 17. de May de ladite année, M. Vincent leur fit vn discours fort affectif & tout paternel sur le sujet de l'obseruance des mesmes Regles; lequel ayant esté recueilly par quelqu'vn qui estoit present, nous en rapporterons icy quelques extraits, qui feront voir de quel esprit M. Vincent estoit animé, & auec combien de prudence, de retenuë, de charité, & de zele il auoit dressé ses Regles pour le bien de sa Congregation.

Il commença par les motifs que sa Congregation auoit d'aimer & de bien obseruer ses Regles.

Il me semble, dit-il, que par la grace de Dieu toutesles Regles " de la Congregation de la Mission tendent à nous éloigner du pe- " ché, & mesme à éuiter les imperfections, à procurer le salut des " Ames, seruir l'Eglise, & donner gloire à Dieu: de sorte que qui- " conque les obseruera comme il faut, s'éloignera des pechez & des "

„ vices, ſe mettra dans l'eſtat que Dieu demande de luy, ſera vtile
„ à l'Egliſe, & rendra à Noſtre-Seigneur la gloire qu'il en attend.
„ Quels motifs! Meſſieurs & mes Freres, de s'exempter des vices
„ & des pechez, autant que l'infirmité humaine le peut permet-
„ tre, glorifier Dieu, & faire qu'il ſoit aimé & ſeruy ſur la terre.
„ O Sauueur! quel bon-heur? ie ne le puis aſſez conſiderer. Nos
„ Regles ne nous preſcriuent en apparence qu'vne vie aſſez com-
„ mune, & neanmoins elles ont dequoy porter ceux qui les prati-
„ quent à vne haute perfection. Et non ſeulement cela, mais enco-
„ re à détruire le peché & l'imperfection dans les autres, comme
„ ils l'auront détruit en eux-meſmes. Si donc la petite Compagnie
„ a desja fait quelque progrez dans la vertu, ſi chaque particulier
„ eſt ſorty de l'eſtat du peché, & ſeſt auancé dans le chemin de la
„ perfection, n'eſt-ce pas l'obſeruance des meſmes Regles qui a
„ fait cela? Si par la miſericorde de Dieu la Compagnie a produit
„ quelques biens dans l'Egliſe par le moyen des Miſſions, & par les
„ Exercices des Ordinans, n'eſt-ce pas parce qu'elle a gardé l'ordre
„ & l'vſage que Dieu y auoit introduit, & qui eſt preſcrit par ces
„ meſmes Regles? O que nous auons donc grand ſujet de les obſer-
„ uer inuiolablement, & que là Congregation de la Miſſion ſera
„ heureuſe, ſi elle y eſt fidéle:

„ Vn autre motif qu'elle a pour cela eſt, que ſes Regles ſont
„ preſque toutes tirées de l'Euangile, comme chacun le voit, &
„ qu'elles tendent toutes à conformer voſtre vie à celle que Noſtre-
„ Seigneur a menée ſur la terre : car il eſt dit que ce Diuin Sauueur
„ eſt venu, & a eſté enuoyé de ſon Pere pour Euangeliſer les Pau-
„ ures: *Pauperibus Euangeliſare miſit me. Pauperibus* : Pour annoncer
„ l'Euangile aux Pauures, comme par la grace de Dieu la petite
„ Compagnie taſche de faire, laquelle a grand ſujet de ſ'humilier
„ & de ſe confondre de ce qu'il n'y en a point eu encore d'autre
„ que ie ſçache, qui ſe ſoit propoſée pour fin particuliere & princi-
„ pale d'annoncer l'Euangile aux Pauures, & aux Pauures les plus
„ abandonnez. *Pauperibus euangelizare miſit me* : Car c'eſt-là noſtre
„ fin: Ouy, Meſſieurs & mes Freres, noſtre partage ſont les Pau-
„ ures. Quel bon-heur! de faire la meſme choſe pour laquelle
„ Noſtre-Seigneur a dit qu'il eſtoit venu du Ciel en terre, &
„ moyennant quoy nous eſperons auec ſa grace d'aller de la terre
„ au Ciel. Faire cela, c'eſt continuer l'ouurage du Fils de Dieu,
„ qui alloit volontiers dans les lieux de la Campagne chercher les
„ Pauures. Voila à quoy nous oblige noſtre Inſtitut, à ſeruir &

aider les Pauures, que nous deuons reconnoître pour nos Sei- «
gneurs & pour nos Maiſtres. O pauures, mais bien-heureuſes Re- «
gles, qui nous engagent à aller dans les villages à l'excluſion des «
grandes Villes pour faire ce que Iesvs-Christ a fait : Voyez, «
ie vous prie, le bon-heur de ceux qui les obſeruent, de confor- «
mer ainſi leur vie & toutes leurs actions à celles du Fils de Dieu. «
O Seigneur, quel motif auons-nous en cela de bien obſeruer ces «
Regles qui nous conduiſent à vne fin ſi ſainte & ſi deſirable. «

Vous les auez long-temps attenduës, Meſſieurs & mes Freres, «
& nous auons beaucoup differé à vous les donner ; en partie pour «
imiter la conduite de Noſtre-Seigneur, lequel commença à faire, «
auant que d'enſeigner : *Cœpit Ieſus facere & docere.* Il pratiqua les «
vertus pendant les trente premieres années de ſa vie, & employa «
ſeulement les trois dernieres à preſcher & enſeigner. Auſſi la «
Compagnie a tâché de l'imiter, non ſeulement en ce qu'il eſt «
venu faire, mais auſſi à le faire de la meſme maniere qu'il l'a fait. «
Car la Compagnie peut dire cela, qu'elle a premierement fait, & «
puis qu'elle a enſeigné : *Cœpit facere & docere.* Il y a bien trente «
trois ans ou enuiron que Dieu luy a donné commencement, & «
depuis ce temps-là, l'on y a par la grace de Dieu pratiqué les «
Regles que nous allons vous donner maintenant : Auſſi n'y trou- «
uerez-vous rien de nouueau, que vous n'ayez mis en pratique «
depuis pluſieurs années auec beaucoup d'édification. Si on don- «
noit des Regles qu'on n'euſt point encore pratiquées, on pour- «
roit y trouuer de la difficulté ; mais vous donnant ce que vous «
auez fait & exercé depuis tant d'années auec fruit & conſolation, «
il n'y a rien que vous ne trouuiez également vtile & aiſé pour «
l'auenir. L'on a fait comme les Recabites, dont il eſt parlé en la «
Sainte Ecriture, qui gardoient par tradition les Regles que leurs «
Peres leur auoient laiſſées, bien qu'elles ne fuſſent point écrites : «
& maintenant que nous auons les noſtres écrites & imprimées, «
la Compagnie n'aura qu'à continuer, & à ſe maintenir dans l'v- «
ſage de ce qu'elle a pratiqué durant pluſieurs Années, & à faire «
toûjours ce qu'elle a fait & pratiqué ſi fidélement par le paſſé. «

Si nous euſſions donné des Regles dés le commencement, & «
auant que la Compagnie ſe fuſt miſe en la pratique, on auroit «
penſé qu'il y auroit eu de l'humain, plus que du diuin, & que c'euſt «
eſté vn deſſein pris & concerté humainement, & non pas vn «
Ouurage de la Prouidence Diuine : mais Meſſieurs & mes Fre- «
res, toutes ces Regles & tout le reſte que vous voyez dans la Con- «

,, gregation s'eſt fait ie ne ſçay comment : car ie n'y auois iamais
,, penſé, & tout cela s'eſt introduit peu-à-peu , ſans qu'on puiſſe
,, dire qui en eſt la cauſe. Or c'eſt vne Regle de ſaint Auguſtin, que
,, quand on ne peut trouuer la cauſe d'vne choſe bonne, il la faut
,, rapporter à Dieu, & reconnoiſtre qu'il en eſt le principe & l'Au-
,, teur. Selon cela Dieu n'eſt-il pas l'Auteur de toutes nos Re-
,, gles, qui ſe ſont introduites ie ne ſçay de quelle maniere, & de
,, telle ſorte qu'on ne ſçauroit dire comment ny pourquoy ? O Sau-
,, ueur, quelles Regles ! Et d'où viennent-elles ? Y auois-je pen-
,, ſé ? Point du tout ; & ie vous puis aſſurer, Meſſieurs & mes Fre-
,, res, que ie n'auois iamais penſé ny à ces Regles, ny à la Compa-
,, gnie, ny meſme au mot de Miſſion ; c'eſt Dieu qui a fait tout
,, cela ; les hommes n'y ont point de part. Pour moy, quand ie
,, conſidere la conduite dont il a plu à Dieu ſe ſeruir pour faire nai-
,, ſtre la Congregation en ſon Egliſe, i'auouë que ie ne ſçay où i'en
,, ſuis, & qu'il me ſemble que c'eſt vn ſonge tout ce que ie vois.
,, Non, cela n'eſt point de nous, cela n'eſt point humain, mais de
,, Dieu : Appelleriez-vous humain ce que l'entendement de l'hom-
,, me n'a point préueu : & ce que la volonté n'a point deſiré ny
,, recherché en maniere quelconque ? Nos premiers Miſſionnaires
,, n'y auoient pas penſé non plus que moy : de ſorte que cela s'eſt
,, fait contre toutes nos préuoyances & eſperances. Ouy, quand
,, ie conſidere tous les emplois de la Congregation de la Miſſion ,
,, il me ſemble que c'eſt vn ſonge. Quand le Prophete Abacuc fut
,, enleué par vn Ange & porté bien loin pour conſoler Daniel dans
,, la foſſe aux Lions, & puis rapporté au lieu où il auoit eſté pris,
,, ſe voyant de retour au meſme endroit d'où il eſtoit ſorty, n'auoit-
,, il pas ſujet de penſer que tout cela n'eſtoit qu'vn ſonge ? Et ſi
,, vous me demandez comment les Pratiques de la Compagnie ſe
,, ſont introduites ? Comment la penſée de tous ſes Exercices &
,, Emplois nous eſt venuë ? Ie vous diray que ie n'en ſçay rien, &
,, que ie ne le puis connoiſtre. Voila M. Portail qui a veu auſſi bien
,, que moy l'origine de la petite Compagnie, qui vous peut dire
,, que nous ne penſions à rien moins qu'à tout cela ; tout s'eſt fait
,, comme de ſoy-meſme, peu-à-peu, l'vn aprés l'autre : Le nombre
,, de ceux qui ſe ioignoient à nous s'augmentoit, & chacun trauail-
,, loit à la vertu, & à meſme temps que le nombre croiſſoit ; Auſſi
,, les bonnes pratiques s'introduiſoient pour pouuoir viure enſem-
,, ble, & nous comporter auec vniformité dans nos Emplois : Ces
,, Pratiques-là ſe ſont toûjours obſeruées , & ſ'obſeruent encore

aujourd'huy par la grace de Dieu. Enfin, on a trouué à-propos «
de les reduire par écrit, & d'en faire des Regles. I'espere que la «
Compagnie les recevra comme émanées de l'Esprit de Dieu : «
A quo bona cuncta procedunt : duquel toutes les choses bonnes pro- «
cedent, & sans lequel : *Non sumus sufficientes cogitare aliquid à no-* «
bis, quasi ex nobis. Nous n'auons pas la suffisance de penser quel- «
que chose de nous-mesmes, comme de nous-mesmes. «

O Messieurs & mes Freres ! Ie suis dans vn tel étonnement de «
penser que c'est moy qui donne des Regles, que ie ne sçaurois «
conceuoir comment i'ay fait pour en venir-là ; & il me semble «
que ie suis toûjours au commencement ; & plus i'y pense, plus «
aussi il me paroist éloigné de l'inuention des hommes, & plus «
éuidemment ie connois que c'est Dieu seul qui a inspiré ces Re- «
gles à la Compagnie : que si i'y ay contribué quelque peu de cho- «
se, ie crains que ce ne soit ce peu-là qui empeschera peut-estre «
qu'elles ne soient pas si bien obseruées à l'auenir, & qu'elles ne «
produisent pas tout le fruit, & tout le bien qu'elles devroient. «

Aprés quoy, que me reste-t-il, Messieurs ? sinon d'imiter Moï- «
se, lequel ayant donné la Loy de Dieu au peuple, promit à tous «
ceux qui l'obserueroient toutes sortes de benedictions, en leurs «
corps, en leurs ames, en leurs biens, & en toutes choses. Aussi «
Messieurs & mes Freres, nous deuons esperer de la bonté de Dieu «
toutes sortes de graces & de benedictions, pour tous ceux qui «
obserueront fidelement les Regles qu'il vous a données ; bene- «
diction en leurs personnes, benediction en leurs pensées, bene- «
diction en leurs desseins, benediction en leurs emplois, & en tou- «
tes leurs conduites, benediction en leurs entrées & en leurs sor- «
ties, benediction enfin en tout ce qui les concernera. I'espere «
que cette fidelité passée auec laquelle vous auez obserué ces Re- «
gles, & vostre patience à les attendre si long-temps, obtiendra «
pour vous de la bonté de Dieu la grace de les obseruer encore «
plus facilement, & plus parfaitement à l'auenir. O Seigneur ! «
donnez vostre benediction à ce petit Livre ; & accompagnez-le «
de l'onction de vostre saint Esprit, afin qu'il opere dans les Ames «
de ceux qui le liront l'éloignement du peché, le détachement du «
monde, la pratique des vertus, & l'vnion auec vous. «

M. Vincent ayant ainsi parlé fit approcher les Prestres, à chacun desquels il donna vn petit Livre contenant les Regles imprimées, qu'ils voulurent par deuotion receuoir à genoux ; re-
seruant au lendemain de distribuer les autres au reste de la Com-

munauté, parce qu'il eſtoit trop tard.

Aprés cette diſtribution, l'Aſſiſtant de la Maiſon ſe mit derechef à genoux, & luy demanda ſa benediction au nom de toute la Compagnie, qui s'eſtoit miſe en vne ſemblable poſture : Sur quoy M. Vincent s'eſtant luy-meſme proſterné, dit ces belles paroles d'vn ton fort affectif, & d'vne maniere qui faiſoit bien connoiſtre l'ardeur de ſon amour paternel.

O Seigneur ! qui eſtes la Loy Eternelle, & la Loy Immuable, qui gouuernez par voſtre Sageſſe infinie tout l'Vniuers ; Vous de qui les conduites des creatures, toutes les loix, & toutes les Regles de bien viure ſont émanées comme de leur viue ſource. O Seigneur ! beniſſez, s'il vous plaiſt, ceux à qui vous auez donné ces Regles icy, & qui les ont receuës comme procedantes de vous. Donnez-leur, Seigneur, la grace neceſſaire pour les obſeruer toûjours & inuiolablement, iuſqu'à la mort. C'eſt en cette confiance & en voſtre Nom, que tout miſerable pecheur que ie ſuis, ie prononceray les paroles de la benediction que ie vais donner à la Compagnie.

Voila vne partie du diſcours que M. Vincent fit en cette occaſion, lequel il prononça d'vn ton de voix mediocre, humble, doux, & deuot, & de telle ſorte qu'il faiſoit ſentir aux cœurs de tous ceux qui l'écoutoient l'affection particuliere du ſien ; il leur ſembloit qu'ils eſtoient auec les Apoſtres écoutant parler Noſtre Seigneur, particulierement en ce dernier Sermon qu'il leur fit auant ſa Paſſion, où il leur donna auſſi ſes Regles, en leur impoſant le grand commandement de la parfaite Dilection.

On peut recueillir de ce qui vient d'eſtre dit, & plus encore de la lecture des Regles de la Congregation de la Miſſion, qu'elle a eſté inſtituée pour trois fins principales. La premiere, pour trauailler à ſa propre perfection, en s'étudiant de pratiquer les vertus que Noſtre Seigneur a daigné nous enſeigner par ſes paroles & par ſon exemple. La ſeconde, pour preſcher l'Euangile aux Pauures, & particulierement à ceux de la Campagne qui ſont les plus delaiſſez. Et la troiſieſme, pour aider les Eccleſiaſtiques à acquerir les connoiſſances & les vertus neceſſaires à leur eſtat. Voila le profit de cét Inſtitut, & à quoy tendent les Regles données par M. Vincent, lequel auoit raiſon de dire qu'elles eſtoient venuës de Dieu, parce qu'en effet elles auoient eſté puiſées dans l'Euangile. Il diſoit auſſi qu'il ne ſçauoit pas comment elles auoient eſté miſes en vſage dans ſa Compagnie, d'autant qu'il ne ſe regardoit pas comme l'Auteur de ce bien : mais les Preſtres de ſa Congregation

Congregation le reconnoiſſoient luy-meſme pour leur Regle viuante, & comme ils voyoient en luy vne vraie expreſſion de la vie de I e s v s-C h r i s t & de ſes Saintes Maximes, ils tâchoient de ſe conformer à ſes pratiques, & de marcher ſur ſes pas. Et voila comme les Regles de ſa Congregation ont eſté pratiquées auant que d'eſtre écrites, parce qu'il a fait auant que d'enſeigner, & que ſa grace & ſon Exemple ont animé les autres à faire comme luy.

CHAPITRE XLVIII.

Diuerſes autres œuures de pieté, auſquelles M. Vincent s'eſt appliqué auec ſes occupations plus ordinaires.

CE v x qui ont connu particulierement M. Vincent, & qui ont ſçeu quelle eſtoit l'étenduë de ſon zele, & les occaſions que la Diuine Prouidence luy preſentoit continuellement pour l'exercer, peuuent témoigner auec verité que depuis trente ou quarante ans, il s'eſt fait fort peu d'œuures de pieté ou de charité publiques & conſiderables dans Paris, où il n'ait eu quelque part, ſoit en donnant ſes auis, ou y cooperant en quelque autre maniere.

La Maiſon de Saint Lazare eſtoit comme vn abord, où ſe rendoient toutes les perſonnes qui auoient deſſein d'entreprendre quelque bonne œuure, ou de rendre quelque notable ſeruice à l'Egliſe; pour y trouuer en la perſonne de M. Vincent, le conſeil, le ſecours, & la cooperation neceſſaire pour y bien reüſſir.

Ce grand Seruiteur de Dieu eſtoit preſque continuellement conſulté pour diuerſes affaires & deſſeins de pieté, non ſeulement du coſté de Paris qui luy en fourniſſoit vne ample matiere : mais encore de pluſieurs autres lieux, d'où il receuoit ſouuent des Lettres de la part de diuerſes perſonnes qui luy eſtoient inconnuës, & qui ne le connoiſſoient que par la reputation de ſa vertu & & de ſa charité, qui leur donnoit la confiance de recourir à luy dans leurs doutes. D'ailleurs, outre les Aſſemblées ordinaires qui ſe tenoient au moins trois fois chaque ſemaine, auſquelles il ſe trouuoit tres-exactement ; il eſtoit encore ſouuent appellé en d'autres Aſſemblées particulieres, ſoit de Prelats, ou de Docteurs ou meſme quelquefois des Superieurs de Communautez, ou enfin d'autres perſonnes de toute ſorte de condition ; tantoſt pour

G g

refoudre diuerfes difficultez importantes, tantôt pour regler &
établir quelque bon Gouuernement, ou bien pour remedier à
quelques grands defordres, ou enfin pour trouuer moyen d'a-
uancer la gloire de Dieu & de procurer le bien des Diocefes, des
Communautez, ou des Familles.

Il eftoit auffi d'autrefois employé & appellé pour mettre la
paix & établir vn bon ordre dans plufieurs Maifons Religieufes,
tant d'hommes que de filles; & pour appaifer quantité de diffe-
rends & de procez entre les perfonnes particulieres, & mefme
entre des Communautez entieres.

Sa charité le portoit auffi à faire beaucoup de vifites de perfonnes Malades ou affligées, foit qu'il en fuft prié, ou que de luy-
mefme il y allaft, pour confoler & exercer toutes les œuures d'vne
veritable & fincere Mifericorde.

Il auoit efté chargé, comme il a efté dit en l'vn des Chapitres
precedens, de la conduite des Maifons des Religieufes de la Vifitation Sainte Marie établies à Paris, & à Saint Denis, defquelles
il prenoit vn tres-grand foin, y faifant de temps en temps les vifites, & pouruoyant à tous leurs befoins fpirituels.

Ajoûtez à tout cela l'application continuelle de fes penfées &
de fes foins pour le gouuernement & la conduite de toutes les
Maifons de fa Congregation. Le grand nombre de Lettres qu'il
receuoit tous les jours de tous coftez, aufquelles il faifoit réponfe.
Et nonobftant toutes fes occupations, & les autres affaires extraordinaires qui luy furuenoient; il ne laiffoit pas d'eftre tous
les jours reglément leué à quatre heures du matin; aprés quoy il
alloit à l'Eglife, où il demeuroit prés de trois heures, & quelquefois plus pour fon Oraifon, fa Meffe, & quelque partie du Breuiaire; employant toûjours auec vne merueilleufe tranquillité
d'efprit vn temps notable pour fa preparation & pour fon action
de graces, fans en rien retrancher quelque preffe d'affaires qu'il
euft, fi ce n'eft fort rarement, & en des occafions extraordinaires. Il eftoit pendant la journée accablé de vifites des perfonnes
du dehors, & le foir de celles du dedans. Il écoutoit vn chacun à
fouhait auec grande benignité, & auec autant d'attention que
s'il n'euft eu autre chofe à faire. Il fortoit prefque tous les jours
pour les affaires de pieté & de Charité qui l'y obligeoient, quelquefois mefme deux fois le jour, & reuenoit ordinairement bien
tard. Si-toft qu'il eftoit de retour il fe mettoit à genoux pour dire
fon Office, lequel il ne récitoit jamais autrement dans la Maifon,

tant que ſes infirmitez luy ont permis de ſe tenir en cette poſture. Le reſte du temps, il écoutoit ceux de la Maiſon qui auoient à luy parler, & puis il s'appliquoit à écrire des Lettres, ou vacquoit aux autres affaires ; ce qui l'obligeoit de veiller fort ſouuent vne partie de la nuit, ſans pourtant manquer jamais de ſe leuer à ſon heure ordinaire, ſ'il n'eſtoit malade ou beaucoup indiſpoſé.

Il ne manquoit point tous les ans de faire ſa Retraite & ſes Exercices ſpirituels, prenant le temps neceſſaire pour cela, non-obſtant toutes ſes autres occupations & affaires ; reconnoiſſant bien que la principale qu'il deuoit préférer à toute autre, eſtoit celle du ſalut & de la ſanctification de ſon Ame. Il exhortoit les autres à cette Pratique, à laquelle il eſtoit exact & fidéle, tant pour les y porter plus efficacement par ſon exemple, que pour ſe re-nouueller luy-meſme, & puiſer dans le ſein de Dieu les lumieres, les forces, & les graces neceſſaires pour s'acquitter dignement de tous les grands emplois, auſquels il eſtoit engagé : Imitant en cela Moïſe qui parmy l'accablement des affaires que luy fourniſ-ſoit inceſſamment la conduite d'vn grand peuple, n'auoit point de refuge plus aſſuré, ny de retraite plus douce que le Sanctuaire ; où il ſe mettoit à l'abry de toutes les importunitez de cette mul-titude, & demandoit à Dieu pour eux & pour luy ſon aſſiſtance & ſa protection.

Voila comme ſe paſſoient les journées & les années de ce grand Seruiteur de Dieu, que l'on peut dire auec verité, auoir eſté des journées & des années pleines, ſelon la façon de parler de la Sainte Ecriture : en ſorte que ſa vie a eſté non ſeulement remplie, mais auſſi comblée de vertus & de merites.

Et certes, celuy qui voudra jetter les yeux ſur les grandes œu-ures que Dieu a faites par M. Vincent, & que l'on voit encore ſub-ſiſter ; qui conſiderera toutes les Maiſons de ſa Congregation établies en tant de lieux ; toutes les Miſſions où ils trauaillent auec tant de benediction ; les Seminaires où ſes Preſtres ſont ſi vtile-ment employez ; les Exercices des Ordinans ; les Conferences, & les Retraites ſpirituelles qui contribuent auec tant d'auantage au bien de l'Eſtat Eccleſiaſtique, & des perſonnes Laïques de toute ſorte de condition ; l'Inſtitution des Filles de la Charité, & l'E-tabliſſement des Confrairies de la meſme Charité en vn ſi grand nombre de Parroiſſes, tant des Champs que des Villes ; les Aſſem-blées & Compagnies des Dames de la Charité pour tant de ſor-tes de bonnes œuures ; l'Etabliſſement de tant d'Hoſpitaux ; &

l'affiftance temporelle & fpirituelle de plufieurs Prouinces ruï-
nées & de tant de Pauures abandonnez : Quiconque, dis-je, fera
vne reflexion attentiue fur toutes ces chofes, fera obligé de reconnoiftre que ce ne font pas les ouurages d'vn homme feul, mais
que la main de Dieu eftoit auec fon fidéle Seruiteur, pour operer
tous ces grands effets de fa mifericorde. Et quoy-que toute la
gloire en appartienne à Dieu qui en eft le premier & principal
Auteur ; il veut bien neanmoins qu'on honore & qu'on eftime
fes dons & fes graces en fes Seruiteurs, quand ils y ont fidélement
& faintement cooperé : En quoy l'on peut dire que M. Vincent
eft d'autant plus digne d'eftime & de loüange, qu'il s'en eftimoit
moins digne, cherchant en tout fon auiliffement & fon abjection ;
& que par vn trait admirable d'humilité, lors qu'on vouloit le
congratuler des grandes œuures qu'il auoit faites, il répondoit,
*qu'il n'eftoit qu'vn bourbier & qu'vn limon vil & abjet, & que fi Dieu
l'auoit employé à toutes fes œuures, il s'eftoit ferui de fa boüe pour lier
les pierres de ces édifices.*

CHAPITRE XLIX.

Reflexion fur quelques peines & afflictions que Monfieur
Vincent *a fouffertes.*

C'Est vne neceffité indifpenfable, comme dit le S. Apoftre,
à tous ceux qui veulent viure vertueufement au feruice de
Iesvs-Christ, de fouffrir quelque trauerfe & affliction ; il
faut porter fes livrées, c'eft à dire, quelque portion de fa Croix
& de fes Efpines, pour eftre digne de marcher à fa fuite : Et enfin,
pour regner dans l'eternité auec luy, il faut pendant le temps de
cette vie fouffrir auec luy.

Monfieur Vincent ayant rendu de fi grands & de fi fidéles feruices à ce Roy de Gloire, & s'eftant toûjours étudié de l'imiter
en toutes chofes, ne deuoit pas eftre priué de l'honneur de participer à fa Croix & à fes fouffrances. Nous ne parlerons pas icy
de celles qu'il fe procuroit luy-mefme par fes aufteritez & mortifications exterieures & interieures, dont il fera parlé au troifiéme
Livre ; mais feulement de quelques peines & afflictions qui luy
font arriuées, ou de la part des hommes, ou par vne conduite
particuliere de la Prouidence de Dieu.

Et premierement, quoy-que M. Vincent fe foit toûjours com-

porté en tout ce qu'il a fait auec tant de prudence, de circonfpection, de déference, d'humilité, & de Charité, qu'il y ait fujet
de dire, que peut-eftre il ne s'eft point veu de noftre temps ny
de celuy de nos Peres, vn homme entreprendre & foûtenir tant
de fortes d'affaires de pieté & de Charité publiques, & expofées
à la Cenfure d'vn chacun, auec moins de bruit & de contradi-
ction que luy ; Il n'a pas laiffé neanmoins de reffentir quelquefois les traits enuenimez de la médifance & de la calomnie : Et
comme il ne pouuoit pas toûjours contenter Dieu & les hommes,
particulierement pendant fon employ dans les Confeils, pour
la diftribution des Benefices, qui l'obligeoit fouuent de refufer,
& mefme de s'oppofer aux pretentions injuftes de diuers particuliers qui s'en tenoient fort offenfez ; il luy falloit fouffrir les
plaintes, les murmures, les reproches, & quelquefois les injures
atroces, & les groffes menaces, jufques dans fa propre Maifon;
outre les inuectiues & les calomnies qu'ils répandoient par efprit
de vengeance en diuerfes compagnies, contre fa reputation &
contre fon honneur. Mais ce n'eftoit pas là le principal fujet de
fes peines, car bien loin de s'en affliger, c'eftoit vne de fes plus
grandes joyes que de fouffrir des affrons & des injures pour le
feruice & pour l'amour de IESVS-CHRIST.

Il luy eft encore arriué plufieurs fois de fouffrir des pertes fi-
gnalées & de grands dommages, principalement pendant le
temps des Guerres, où il a veu la Maifon de faint Lazare, & prefque toutes les Métairies qui en dependoient, rauagées par les
Soldats ; les beftiaux enleuez, & toutes les prouifions de bled,
de vin & autres, diffipées & confumées : mais il eftimoit que ces
pertes luy eftoient vn grand gain, puis qu'il y trouuoit l'accom-
pliffement du bon-plaifir de Dieu, & vne occafion auantageufe
de luy faire vn entier facrifice de toutes ces chofes exterieures, &
de fe conformer parfaitement à fa tres-fainte volonté, qui eftoit
fon principal, ou pour mieux dire, fon vnique trefor.

Ces perfecutions donc, & ces vexations en fon honneur ou en
fes biens, quoy-que penibles & fâcheufes au fentiment de la nature, n'eftoient pas ce qui luy donnoit plus de peine ; il auoit
d'autres fujets de douleur & d'affliction qui luy eftoient bien
plus fenfibles, & qui luy nauroient bien plus cruellement le cœur:
Ces fujets n'eftoient autres que de voir d'vn cofté la France, &
prefque toutes les Prouinces de la Chreftienté rauagées par les
Guerres, qui caufoient tant de meurtres, de violemens, de fa-

crileges, de profanations d'Eglifes, de blafphemes & d'attentats
horribles contre la perfonne mefme de IESVS-CHRIST au
tres-faint Sacrement de l'Autel : D'autre cofté, les Schifmes &
les diuifions excitées parmy les Catholiques, au fujet des nouuelles Erreurs qui ont troublé l'Eglife, & donné tant d'auantage
aux ennemis de la Foy Catholique. En vn mot, toutes les impietez, tous les fcandales, & tous les crimes qu'il voyoit, ou qu'il
fçauoit fe commettre contre Dieu, eftoient autant de fleches
acerées qui luy perçoient le cœur : Et comme tous ces maux ont
de fon temps étrangement inondé fur toute la terre ; auffi peut-
on iuger qu'il a toûjours eu fon Ame, comme plongée & noyée
dans vne mer d'amertume & de douleur.

Il a eu encore vn autre fujet de peine qui luy eftoit fort fenfible, c'eftoit la mort des bons Seruiteurs de Dieu & des hommes
Apoftoliques ; voyant d'vn cofté que le nombre en éftoit petit ;
& de l'autre que l'Eglife en auoit vn tres-grand befoin, eftimant qu'il n'y auoit rien au monde de plus precieux ny de plus
fouhaitable qu'vn bon Ouurier de l'Euangile. C'eft pourquoy
il fut fenfiblement touché de la perte qu'il fit en diuers temps
des meilleurs Miffionnaires de fa Compagnie, tant en France
que dans les Païs Etrangers, qui eftoient en âge & en difpofition
de rendre encore de grands feruices : Il en mourut cinq ou fix à
Génes, qui furent frappez de Pefte, en affiftant & feruant les
Peftiferez ; quatre en Barbarie, où ils eftoient allez fecourir &
affifter les pauures Efclaues Chreftiens ; fix ou fept en l'Ifle de
Madagafcar aux Indes, où ils eftoient allez pour trauailler à la
conuerfion des Infideles ; Et deux en Pologne où il les auoit enuoyez pour le feruice de la Religion Catholique ; fans parler de
ceux que les fatigues & maladies luy ont enleuez pendant les
Guerres, en affiftant & fecourant les Pauures, tant fur les frontieres, qu'aux enuirons de Paris, & en d'autres occafions.
Mais les plus fenfibles feparations luy font arriuées en l'année
1660. ayant plû à Dieu de retirer de ce monde vn peu auant fa
mort trois perfonnes qui luy eftoient tres-cheres entre-toutes
les autres.

Le premier fut M. Portail, que Dieu luy auoit donné il y
auoit prés de cinquante ans, c'eftoit le premier qu'il f'eftoit affo-
cié pour la Miffion, le premier Preftre de fa Congregation, dont
il auoit efté depuis le Secretaire & le premier Affiftant ; & enfin
celuy qui l'auoit le plus foulagé dans la conduite de cette Con-

gregation, & en qui il auoit vne confiance entiere.

L'autre fut Mademoiſelle le Gras , Fondatrice, & premiere Superieure des Filles de la Charité , en qui Dieu auoit mis de grandes graces pour le ſalut & pour le ſoulagement du prochain; elle auoit vne confiance toute particuliere, & vn grand reſpect pour M. Vincent ; & luy reciproquement eſtimoit grandement ſa vertu , & ſes auis touchant les Pauures. Il luy écriuoit ſouuent ſur le ſujet des affaires des Filles de la Charité , mais il la voyoit rarement & ſeulement dans la neceſſité. Elle eſtoit ſujette à de grandes maladies , & preſque toûjours infirme : Et M. Vincent diſoit qu'il y auoit vingt-ans qu'elle ne viuoit que par miracle. Elle craignoit toûjours de mourir ſans eſtre aſſiſtée de luy, ce que neanmoins Dieu a voulu qu'il luy ſoit arriué , pour éprouuer ſa vertu , & luy donner vn plus grand ſujet de merite : M. Vincent eſtant alors en tel eſtat qu'il ne pouuoit plus ſe tenir ſur ſes jambes. Elle luy enuoya demander au moins quelques paroles de conſolation écrites de ſa main, ce qu'il ne voulut pas luy accorder : mais il luy enuoya vn des Preſtres de ſa Compagnie, comme ſa Lettre viuante auec ces paroles, Qu'elle s'en alloit deuant, & qu'il eſperoit bien-toſt de la voir dans le Ciel. Elle mourut fort peu de temps aprés. Et quoy-que cette mort fût grandement ſenſible à M. Vincent, eſtant neanmoins preparé aux plus rudes coups de la main de Dieu , il receut celuy-là auec grande ſoûmiſſion & tranquillité d'eſprit. Il ſ'eſtoit toûjours déchargé ſur M. Portail & ſur elle de ce qui regardoit la conduite des Filles de la Charité , dont il eſtoit Inſtituteur & Superieur : mais aprés leur mort, cette Compagnie de Filles luy demeura ſur les bras , lors-meſme qu'il n'eſtoit plus en eſtat de ſortir , ny de s'appliquer beaucoup au trauail ; & c'eſt ce qui augmentoit ſa peine.

Enfin la troiſieſme perſonne, dont la mort arriua cette meſme année qui toucha tres-ſenſiblement M. Vincent, fut celle de Meſſire Louïs de Rochechoüart de Chandenier Abbé de Tournus, lequel s'eſtoit retiré à Saint Lazare depuis quelque temps auec M. l'Abbé de Monſtier Saint Iean ſon Frere , & M. Vincent les y auoit receus pour des conſiderations tres-grandes , & telles qu'elles ne ſe peuuent preſque rencontrer qu'en eux deux. C'eſt ce qui le fit paſſer par deſſus la reſolution que luy & les ſiens auoient déja priſe de ne point admettre des Penſionaires pour viure dans leur Communauté , ſinon dans les Maiſons où il y a Seminaire pour les Eccleſiaſtiques. Or ces deux Freres eſtoient autant vnis par la vertu, que par le ſang, & dignes Heritiers de la Pieté de feu M. le Cardinal de la Rochefoucaud leur Oncle, duquel la memoire eſt en tres-grande benediction dans toute l'Egliſe; deux Abbez tres-conſiderables par leur naiſſance, & encore plus par leur vie tres-exemplaire. La modeſtie de l'vn qui eſt encore viuant, ne permet pas d'en parler auec la meſme liberté que du défunt ſon aiſné, lequel eſtoit Preſtre, & pouuoit ſeruir de Regle & d'exemple aux Abbez Commandataires les plus reformez du Royaume. L'Oraiſon eſtoit ſa plus frequente nourriture ; l'humilité, ſon ornement ; la mortification ſes delices, le trauail, ſon repos ; la Charité, ſon exercice ; & la pauureté, ſa chere Compagne. Il eſtoit de la Compagnie des Eccleſiaſtiques qui ſ'aſſemblent les Mardis à Saint Lazare pour la Conference. Il auoit aſſiſté & trauaillé en pluſieurs Miſſions faites aux Pauures, & auoit eu la conduite de celle que la Reine Mere deſira qu'on fiſt en la Ville de Mets l'an 1658. Il eſtoit Viſiteur General des Carmelites en France. Pluſieurs Eueſques luy auoient voulu ceder leurs Sieges & leurs Dioceſes, eſtimant que ſa promotion à l'Epiſcopat ſeroit tres-auantageuſe à l'Egliſe ; mais il les auoit remerciez, n'ayant pas crû que Dieu l'appellaſt à cét eſtat ſi releué : Et il a mieux aimé, & meſmes recherché de ſ'aſſujettir & ſe ſoûmettre à la conduite d'autruy, plûtoſt que de conduire & gouuerner les autres. Quoy-que M. ſon Frere & luy employaſſent tres-ſaintement les reuenus de leurs Benefices, dont les Pauures des lieux où ils ſont ſituez auoient vne bonne partie ; reconnoiſſant neanmoins que cette pluralité de Benefices, que chacun d'eux poſſedoit, n'eſtoit point conforme aux Saints Canons, ny à l'Eſprit de l'Egliſe, ils prirent reſolution que chacun d'eux n'en retiendroit qu'vn, & ſe démettroit de tous les autres ; ce qu'ils executerent les mettant entre les mains des Perſonnes qu'ils ſçauoient en deuoir faire bon vſage : En quoy ils ont donné vn exemple d'autant plus digne d'eſtre imité, qu'il eſt plus rare en ce ſiecle.

Ces deux vertueux Freres firent vn voyaye à Rome ſur la fin de l'année 1659. auec deux Preſtres de la Congregation de la Miſſion que M. Vincent leur donna ſelon leur deſir, pour les accompagner. N. S. P. le Pape Alexandre VII. fut fort conſolé de les voir, & toute la Cour Romaine grandement édifiée de leur modeſtie & de leur vertu, pendant trois ou quatre mois qu'ils y ſejournerent.

Ce

Ce fut là où M. l'Abbé de Tournus, qui déja quelque temps auant ce voyage auoit formé le deſſein d'entrer dans le Corps de la Congregation de la Miſſion, ſ'eſtant trouué incommodé de maladie, preſſa le Superieur de la Maiſon de Rome de la meſme Congregation de l'y receuoir, craignant de mourir ſans auoir le bon-heur d'eſtre du nombre des Miſſionnaires. Ce que neanmoins il ne jugea pas luy deuoir accorder, ſinon au cas qu'il ſe fuſt trouué en danger de mourir à Rome ; eſtimant que cela ſe pourroit mieux faire à Paris par M. Vincent meſme, s'il pouuoit y retourner : Mais comme il ſe trouua vn peu mieux au mois d'Auril de l'année ſuiuante 1660. il prit la benediction de ſa Sainteté auec M. ſon Frere, & partit pour ſ'en venir à Paris, reſolu de faire tous ſes efforts auprés de M. Vincent pour obtenir de luy la grace d'eſtre admis en ſa Congregation. S'eſtant mis en chemin dans ce deſſein, Dieu voulut recompenſer par auance cette ſainte & genereuſe reſolution qu'il auoit priſe, de tout quitter pour ſe donner parfaitement à ſon ſeruice ; Car ayant eſté attaqué d'vne fiévre en chemin, il fut obligé de s'arreſter à Chambery en Sauoye, où le mal s'augmentant, il fut en peu de jours reduit à l'extremité, & enfin Dieu le retira de ce monde par vne ſainte mort, pour luy donner la couronne de la vie.

Voicy ce que l'vn des Preſtres de la Miſſion qui l'accompagnoit, en écriuit à M. Vincent. Ie vous ay mandé, luy dit-il, la « maladie, & le danger où eſtoit M. de Chandenier Abbé de Tour- « nus ; maintenant ie vous diray, Monſieur, qu'il a plû à Dieu de « l'appeller à ſoy hier troiſiéme de May, ſur les cinq heures du ſoir ; « il a fait vne fin ſemblable à ſa vie, ie veux dire toute ſainte. Ie « vous en manderay vne autrefois les particularitez, eſtant trop « occupé à preſent. Ie vous diray ſeulement, Monſieur, qu'il m'a « tant preſſé, & pluſieurs fois en differens jours, de le receuoir au « nombre des Miſſionnaires, & de luy donner la conſolation de « mourir comme membre du Corps de la Congregation de la Miſ- « ſion, en laquelle il auoit deſſein d'entrer, que ie n'ay pû luy refu- « ſer cela, ny de luy donner la ſotane de Miſſionnaire, laquelle il « receut en preſence de M. l'Abbé de Monſtier-Saint Iean ſon » Frere.   »

Entendons maintenant parler M. Vincent ſur ce ſujet. Il y a ſix « ou ſept ans (dit-il, écriuant à l'vn de ſes Preſtres qui eſtoit en Bar- « barie) que Meſſieurs les Abbez de Chandenier ſe ſont retirez à « Saint Lazare. C'a eſté vne grande benediction pour la Compa- «

» gnie, qu'ils ont édifiée merueilleufement. Or depuis vn mois il
» a plû à Dieu d'appeller à luy l'aifné M. l'Abbé de Tournus, qui
» eftoit auffi plein de l'Efprit de Dieu, qu'homme que i'aye jamais
» connu. Il a vefcu en Saint, & eft mort Miffionnaire. Il eftoit allé
» faire vn voyage à Rome auec M. fon Frere, & deux de nos
» Preftres : & s'en reuenant il eft decedé à Chambery, & a fait
» de tres-grandes inftances à l'vn de nos Preftres qui eftoit auec luy
» de le receuoir en la Compagnie, comme il a fait. Il me les auoit
» faites à moy-mefme diuerfes fois, mais fa naiffance & fa vertu
» eftant trop au deffus de nous, ie ne le voulois pas écouter. Nous
» eftions indignes d'vn tel honneur. Et en effet, il n'y a eu que
» noftre Maifon du Ciel qui ait merité la grace de le poffeder en
» qualité de Miffionnaire : Celles de la terre ont feulement herité
» les exemples de fa fainte vie, autant pour les admirer que pour les
» imiter. Ie ne fçay ce qu'il a veu en noftre chétiue Compagnie,
» qui ait pû luy donner cette deuotion de fe vouloir prefenter de-
» uant Dieu couuert de nos haillons, fous le nom & l'habit de Pre-
» ftre de la Congregation de la Miffion : C'eft en cette qualité que
» ie le recommande à vos Saints Sacrifices.

Le Corps de ce vertueux Abbé a efté depuis porté à Paris, par
les foins de M. l'Abbé de Monftier-Saint Iean, qui cheriffoit & honoroit vniquement ce Frere qui luy tenoit lieu de Pere, & qui
eftoit toute fa confolation. Il fut inhumé en l'Eglife de Saint Lazare, où il repofe en l'attente de la Refurrection Generale. Il n'y
a point de doute que ç'a efté vne perte tres-grande pour l'Eglife,
& pour la Congregation de la Miffion ; & vne des plus affligean-
tes que M. Vincent ait jamais reffenties, en forte qu'il en pleura,
quoy qu'il ne pleuraft prefque jamais. Voila comme Dieu voulut
en la derniere année de fa vie, mettre le comble à fes merites,
en luy enuoyant plufieurs grands fujets de douleur, c'eft à dire
plufieurs grandes occafions de fignaler fa vertu, le priuant en
fort peu de temps de trois perfonnes qu'il cheriffoit tres-fainte-
ment, & tres-tendrement, entre toutes les autres.

CHAPITRE L.

Les Maladies de Monfieur Vincent , & le Saint vfage qu'il en a fait.

POvr faire vn holocaufte parfait de la vie de ce Saint Pre-ftre, & afin qu'il ne reftaft rien en luy qui ne fuft confommé en l'honneur & pour l'amour de fon Souuerain Seigneur, il falloit que les maladies acheuaffent en fon Corps le Sacrifice, que les afflictions & les peines auoient commencé en fon Ame : C'eft pourquoy Dieu voulut que pendant le cours de fa vie il fuft fujet à diuerfes infirmitez, & que fur la fin il fuft exercé par des gran-des & douloureufes maladies, pour mettre le comble à fa patien-ce, & donner la couronne de la vie à fa perfeuerance & à fon amour.

Nous auons dit en l'vn des Chapitres precedens, que quoy qu'il fuft d'vn temperament affez robufte, il ne laiffoit pas d'eftre fujet à plufieurs infirmitez, dont il commença à eftre molefté dés le temps qu'il demeuroit en la maifon de Gondy, où il tomba dans vne grande maladie qui luy laiffa les jambes & les pieds en-flez en telle forte, que cette incommodité luy a duré jufqu'à la mort.

Outre cela, il eftoit comme nous auons dit, fort fufceptible des impreffions de l'air, & enfuite fujet à vne petite fiévre qui luy eftoit ordinaire, & laquelle luy duroit quelquefois, trois & qua-tre jours, d'autrefois jufques à quinze & plus ; pour laquelle tou-tefois il n'interrompoit en aucune façon fes exercices ordinaires, fe leuant à quatre heures comme les autres, allant à l'Eglife fai-re fa Meditation, & vacquant à fes autres occupations & affaires, comme s'il euft efté en pleine fanté. Il l'appelloit fa petite fiévro-re ; Et il ne la gueriffoit que par des fueurs qu'il fe procuroit plu-fieurs jours de fuite, particulierement durant l'efté ; Pour cet ef-fet pendant les plus grandes chaleurs, lors qu'à peine on peut fouffrir vn drap fur foy la nuit, il eftoit obligé de fe couurir de trois couuertures, & mettre à fes coftez deux gros flacons d'étain pleins d'eau bouïllante, & paffer la nuit en cét eftat : fi bien que le matin il fortoit du lit comme d'vn bain, laiffant fa paillaffe & fes couuertures toutes penetrées de fueur, & feffuyant luy-mef-me, fans vouloir permettre que perfonne le touchaft.

H h ij

Il n'y a point de doute que ce remede ne fuſt plus fâcheux que le mal meſme ; neanmoins M. Vincent ſ'en ſeruoit volontiers nonobſtant la tres-grande incommodité qu'il en reſſentoit ; & le Frere qui l'aſſiſtoit d'ordinaire en cela, aſſure que cette mortification luy ſembloit inſupportable, non ſeulement en ce qu'elle oſtoit à M. Vincent le repos de la nuit, ne luy eſtant pas poſſible de dormir en reſſentant vne telle violence ; mais à cauſe de l'excez de la chaleur qu'il luy falloit ſouffrir, qui ne pouuoit que luy cauſer vne extréme peine, puiſque pendant l'eſté les moindres chaleurs ſemblent ſi facheuſes & difficiles à ſupporter.

Or comme ces grandes & longues ſueurs jointes au defaut du ſommeil, qu'il ne reparoit par aucun repos volontaire durant le iour, l'affoibliſſoient grandement ; de-là prouenoit que la nature ſuccombant à la foibleſſe, il ſ'endormoit ſouuent en preſence de ceux qui luy parloient, & quelquefois meſmes deuant des perſonnes de grande condition ; Il ſe faiſoit de grandes violences pour reſiſter à ce ſommeil, & au lieu de dire la cauſe de ces aſſoupiſſemens, qui eſtoient le defaut du ſommeil pendant la nuit, il ne l'attribuoit qu'à ſa miſere, qui eſtoit le terme dont il ſe ſeruoit ordinairement.

Outre cette fiéurote, il a eſté long-temps ſujet à vne fiévre quarte, dont il eſtoit trauaillé vne ou deux fois chaque année : & neanmoins ç'a eſté pendant le temps de ces fiévres que Dieu ſ'eſt ſeruy de luy pour faire la meilleure partie des grandes choſes, dont il a eſté parlé ; & c'eſt en ce temps-là qu'au lieu de ſe tenir en repos dans vne Infirmerie, il a trauaillé auec plus d'aſſiduité, & de benediction pour le ſeruice de l'Egliſe, & pour le ſoulagement & le ſalut des Pauures.

Il eut vne autre grande & dangereuſe maladie en l'année 1645. pendant laquelle il eut la deuotion de communier tous les iours : la violence du mal ayant fait vn tranſport au cerueau, il fut quelques heures en délire, durant leſquelles il ne parloit que de l'abondance de ſon cœur, c'eſt à dire, des paroles qui témoignoient les ſaintes diſpoſitions, dont il eſtoit remply, & entre pluſieurs autres, on luy entendit fort ſouuent repeter celle-cy : *In ſpiritu humilitatis, & in animo contrito, ſuſcipiamur à te, Domine.* C'eſt à dire, *Daignez Seigneur, nous receuoir auec vn eſprit d'humilité, & vn cœur contrit.*

Il arriua pendant cette grande maladie de M. Vincent vne choſe digne de remarque, qui fut qu'vn Preſtre de ſa Congregation nommé M. Dufour du Diocese d'Amiens, se trouuant pour-lors malade dans la mesme Maison, & apprenant que M. Vincent estoit en danger de sa vie ; il fit pour ce Pere de son ame le mesme souhait, que Dauid auoit fait autrefois pour Absalon son Fils, qui estoit de mourir plûtost que luy, & s'il estoit possible, de racheter sa vie aux dépens de la sienne : & on remarqua que dés lors M. Vincent commença à se mieux porter, & la maladie de ce bon Prestre s'augmenta de telle sorte, que peu de temps aprés il mourut. La nuit qu'il trépassa, ceux qui veilloient M. Vincent, entendirent sur le minuit frapper trois coups à la porte de sa Chambre, & allant voir qui auoit frappé, ils ne trouuerent personne : Et alors M. Vincent appellant vn Clerc de la Compagnie qui veilloit, il luy fit prendre le Breuiaire, & luy fit reciter quelque chose de l'Office des Morts, comme sçachant que le susdit Prestre venoit d'expirer, sans neanmoins que personne luy en eust dit aucun mot.

Estant à Richelieu en l'année 1649. il y fut attaqué d'vne fiévre tierce, pour laquelle neanmoins il n'interrompit aucun de ses Exercices, quoy-que les accez fussent assez longs & violens.

En l'année 1656. il eut vne autre maladie qui commença par vne fieure continuë de quelques jours, & qui se termina par vne grande fluxion sur vne jambe, qui le tint au lit quelque temps, & l'obligea de garder la chambre prés de deux mois, auec vne telle incommodité, que ne pouuant du tout se soûtenir, il le falloit porter & reporter du lit auprés du feu : & ce fut seulement en cette maladie qu'on pût gagner sur luy, & l'obliger de coucher dans vne chambre où il y eust vne cheminée, pour y faire du feu quand il estoit necessaire pour remedier à ses incommoditez.

Depuis ladite année 1656. iusqu'à la fin de sa vie, il a eu de frequentes attaques de fiévres, & d'autres maladies. Il passa vn Caresme dans vn grand degoust, ne pouuant presque manger aucune chose. En l'année 1658. il eut mal à vn œil qui luy dura long-temps, & aprés auoir essayé plusieurs remedes sans aucun soulagement, le Medecin luy ordonna d'y mettre du sang d'vn Pigeon qu'on auroit fraichement tué, & le Frere Chirurgien de la Maison de Saint Lazare ayant apporté le Pigeon à cet effet, il ne pût jamais souffrir qu'on le tuast, quelque raison qu'on luy pût alleguer, disant que cét animal innocent luy representoit son Saueur, & que Dieu le sçauroit bien guerir par vne autre voye, ce qui arriua en effet.

H h iij

Sur la fin de la mefme année 1658. comme il reuenoit de la Ville auec vn autre Preftre , dans le petit Carroffe , la foufpante fe
rompit , & tout d’vn coup le Carroffe renuerfant fit tomber M.
Vincentqui heurta rudement fa tefte contre le Paué, dont il fut
incommodé affez long-temps , & à tel point qu’il penfoit luy-
mefme eftre en danger de mourir de cette bleffure , la fiévre
eftant furuenuë peu de jours aprés qu’il fut tombé.

Enfin pour ne pas ennuyer le Lecteur par le recit de toutes les
autres maladies queDieu a enuoyées de temps en temps à M.Vin-
cent pour exercer fa vertu , il fuffira de dire qu’il y a peu d’infirmitez & d’incommoditez corporelles qu’il n’ait éprouuées; Dieu
l’ayant ainfi voulu , afin qu’il fuft plus capable de compatir à celles du prochain , & particulierement de fes Enfans fpirituels. Il ne
manquoit pas auffi de les vifiter quand il pouuoit dans les Infir-
meries & ailleurs, les édifiant, confolant, & rejoüiffant en toutes rencontres. Lors qu’il en trouuoit quelqu’vn qui fembloit
perdre courage , ou qui f’imaginoit que fon mal, pour eftre long
ou extraordinaire, le feroit mourir ou languir ; aprés luy auoir
dit quelque mot d’édification, pour luy aider à éleuer fon efprit
en Dieu , il luy difoit ordinairement , & fur tout aux plus jeunes
„ pour les encourager:Ne craignez pas , mon Frere , j’ay eu ce mef-
„ me mal en ma jeuneffe, & j’en fuis guery ; j’ay eu le mal de la
„ courte-haleine , & ie ne l’ay plus : j’ay eu des defcentes , & Dieu
„ me les a remifes : j’ay eu des bandeaux de tefte,qui fe font diffipez;
„ des oppreffions de poitrine, & debilitez d’eftomac, dont je fuis
„ reuenu; attendez auec vn peu de patience (luy difoit-il) il y a
„ fujet d’efperer que voftre indifpofition fe paffera, & que Dieu fe
„ veut encore feruir de vous : Laiffez-le faire , refignez-vous à luy
„ auec paix & tranquillité &c.

Mais pour venir à la plus grande & plus fâcheufe de toutes
les incommoditez de M. Vincent , que l’on peut appeller vne efpece de Martyre, qui a enfin terminé fa vie, & qui l’a rendu plus
conforme aux fouffrances de Iesvs-Christ ,comme il auoit
toûjours tâché de l’eftre en la Pratique de fes vertus, & dans l’i-
mitation de fes trauaux ; il faut fçauoir qu’il a porté l’incommodité de l’enflure de fes jambes , & de fes pieds dont nous auons
parlé, l’efpace de quarante cinq ans : & elle eftoit quelquefois fi
forte, qu’il auoit grande peine de fe foûtenir, ou de marcher, &
d’autre fois fi enflammée & fi douloureufe, qu’il eftoit contraint
de fe tenir au lit. C’eft pour cela qu’il fut obligé dés l’année 1632.

lors qu'il vint demeurer à Saint Lazare, d'auoir vn cheual ; tant parce que cette Maison est écartée de la Ville, que pour la multitude des affaires qu'il commença à auoir en ce temps-là , & qu'il a toûjours euës depuis. Ce Cheual luy a seruy jusques en l'année 1649. que le mal de ses jambes augmenta notablement, à cause du grand voyage qu'il fit en Bretagne, & en Poitou ; en sorte qu'estant reduit à vn tel estat, qu'il ne pouuoit plus monter à Cheual, ny en descendre , il auroit esté contraint de demeurer dans la Maison, comme il y estoit tout resolu, si feu M. l'Archeuesque de Paris ne luy eust commandé de se seruir d'vn petit Carrosse.

Cette enflûre des jambes allant toûjours croissant , & ayant monté jusqu'aux genoux en l'année 1656. il ne pouuoit plus les ployer que difficilement, ny se leuer qu'auec de grandes douleurs, ny marcher qu'en s'appuyant sur vn baston : & ensuite vne de ses jambes s'estant ouuerte à la cheuille du pied droit , il s'y fit de nouueaux vlceres en l'année 1658. & les douleurs des genoux augmentant toûjours, il ne fut plus en son pouuoir au commencement de l'année 1659. de sortir de la Maison : il continua neanmoins quelque temps de descendre en bas pour se trouuer à l'Oraison en l'Eglise auec la Communauté, & pour y celebrer la Sainte Messe, comme aussi pour assister aux Conferences des Ecclesiastiques en la Salle destinée à cét effet : & pour ce qui est de la Messe, quelque temps aprés ne pouuant plus monter ny descendre les marches de la Sacristie, il fut obligé de s'habiller & se deshabiller à l'Autel : Au sujet de quoy il disoit quelquefois en riant, qu'il estoit deuenu grand Seigneur , parce qu'il faisoit en cela ce qui n'appartient qu'aux Prelats de faire.

Sur la fin de l'année 1659. il fut obligé de celebrer en la Chappelle de l'Infirmerie : mais les jambes luy ayant enfin manqué tout à fait en l'année 1660. qui fut sa derniere, il ne pût plus dire la Sainte Messe, mais il continua de l'entendre jusqu'au jour de son deceds, quoy qu'il souffrist vne peine incroyable pour aller de sa Chambre à la Chappelle, estant contraint de se seruir de potences pour marcher.

Cependant il diminuoit tous les jours, & ne mangeoit presque point, & dans cét estat caduc accompagné d'extrémes infirmitez, il vouloit qu'on ne luy apportast que tres-peu de chose, & rien de delicat : Le Medecin neanmoins & quelques personnes de condition & de tres-grande vertu qui prenoient grand interest à ſa conſeruation , le firent conſentir , quoy qu'à grand' peine, qu'il prendroit tous les jours des conſommez, & mangeroit de quelque poulet : Mais dés la premiere ou ſeconde fois qu'on luy apporta cette nourriture, il dit qu'elle luy faiſoit mal au cœur, qu'il n'en vouloit plus prendre, & gagna ſur ces perſonnes qu'on ne luy en preſenteroit plus ; ce qui n'empeſcha pas toutefois qu'il ne ſ'appliquaſt toûſiours aux affaires, & qu'il ne reglaſt toutes choſes à ſon ordinaire.

Ce bon Seruiteur de Dieu donc eſtoit reduit à ne pouuoir plus marcher que ſur des potences, & encore auec des peines indicibles, & meſmes auec vn danger continuel de tomber pour ne pouuoir preſque plus remuer ſes jambes. Cela fut cauſe qu'au mois de Iuillet de la meſme année 1660. on le pria inſtamment de conſentir que de la Chambre contiguë à la ſienne on en fiſt vne Chapelle, afin que ſans ſortir il pûſt entendre la Meſſe ; à quoy il ne voulut iamais entendre ; diſant pour raiſon, que les Chapelles Domeſtiques deſtinées pour y celebrer la Meſſe, ne ſe deuoient point permettre ſans quelque grande neceſſité, laquelle il ne voyoit pas à ſon égard. On le pria au moins de trouuer bon qu'on luy fiſt faire vne chaiſe pour le porter de ſa chambre à la Chappelle de l'Infirmerie, afin qu'il n'euſt pas tant de peine, & qu'il ne ſe miſt pas en danger de tomber en allant chaque iour entendre la ſai.te Meſſe : ſon humilité trouua encore moyen d'empeſcher l'effet de cette propoſition iuſqu'au mois d'Aouſt, que ne ſe pouuant plus ſoûtenir ſur ſes potences, il conſentit enfin qu'on luy fiſt vne chaiſe, de laquelle il commença à ſe ſeruir le iour de l'Aſſomption de la tres-ſainte Vierge, & continua enuiron ſix ſemaines juſqu'à ſa mort : ce luy eſtoit vne nouuelle peine d'en cauſer à deux Freres qui le portoient ; & pour cela il ne voulut jamais ſe faire porter qu'à la Chapelle diſtante de ſa Chambre d'enuiron trente ou quarante pas.

Certainement, quand bien ce venerable Vieillard n'auroit eu aucun autre mal, que d'auoir eſté prés de deux ans obligé de demeurer tous les iours depuis le matin juſqu'au ſoir, ſans ſe pouuoir preſque remüer ny ſoulager, & particulierement la derniere année, ce luy auroit eſté vn grand exercice de patience : mais ſi l'on conſidere les grandes douleurs que ſes genoux enflez, & ſes pieds vlcerez luy cauſoient ſans ceſſe, & principalement durant la nuit, ne pouuant trouuer aucune place ny poſture qui fuſt propre pour les ſoulager, on reconnoiſtra que ſa vie n'eſtoit pour-
lors

lors qu'vn continuel martyre : mais outre tout cela, Dieu permit encore qu'il luy arriuaſt vn autre ſujet de ſouffrance, qui le rendit tel, qu'on pouuoit bien dire de luy par conformité auec ſon diuin Maiſtre, qu'il eſtoit veritablement vn homme de douleurs; Ce fut vne grande difficulté d'vriner qui luy furuint la derniere année de ſa vie, qui luy cauſa beaucoup de douleurs & d'incommoditez : car il ne ſe pouuoit leuer ny aider aucunement de ſes jambes, & le moindre mouuement qu'il ſ'efforçoit de faire en ſe prenant auec les mains à vn gros cordon qu'on auoit attaché à vne foliue de ſa chambre, luy cauſoit de tres-ſenſibles douleurs, au plus fort deſquelles on n'entendoit ſortir de ſa bouche aucune plainte ; mais ſeulement quelques aſpirations vers Dieu, repetant ſouuent ces paroles, *Ah mon Sauueur ! mon bon Sauueur !* & autres ſemblables, qu'il proferoit auec vn ton de voix plein de deuotion ; & jettant ſouuent les yeux ſur vne petite Croix de bois où IESVS-CHRIST crucifié eſtoit dépeint, qu'il auoit fait mettre vis-à-vis de luy tout auprés de ſa chaiſe, pour ſa conſolation

Parmy toutes ſes douleurs il eſt toûjours demeuré conſtant dans ſa maniere de vie dure & auſtere, n'ayant iamais voulu ſouffrir qu'on le couchaſt ſur vn lit mollet, mais ſe faiſant mettre ſeulement ſur vne paillaſſe, pour y paſſer cinq ou ſix heures de la nuit, non tant pour y prendre du repos, que pour y trouuer vne nouuelle matiere de ſouffrance : Car les ſeroſitez mordicantes qui couloient pendant le iour des vlceres de ſes jambes en telle abondance, qu'elles faiſoient quelquefois vn petit ruiſſeau ſur le plancher, ſ'arreſtant durant la nuit dans les jointures des genoux, luy cauſoient vn redoublement de douleurs, dont la continuation & la violence le deſſechoit & conſumoit petit à petit.

On le voyoit ainſi affoiblir & diminuer tous les iours, & cependant, il ne deſiſtoit pas d'vn ſeul moment de ſ'appliquer aux ſoins de ſa Congregation, des Compagnies du dehors qu'il dirigeoit, & des autres affaires dont il eſtoit chargé ; il enuoyoit quelques-vns de ſes Preſtres aux lieux où il ne pouuoit aller, leur preſcriuant ce qu'ils auoient à dire, & de quelle façon ils ſ'y deuoient comporter ; il receuoit grande quantité de Lettres, les liſoit, & y répondoit. Il aſſembloit ſouuent les Officiers de ſa Maiſon, & ſes Aſſiſtans, il leur parloit à tous enſemble, ou à chacun en particulier ſelon qu'il eſtoit neceſſaire ; il ſ'informoit d'eux de l'eſtat des affaires, & en deliberoit auec eux ; il pouruoyoit à tout , & donnoit tous les ordres necessaires ; il enuoyoit des Ouvriers pour trauailler aux Missions , & les assembloit pour conuenir auec eux de la maniere de les faire vtilement & fructueusement.

Enfin , parmy tous ses efforts d'agir , & de patir , la nature deuint en luy si foible , qu'il ne pouuoit plus s'appliquer , ny parler , qu'auec grande peine : Et neanmoins dans cêt abbatement d'esprit & de corps , il a fait des discours de demy-heure & plus , auec tant de vigueur & de grace , que ceux qui l'écoutoient en estoient tout étonnez ; & ils ont assuré depuis , qu'ils ne l'auoient iamais oüy parler auec tant d'ordre & d'énergie. Et ce qui est encore digne d'admiration , est que parmy toutes ses angoisses si longues & si fàcheuses , il a toûjous paru tant à ceux de la Maison , qu'aux personnes du dehors qui l'alloient voir , auec vn esprit doux , vn visage riant , & des paroles fort affables , de mesme que s'il eust esté en pleine santé : que si on luy demandoit des nouuelles du mal qu'il souffroit ; il en parloit comme d'vne chose , dont il ne falloit pas faire grand cas , disant , que ce n'estoit rien en comparaison des souffrances de Nostre Seigneur , & qu'il auoit bien merité d'autres chastimens ; & sur cela il détournoit adroitement les discours de ce qui le concernoit , pour compatir à celuy qui luy parloit , quand il le sçauoit en quelque peine ou infirmité , comme si elle luy eust esté plus sensible que ses propres douleurs.

CHAPITRE LI.

Ses preparations à la Mort.

MONSIEVR VINCENT se voyoit approcher de plus en plus de sa fin , & chacun s'en apperceuoit aussi ; quoy qu'auec des sentimens fort differens ; car les siens & tous ceux qui auoient affection pour luy , apprehendoient cette separation , & conceuoient vn grand regret de la voir si proche ; & au contraire ce saint Vieillard , comme vn autre Simeon , attendoit auec joye cette derniere heure , & montroit à tous vn visage fort serain ; il s'y disposoit en souffrant gayment en Esprit de penitence & d'humilité ; aspirant à cette vie , en laquelle il esperoit posseder son Dieu , l'inuoquant en son cœur , & s'vnissant interieurement à luy par vne parfaite conformité à toutes ses volontez , & luy remettant son Corps & son Ame entre les mains , pour en

difpofer felon fon bon-plaifir, au temps & en l'éternité. Et quoy
que toute fa vie euft efté vne continuelle preparation pour bien
mourir, & que fes pratiques de vertus, & fes Exercices de pieté,
& de Charité qui rendoient fes journées pleines, fuffent autant
de pas pour auancer auec benediction vers ce dernier periode ;
il s'eftoit neanmoins dés-long-temps feruy d'vne difpofition plus
particuliere, ayant pris cette fainte coûtume de reciter tous les
iours aprés l'action de graces de la Meffe, les prieres pour les Ago-
nifans, & les recommandations de l'Ame, fe preparant ainfi par
auance au depart de la fienne.

Que s'il vfoit de cette preparation tous les matins, pour fe
difpofer à bien mourir, il n'en faifoit pas moins tous les foirs ; &
voicy par quelle occafion on en a eu la connoiffance.

Vn peu auant fon trefpas, vn Preftre de la Maifon de Saint
Lazare écriuant à vn autre de dehors, luy manda entre autres
chofes dans fa Lettre, que M. Vincent n'auoit pas long-temps
à viure, & que felon les apparences il deuoit bien-toft mourir ;
puis fans y faire aucune reflexion, il alla porter tout fimplement
cette Lettre à M. Vincent pour la lire, fuiuant ce qui fe pratique dans la Compagnie. M. Vincent ayant pris la Lettre, luy
dit qu'il la verroit à loifir, comme en effet il la leût ; & faifant
attention fur ces paroles qui parloient de fa fin prochaine, il penfa en luy-mefme pour qu'elle raifon ce Preftre mettoit cela dans
vne Lettre qu'il luy faifoit voir : Vn autre auroit pû condamner
cela d'imprudence en celuy-là ; mais M. Vincent penfa que peut-
eftre il luy auoit voulu rendre vn bon office, en l'auertiffant de fa
mort ; & paffant encore plus auant, fon humilité luy fit craindre
qu'il n'euft donné quelque fujet à ce Preftre de luy faire cet auertiffement, fans toutefois connoiftre comment, ny en quelle occafion. Pour cet effet il l'enuoya querir, & le remerciant de cet
auis, luy dit, qu'il luy auoit fait plaifir, & le pria s'il auoit remarqué en luy quelque autre defaut, de luy faire la mefme charité de
l'en auertir ; à quoy ce Preftre luy ayant répondu qu'il n'en auoit
remarqué aucun, M. Vincent luy repliqua en ces termes : *Pour ce
qui eft de cét auertiffement que j'eftimois que vous me vouliez faire, ie
vous diray tout fimplement que Dieu m'a fait la grace d'en euiter le fujet:
& ie vous le dis, afin que vous ne foyez point fcandalifé de ne me voir
pas faire des preparations extraordinaires. Il y a dix-huit ans que ie ne
me fuis point couché fans m'eftre mis auparauant en difpofition de mourir la
mefme nuit.*

Ce Preftre luy faifant derechef excufe de fon inconfideration, l'affura qu'il n'auoit point eu deffein de luy faire aucun auertiffement, & qu'il n'auoit fait aucune reflexion à ce que contenoit la Lettre en la luy prefentant; comme luy-mefme l'a encore témoigné,en rapportant ce qui s'eftoit paffé entre M. Vincent & luy en cette rencontre; connoiffant trop bien quelle eftoit la vertu de M. Vincent, pour conçeuoir aucun doute qu'il ne fuft toûjours parfaitement preparé,auffi bien à la mort comme à toutes les autres difpofitions de la volonté de Dieu. On a trouué fur ce mefme fujet vne Lettre écrite de fa propre main plus de vingt cinq ans auparauant, qui porte ces mots.

Ie tombay dangereufement il y a deux ou trois jours ; ce qui m'a bien fait penfer à la mort. Par la grace de Dieu j'adore fa volonté, & j'y acquiefce de tout mon cœur; & m'examinant fur ce qui me pourroit donner quelque peine, j'ay trouué qu'il n'y a rien finon de ce que nous n'auons pas encore fait nos Regles, &c.

Il y auoit donc long-temps que ce Fidéle Seruiteur , felon ce qui eft dit dans l'Euangile, auoit les Reins ceints & la lampe allumée en main, pour aller au deuant de fon Seigneur , lors qu'il viendroit ; & cette derniere heure luy eftoit prefque toûjours prefente en l'Efprit : quelques années mefmes auant que fon decez arriuaft, il difoit fouuent aux fiens : *Vn de ces jours ce miferable corps de ce vieux pecheur fera mis en terre , & fera reduit en cendre , & vous le foulerez aux pieds.*

Et quand il parloit de fon âge , il difoit; *Il y a tant d'années que j'abufe des graces de Dieu (Heu mihi quia incolatus meus prolongatus eft!). Helas Seigneur ! ie vis trop long-temps, parce qu'il n'y a pas d'amendement en ma vie,& que mes pechez fe multiplient auec le nombre de mes années, &c.* Et lors qu'il auançoit aux fiens la nouuelle de la mort de quelque bon Miffionaire , il ajoûtoit ordinairement: *Vous me laiffez, mon Dieu ! & vous tirez à vous vos feruiteurs. Ie fuis cette yuraye, qui gafte le bon grain que vous recueillez, & me voila occupant toûjours inutilement la terre (vt quid terram occupo?). Or-fus mon Dieu, que voftre volonté foit faite , & non point la mienne.*

Il remettoit quelquefois aux fiens deuant les yeux la penfée de la mort comme vne des plus falutaires , & les exhortoit à s'y preparer par de bonnes œuures , les affurant que c'eftoit là le meilleur & le plus affuré moyen pour bien mourir. Il vouloit pourtant que cette penfée de la mort fuft animée de confiance en la bonté de Dieu, & non pas telle, qu'elle nous cau-

ſût aucun abatement, ou inquietude d'eſprit : Ce fut l'auis qu'il
fit donner à vne perſonne, qui ayant vne viue apprehenſion de
la mort, l'auoit inceſſamment dans la penſée : car il luy fit dire,
comme il ſe voit dans vne Lettre qu'il écriuit ſur ce ſujet, que la «
penſée de la mort eſtoit bonne, & que Noſtre-Seigneur l'auoit «
conſeillée & recommandée ; mais qu'elle deuoit eſtre moderée, «
& qu'il n'eſtoit pas neceſſaire ny expedient que cette perſonne «
l'euſt inceſſamment preſente en ſon eſprit ; qu'il ſuffiſoit qu'elle y «
penſaſt deux ou trois fois le jour, ſans s'y arreſter neanmoins beau- «
coup de temps ; & meſme ſi elle ſ'en trouuoit inquietée, qu'elle «
ne s'y arreſtaſt point du tout, & qu'elle ſ'en diuertît doucement. «

Or comme on eut ſceut à Rome la longue & dangereuſe maladie de M. Vincent, & qu'il continuoit toûjours dans cét accablement de douleurs & d'affaires, à dire ſon Breuiaire. N.S.P. le Pape
Alexandre VII. connoiſſant combien la conſeruation de ce grand
Seruiteur de Dieu eſtoit importante à toute l'Egliſe, luy fit expedier vn Bref Apoſtolique pour l'en diſpenſer, ſans qu'il en ſçeût
rien ; & à meſme temps MM. les Cardinaux Durazzo Archeueſque de Génes, Ludouiſio grand Penitencier de Rome, & Bagny
autrefois Nonce en France, qui eſtoient alors tous trois à Rome,
luy écriuirent pour l'exhorter de ſe ſoulager, & de ſe conſeruer ;
ce qui fait voir l'eſtime qu'ils auoient pour la perſonne de M.
Vincent.

Nous ne rapporterons icy pour abreger, que la Lettre de M.
le Cardinal Durazzo, parce qu'elle eſt la premiere, & qu'elle
contient en ſubſtance ce qui eſt porté par les autres. Voicy en
quels termes il luy parle.

Les fonctions des Preſtres de la Congregation de la Miſſion, «
reüſſiſſent toûjours à l'auantage du prochain, par l'impulſion & «
le mouuement qu'ils reçoiuent de la conduite, & des exemples «
de leur Superieur General : Ce qui eſt cauſe que toute perſonne «
bien intentionnée doit pour cet effet prier Dieu de luy prolonger «
la vie, & luy donner vne parfaite ſanté, pour rendre de plus lon- «
gue durée l'origine d'vn tel bien. Et comme ie prens vn tres- «
grand intereſt dans les heureux progrez de ce Saint Inſtitut, & «
que i'ay conçeu vne affection pleine de tendreſſe pour voſtre per- «
ſonne ; eſtant informé de voſtre âge, de vos fatigues, & de voſtre «
merite, ie me ſens neceſſairement obligé de vous prier, comme «
ie fais, de vous préualoir de la diſpence de ſa Sainteté ; de prepo- «
ſer le ſoin de voſtre perſonne au gouuernement de ſes chers En- «

,, fans , & de dénier à la deuotion de voftre efprit les occupations
,, qui peuuent porter préjudice au long maintien de voftre vie , &
,, cela pour le plus grand feruice de Dieu. De Rome ce 20. Septem-
,, bre 1660.

Mais toutes ces bonnes précautions arriuerent trop tard, elles
trouuerent la Victime confommée ; Dieu ayant voulu par luy-
mefme décharger ce fidéle Seruiteur de tant de fatigues & de
peines , par lefquelles il auoit tafché de rendre à fa Diuine Majefté tout l'honneur & le feruice qu'il auoit pû , durant le cours de
fa longue vie ; & neanmoins luy ayant fait la grace , auant que de
le tirer de ce monde , de mettre fa Congregation , & toutes les
Compagnies par luy établies , dans le meilleur eftat où il les pouuoit fouhaiter.

CHAPITRE LII.

Ce qui a precedé , accompagné , & fuiuy le trépas de Monfieur Vincent.

CE fidéle Seruiteur de Dieu parmy les langueurs de fa longue
maladie , attendoit comme vn autre Simeon l'heure defirée ,
en laquelle fon Diuin Redempteur viendroit le deliurer de ce
corps de mort , qui retenoit fon Ame en captiuité. Et fi l'accom-
pliffement de fon defir eftoit differé , ce n'eftoit que pour luy
donner moyen de mettre le comble à fes merites , par la continuation de l'exercice de la patience , & des autres vertus qu'il pratiquoit fi dignement ; & pour acheuer la Couronne qui eftoit preparée à fa fidelité. Enfin tout cela fe trouuant accomply , le Pere
des Mifericordes , & le Dieu de toute confolation voulut luy donner la plus grande & la plus defirable de toutes , qui eft celle de
mourir de la mort des Iuftes , ou pour mieux dire ceffer de mourir
dans cette vie mourante , pour commencer de viure de la veritable vie des Iuftes , & des Saints dans la bien-heureufe éternité.

L'Hiftoire Sainte nous apprend que Dieu ayant appellé Moïfe
fur le fommet de la montagne de Nebo , il luy fit commandement
de mourir en ce lieu-là ; & que ce Saint Patriarche fe foumettant
à la volonté de Dieu mourut à la mefme heure , non par l'effort
d'aucune maladie , mais purement par l'efficace de fon obeïffance : *Et il mourut* , comme dit l'Ecriture Sainte , *fur la bouche du Seigneur* , c'eft à dire en receuant la mort comme vne faueur toute

finguliere, & comme vn baifer de paix de la bouche de fon Seigneur & de fon Dieu.

Que s'il eft permis de faire quelque comparaifon des graces
que Dieu fait à fes Saints, & à fes plus chers Seruiteurs, en luy
laiffant le Iugement de leurs merites ; nous pouuons dire que par
vne Mifericorde tres-fpeciale, il a fait quelque chofe de femble-
ble en faueur de fon fidéle Seruiteur *Vincent de Paul*, lequel ayant
toûjours vécu dans vne entiere & parfaite dependance de fa volonté, eft mort enfin non tant par l'effort d'aucune fiévre ou autre maladie violente, que par vne efpece d'obeïffance & de foûmiffion à cette Diuine volonté ; & il eft mort d'vne mort fi paifi-
ble & fi tranquille, qu'on l'euft plûtoft prife pour vn doux fommeil, que pour vne mort : En forte que pour mieux exprimer
quel a efté le trépas de ce Saint Homme, il faut dire qu'il
s'eft endormy en la Paix de fon Seigneur, qui l'a voulu préuenir
en ce dernier paffage des plus defirables benedictions de fa Diuine
douceur, & mettre fur fon chef vne Couronne d'vn prix ineftima-
ble. C'eftoit vne recompenfe particuliere que Dieu voulut rendre
à fa fidelité & à fon zele. Il auoit confumé fa vie dans les foins,
dans les trauaux, & dans les fatigues pour fon feruice ; & il l'a
terminée heureufement dans la Paix & dans la tranquillité : Il
s'eftoit volontairement priué de tout repos & de toute propre fatisfaction pendant fa vie, pour procurer l'auancement du Royaume de I E S V S-C H R I S T, & l'accroiffement de fa gloire ; & en
mourant il a trouué le veritable repos, & a commencé d'entrer
dans la Ioye de fon Seigneur. Voicy plus en particulier comme
tout s'eft paffé.

Monfieur Vincent voyant que la fin de fa vie approchoit, fe
difpofoit de plus en plus interieurement à ce dernier paffage, en
continuant de pratiquer au fond de fon Ame toutes les vertus
qu'il croyoit eftre les plus agreables à Dieu, & en fe détachant de
toutes les chofes creées, autant que la Charité luy pouuoit permettre, pour éleuer & porter plus parfaitement fon cœur vers ce
Principe de tout bien. Le 25 de Septembre vers le midy, il s'en-
dormit dans fa chaife ; ce qui luy arriuoit depuis quelques-jours
plus qu'à l'ordinaire, & prouenoit tant de ce qu'il ne pouuoit
prendre aucun repos la nuit, que de fa grande foibleffe, qui alloit
toûjours s'augmentant, & qui le tenoit la plufpart du temps comme affoupy. Il confideroit cette fomnolence comme l'Image &
l'auant-courriere de fa prochaine mort ; & quelqu'vn luy ayant

demandé la caufe de ce fommeil extraordinaire, il luy dit en foû-
riant, C'eſt que le Frere vient en attendant la Sœur, appellant
ainſi le fommeil le frere de la mort, à laquelle il fe preparoit.

Le Dimanche 26. Septembre, il fe fit porter à la Chappelle,
où il entendit la Sainte Meſſe, & Communia, comme il faiſoit
tous les jours ; eſtant de retour en fa chambre, il tomba dans vn
aſſoupiſſement plus profond qu'à l'ordinaire : de forte que le
Frere qui l'aſſiſtoit voyant que cela continuoit trop long-temps,
l'éueilla, & aprés l'auoir fait parler, voyant qu'il retomboit auſſi
toſt dans le mefme aſſoupiſſement, il en auertit celuy qui auoit le
foin de la Maifon, par l'ordre duquel on alla querir le Medecin
lequel eſtant venu l'apreſ-dinée trouua M. Vincent ſi debile, qu'il
ne le jugea pas en eſtat de receuoir aucun remede, & dit qu'il luy
falloit donner l'Extréme-Onction ; neanmoins auant que de fe
retirer l'ayant éueillé & excité à parler, ce vertueux Malade felon
fon ordinaire luy répondit auec vn viſage riant & affable, mais
aprés quelques paroles il demeuroit court, n'ayant pas la force
d'acheuer ce qu'il vouloit dire.

Vn des principaux Preſtres de fa Congregation l'eſtant venu
voir enfuite, & luy ayant demandé fa benediction pour tous ceux
de ladite Congregation tant prefens qu'abfens ; il fit vn effort
pour leuer fa teſte & pour l'accueillir auec fon affabilité ordinaire, & ayant commencé les paroles de la benediction il en prononça tout haut plus de la moitié, & les autres tout bas. Sur le foir
comme on vit qu'il s'affoibliſſoit de plus en plus, & qu'il fembloit
tendre à l'agonie, on luy donna le Sacrement de l'Extreme-
Onction. Il paſſa la nuit dans vne douce, tranquille, & prefque
continuelle application à Dieu ; & quand il s'affoupiſſoit on n'a-
uoit qu'à luy en parler pour l'éueiller, ce qu'à peine toute autre
parole pouuoit faire. Or entre les deuotes afpirations qu'on luy
fuggeroit de temps en temps, il témoigna auoir vne deuotion
particuliere à ces paroles du Pfalmiſte : *Deus in adjutorium meum
intende.* Et pour cela on les luy repetoit fouuent, & il répondoit
auſſi-toſt : *Domine ad adjuuandum me feſtina.* Ce qu'il continua de
faire juſqu'au dernier foûpir : Imitant en cela la pieté de ces
grands Saints, qui ont autrefois habité les deferts, lefquels
vfoient fort frequemment de cette courte priere, par la continuelle repetitiõ de laquelle ils auoient intention de proteſter leur
dependance de la fouueraine puiſſance de Dieu, le befoin continuel qu'ils auoient de fes graces & de fes mifericordes, leur efperance

perance en fa bonté, & l'amour filial dont leur cœur eftoit animé, qui les portoit inceffamment à rechercher Dieu, comme
leur tres-bon Pere, fans crainte de l'importuner, par vne tres-
grande & tres-parfaite confiance en fa charité plus que paternelle.

Vn tres-vertueux Ecclefiaftique de la Conference de Saint
Lazare eftoit pour-lors en retraite en la mefme Maifon, lequel
honoroit & cheriffoit beaucoup Monfieur Vincent ; & reciproquement M. Vincent auoit beaucoup d'eftime & de tendreffe
pour luy : Ayant donc appris l'extremité où eftoit reduit ce cher
malade, il vint en fa Chambre vn peu auant qu'il expiraft ; Et en
luy demandant fa benediction pour tous ces Meffieurs de la Conference qu'il auoit affociez, il le pria de leur laiffer fon efprit, &
& d'obtenir de Dieu que leur Compagnie ne degeneraft jamais
de la vertu qu'il luy auoit infpirée & communiquée : A quoy il
répondit auec fon humilité ordinaire : *Qui cœpit opus bonum, ipfe
perficiet.* Et bien-toft aprés, il paffa doucement de cette vie à
vne meilleure, fans effort ny conuulfion aucune.

Ce fut le Lundy 27. Septembre 1660. fur les quatre heures &
demie du matin, que Dieu le tira à luy, lors-que fes Enfans fpirituels affemblez à l'Eglife commençoient leur Oraifon mentale
pour attirer Dieu en eux : Ce fut à la mefme heure, & au mefme moment qu'il auoit accoûtumé depuis quarante ans, d'inuoquer le Saint Efprit fur luy & fur les fiens, que cet Efprit adorable enleua fon Ame de la terre au Ciel, comme la Sainteté de
fa vie, fon zele pour la gloire de Dieu, fa charité pour le prochain, fon humilité, fa patience & toutes fes autres vertus, dans
la pratique defquelles il a perfeueré jufques à la mort, nous donnent jufte fujet de croire de l'infinie bonté de Dieu : Ce fidéle Seruiteur de fa Diuine Majefté ayant bien pû dire en mourant, auec vne humble reconnoiffance de fes graces, à l'imitation du Saint Apoftre, qu'il auoit courageufement combattu,
qu'il auoit faintement confommé fa courfe, qu'il auoit gardé vne
fidelité inuiolable ; & qu'il ne luy reftoit plus finon de receuoir
la Couronne de Iuftice de la main de fon Souuerain Seigneur.

Ayant rendu le dernier foûpir, fon vifage ne changea point, il
demeura dans fa douceur & ferenité ordinaire, eftant dans fa
chaife en la mefme pofture, que s'il euft fommeillé. Il expira
tout affis, & tout vêtu, eftant demeuré de la forte les vingt quatre heures dernieres de fa vie, ceux qui l'affiftoient ayant eftimé

I. Partie.   K k qu'en cét état il eſtoit difficile de le toucher ſans luy faire plus de mal, & ſans danger d'abreger ſa vie. Il eſt mort ſans fiévre, & ſans accident extraordinaire, ayant ceſſé de viure par vne pure dé-faillance de la nature, comme vne lampe qui s'éteint inſenſible-ment, quand l'huile vient à luy manquer. Son corps ne ſe roidit point, mais demeura auſſi ſouple & maniable qu'il eſtoit aupara-uant. Il fut ouuert, & on luy trouua les parties nobles fort ſai-nes. Il s'eſtoit formé en ſa ratte vn os de la largeur d'vn écu blanc, & plus long que large, ce que les Medecins & Chirur-giens trouuerent fort extraordinaire; & l'on peut dire que cela ne s'eſtoit pas fait ſans vne conduite particuliere de la Prouidence de Dieu ſur ſon Seruiteur : Car la ratte eſtant ſelon ſa nature d'vne matiere mollaſſe, & ſpongieuſe, qui ſert de receptacle à l'humeur melancolique, lors-quelle vient à regorger, elle enuoye pour l'ordinaire quantité de vapeurs au Cerueau qui offuſquent l'entendement & rempliſſent l'imaginatiõ d'illuſions, & quelque-fois affoibliſſent & meſme troublent entierement le Iugement. Mais Dieu deſtinant M. Vincent pour rendre de ſi grands ſerui-ces à ſon Egliſe, ſemble l'auoir voulu exempter de ce défaut, ayant donné à cette partie de ſon corps vne ſolidité contre ſa pro-pre nature, afin que ſon eſprit ne fuſt point ſujet à toutes ces fauſ-ſes lumieres & trompeuſes apparences : Et en effet il eſtoit au deſſus de toutes ces foibleſſes, & il auoit vn jugement ſain, qui ſçauoit fort bien diſcerner en toutes choſes le bien d'auec le mal, le vray d'auec le faux, & le certain d'auec le douteux, comme il ſe voit dans toute la conduite de ſa vie.

Il demeura expoſé le lendemain 28. Septembre juſqu'à midy, tant dans la Salle que dans l'Egliſe de Saint Lazare, où le Seruice Diuin ſe fit ſolemnellement, & enſuite ſon Enterrement. M. le Prince de Conti s'y trouua auec M. Piccolomini Nonce du Pape Archeueſque de Ceſarée, & pluſieurs autres Prelats; comme auſſi-quelques-vns des Curez de Paris, grand nombre d'Eccleſia-ſtiques & quantité de Religieux de diuers Ordres. Madame la Ducheſſe D'aiguillon & pluſieurs autres Seigneurs & Dames vou-lurent ſemblablement honorer ſa memoire par leur preſence, auſſi-bien que le peuple qui s'y trouua en grande foule. Son cœur fut reſerué dans vn petit vaiſſeau d'argent que la meſme Ducheſ-ſe donna pour cét effet; & ſon Corps ayant eſté mis dans vne bierre de plomb auec vne autre de bois par deſſus, fut enterré au milieu du Chœur de l'Egliſe de Saint Lazare, & couuert d'vne

tombe, sur laquelle ses chers Enfans ont fait grauer cette Epitaphe.

Hîc Iacet Venerabilis Vir Vincentius à Paulo, Presbyter, Fundator
seu Institutor, & primus Superior Generalis Congregationis Mißionis,
nec non Puellarum Charitatis. Obiit die 27. Septembris anni 1660. Æta-
tis verò suæ 85.

Les Ecclesiastiques de la Conference de Saint Lazare que
Monsieur Vincent auoit vnis & dirigez tant d'années, luy firent
quelque temps aprés, vn Seruice fort solemnel en l'Eglise de
Saint Germain l'Auxerrois à Paris, où Messire Henry de Maupas
du Tour, cy-deuant Euesque du Puy, & presentement d'Eureux,
qui auoit eu vne veneration & vne affection toute particuliere
pour ce grand Seruiteur de Dieu, prononça son Oraison Funebre
auec tant de zele, d'érudition & de pieté, qu'il fut écouté auec
vne singuliere admiration & édification de tout son auditoire, qui
se trouua composé d'vn grand nombre de Prelats, d'Ecclesiastiques de Religieux, & d'vne foule incroyable de peuple. Il ne
pût neanmoins tout dire ce qu'il auoit projetté, quoy-qu'il par-
last plus de deux heures, la matiere estant si ample & si vaste, que,
comme il auoüa luy-mesme, il en auoit assez pour prescher tout
vn Caresme.

Plusieurs Eglises Cathedrales, & entre les autres la Celebre
Metropolitaine de Reims, luy ont fait faire des seruices solem-
nels, comme aussi diuerses Eglises Paroissiales, & Communautez, & vn grand nombre de personnes particulieres, tant à Paris, qu'en plusieurs autres lieux de la France, qui ont desiré rendre ce témoignage des obligations qu'ils auoient à sa charité, &
cette reconnoissance des seruices qu'il auoit rendus à toute
l'Eglise.

Fin du premier Liure.

www.ingramcontent.com/pod-product-compliance
Lightning Source LLC
Chambersburg PA
CBHW051813150726
47998CB00001B/135